AQUÍ ESTOY SI ACASO ME VEN

LITERATURE AND CULTURE SERIES

General Editor: Greg Dawes
Series Editor: Ana Forcinito
Copyeditor: Gustavo Quintero

Aquí estoy si acaso me ven

Relecturas transhemisféricas en torno a Gabriela Mistral

EDITADO POR

Ignacio Sánchez-Osores y
Sebastián Cottenie Bravo

Raleigh, North Carolina

Copyright © 2025
All rights reserved for this edition copyright © 2025 Editorial A Contracorriente

Library of Congress Cataloging-in-Publication Data
Names: Cottenie Bravo, Sebastián, editor. | Sánchez-Osores, Ignacio, editor.
Title: Aquí estoy si acaso me ven : relecturas transhemisféricas en torno a Gabriela Mistral / editado por Ignacio Sánchez-Osores y Sebastián Cottenie Bravo.
Other titles: Literature and culture series.
Description: [Raleigh] : Editorial A Contracorriente : Department of World Languages and Literatures at North Carolina State University, [2025] | Series: Literature and culture series | Includes bibliographical references.
Identifiers: LCCN 2025029652 | ISBN 9781469693002 (paperback) | ISBN 9781469693019 (epub) | ISBN 9781469693026 (pdf)
Subjects: LCSH: Mistral, Gabriela, 1889–1957—Criticism and interpretation. LCGFT: Literary criticism.
Classification: LCC PQ8097.G6 Z54226 2025
LC record available at https://lccn.loc.gov/2025029652

For product safety concerns under the European Union's General Product Safety Regulation (EU GPSR), please contact gpsr@mare-nostrum.co.uk or write to the University of North Carolina Press and Mare Nostrum Group B.V., Mauritskade 21D, 1091 GC Amsterdam, The Netherlands.

This is a publication of the Department of World Languages and Literatures at North Carolina State University. For more information visit http://go.ncsu.edu/editorialacc.

Distributed by the University of North Carolina Press
www.uncpress.org

AGRADECIMIENTOS

Agradecemos al Nanovic Institute for European Studies de la University of Notre Dame que financió con entusiasmo la publicación de este libro.

ÍNDICE

Prólogo de los editores ix

I.

Retratos díscolos de una *poseuse* 1

1. La joven Mistral, *Grínor Rojo* 3

2. El retorno de la madre *queer, Licia Fiol-Matta* 19

3. El deseo por la imagen: Gabriela Mistral, una intelectual en cuerpo de mujer, *Claudia Cabello Hutt* 27

II.

Maternidades e infancias disidentes 47

4. El poder de la ambigüedad en la poética de Gabriela Mistral: maternidades abyectas, *María Rosa Olivera-Williams* 49

5. Juego y escritura, *Raquel Olea* 67

6. Círculo, giro y vacío: el tejido de la ronda mistraliana y sus imaginarios de infancia, *Alida Mayne-Nicholls* 82

III.

La América nuestra de Mistral 109

7. Gabriela Mistral y el pensamiento latinoamericanista: las herencias hurtadas, *Miguel E. Morales* 111

8. El maíz de Gabriela Mistral. El territorio mesoamericano, *Magda Sepúlveda Eriz* 137

9. Estampa de la ética ecológica de Mistral en las palmas, *Andrea Casals-Hill* 147

IV.

¿Mistral cosmopolita? 163

10. Marginalia espiritual: leer la Biblioteca de Gabriela Mistral y sus comunicaciones teosóficas y rosacrucianas con Inés Echeverría y María Tupper, *Macarena Urzúa Opazo* 165

11. La poesía de Gabriela Mistral en la relumbre del stadium, *Felipe Toro Franco* 199

V.

Oblicuas miradas 225

12. Santiago *queer*, 1916: Mistral antes de *Desolación*, *Elizabeth Horan* 227

13. Sed de agua, sed de amor: un motivo desquiciante en la voz poética de Gabriela Mistral, *Sebastián Schoennenbeck Grohnert* 249

14. Travestismo narrativo: el masculino en las cartas de Gabriela Mistral en *Niña errante* (2009), *Lau Romero Quintana* 271

15. Mistral, diva, *Cristián Opazo* 292

IGNACIO SÁNCHEZ-OSORES Y
SEBASTIÁN COTTENIE BRAVO

Prólogo

"QUERIENDO QUE ABRA AQUEL UMBRAL"[1]
En la oximorónica juntura de una pronunciada y mesurada pose, en diciembre de 1987, los entonces jóvenes Pedro Lemebel y Francisco Casas,[2] ataviados con traje sastre, medias rotas y mentándose como Gabriela Mistral, merodean tomados del brazo por la Feria del Libro del Parque Forestal de Santiago de Chile. Esta pose "anti-glamour", en palabras de la escritora Diamela Eltit, perseguía encarnar el "otro gay, el gay mistraliano" (citado en Carvajal 97). Esta singular escena en la historia política y cultural de las disidencias sexuales en Chile revela en su disrupción

---

1. Este verso se halla en el poema "El fantasma" incluido en *Tala* (1938).
2. Pedro Lemebel (1952–2015), escritor, *performer* y activista chileno que, a través de su escritura y trabajo artístico tematizó los márgenes sociales y sexuales del Chile contemporáneo. Entre sus obras más destacadas podemos mencionar: *La esquina es mi corazón: crónica urbana* (1995), *Loco afán: crónicas de sidario* (1996), *Zanjón de la aguada* (2003), *Tengo miedo torero* (2001), *Mi amiga Gladys* (2016). Francisco Casas (1959-), escritor y artista visual que aborda representaciones de la diferencia sexual desde una perspectiva situada y divergente con las normativas sociales. Entre sus obras más destacadas podemos mencionar: *Sodoma mía* (1991), *Yo, yegua* (2004), *Romance de la inmaculada llanura* (2008), *Romance del arcano sin nombre* (2009), *Partitura* (2015), y *La noche boca abajo* (2018). Ambos formaron el dúo Las Yeguas del Apocalipsis (1987–1997), cuyas acciones artísticas respondieron por medio del travestismo y la homosexualidad a las construcciones heteronormativas de la dictadura chilena, las políticas de izquierda y las tramas neoliberales de la mentada Transición a la democracia.

una potencialidad para adentrarnos en las *otras* lecturas que propone *Aquí estoy si acaso me ven. Relecturas transhemisféricas en torno a Gabriela Mistral*. Lemebel y Casas no solo ven las señales y huellas desperdigadas por la poeta chilena, sino que las leen politizándolas desde un lugar de enunciación crítico en un contexto en el que las rutilantes botas militares aún se hacían oír. Esta excéntrica *performance* "fuera de lugar" (de la norma, del decoro, del archivo, de la historia crítica) instala una apropiación *queer* de Gabriela Mistral (1889–1957), la figura de la intelectual latinoamericana moderna por antonomasia. El dúo que, luego, sería conocido como Yeguas del Apocalipsis (1987–1997) hace aparecer fantasmagóricamente la imagen de la escritora en una doble corporalidad que fisura la simbólica unitaria de la madre y maestra abnegada pergeñada con fruición por la dictadura militar.

El alocado *afantasmamiento*[3] de Gabriela Mistral en el cuerpo de Lemebel y Casas no solo demuestra cómo su figura es convocada permanentemente en una serie de apropiaciones y desapropiaciones que, a la vez que la mistifican, la hacen devenir *otra*. También los *performers* hallan en la imagen y escritura de la premio nobel una pantalla en la que reconocen su castigada diferencia (su declarada homosexualidad) o, lo que es lo mismo, una loca subjetividad fundada en un lazo afectuoso con el universo femenino tachado por el orden patriarcal. Mistral aparece y desaparece compareciendo en el cuerpo travestido de estas "locas mujeres" claves en la historia cultural latinoamericana.

Ante el abandono y rechazo del Padre, los artistas se amparan al alero de aquella "*rara* madre de la nación", al decir de Licia Fiol-Matta, que en sus contradicciones habita, como los fantasmas que pululan por su poesía, un terreno liminal que no es otra cosa que un espacio estratégico de sobrevivencia para las vidas *queer*. El tropo del fantasma mistraliano –dislocada[4] figura– congregado

---

3. El tropo del fantasma aparece con insistencia en la poética mistraliana desde *Desolación* (1922) hasta su obra póstuma *Poema de Chile* (1967), con el que alcanza su máxima polivalencia semántica. En este último, la voz poética es encarnada por una mama fantasma que recorre el país junto a la compañía de un niño indígena y un huemul, narrando otra visión de Chile desde otros regímenes sensoriales desdeñados por la modernidad (véase Concha [1987], Daydí-Tolson [1989], Rojo [1997], Falabella [2003] y Sepúlveda [2018]). Para una lectura *queer* del fantasma en la poesía de Mistral, véase el ensayo "El sexilio de una loca que calla sus amores proscritos: figuraciones extranjeras y fantasmagóricas en la poesía de Gabriela Mistral" (2022) de Ignacio Sánchez-Osores.

4. En su ensayo "*Identidades textuales femeninas*: estrategias de autofiguración", la crítica Sylvia Molloy comienza citando unos versos del conocido poema "Niño

en los cuerpos de esta rumoreada *performance* explicita el potencial semántico que tiene para nuestra poética crítica. Fantasma: figura liminal y deconstructiva, por excelencia, que en su *in-between* suspende las jerarquías que han sostenido y modelado el abultado corpus crítico en torno a la obra de Gabriela Mistral. *Formalistas viscerales*, como advierte Cristián Opazo, citando a Sedgwick en el ensayo que cierra este volumen, no hacemos caso omiso a las señales, gestos y huellas oblicuamente desperdigados por la escritora; antes bien, con amanerado fanatismo, gozamos en sus reveses, en sus presuntas y efímeras desapariciones, en sus continuos desvíos y desplazamientos.

Diversas son las polaridades[5] conceptuales que, para leer la vida y obra de Gabriela Mistral, podrían proponerse a partir de la cuantiosa producción crítica que, desde hace más de un siglo, se escribe en torno suyo. Valga recordar, a modo de ejemplo, cómo la "divina Gabriela" de Virgilio Figueroa se contrapone a la Mistral "soberbiamente transgresora" de Susana Münnich o, incluso, a la "rebelde magnífica" de Matilde Ladrón de Guevara; mientras que, sin lugar a dudas, el "humanismo rural" de la poeta, celebrado por Jaime Concha, se opone a su trayectoria como "intelectual transnacional", recientemente rescatada por Claudia Cabello Hutt. Cabe señalar, asimismo, cómo fue que, al publicar su biografía, Volodia Teitelboim hacía resurgir este tipo de binarismos al oponer su faceta "pública" con otra "secreta". ¿Es que acaso,

---

mexicano" de Gabriela Mistral: "Estoy en donde no estoy". A partir de este, Molloy declara su marco de lectura de un amplio corpus de poesía de mujeres latinoamericanas. Interesa su análisis, por cuanto se entronca con la lectura y crítica fantasmática que proponemos en este volumen: "dislocación del ser –o más bien, de una *dislocación para ser*– que acaso sea el principal impulso de su escritura. Se es (y se escribe) *en otro lado*: en un lugar diferente, donde el sujeto femenino elige reubicarse para llevar a cabo su autorrepresentación" (68). Fantasma: figura inherentemente dis*loca*da de la poesía mistraliana que comparece en un lugar siempre otro para ser y escribirse.

5. Coincidimos con la crítica Kemy Oyarzún, quien sostiene que "una primera agrupación de tendencias interpretativas arroja a grandes rasgos dos modalidades: canónicas e iconoclastas. O dos caras del deseo de archivolístico: coincidencia (identidad) y desencuentros (diferencia)" (22). Luego añade: "hay todo un campo de la crítica que coincide en notar cierta bipolaridad y ambivalencia entre lo sumiso y lo subversivo" (28). *Crítica desplazada* la nuestra, toda vez que opta por habitar el intersticio y leer malpensadamente el binario catalogado como hegemónico, conservador y melodramático o, siguiendo la propuesta de Oyarzún, esa "heráldica mistraliana" (23).

como hace algunos años propusiera Lila Zemborain, Mistral resulta ser, a esta altura, una "mujer sin rostro"? Si, en un señero prólogo de 2010, Grínor Rojo resumía el problema cortando, de una buena vez por todas, las aguas entre lo que entonces denominara "crítica vieja" (11) y "nueva crítica" (11), sugerimos complicar aún más las cosas proponiendo que, desde una lectura indiscreta y malpensada, la temprana recepción de Mistral bien podría revelársenos menos cegatona de lo que hoy en día se suele creer.

Innegable es que la "crítica vieja" –cuya última manifestación acaso fue la domesticación crítica del archivo mistraliano (como Licia Fiol-Matta y Elizabeth Horan han demostrado)– pecó de conservadora y hasta de homofóbica al intentar aliviar, cuando no suprimir, los aspectos subversivos de la autora. Sin embargo, las anteojeras con que, mojigatamente, la "vieja crítica" pretendía ignorar, esconder o normalizar las 'salidas de madre' de la escritora, nunca fueron tan impermeables y, quizás muy a pesar suyo, siempre dejaron sintomáticamente entrever, al menos mediante sus ansiosos énfasis y sus apanicadas omisiones, aquellas tensiones que, desde los ochenta en adelante, la nueva crítica se ha propuesto sacar a relucir. Huelgue rememorar, sin ir más lejos, la flagrante alusión patriarcal con que, en 1917, los autores de *Selva lírica. Estudios sobre los poetas chilenos* celebran el "estilo varonil" (437) de Gabriela Mistral, un comentario que, leído con suspicacia, nos invita no solo a reconocer la misoginia del campo literario chileno del entresiglo, sino, encima, la disidencia sexo-genérica de la poeta (que bien recuerda la tan disruptiva como necesaria propuesta de Fiol-Matta cuando, en 2002, releva la *performance* de género mistraliana en los términos de una "masculinidad femenina").

Motivados por este desafío, nos hemos propuesto reunir diversos ensayos, en su amplia mayoría inéditos, con el propósito de releer críticamente la producción literaria y el legado cultural de Gabriela Mistral como un sentido homenaje transhemisférico que celebra los centenarios de *Desolación* (1922) y *Ternura* (1924). Para ello, invitamos a académicas y académicos de Chile y Estados Unidos a trabajar en aproximaciones críticas interdisciplinarias, cuyo mérito es doble: por un lado, el de dialogar con el corpus crítico mistraliano ya existente y, por otro, el de releer, desde nuevas perspectivas, el vasto legado literario, visual y material de la autora. Conscientes de que la escritura mistraliana se expresa, a decir de Claudia Cabello Hutt, "en cuerpo y palabra", los ensayos de este volumen integran sensibilidades teórico-críticas diversas que, en un riguroso y creativo diálogo entre los estudios literarios y los estudios culturales, se abren a múltiples perspectivas metodológicas (estudios de género y sexualidades, estudios feministas, estudios *queer*, estudios de archivo, estudios de alimentos, estudios de visualidad, estudios de infancia y ecocrítica, entre otros) para atender a su riquísima producción.

El volumen se suma, así, a las diversas publicaciones colectivas que, a lo largo de los últimos años, han buscado homenajear a la poeta chilena, entre las que se encuentran *Una palabra cómplice. Encuentro con Gabriela Mistral* (1990), *Número Especial de Taller de Letras. Gabriela Mistral* (1996), *Gabriela Mistral a 50 años del Nobel* (1997), *Re-leer hoy a Gabriela Mistral. Mujer, historia y sociedad en América Latina* (1997) y *Guardo el signo y agradezco. Aproximaciones críticas a la obra de Gabriela Mistral* (2011). De suyo es destacar, al respecto, la importancia que para esta publicación tuvo la serie de conferencias "Rereading Gabriela Mistral 100 Years after *Desolación* (1922–2022): A Transhemispheric Encounter", organizada por María Rosa Olivera-Williams e Ignacio Sánchez-Osores al alero de la Universidad de Notre Dame y del Instituto Kellogg. Este evento no solo permitió a alguno/as colaborador/as de este libro ensayar y compartir las reflexiones de sus respectivos trabajos en curso, sino que, además, propició un espacio de encuentro en el que distintas generaciones de mistraliano/as pudieron dialogar a partir de las exposiciones de Grínor Rojo, Raquel Olea, Elizabeth Horan, Magda Sepúlveda, Cristián Opazo, Licia Fiol-Matta y Claudia Cabello Hutt.

Para titular este volumen, hemos escogido un verso de "El fantasma" de *Tala* (1938), poema que, además de condensar diversas inquietudes mistralianas abordadas por la crítica (e.g. la heterodoxia espiritual [Daydí-Tolson, 1989], su incomodidad frente a los discursos nacionales oficiales [Rojo, 1997], su malestar de género [Falabella, 2003; Olea, 2009], el ninguneo de las identidades campesinas e indígenas [Falabella, 2003; Sepúlveda, 2018] y, entre otros, la in/visibilización de su sexualidad disidente [Sánchez-Osores, 2022]), nos permite conceptualizar el régimen hermenéutico que, según proponemos, la producción literaria de esta escritora reivindica para sí. Genéricamente ambiguo, el sujeto que, ora en masculino, ora en femenino, da voz a dicho poema reclama, *poseramente*, la mirada del lector. El reproche inicial ("Aquí estoy si acaso me ven" [v. 5]), no obstante, deviene desafío, toda vez que, renglón seguido, el yo lírico declara la existencia de su propia identidad (sexual, racial y de clase) prescindiendo de la mirada de los demás ("y lo mismo si no me vieran" [v. 6]) al advertir que, incluso ante la (homofóbica) ceguera de quienes lo/la rodean, su presencia no se ve menguada en lo más mínimo ("Aquí estoy si es que ellos me ven, / y aquí estoy aunque no supieran" [vv. 13–14]).

A partir de esta lectura de "El fantasma", la poesía de Mistral –y, por extensión, el resto de su producción cultural (prosa, correspondencia, imágenes, *performances*)– bien estaría requiriendo, según entendemos, una mirada cómplice que, atenta a los in/discretos guiños desviados (*queer*), sea capaz de restablecer, apasionado escudriñamiento mediante, las irresolubles ambigüedades de su palabra (y que, como el/la fantasma del poema explicita, están allí *incluso si*, como por muchos años sucedió, la crítica se niega a verlas o procura minimizarlas). Con Lemebel y Casas, por tanto, que bien podrían pensarse como los primeros críticos furiosamente *queer*[6] de Mistral ("me sé sus nombres con mi nombre" [v. 35], acota esta *rara* madre en "El fantasma"), reivindicamos como insoslayable esta lectura *cómplice*, a fin de abrir, de una vez por todas, el "*closet* de la crítica" (Molloy, *Poses* 40).

Si, como demuestra la mentada *performance* de las Yeguas del Apocalipsis, Mistral sigue fantasmalmente retornando por medio de múltiples expresiones artísticas y activistas (e.g. Roser Bru, Cecilia Vicuña, Soledad Fariña, Caiozzama, Rafael Rubio, Fab Ciraolo y Andrés Kalawski, entre otro/as), no es menos cierto que, desde la academia, numerosos trabajos han disputado y ampliado los horizontes de lectura en torno a la escritora. Quisiéramos destacar, por tanto, cómo el presente volumen se inserta en el vasto territorio de los estudios mistralianos ya existentes, para lo cual ofrecemos en las páginas que siguen una breve revisión analítica de las principales monografías académicas que, durante los últimos cinco lustros, han permitido reconfigurar críticamente la silueta de Gabriela Mistral. Lejos de ser exhaustivo, el itinerario metacrítico que ofrecemos debe entenderse, más bien, como la cartografía razonada de aquella genealogía[7] crítica mistraliana sin la cual este volumen

---

6. Previo a la *performance* mistraliana de las Yeguas del Apocalipsis, otros/as escritores/as narraron su fascinación con la "rara" obra e imagen de Gabriela Mistral. Piénsese, por ejemplo, en "La signatura de la esfinge" (1933) de Rafael Arévalo Martínez o una de las entradas del diario íntimo de Alejandra Pizarnik quien, el 3 de enero de 1960, anota: "Gabriela Mistral y María Núñez del Prado, recorriendo y viviendo América por obra de su añoranza y nostalgia materna. Ambas feas, lesbianas y voluntariosas. Enamoradas de la madre tierra". También encontramos, por supuesto, a Jorge Marchant Lazcano y Ramón Griffero, tal y como aduce Cristián Opazo en "Mistral, diva", ensayo que cierra este volumen.

7. Aquí seguimos la valiosa propuesta genealógica de la crítica mistraliana que Kemy Oyarzún propone en "Genealogía de un ícono: crítica de la recepción de Gabriela

no hubiera podido existir. En tal perspectiva, nos sentimos deudores de al menos[8] siete trabajos monográficos que retoman líneas tan diversas como los feminismos, el psicoanálisis, la teoría *queer*, lo transandino y los estudios de archivo y visualidad. Hemos tenido la suerte de contar en nuestro volumen con la colaboración de cada uno/a de esto/as mistraliano/as: sirva, pues, como homenaje a su valiosísimo trabajo crítico la afectuosa genealogía en que el nuestro se inserta.

Hacia una relectura crítica de la crítica mistraliana (1990–2023)

Una palabra cómplice. Encuentro con Gabriela Mistral, editado por Raquel Rodríguez en su primera edición en 1990 y, por Raquel Olea y Soledad Fariña en 1997, constituye una "volteadura" –caro vocablo mistraliano– de la crítica en torno a la poesía de una autora hasta entonces "divinizada" y "santificada" en el imaginario cultural latinoamericano. Este giro tiene su origen

---

Mistral" (1998). Veintiséis años después, el corpus crítico mistraliano ha mutado y, por tanto, es necesario volver a situar las lecturas que se han producido.

8. La genealogía crítica aquí propuesta no cubre, en su totalidad, el voluminoso archivo crítico en torno a Gabriela Mistral, integrado tanto por monografías académicas, como por numerosos artículos y paratextos críticos (notas, prólogos, introducciones y prefacios). Por razones de espacio, muchos volúmenes monográficos han quedado fuera de este sucinto recorrido, entre los que destacamos importantes trabajos como: *Diferencias latinoamericanas (Mistral, Carpentier, García Márquez, Puig)* (1984) de Jorge Guzmán, *Sobre árboles y madres: poesía chilena* (1984) de Patricio Marchant, *Gabriela Mistral* (1987) de Jaime Concha, *El último viaje de Gabriela Mistral* (1989) de Santiago Daydí-Tolson, *Re-leer hoy a Gabriela Mistral: mujer, historia y sociedad en América Latina* (1997) editado por Gastón Lillo y J. Guillermo Renart, *Para leer a Gabriela Mistral* (1998) de Ana María Cuneo, *Tierra, indio, mujer. Pensamiento social de Gabriela Mistral* (2000) de Lorena Figueroa, Keiko Silva y Patricia Vargas, *Gabriela Mistral, una mujer sin rostro* (2002) de Lila Zemborain, *¿Qué será de Chile en el cielo? Poema de Chile de Gabriela Mistral* (2003) de Soledad Falabella, *Gabriela Mistral: el proyecto de Lucila* (2005) de Ana Pizarro, *Gabriela Mistral: la sangre como lengua que contesta* (2005) de Eduardo Vassallo, *No hay como una contadora para hacer contar. Mujer poeta en Gabriela Mistral* (2012) de Lorena Garrido, y *Gabriela Mistral en México. La construcción de una intelectual (1922-1924)* (2022) de Carla Ulloa Inostroza.

en el taller "Lecturas de Mujeres" de 1989 –luego devenido "Encuentro con Gabriela Mistral"– convocado por la Corporación de Desarrollo de la Mujer La Morada. Este antecedente no es baladí, toda vez que es al alero de un espacio abiertamente feminista donde se gesta una nueva máquina de lectura que diagramará otros ingresos más insumisos al contradictorio corpus literario de la poeta chilena. En el paisaje aún lóbrego de fines de la década de los ochenta, un grupo de críticas y escritoras recupera a la poeta que fuera secuestrada por el régimen militar, instalando a contrapelo un nuevo lugar de enunciación crítico que desbarata las aproximaciones patriarcales urdidas hasta ese momento.

Margarita Pisano, teórica lesbiana feminista y coordinadora de la Morada entre 1983 y 1990, se interrogaba en el discurso inaugural del Encuentro[9]: "¿Por qué nosotras, feministas, invitamos a leer a Gabriela Mistral, a indagar en la escritura de *una* mujer, de *una* escritora?" ("Descubrir el gesto de Gabriela" 24, énfasis añadido). Esta pregunta-declaración no solo funda un hito en la recepción de la poesía de Mistral que la lee desde otros derroteros y desde su irreductible singularidad, sino que, además, demarca un punto de referencia ineludible de una incipiente crítica feminista[10] en Chile que, en palabras de Raquel Olea, "dio lugar a un gesto político inédito en ese entonces" ("El lugar de Gabriela Mistral" 13). La imagen de una Mistral con pantalones y mirada desafiante creada por el artista Fab Ciraolo, divulgada y apropiada con ahínco en las marchas del Mayo Feminista (2018) y del Estadillo Social (2019) en Chile, no hubiera sido posible sin este Encuentro promovido y organizado por poetas y académicas feministas de los ochenta. Su imaginación crítica corrió las veladuras de una mujer institucionalizada para desplazarla hacia otros

---

9. Según testimonia la crítica Raquel Olea, una de las organizadoras del Encuentro, las mentadas Yeguas del Apocalipsis ingresaron al evento vestidas como escolares con *jumper* dejando una manzana en la mesa de la inauguración. La *performance* suscitó impresiones encontradas: "Y hubo una pequeña polémica porque Margarita Pisano –una feminista radical que rechazaba todo lo que fuera masculino en La Morada–, decía que se estaban robando la escena [...] y se dio una pequeña discusión entre las que estábamos ahí" (citado en Carvajal 102).

10. El "Encuentro con Gabriela Mistral" (1989) continúa el legado crítico del "Primer Congreso Internacional de Literatura Femenina" efectuado en 1987. Estos dos eventos (devenidos sendos libros) inauguran los primeros ejercicios colectivos de la práctica feminista en Chile.

lugares. La andariega Mistral del siglo XXI en las calles de Santiago es uno de los evidentes rezagos de esa inaugural empresa política.

En la portada de la segunda edición de *Una palabra cómplice* (1997) aparece una reproducción del cuadro "La sangre con letra entra" (1986) de la artista Roser Bru que exhibe una duplicación *disimétrica* de la imagen de Gabriela Mistral. Este paratexto enmarca y guía la propuesta curatorial de la colección y sus oblicuos recorridos. Los ensayos revelan, desde una mirada transhemisférica (comparecen críticas y críticos de diversas latitudes), el potencial inusitado de ese doblez que no es otra cosa que un signo inequívoco de la poética mistraliana. El tropo del doble recorre este conjunto de lecturas erráticas y nómades, problematizando y radicalizando temas y motivos como el maternalismo (e.g. "Deshilando el mito de la maternidad" de Liliana Trevizán), "la" identidad latinoamericana (e.g. "Desolación" de Patricio Marchant, "Andina Gabriela" de Cecilia Vicuña, "Gabriela Mistral y el discurso cultural" de Ana Pizarro) o "lo" femenino (e.g. "Identidades tránsfugas" de Adriana Valdés, "La aprendiz" de Diana Bellessi, "Amada amante" de Eliana Ortega, "Hacia una lectura del cuerpo de la mujer" de Alberto Sandoval, "Otra lectura de 'La Otra'" de Raquel Olea). El doble disimétrico y las lecturas concomitantes esgrimidas cuestionan la unicidad identitaria de la subjetividad mistraliana para adentrarse, por el contrario, en los devenires múltiples de las "identidades tránsfugas" (85) que pululan en la poesía de la nobel chilena.

Una palabra cómplice, al tiempo que signa un acontecimiento en la historia de la crítica literaria feminista chilena, marca un giro inaugural en los estudios en torno a la obra de la poeta. En este libro hay sugerentes y renovadas lecturas que serán disparadoras de nuevas aproximaciones críticas como *Dirán que está en la gloria... (Mistral)* (1997) de Grínor Rojo (quien reconoce el aporte indiscutible del enfoque feminista en su práctica ensayística), *A Queer Mother for the Nation. The State and Gabriela Mistral* (2002) de Licia Fiol-Matta (quien amplía la lectura sobre el racismo anti-negro esbozada por Alberto Sandoval), *Como traje de fiesta. Loca razón en la poesía de Gabriela Mistral* (2009) de Raquel Olea (quien extiende su participación en *Una palabra cómplice...* abordando un amplio corpus de poesía desde los feminismos) o *Gabriela Mistral. Somos los andinos que fuimos* (2018) de Magda Sepúlveda (ensayo que recoge la propuesta iniciática de la andinidad mistraliana de Cecilia Vicuña).

En 1997, aparece, en Santiago de Chile, *Dirán que está en la gloria... (Mistral)*, monografía académica de más de quinientas páginas en las que Grínor Rojo se propone revisar críticamente el acervo poético de la autora. Para ello, su propuesta abarca tanto los cuatro poemarios mistralianos éditos –*Desolación* (1922), *Ternura* (1924 y 1945), *Tala* (1938) y *Lagar* (1954)– como "el remanente escriturario que no publicó" (9), integrado, fundamentalmente, por *Poema de Chile* (1967) y *Lagar II* (1990). Dos son, en resumidas cuentas, las principales tareas a las que este estudio se aboca. En primer lugar, una revisión de los paradigmas hermenéuticos canónicos erigidos por los críticos tradicionales –o "crítica vieja", según la expresión por él mismo acuñada– con el propósito de construir un "nuevo escenario exegético" (13) y horadar, así, aquella "leyenda blanca" (11) que, como ironiza Rojo, "sanitizaba" (12) y "exorcizaba" (12) la escritura mistraliana para "el feliz regodeo de las buenas conciencias" (12). En segundo lugar, como ajuste de cuentas, una lectura renovada de su poesía que, a lo largo del libro, el ensayista va hilvanando mediante diversos *close readings* urdidos al trasluz de una metodología ecléctica capaz de dilucidar los vínculos entre literatura e historia. Recurre, para ello, al cruce no dogmático –pero tan riguroso como productivo– de varias estrategias críticas por entonces en boga, que van de la teoría marxista al neohistoricismo estadounidense, pasando, entre otros, por el psicoanálisis, la semiótica y la teoría feminista. De especial interés resultan, según él mismo precisa, los aportes de los feminismos, en tanto no solo le permiten reflexionar en torno a las complacientes políticas de apropiación que pretendieron domesticar y, en última instancia, sacralizar a Mistral a lo largo del siglo XX, sino que, además, atender a la conflictividad subrepticia que, a decir de Rojo, se deja pesquisar en "lo que [la autora] no dijo y no hizo" (15) o, incluso, en "lo que dijo e hizo sin querer, *a pesar suyo y con dolor*" (15, énfasis en el texto original). Una Mistral discrepante consigo misma, cuya ortodoxia y heterodoxia se expresan, contradictoriamente, "en el flujo simultáneo de discursos disímiles" (13), es, por consiguiente, la que el libro de Grínor Rojo hace aparecer, en sintonía con la Mistral críticamente rescata por las feministas chilenas de los ochenta.

A Queer Mother for the Nation. The State and Gabriela Mistral (2002) de Licia Fiol-Matta irrumpe a comienzos del nuevo milenio instalando lo que podríamos rotular como *crítica díscola,* toda vez que la práctica de la ensayista desobedece los guiones que orientan el canon de lecturas hegemónicas enraizadas en torno a la vida y obra de la poeta chilena. A través de siete capítulos analizados a la luz de los feminismos, la teoría *queer*, la teoría crítica de la raza, el psicoanálisis y el trabajo con archivos, Fiol-Matta descentra la impoluta imagen de Mistral desviando la mirada hacia lugares incómodos o escamoteados por los regímenes analíticos tradicionales. *Lectura incómoda* que, a decir suyo, cuiriza los modos de leer habituales enrareciendo y desautomatizando las contradictorias narrativas que se yerguen sobre el corpus-cuerpo de Gabriela Mistral.

La académica puertorriqueña despliega un innovador método *queer* que obliga a desviarse de los recorridos trazados por la crítica autorizada para fisurar, desde nuevos lugares, la unitaria imagen de la poeta cristalizada por el Estado. Fiol-Matta se pregunta cómo es que una figura pública de la estatura de Mistral, "described as being more masculine than feminine or as ambiguous or simply 'queer'" (xxii) se erige como una de las más descollantes arquitectas del nacionalismo del siglo XX en Latinoamérica. *Lectura desorientadora* la de Fiol-Matta: Mistral es una madre *queer* que, aunque "no" tiene hijos, es elevada como la Madre y Maestra de Latinoamérica que erosiona los cimientos heteronormativos de la nación. Tan paradojal es la recepción del Estado chileno de la imagen suya como paradojal es la pose que esta performa en el campo cultural latinoamericano.

Declaración cultural ambigua y transitiva: mientras (se) reconoce en las subjetividades indígenas –en el marco de una Latinoamérica mestiza– desdeña el componente afrodescendiente ("Race Woman"). Aun cuando la poética maternalista es omnipresente en su obra, esta no es homogénea ni unívoca ("Citizen Mother"). En su contradicción, al interrogar las bases de la familia nacional (a través de la constitución de una "familia queer"), el acendrado narcisismo mistraliano contribuye, no obstante, a la emergencia de los Estados liberales latinoamericanos del siglo XX ("Intimate Nationalism") y, asimismo, la maestra de América, a pesar de estar simbólicamente emparentada con la madre, se distancia de esta ("Schooling and Sexuality"). La Mistral que cuiriza el Estado transita estratégicamente de una *performance* de género anclada al universo femenino para luego encarnar una "masculinidad femenina" inédita en el campo político y cultural latinoamericano ("Image Is Everything") (esta lectura luego será clave para Claudia Cabello Hutt en *Artesana de sí misma*). Lectura arriesgada, incómoda, ilegible y, por tanto, *intraducible* (el significante adquiere una dimensión material, toda vez que recién en 2024 se publicó su traducción al español) la de Fiol-Matta, por cuanto desmonumentaliza y horada la mitología "Mistral" que Chile se rehusaba –e incluso aún se rehúsa– a admitir.

Un punto de inflexión en los estudios mistralianos tiene lugar cuando, durante el gobierno de Michelle Bachelet y tras la muerte de Doris Dana en 2006, su sobrina Doris Atkison decide donar el archivo de Mistral al Estado de Chile. El 10 de diciembre de 2007, en una ceremonia llevada a cabo en la Sala Ercilla de la Biblioteca Nacional, a la que asistieron la Ministra de Educación, Yasna Provoste, y la Directora de Bibliotecas, Archivos y Museos, Nivia Palma, el "Legado Gabriela Mistral" –según fuera denominado por Pedro Pablo Zegers, jefe del Archivo del Escritor y coordinador del proyecto– es oficialmente recibido por las autoridades del país. Entre las dieciocho mil treinta y dos piezas traídas desde Estados Unidos, se encontraban manuscritos inéditos, textos mecanografiados, cartas, fotografías, películas y cintas de audio suyas que pasaron a ser custodiados, catalogados y digitalizados por la Biblioteca Nacional; mientras tanto, sus numerosos objetos personales, entre los que destaca su cuantiosa biblioteca, integraron la colección del Museo Gabriela Mistral de Vicuña.

Sin embargo, como pondera Licia Fiol-Matta en "A Queer Mother for the Nation Redux" (2014), esta apertura del archivo no implicó un consecuente resquebrajamiento de las operaciones críticas homofóbicas en torno a la autora. En palabras suyas, la "prueba" del lesbianismo (cuya inexistencia ciertos críticos habían apanicadamente esgrimido como razón suficiente para desacreditar cualquier lectura *queer*) finalmente cobraba cuerpo en su correspondencia amorosa con Doris Dana y, pese a ello, autoridades como Luis Vargas Saavedra, Jaime Quezada y Pedro Pablo Zegers seguían negando, de una u otra forma, la sexualidad de la autora. Sin ir más lejos, Fiol-Matta advierte cómo la temprana publicación de *Niña errante: cartas a Doris Dana* (2009) permite a Zegers domesticar la enunciación masculina de Mistral y su lazo amoroso con la estadounidense al presentarla como la desexualizada relación entre una maestra y una pupila en que la primera muestra la actitud de un "padre protector y proveedor" (Zegers 24) (un vínculo que, por su parte, la académica interpreta, a la luz del hasta entonces inédito archivo fotográfico, como el de una "pareja butch-femme" [46]). Una operación similar se advierte, a su vez, en el documental *Locas mujeres* (2011) de María Elena Wood, en el que, como asevera Fiol-Matta, el afectuoso vínculo entre estas mujeres se narra a partir de la experiencia compartida de un hombre ausente (el padre de Dana y el hijo de Mistral), al mismo tiempo que se privilegia aquella correspondencia amorosa en que la poeta se enuncia en femenino. De esta manera, las reflexiones de la académica develan la urgencia de un trabajo crítico que, como el de ella y el que, por su parte, también han ido efectuando Elizabeth Horan y Claudia Cabello Hutt, devuelva al archivo mistraliano todo su potencial *queer*.[11]

En *Como traje de fiesta. Loca razón en la poesía de Gabriela Mistral* (2009), la crítica Raquel Olea emprende un recorrido por la obra poética de la premio nobel desde un lugar de enunciación declaradamente feminista. En su ensayo "Otra lectura de 'La Otra'" –incluido en el ya mentado *Una palabra cómplice...*– se halla la poética crítica que despliega en esta monografía. *Otras* lecturas del signo mujer, *otras* lecturas de las imágenes femeninas, *otras* madres e hijas y *otras* Mistral se diseminan y comparecen en sus páginas disputando un lugar *otro* en la cultura patriarcal chilena y latinoamericana. Esta heterodoxa lectura de la *otra* Mistral y de las *otras* subjetividades que habitan

---

11. Una nueva versión de la correspondencia, titulada *Doris, vida mía. Cartas*, vio la luz en 2021. A cargo de Daniela Schütte González, esta nueva edición abre fuegos con un prólogo de Alia Trabucco Zerán ("Y Mistral reaparece"), en el que, además de ser presentada –citando a Fiol-Matta– como "'madre queer de la nación'" (11), Mistral es abiertamente reconocida como "lesbiana" (11). Valdría destacar, por su parte, cómo el incansable trabajo editorial e investigativo de Silvia Guerra y Verónica Zondek –con *El ojo atravesado. Correspondencia entre Gabriela Mistral y los escritores uruguayos* (2005)–, Elizabeth Horan –con *Esta América nuestra. Correspondencia 1926-1956* (2007) y *Preciadas cartas. 1932-1979. Correspondencia entre Gabriela Mistral, Victoria Ocampo y Victoria Kent* (2019)–, Diego del Pozo –con la nueva edición de *Poema de Chile* (2015) y *Recados completos* (2023)–, Gladys González –con *Iniciática, astral y precursora* (2020), *Herbario mistraliano* (2021), *Textos sobre naturaleza* (2022), *La revista Mireya en Punta Arenas* (2023) de Ediciones Libros del Cardo– y, entre muchos otros, Gustavo Barrera Calderón –con *Matriarca* (2022)– ha permitido difundir el archivo mistraliano y perfilar, consecuentemente, nuevas lecturas en torno a la autora. Finalmente, la reciente edición en ocho volúmenes de la *Obra reunida* (2020) de Mistral, a cargo de Jaime Quezada Ruiz, Magda Sepúlveda Eriz, Carlos Decap Fernández, Gustavo Barrera Calderón y Thomas Harris Espinosa, ha permitido volver a poner en circulación, desde una mirada de conjunto, gran parte del corpus literario édito de la poeta y prosista, incluyendo, además, materiales inéditos del legado. Pese a que actualmente hay un *boom* en Chile de publicaciones de textos inéditos del archivo de Gabriela Mistral, aún no contamos con una edición crítica de su obra, deuda que merece ser subsanada.

su poesía cuestiona las narrativas esencialistas, normativas y marmóreas de la galería de representaciones femeninas privilegiadas por lecturas canonizadas (maestra, madre y amante dolorosa).

Dis*loca*da crítica la de Raquel Olea quien, "como traje de fiesta para fiesta no habida" (expresión extraída del poema "La abandonada" de *Lagar*), instala una hermenéutica o *traje* feminista para des-leer el imaginario o leer de *otras* maneras las representaciones femeninas en la poesía mistraliana, incluso en *Ternura* (1924), uno de los libros más disciplinados por el canon nacional. La ensayista se pregunta: "Si Mistral nombra lo femenino, en la escritura [...] ¿qué es lo que nombra? ¿cómo lo nombra? ¿qué producción de sentido opera en su poética, en su pensamiento ese modo de nombrar?" (13). Dis*loca*ndo las lecturas que rehúyen la emancipación de lo femenino en la escritura mistraliana, Olea halla en la "loca razón" o en esta especie de *poética desvariadora* de la escritora un lugar de enunciación crítico y estratégico que pone en marcha el despliegue de un discurso de la diferencia que deconstruye y subvierte clisés.

Esta *crítica loca* o *loca crítica* demuestra, a través de acuciosos *close readings* de poemas de Mistral, la ruptura originaria de la unidad madre-hija (su dolorosa falta) y, simultáneamente, su deseo de reunión (un encuentro gozoso). La "loca razón" en tanto "producción de una razón femenina" (49) resemantiza, entre otras cosas, este corte madre-hija como la (im)posibilidad del encuentro mujer-mujer tachado por la cultura heteronormativa. Aun cuando la madre es deseada y buscada, el ideologema maternalista mistraliano en su doblez tropológico es desplazado hacia una potencia de sentidos que reúnen "una pluralidad significante que astilla la unidad del signo" (75). Localizar la crítica mistraliana o volverla más loca es, sin duda, uno de los aportes medulares del ensayo de Raquel Olea.

En *Gabriela Mistral. Somos los andinos que fuimos*, publicado en 2018, Magda Sepúlveda revisita la producción lírica de la autora en el horizonte de los estudios transandinos. La poeta es críticamente perfilada, así, como una escritora capaz de diseñar una "conciencia andina" (18) mediante el despliegue de un discurso poético americanista (integrado por himnos, rogativas y rondas) que, aunque continentalmente trashumante (de allí lo *trans*), cobra sentido en la zona cultural de los Andes. A través de un análisis textual que va de *Desolación* (1922) a *Poema de Chile* (1967), y en el que destacan los "Dos himnos" de *Tala* (1938), la ensayista demuestra que la representación mistraliana de la subjetividad indígena es equivalente a asumirse como tal, al punto de que el empleo de un "nosotros andino" (17) bien vale como santo y seña de una poética en flagrante contraposición a ese indigenismo literario cuya marca distintiva vendría a ser, a decir de Sepúlveda, la tajante diferenciación entre el grupo representado y la autoría del texto. La estudiosa advierte que, lejos de erigirse literariamente a sí misma como "apoderado plenipotenciario de subjetividades andinas" (18), Mistral es capaz de desplegar, a través de su poesía, una "discursividad donde ella se incluye en el nosotros de las subjetividades apocadas por la hegemonía" (18). Lo andino le permite hablar de sí misma a la vez que de las subjetividades latinoamericanas oprimidas, pudiendo ser posible pensar la obra lírica de Mistral en el marco de una temporalidad políticamente disruptiva donde las prácticas y los saberes incaicos imaginados por la poeta en la primera mitad del siglo XX ya anuncian las contemporáneas revueltas indígenas, populares y feministas contra las aún perdurables fantasías segregadoras y homogeneizadoras de la nación.

La Mistral de Sepúlveda resulta, así, ideológicamente cercana a la Mistral de Cecilia Vicuña, cuyo trabajo artístico –la obra pictórica *Gabriela Mistral* (Galería CAL, Santiago, 1979) y la *performance* "Patipelaos" (Casa Central de la Universidad de Chile, 2016)– también celebra el potencial político que, por su parte, la académica rescata al analizar los reclamos de clase y raza que atraviesan su poesía. A fin de crear un relato crítico que, alejándose de interpretaciones abstractas o universalistas, sea capaz de restituir todo el carácter subversivo de su producción escritural, este libro restablece ciertos "proyectos políticos del presente enunciativo de la poeta" (19), como la colonización en la Patagonia, las políticas de salud pública o la legalidad nacional de principios del siglo XX. La poesía mistraliana es redescubierta, así las cosas, como grito de alarma, aunque también, según apunta la estudiosa en su capítulo sobre "Locas mujeres", como acción (poética) reparadora y, en definitiva, dignificadora que, a decir suyo, "calma y alivia, en parte, la pobreza y el racismo/clasismo latinoamericano producido a partir de la colonización" (22). De allí que, como puntapié inicial, el libro de Sepúlveda comience aludiendo a la urgencia de recuperar la voz andina de esta escritora latinoamericana como paravientos ante el racismo y la xenofobia de un Chile que, hoy por hoy, insiste en darle la espalda a la Cordillera de los Andes.

Ese mismo año, Claudia Cabello Hutt publica, en Estados Unidos, *Artesana de sí misma. Gabriela Mistral, una intelectual en cuerpo y palabra* (2018), volumen académico consagrado a la premio nobel chilena en el que, a luz de su prosa, iconografía y otros materiales de archivo inéditos (como manuscritos, correspondencia y fotografías), se propone estudiar su configuración pública como "intelectual moderna de influencia internacional" (3). El episodio mistraliano anterior a la publicación de *Desolación* (1922) con que esta monografía abre fuegos –aquel deslumbrante homenaje con que Mistral es despedida en Chile al partir a México– bien permite evidenciar la sugerente propuesta de lectura que este trabajo crítico se propone trazar. En concreto, Cabello Hutt sostiene que las diversas prosas publicadas en periódicos y revistas, así como la representación visual y el agenciamiento de redes transnacionales, resultan decisivas en su construcción como figura pública.

Su trabajo se pregunta, en suma, por los modos en que la identidad de género de esta escritora chilena se inscribe en su práctica intelectual, vale decir, la manera en que su condición de mujer determina sus formas de participación en la esfera letrada. De allí que, a partir de un análisis cultural y un exhaustivo trabajo de archivo en torno a ese "período de formación, internacionalización y consolidación [de Mistral] como intelectual profesional que va desde 1904 hasta fines de la década de 1930" (3), la académica identifica algunas estrategias que le permitieron negociar su lugar como "mujer de letras" en el marco de una esfera cultural latinoamericana dominada por hombres. Entre ellas, mención especial requiere la utilización de la educación y la poesía, actividades intelectuales abiertas por entonces a las mujeres, como una suerte de "campamentos base" que, a decir suyo, le permitieron acatar y desafiar el lugar cultural relegado, por entonces, a las mujeres. El "uso temporal de espacios asignados y aceptados desde los cuales se pueden explorar lugares o identidades inestables" (49) asegura, ingeniosamente, su participación en un terreno intelectual masculino, permitiendo intervenir lateralmente en la política. Los últimos dos capítulos del libro dan cuenta de un perdurable deseo por la imagen en Mistral, el que, en resumidas cuentas, la habilita a darse a ver como intelectual. Esta última estrategia resulta, por cierto, un pivote central de la propuesta de Cabello Hutt, toda vez que le permite evidenciar cómo la chilena fue capaz de crear –no solo por medio de la palabra, sino también a través de su cuerpo– una imagen pública para la mujer intelectual, inexistente, hasta ese entonces, en América Latina.

Mistral. Una vida. Solo me halla quien me ama (2023) es el primero de tres volúmenes de una extensa y acuciosa empresa biográfica urdida por la académica norteamericana Elizabeth Horan que aborda la mitad de su vida (hasta sus treinta y tres años). Este "anti-cuentos de hadas" o "hagiografía *queer*", pleonasmo mediante, marca un hito en el nutrido acervo de narrativas de vida en torno a la autora. *Mistral. Una vida...* se distancia y suspende la fascinación hagiográfica típica que domina los relatos del siglo XX para narrar la ex-céntrica trayectoria de una poeta e intelectual moderna latinoamericana. Horan demuestra cómo la premio nobel chilena trabaja arduamente en la construcción de su propia biografía, en la escritura de su cuerpo y su imagen, en la narración de *una* vida, de *su* vida. Esta hipótesis constituye un singular acierto crítico, pues permite entender que las narrativas vitales (la de Mistral y la de la misma Horan en torno a la poeta) como un valioso documento, un archivo vivo que revela, entre otras cosas, los tropos con los que las autorías cuentan y ficcionalizan sus trayectos mundanos. Con exquisita sensibilidad, la estudiosa advierte esta táctica y no desdeña las fábulas biográficas que santifican a Gabriela Mistral; por el contrario, acude a ellas como intrincados tejidos que en sus reveses cuentan lo que en el plano de la superficie textual se niega o escamotea.

El entramado narratológico de este "raro" relato de la vida de una poeta e intelectual docilizada y monumentalizada por los centros de poder es eminentemente *queer*: esquiva los trayectos lineales y teleológicos de Mistral anclándose a estrategias desorientadoras; muestra los "raros" devenires de las "divinas", "santas" y "rebeldes" biografías de la escritora o, lo que es lo mismo, nos enseña que estas mitologías son verdaderas lecturas cuirizadas. Horan goza en los deslizamientos de los materiales de archivos (e.g. cartas, periódicos, testimonios, historias regionales) que, José Esteban Muñoz *dixit*, resisten a la evidencia exigida a las identidades problemáticas para la nación. Más que transparentar una identidad *queer* (valga la potencia del oxímoron) encarnada por el premio nobel, la tarea de la autora es develar en la opacidad de *la narrativa de sí misma* de Gabriela Mistral las estratagemas para alterar y desviar esos secretos que sus secretarias guardaron celosamente.

Según consta Elizabeth Horan, esta biografía hace añicos "el cuento de hadas según el cual José Vasconcelos, jefe de la Secretaría de Educación Pública mexicana, la invita como si fuera él un príncipe azul y ella, la bella durmiente o la cenicienta" (12). *Mistral. Una vida. Solo me halla quien me ama* argumenta convincentemente cómo la poeta chilena de manera estratégica tejió redes de sociabilidad homosociales y *queer* con diversos actores del campo político y cultural de principios del siglo XX para acceder a un lugar prominente, hasta ese entonces vetado para las mujeres. Este libro retrata a Mistral como una auténtica estratega que supo dónde, cuándo y cómo establecer nexos idóneos para erigirse en una de las poetas e intelectuales más relevantes del siglo XX en Latinoamérica. Pero además (y este gesto no es menor) muestra cómo a principios del siglo pasado había una subterránea sociabilidad *queer* que en cómplice sintonía se apoyó y compartió inquietudes, miedos y deseos.

Relecturas transhemisféricas en torno a Gabriela Mistral

El presente volumen está integrado por quince capítulos –en su gran mayoría inéditos– que hemos distribuidos en cinco secciones temáticas: "I. Retratos díscolos de una *poseuse*", "II. Maternidades e infancias disidentes", "III. La América nuestra de Mistral", "IV. ¿Mistral cosmopolita?" y "V. Oblicuas miradas". La primera de ellas incluye tres ensayos en los que Grínor Rojo, Licia Fiol-Matta y Claudia Cabello Hutt actualizan, a la luz del horizonte crítico y político contemporáneo, algunas de las reflexiones perfiladas en sus pioneras monografías académicas sobre la escritora chilena. Leídos en filigrana, los trabajos de este apartado bien podrían conceptualizarse a partir de una misma operación intelectual: nos referimos al ejercicio de retratar críticamente, mas no de fijar, la contradictoria figura de Gabriela Mistral, siendo capaces de perfilar aquel sigiloso potencial disidente que, reactivado por medio de su legado, sigue haciendo de ella una ambigua *poseuse*, tan recatada como transgresora, según diría Sylvia Molloy.

En "La joven Mistral", Rojo ahonda en las múltiples "agramaticalidades" que, a decir suyo, tensionan irresolublemente la integridad de la autora. Ni tan consentidora (como pretendía la "vieja crítica") ni tan rebelde tampoco (como últimamente se ha enfatizado) es la Mistral que su itinerario crítico va perfilando al pasar revista a las principales contradicciones ideológicas (políticas, religiosas y estéticas) pesquisables durante sus años de formación. De tal manera que, en sintonía con lo planteado en *Dirán que está en la gloria... (Mistral)* (1997), para Rojo es precisamente este "estado de tensión continua" –entre obediencia y desobediencia, docilidad e indocilidad, conformismo e inconformismo– lo que estaría a la base de la "potencia extraordinaria de su discurso".

En "El retorno de la madre *queer*", Fiol-Matta retoma sus reflexiones de 2002 (*A Queer Mother for the Nation*) y de 2014 ("A Queer Mother for the Nation Redux") para repensar, esta vez, la sexualidad de Mistral a la luz del contexto político contemporáneo, marcado tanto por la indócil proliferación de reclamos feministas y sexodisidentes como por el reaccionario ascenso de la llamada nueva derecha. Ante este panorama, reapropiaciones rebeldes de

Mistral como las de Fab Ciraolo (2018) o Andrés Kalawski (2019) se vuelven absolutamente necesarias para hacer frente a la normalización y, en última instancia, al secuestro de la autora por parte de un Estado que, a decir suyo, muy poco hace por cambiar los mandatos sexo-genéricos dominantes.

Por su parte, Cabello Hutt vuelve sobre el quinto capítulo de *Artesana de sí misma* (2018) para abordar "el deseo [de Mistral] por la imagen" en diálogo con su actual investigación sobre archivos *queer*. Al contraponer las representaciones "solemnes y monolíticas" de la autora (que hacen de ella una "maestra apolítica, monástica, dolorosa, casi asexual") con aquellas provenientes del archivo (que, en palabras suyas, develan la gozosa existencia de Mistral como mujer sexualmente disidente), la académica no solo pondera los alcances de esta "nueva era de redescubrimiento y reinterpretación –feminista, *queer*, política–", sino que, encima, reflexiona sobre la potencialidad, belleza y radicalidad de lo que propone denominar como "ilegibilidad *queer*". Su trabajo apunta, de este modo, a indagar en cómo las vidas *queer* resisten cualquier tentativa domesticadora de "composición final y cierre", permitiéndole insertar el imperioso deseo por la imagen de Mistral como parte de un proceso de indócil problematización y refracción de su propia identidad sexo-genérica.

La segunda sección de este volumen, "II. Maternidades e infancias disidentes", está compuesta por los ensayos de María Rosa Olivera-Williams, Raquel Olea y Alida Mayne-Nicholls, quienes, desde nuevas ópticas críticas, abordan el sintagma madres-hijos polemizando con los clisés prodigados en el canon de lecturas en torno a la imagen de la madre y la niñez en el discurso mistraliano. Acentuamos el plural de esta díada tan cara a Mistral, porque el acierto de estas propuestas analíticas reside, precisamente, en el desprendimiento de aquellas interpretaciones que ensalzan *una* sola figuración monolítica del maternalismo. La insistente narrativa de la poeta chilena como la abnegada madre de Chile que sublima la carencia de hijos propios por ajenos es puesta en entredicho por las estudiosas, toda vez que pluralizan el significante 'madre', abriéndolo a una hermenéutica disidente que discute los relatos instalados en el campo literario y cultural latinoamericano. Los tres ensayos dispuestos en esta sección analizan un corpus de poemas frecuentemente desatendido por la crítica: las rondas de *Ternura* (1924) y los poemas maternalistas de *Desolación* (1922).

En "El poder de la ambigüedad en la poética de Gabriela Mistral: maternidades abyectas", la académica Olivera-Williams estudia cómo la ambigüedad inherente de la poética mistraliana la habilita para crear un maternalismo abyecto que cuestiona el imaginario de impolutas madres en oposición "a la idea de maternidad pergeñada por la ideología patriarcal". Según constata Olivera-Williams, Mistral opta por una escritura gozosa de mujeres que en su gravidez desean y son deseadas. Aun cuando *Desolación* es uno de los libros más docilizados por la institucionalización literaria por considerársele más obediente a los regímenes de convivencia nacional, la lectura propuesta revela cómo la "poeta abre espacios, por ejemplo, para las madres lesbianas, rompiendo el sistema vertical de la familia patriarcal: padre, madre e hijos, por un sistema horizontal, en el que las mujeres se hermanan para criar a un hijo". La madre emparentada a la Virgen María es aquí un cuerpo erotizado y "fuera de lugar" que rompe con las prescripciones de género exigidas.

En "Juego y escritura",[12] Olea discute las reservas de sentido menos transitadas de los juegos mistralianos poetizados en *Ternura*. "Rondas" convoca el "deseo de reunión a través de la danza en corro", mientras que en "Jugarretas" aparece la "palabra desplazada" y en "La desvariadora" "el desvío y la elusión del sentido" rigen el imaginario infantil. Las madres representadas aparecen des-unidas de sus hijas simbolizando el corte progenitora-primogénita impuesto por el relato patriarcal que expulsa a las hijas del seno de la madre. Las niñas tejen su ronda como efecto del desamparo materno, de modo que el acto de reunión en su potencia negativa deviene más bien en alegoría de soledad y muerte.

En "Círculo, giro y vacío: el tejido de la ronda mistraliana y sus imaginarios de infancia", Mayne-Nicholls, a través de una analítica de la forma desentraña las significaciones políticas y simbólicas que adquieren las rondas en el discurso de Gabriela Mistral. Acudiendo a los aportes de los *childhood studies*, la crítica deconstruye las ideas que circulan en torno a la niñez o, dicho de otra manera, advierte imaginarios de infancia más complejos y polivalentes. Las figuras del círculo, giro y vacío, por medio de un contagio metonímico, vienen a significar el círculo de la "ronda como hermandad, el delirio del giro como ejercicio de agencia" y el vacío "como un ejercicio de transformación más allá de sí mismo". Las rondas devienen particulares actos performativos que en su alocado corro restauran el corte patriarcal madre-hija –al que alude Raquel Olea– politizando el vínculo entre mujeres desde su dimensión comunitaria.

---

12. Este ensayo corresponde al tercer capítulo de *Como traje de fiesta. Loca razón en la poesía de Gabriela Mistral* (2009), que la crítica Raquel Olea escogió como colaboración para este volumen.

El juego se construye como un acto político que horada lecturas ingenuas, aquellas que como las rondas tradicionales, al decir de Mistral, no son sino "zaquizamíes".

En la tercera sección, "III. La América nuestra de Mistral", se recogen ensayos de Miguel E. Morales, Magda Sepúlveda Eriz y Andrea Casals-Hill que revisan críticamente los alcances estético-políticos de su obra en el horizonte de la cultura continental. Mientras el primero de estos capítulos examina el pensamiento latinoamericanista de la premio nobel en el marco de lo que Mary Louise Pratt denomina "ensayo de identidad" (un género literario en el que –a decir de la académica– las mujeres ensayistas, a pesar de haber participado, rara vez fueron reconocidas como interlocutoras legítimas [83]), los dos siguientes trabajos emprenden, respectivamente, al alero de los estudios de alimentos y de la ecocrítica, una lectura de su poesía capaz de aprehender tanto la valoración de Mistral por la cultura indígena como su pionera esperanza en una ética ecológica. Lo que nos devela que el "humanismo rural" achacado por Jaime Concha a la poeta es, a fin de cuentas, mucho más insurrecto de lo que hasta ahora se había querido pensar.

En "Gabriela Mistral y el pensamiento latinoamericanista: las herencias hurtadas", Morales estudia los discursos ideológicos que atraviesan la prosa ensayística de la escritora, un género literario que, pese a haber sido profusamente antologado desde la década del setenta en adelante (piénsese, sin ir más lejos, en las compilaciones de Roque Esteban Escarpa, Alfonso Calderón, Jaime Quezada, Luis Vargas Saavedra, Pedro Pablo Zegers y Diego del Pozo), ha recibido una atención más bien escasa por parte de la crítica mistraliana. Identificando los principales nudos de su pensamiento latinoamericanista, al mismo tiempo que rastreando las múltiples "herencias" sagazmente "hurtadas" a sus pares letrados continentales, el crítico consigue no sólo tensionar los límites del ensayo de identidad (un discurso que, a decir suyo, ha sido "magistralmente" monopolizado por varones) al insertar plenamente a Mistral en dicho territorio, sino que, encima, logra evidenciar –en base a siete tópicos– las principales convergencias que, en la arena pública, la autora mantiene con intelectuales como Simón Bolívar, Domingo Faustino Sarmiento o José Martí.

En "El maíz de Gabriela Mistral. El territorio mesoamericano", Sepúlveda Eriz postula la existencia de un "humanismo rural mesoamericano" que, mediante la ingesta de ciertos alimentos indígenas, permite al sujeto poético mistraliano reactualizar un pasado cuyos *saberes* y *sabores* se develan política y sexualmente subversivos. Al advertir que "el pasado retorna en la lengua",

Sepúlveda Eriz demuestra, polisemia mediante, que la cultura indígena relampaguea, en la poesía Mistral, gracias al alimento (el maíz) y el idioma en que este se nombra (el náhuatl). De forma complementaria, al analizar cómo la escritora valora y recupera, en primera persona, las culturas indígenas mesoamericanas, principalmente maya, la estudiosa remarca cómo su poesía dialoga con el muralismo mexicano impulsado por José Vasconcelos, movimiento artístico que Mistral conoce de primera mano tras su llegada a dicho país en 1922 –y de quien, según la académica, ella retomaría "la valoración de los pueblos indígenas como fundamento de la actualidad y su necesidad de darles una expresión en el arte"–. Sepúlveda Eriz vuelve, así, a confirmar, esta vez a partir del caso mesoamericano, la hipótesis desarrollada en *Gabriela Mistral. Somos los andinos que fuimos* (2018).

En "Estampa de la ética ecológica de Mistral en las palmas", Casals-Hill se centra en los diversos significados que la *Jubea chilensis* adquiere en *Poema de Chile*, considerando tanto la primera edición (Pomaire, 1967) como la reciente versión a cargo de Diego del Pozo (La Pollera, 2010). La autora logra, de este modo, evidenciar que la sensibilidad ecológica de Mistral reconoce no solo el valor intrínseco de dicha especie al identificarse con su "*ser-sentir-pensar*", sino que, incluso, es pionera en celebrar, desde una mirada sustentable, su importancia en el marco de lo que actualmente conocemos como solidaridad intergeneracional. En la línea de lo planteado por Grínor Rojo y Soledad Falabella (*¿Qué será de Chile en el cielo?* Poema de Chile *de Gabriela Mistral* [1997]), el inacabado poemario póstumo de Mistral es recuperado por Casals, esta vez desde la ecocrítica, como un "atlas del Chile nativo" que "valora y destaca seres que van quedando fuera del proyecto de la nación-patria moderna".

Como contrapunto crítico del apartado anterior, la sección "IV. ¿Mistral cosmopolita?", integrada por ensayos de Macarena Urzúa Opazo y Felipe Toro Franco, ahonda en las trayectorias mundiales de una escritora chilena que, pese a haber sido internacionalmente celebrada como poeta latinoamericana (recuérdese que, como declara la Academia Sueca, la autora obtiene el Premio Nobel por haber "convertido su nombre en un símbolo de las aspiraciones idealistas de todo el mundo latinoamericano"), reclama –tanto por su labor diplomática como por el alcance de sus redes– un lugar señero como figura transnacional. Si bien nos parece insoslayable leer su tensa relación con Chile en los términos de un sexilio (piénsese, por de pronto, en los trabajos de Fiol-Matta, Horan y Cabello Hutt), esta sección nos invita a reconsiderar hasta qué punto resulta pertinente y hasta necesario reinterpretar la apertura de Mistral en el horizonte de lo que Mariano Siskind ha conceptualizado como "deseo de mundo". A partir de una revisión de las redes espirituales de Mistral, así como de su interés poético por el olimpismo, los trabajos de esta sección rescatan y ponderan, como respuesta inicial a este interrogante, al menos dos de sus "andares por el mundo", según la expresión que Roque Esteban Scarpa acuñara, hacia 1978, al reunir algunas de sus –por entonces poco conocidas– impresiones viajeras.

En "Marginalia espiritual: leer la biblioteca de Gabriela Mistral y sus comunicaciones teosóficas y rosacrucianas con Inés Echeverría y María Tupper", Urzúa Opazo examina el alcance internacional de las redes espirituales de la escritora a partir de dos fuentes: en primer lugar, la biblioteca personal de la autora y, en segundo lugar, su correspondencia con las chilenas Inés Echeverría y María Tupper. Su aproximación metodológica se devela, entonces, como una lectura excéntrica que, atenta a los márgenes, escudriña el horizonte afectivo de ciertas discursividades cosmopolitas (como el teosofismo y el esoterismo rosacruz) que permiten a la escritora imaginarse espiritualmente unida a otras mujeres alrededor del mundo. De este modo, en diálogo con otros trabajos sobre las redes de Mistral (e.g. Cabello Hutt y Horan), Urzúa Opazo desentraña el potencial afectivo de aquellas sociabilidades femeninas que, mediante una heterodoxia espiritual que las hermana, la chilena urde más allá de la frontera nacional.

En "La poesía de Gabriela Mistral en la relumbre del stadium", Toro Franco emprende una nervuda lectura de "Campeón finlandés" para remarcar la sagacidad con que, al alero de los Juegos Olímpicos de 1936, la poeta se pronuncia oblicuamente sobre un conflicto político internacional. Por medio de una intervención que, por su aparentemente lúdico diálogo con el deporte, bien reclama el calificativo de *lateral*, Mistral abandona la estrecha cancha de la política chilena (a la que, por su labor como diplomática, debía de haberse circunscrito) para lanzarse a las grandes ligas europeas e intervenir –apenas imaginariamente, aunque con gran destreza– en la invasión soviética a Finlandia (1939–1940). Así, tras analizar su faceta cosmopolita, la Mistral de Toro Franco se nos aparece mucho más *pop* de lo que hasta ahora habíamos advertido, toda vez que, para participar en la arena internacional, la vemos dialogar, cual espectadora entre las gradas del estadio, con la cultura de masas.

La última sección, "V. Oblicuas miradas", está compuesta por sendos ensayos de Elizabeth Horan, Sebastián Schoennenbeck Grohnert, Lau Romero Quintana y Cristián Opazo que, diríamos, instalan una crítica oblicua que, desobedeciendo el imperativo de lecturas rectas y teleológicas del corpus mistraliano, optan por dirigirse hacia terrenos más elusivos o escamoteados en los estudios en torno a la obra de Gabriela Mistral. El desvío en estos capítulos aparece como operación de lectura y como preciado tropo que la poeta chilena despliega en su quehacer escritural. Como asiduos "fans *queer*", al decir del crítico Cristián Opazo, las autorías aquí reunidas son "formalistas viscerales", porque para ellas "una marca de género ambigua puede ser una tabla de flotación cuando estamos naufragando en el océano de una lengua que nos asfixia". En la oblicuidad se hallaría, siguiendo a Sylvia Molloy, una desestabilizante "re-flexión del género" ("La cuestión del género" 818) en la poética mistraliana.

En "Santiago *queer*, 1916: Mistral antes de *Desolación*", Horan atiende un corpus de cartas y diarios personales para proponer cómo la escritora "desarrolla la ficción de un amor heterosexual, el cual opera como una suerte de pantalla (*beard*, en inglés) de su propio deseo". La estrategia crítica de Horan consiste en ahondar y penetrar, con eximia complicidad, en géneros discursivos considerados de menor valía para hallar en ellos las *flexiones, in-flexiones* y *re-flexiones* de género desplegadas por la premio nobel. Según demuestra la académica norteamericana, en sus tácticos intercambios con una red homosocial de hombres hetero y homosexuales (Alfredo Videla, Manuel Magallanes Moure, Alone, Eduardo Barrios), Mistral revela, mediante santos y señas entre entendidos, no solo una "una identidad sexual proscrita", sino también "una manera de nombrar y reconocer, en primera persona, una identidad mestiza, igual o aún más proscrita". El encubrimiento, la actuación y la coartada aparecen condensados en el desvío como tropo predilecto.

En "Sed de agua, sed de amor: un motivo desquiciante en la voz poética de Gabriela Mistral", Schoennenbeck Grohnert propone que el motivo de la sed reiterado *in extenso* en toda la poesía mistraliana revela una indiscutible polivalencia semántica: como deseo y como espera. El poema deviene en discurso performativo, pues "no solo se habla de la espera", sino que también "se está esperando". El tropo del sediento en su manifestación metafórica, simbólica y alegórica (con su evidente nota religiosa) se revela como "loco, visionario, faltante y sufriente ante la empatía o indiferencia de otro" y, asimismo, como "sujeto que anhela una alteridad superior o trascendente". Pero en su sedienta oblicuidad, en sus dobleces, el sediento es, también, una figuración de una subjetividad homoerótica. Recuperando la "mirada expansiva" de la autora, Schoennenbeck Grohnert demuestra cómo los desvíos mistralianos revelan a lectores entendidos los "descalabro[s] de género" mediante un imaginario religioso que en su ortodoxia excluye estas disonancias sexo-genéricas.

En "Travestismo narrativo: el masculino en las cartas de Gabriela Mistral en *Niña errante* (2009)", Romero Quintana analiza el epistolario de la escritora que fuera publicado luego de la llegada del legado mistraliano a Chile. Más que leer las cartas como evidencia de un vínculo homoerótico –la exigencia que, según José Esteban Muñoz, resisten las personas *queer*–, Romero Quintana sostiene que, a través del despliegue de un "travestismo narrativo", las cartas de Mistral son "vehículo de afectos y de una *performance* compleja, que oscila constantemente entre uno y otro polo del paradigma heterosexual". Contra la evidencia, la poeta chilena opta por el en/sayo: tantea, oscila y se desplaza entre las figuras del "niño, el amante despechado y el *pater familias*" generando una polifonía de voces que tensiona las categorías yo/otro. El acierto de este capítulo es, sin duda, moverse de una interpretación meramente identitaria hacia una construcción de una voz, de un "*self-fashioning* travesti" como canalizador de una singular ritmicidad afectiva y háptica.

En el último capítulo "Mistral, diva", el ensayista Cristián Opazo comienza interrogándose: "¿por qué Mistral es una diva que, además de una docena de dramas, impulsa súbitas genuflexiones?" A partir de un diálogo entre *Gabriela* (1981) y *Sangre como la mía* (2006) de Jorge Marchant Lazcano y "El retorno de Gabriela" (1994) y *Brunch (almuerzo de mediodía)* (1999) de Ramón Griffero –ambos declarados escritores homosexuales chilenos–, el crítico pone en marcha su estrategia de lectura: un sofisticado "formalismo visceral" que le permite argumentar que estos "fans-teatristas-*queer*" se fascinan con la imagen y obra de Mistral en tanto figura clandestina y tránsfuga que "deambula a través de los escenarios de la supervivencia". El divismo de una poeta *queer* y su pose incómoda, pero cautivante, se convierten en una estrategia de supervivencia en marcos inherentemente homofóbicos. La crítica oblicua desplegada por Opazo, fervoroso fan mistraliano, nos enseña que Marchant aprende el arte de la muerte *queer*; mientras que Griffero aprende a resguardarse con veladas pantallas de intimidad *queer*. Así las cosas, la Mistral que escenifican estos teatristas es apropiada en sus desvíos de la norma o, lo que es lo mismo, en sus genuinas tácticas (des)identificatorias.

Valga destacar, por último, cómo, a ochenta años de su recepción del Premio Nobel de Literatura (1945) y a más de cien años de la publicación de sus primeros dos poemarios (*Desolación* en 1922 y *Ternura* en 1924), hemos querido homenajear a Gabriela Mistral reuniendo estos quince ensayos críticos que buscan dar cuenta, desde renovadas y variadas perspectivas, de la inusitada vigencia de su riquísima producción literaria y de su pionera trayectoria cultural. La efigie póstuma que de esta insigne escritora hemos querido hilvanar a través de estas páginas, empero, nada tiene que ver con la solidez de aquellas estatuas tan caras a los habituales homenajes oficiales (de los que, por cierto, la propia autora sospechaba). Por el contrario, la ardorosa figura que, con locura, recorre estas páginas más bien corresponde a la *posera* y, al mismo tiempo, *fantasmal* silueta (Molloy *dixit*) de una Mistral que, más vigente que nunca, reclama ser espectacularmente vista —y, bajo ninguna circunstancia, anquilosada– en las múltiples contradicciones de sus retruécanos y fugas.

Obras citadas

Cabello Hutt, Claudia. *Artesana de sí misma. Gabriela Mistral, una intelectual en cuerpo y palabra*. Purdue University Press, 2018.

Carvajal, Fernanda. *La convulsión coliza: Yeguas del Apocalipsis (1987–1997)*. Metales Pesados, 2023.

Concha, Jaime. *Gabriela Mistral*. Júcar, 1987.

Daydí-Tolson, Santiago. *El último viaje de Gabriela Mistral*. Editorial Aconcagua, 1989.

Falabella, Soledad. *¿Qué será de Chile en el cielo?* Poema de Chile *de Gabriela Mistral*. LOM, 2003.

Figueroa, Virgilio. *La divina Gabriela*. El esfuerzo, 1933.

Fiol-Matta, Licia. "A Queer Mother for the Nation, Redux: Gabriela Mistral in the Twenty-First Century". *Radical History Review* 120 (Fall 2014): 35–51.

_____. *A Queer Mother for the Nation. The State and Gabriela Mistral*. University of Minnesota Press, 2002.

Horan, Elizabeth. *Mistral. Una vida. Solo me halla quien me ama*. Lumen, 2023.

Ladrón de Guevara, Matilde. *Gabriela Mistral, "Rebelde magnífica"*. Central de Talleres, 1957.

Mistral, Gabriela. *Poesías completas*. Editado por Jaime Quezada. Andrés Bello, 2001.

Molina Núñez, Julio y Juan Agustín Araya (eds.). *Selva lírica. Estudios sobre los poetas chilenos*. Soc. Imp. y Lit. Universo, 1917.

Molloy, Sylvia. "*Identidades textuales femeninas*: estrategias de autofiguración". *Revista Mora* 12 (2006): 68–86.

_____. "La cuestión del género". *Revista Iberoamericana* LXVI (2000): 815–819.

_____. *Poses de fin de siglo. Desbordes del género en la modernidad*. Eterna Cadencia, 2012.

Münnich, Susana. *Gabriela Mistral. Soberbiamente transgresora.* LOM, 2005.
Olea, Raquel. *Como traje de fiesta. Loca razón en la poesía de Gabriela Mistral.* Editorial Universidad de Santiago de Chile, 2009.
Olea, Raquel y Soledad Fariña (eds.). *Una palabra cómplice. Encuentro con Gabriela Mistral.* Corporación de Desarrollo de la Mujer La Morada, Editorial Cuarto Propio, Isis Internacional, 1997.
Oyarzún, Kemy. "Genealogía de un ícono: crítica de la recepción de Gabriela Mistral". *Revista Nomadías* 3. Editorial Cuarto Propio, 1998. 21–37.
Pisano, Margarita. "Descubrir el gesto de Gabriela". Olea, Raquel y Soledad Fariña (eds.). *Una palabra cómplice. Encuentro con Gabriela Mistral.* Corporación de Desarrollo de la Mujer La Morada, Editorial Cuarto Propio, Isis Internacional, 1997. 23–26.
Pratt, Mary Louise. "'No me interrumpas': las mujeres y el ensayo latinoamericano". *Debate Feminista* 21 (abril 2000): 70–88.
Rojo, Grínor. *Dirán que está en la gloria... (Mistral).* Fondo de Cultura Económica, 1997.
_____. "Prólogo". *Antología esencial.* Editorial Biblioteca Nueva, 2010. 7–40.
Sánchez-Osores, Ignacio. "El sexilio de una loca que calla sus amores proscritos: figuraciones extranjeras y fantasmagóricas en la poesía de Gabriela Mistral". *452°F Journal of Literary Theory and Comparative Literature* 26:1 (2022): 63–79.
Scarpa, Roque Esteban. *Gabriela anda por el mundo....* Editorial Andrés Bello, 1978.
Sepúlveda, Magda. *Gabriela Mistral. Somos los andinos que fuimos.* Editorial Cuarto Propio, 2018.
Siskind, Mariano. *Cosmopolitan Desires. Global Modernity and World Literature in Latin America.* Northwestern University Press, 2014.
Teitelboim, Volodia. *Gabriela Mitral pública y secreta. Truenos y silencios en la vida de la primer Nobel Latinoamericano.* Ediciones BAT, 1991.
Trabucco Zerán, Alia. "Y Mistral reaparece". *Doris, vida mía. Cartas.* Lumen, 2021. 11–21.
Valdés, Adriana. "Identidades tránsfugas: (lectura de *Tala*)." Olea, Raquel y Soledad Fariña (eds.). *Una palabra cómplice. Encuentro con Gabriela Mistral.* Corporación de Desarrollo de la Mujer La Morada, Editorial Cuarto Propio, Isis Internacional, 1997. 85–97
Zegers, Pedro Pablo. "Nota del editor". *Niña errante. Cartas a Doris Dana.* Zegers, Pedro Pablo (ed.). Lumen, 2009. 23–25.
Zemborain, Lila. *Gabriela Mistral. Una mujer sin rostro.* Beatriz Viterbo Editora, 2002.

I

Retratos díscolos de una *poseuse*

I

La joven Mistral

Grínor Rojo
UNIVERSIDAD DE CHILE

❧

GABRIELA MISTRAL NACIÓ EN VICUÑA, en el valle del río Elqui, en el Norte Chico chileno, el 7 de abril de 1889, y fue bautizada con el nombre de Lucila Godoy Alcayaga. Fueron sus padres doña Petronila Alcayaga Rojas y don Juan Jerónimo Godoy Villanueva. Vivió cuando niña en el pueblito de Montegrande, en uno de los rincones más alejados del valle, y posteriormente en las ciudades de Vicuña, La Serena, Coquimbo y Ovalle, hasta 1910. En 1911, convertida en pedagoga y ya escritora (empezó a usar el seudónimo Gabriela Mistral en 1908), se muda al sur de Chile, a la ciudad de Traiguén, en lo que iba a ser sólo el comienzo de un periplo profesional de diez años, que la llevó a desempeñar su oficio de maestra en Antofagasta, Los Andes, Punta Arenas, Temuco y Santiago. En 1922, José Vasconcelos, ministro de cultura de México –un México recién salido de su Revolución y en plena efervescencia reconstructora–, la invita a su país para colaborar en las tareas de alfabetización. Mistral sale de Chile con ese propósito el 23 de junio de 1922 y después de ello regresa a Chile en tres oportunidades: en 1925 por unos cuantos meses, en 1938 por unas cuantas semanas y en 1954 por unos pocos días.

Célebre desde su triunfo en los Juegos Florales de Santiago, en diciembre de 1914, cuando fue galardonada con la "Flor Natural", la "Medalla de Oro" y la "Corona de Laurel", por "Los sonetos de la muerte", a medida que pasan los años su fama se expande. Recorre América y Europa, trabaja para la Liga de las Naciones en Ginebra, París y Roma, dicta clases en Estados Unidos, es cónsul de Chile en España, Portugal, Francia, Brasil e Italia, hasta que finalmente le asignan un puesto en Estados Unidos, donde se radica. En 1943, su hijo adoptivo (y, al parecer, según las últimas informaciones de que disponemos, su hijo natural secreto), Juan Miguel Godoy, a quien ella apodaba Yin Yin, se suicida en Petrópolis, lo que constituyó para la poeta un golpe devastador.

Dos años después, la Academia Sueca de Letras le otorga el Premio Nobel de Literatura. Es el primer hispanoamericano que consigue esa recompensa y uno de los cinco que la han obtenido en toda la historia del Premio. Gabriela Mistral muere en 1957, en el Hospital de Hempstead, estado de Nueva York, habiendo publicado durante su vida cuatro libros poéticos, además de una cantidad no desdeñable de ensayos breves y artículos periodísticos. Los libros poéticos son: *Desolación* (1922), *Ternura. Canciones de niños* (1924), *Tala* (1938) y *Lagar* (1954). Deja inéditos a su muerte *Poema de Chile,* que se publica póstuma y negligentemente, en 1967, y una segunda parte de *Lagar,* que con el título *Lagar II* apareció, también con graves deficiencias editoriales, en 1991.

Quedaron también, después de su muerte, entregados a la supervisión de la Biblioteca del Congreso de Estados Unidos, una cantidad de manuscritos, los que ahora están disponibles también en la Biblioteca Nacional de Chile y con los cuales los descubridores de inéditos han publicado después una serie volúmenes frecuente e imprudentemente intervenidos. En 2007 muere en Estados Unidos Doris Dana, que la acompañó en los años postreros de su vida y de quien se sabe que fue pareja. Dana conservaba un material desconocido hasta ese momento, que legó a una sobrina y que esta a su vez entregó a la Biblioteca Nacional de Chile. Son objetos varios, fotografías, documentos y también poemas. A base de estos últimos, el profesor de la Pontificia Universidad Católica de Chile Luis Vargas Saavedra editó y publicó en 2008 un nuevo volumen al que, quizás tratando de mostrarse consecuente con el ruralismo de los últimos títulos de Mistral, bautizó *Almácigo*. Este volumen consta de doscientos cinco textos, algunos de ellos de bastante importancia (no todos, como es de suponerse), en lo que pudiera no ser el fin de la historia editorial póstuma de la poeta.

Yo, por mi parte, voy a centrar esta presentación en torno a un problema, uno entre los muchos que presenta la producción de Mistral, pero de cuyo esclarecimiento depende a mi juicio el desempeño crítico, peor o mejor, que hoy nos es posible llevar a cabo acerca de su práctica de escritora. Me refiero al problema de la integridad del sujeto Mistral tal como él se nos muestra sobre todo en su poesía. Me parece que este es un problema relevante porque es el que corta las aguas entre lo que yo me adelantaría a denominar desde ya como la crítica vieja sobre la obra de la poeta y la nueva crítica, es decir, en este último caso, la que se inicia en los años ochenta del siglo XX con los estudios de Goic, Concha, Guzmán, Ostria y Rodríguez Fernández, y se consolida en los noventa a partir de un congreso que organizaron las feministas chilenas en 1990. De aquel congreso salió un libro con un par de artículos memorables, de Raquel Olea y de Adriana Valdés, a lo que siguió la excelente "bibliografía anotada" de Patricia Rubio del 95, un libro mío del 97, el número 3 de la revista *Nomadías* del 98, otros artículos valiosos de Gabriela Mora y Leonidas Morales, por ejemplo, hasta llegar a los libros más recientes de Licia Fiol-Matta, Soledad Falabella, Ana Pizarro, Susana Münnich y alguno más. Esta nueva crítica, para usar la metáfora con que Marx caracteriza su obra respecto de la de Hegel, ha puesto de pie lo que en las publicaciones anteriores andaba de cabeza.

Ahora bien, la crítica vieja nunca tuvo dudas en lo concerniente a la integridad del sujeto mistraliano. Para quienes la representaban, Mistral fue la poeta mujer que, por haber perdido temprana y trágicamente al amor de su vida y por no haber podido en consecuencia ser lo que una mujer debe ser, esto es, esposa y madre, vuelca esa supuesta carencia suya (la "sublima" es lo que hubiese apuntado en el acto algún freudiano al acecho) en la escritura, convirtiéndose como resultado de dicho acontecimiento en la poeta-profesora, la poeta madre de Chile y de América, la poeta defensora de la religión católica y de los valores tradicionales, del maternalismo, del conyugalismo, del familiarismo, etc. La pasmosa frase de Hernán Díaz Arrieta, el crítico del diario *El Mercurio,* en un libro de 1940, es tributaria de este mito biográfico-hermenéutico: "El amor que aquel joven suicida le inspiró y la herida que le causó su muerte pueden considerarse el germen de todo lo demás que le ocurriría a Gabriela Mistral, incluso el Premio Nobel" (10).

Por su parte, la nueva crítica nace en el mismo momento en que ese paquete de verdades a medias es percibido y aquilatado en todo su inmenso escamoteo, cuando la investigación literaria responsable, ahora desprovista de anteojeras ideológicas, empieza a descubrir las múltiples agramaticalidades con que se escribe el relato mistraliano, cuando se comprueba que Mistral sí fue madre (haya sido o no el joven Juan Miguel Godoy su hijo biológico, lo concreto es que ella cumplió con las funciones de madre durante diecisiete años de su vida), que la relación que tuvo con Chile y América fue siempre conflictiva, que el catolicismo no fue su única adhesión religiosa y que respecto del maternalismo, del conyugalismo y del familiarismo las cosas no están muy claras tampoco.

Me parece conveniente insistir en que Gabriela Mistral no es siempre idéntica a sí misma, que no nació, como Palas Atenea, armada de pies a cabeza,[1] sino que se fue formando a lo largo de los años tanto en sus dichas como en sus desdichas. Hay pues en Mistral una evolución de la cual los que la estudiamos tenemos la obligación de hacernos cargo, si es que pretendemos entender su práctica de escritora como el todo discernible que ella es, pero que no por eso deja de estar expuesta a los avances y a los retrocesos, a los flujos y a los reflujos que son la norma de cualquier destino humano.

Conviene entonces que, para abordar la evolución de su trabajo, nos detengamos hoy en la naturaleza del cambio que, entre el último cuarto del siglo XIX y el primero del XX, se produce en América Latina en el plano de los papeles sexo-genéricos y en las consecuencias que ello tiene para la práctica de la escritura femenina y sobre todo para la práctica de la escritura literaria feminista, algo que tampoco les resultará comprensible a quienes me leen si yo no lo relaciono con el despliegue de una vida y una cultura moderna y urbana.

La activación de un movimiento latinoamericano de mujeres constituye, en aquellos años, un fenómeno plural, como nos lo ha enseñado la profesora Asunción Lavrín documentada y convincentemente. Según sus investigaciones, existe en esa época actividad mujeril en geografías nacionales distintas y en dos de los compartimentos que segmentan el paño social. Escribe:

> Se comenzó a hablar de feminismo y a definirlo entre 1898 y 1905, y ya en 1920 formaba parte del vocabulario político de socialistas, mujeres liberales de clase media, reformadores sociales, diputados nacionales y, aun, escritores católicos conservadores. La evolución del feminismo en estos países [está estudiando Lavrín los casos de Uruguay, Argentina y Chile] refleja distintas raíces ideológicas y los matices sutiles de la clase social. Antes de 1910 predominaron dos interpretaciones feministas. Una era

---

1. Le pido prestada a Ricaurte Soler esta metáfora, que me gusta mucho y él usa para recomendar dinamismo en las descripciones de la trayectoria intelectual de José Martí, aunque tiene una aplicabilidad que es más extensa. *Idea y cuestión nacional latinoamericanas de la independencia a la emergencia del imperialismo*. Siglo XXI, 1980. 253.

de orientación socialista y se inspiraba en los escritos de Augusto Bebel. Este feminismo tenía conciencia de los asuntos de clase y encontró un sitio en los movimientos laborales de las tres naciones, especialmente después de 1905, cuando se comenzó a hablar de la situación de la mujer obrera junto a la de sus colegas masculinos.

El otro feminismo tenía lazos más estrechos con el feminismo liberal de mediados del siglo XIX, en boca de hombres como John Stuart Mill, y reflejaba las aspiraciones de mujeres y hombres de clase media que mostraban especial interés por los derechos naturales de las personas y la necesidad de establecer la igualdad de mujeres y hombres ante la ley. (30)

Identifica Lavrín, a continuación, dos "cohortes" feministas. "Una compuesta de mujeres nacidas entre 1875 y 1895, activas entre 1900 y 1930" (31), que más o menos coincide con el que Ansaldi y Giordano califican de "primer feminismo" (33) y que es el que a mí me importa para los fines de esta presentación; "la otra de mujeres nacidas entre 1895 y 1915, activas entre los años treinta y cuarenta" (31). Mistral, que nació en 1889, pertenecería al primero de estos grupos.

Bernardo Subercaseaux, por su parte, enriquece la clasificación dual de Lavrín, educándonos acerca de la existencia y quehaceres de un "espiritualismo de vanguardia" chileno durante el mismo lapso, el que habría tenido su "eje" en las damas representativas del "feminismo aristocrático":

> la historiografía literaria y cultural chilena prácticamente no ha reparado en el espiritualismo de vanguardia como una corriente o tendencia; sólo muy recientemente algunas autoras vinculadas a esta sensibilidad han sido rescatadas por la nueva crítica feminista, pero lo han sido de modo más bien aislado y sin establecer el perfil de una tendencia estética, de una corriente que aun cuando tuvo su eje en el feminismo aristocrático incluyó también a uno que otro autor masculino. (80)

Ingresa en seguida Subercaseaux, dentro del personal de esta otra "corriente" o "tendencia", a María Luisa Fernández de García Huidobro –la madre literata del poeta Vicente Huidobro–, Inés Echeverría de Larraín (Iris), Mariana Cox Stuven (Shade), Luisa Lynch, Sara Hübner, Delia Matte de Izquierdo, Sofía Eastman de Hunneus, Teresa Prats Bello de Sarratea, la escultora Rebeca Matte, Teresa Wilms Montt, Elvira Santa Cruz Ossa y las hermanas Carmen y Ximena Morla Lynch (recreadas estas como 'las hermanas Mora' en la popular

La casa de los espíritus de Isabel Allende). El colaborador masculino de estas señoras es el crítico literario Hernán Díaz Arrieta. Y precisa Subercaseaux: "Todas ellas están vinculadas a la aristocracia local, pero todas ellas fueron también, en mayor o menor medida, mujeres iconoclastas, rebeldes y anticonvencionales, en contrapunto con el sector social al que pertenecían" (80).

Un movimiento de mujeres también de origen "aristocrático", parecido por eso al chileno, es el que se constituye en Uruguay durante esta misma época. Inés Cuadro Cawen lo caracteriza como un feminismo de mujeres cristianas, diferenciándolo del feminismo "liberal", del "anarquista" y del "socialista", advirtiendo que con ellas "la religión se convirtió en un elemento constitutivo de la identidad femenina y en atributo de femineidad" (109). Por iniciativa del Arzobispo Mariano Soler, fundaron las señoras uruguayas la Liga de Damas Católicas en 1906. Presidenta fue elegida doña María García Lagos de Hughes, hasta 1919, y vicepresidenta María S. de Bauzá. Las primeras militantes sumaban una cincuentena. Respecto de sus apellidos, Cuadro Cawen insiste en que "testimonian, en la mayoría de los casos, la extracción social alta de las fundadoras" (113).

Nada me cuesta manifestar mi conformidad con esos u otros fraccionamientos sociales del feminismo latinoamericano de la que yo considero que es nuestra primera modernidad. Más todavía: son diferencias que me consta que existen y que no debieran obviarse a la hora de dar razón de cada medio nacional concreto. No ignorándolos es cómo podemos cartografiar buena parte del activismo feminista de la época.

Hay, en efecto, en esos años de fines del siglo XIX y principios del XX, en mayor o menor grado, activismo de mujeres en todos los países latinoamericanos y en todas las clases sociales, y ese activismo es claro y comprobable. El añadido de Subercaseaux para Chile y el de Cuadro Cawen para el Uruguay podrían deberse al aprecio que él y ella sienten por uno entre los segmentos sociales existentes en sus países respectivos, pero no es antojadizo, ya que es posible rastrearlo también en otros. Con más o menos eficacia, hubo feminismo en todas partes y en todos los peldaños de la escala social, cada uno con una agenda específica. No faltaron sin embargo los vasos comunicantes, o sea que no faltaron aquellas oportunidades en las cuales las líneas sociogenéricas anotadas se paralelizaron, se intersecaron y hasta se compatibilizaron, habida cuenta de la presencia casi constante de una perspectiva transversal de reivindicación de la peculiaridad del ser y el quehacer de las mujeres.

Y esto queda aún más claro cuando instalamos el foco de la pesquisa sobre el escalón inferior de la pirámide, el de las mujeres imbuidas con una mentalidad "de orientación socialista", que dice Lavrín. Descubrimos entonces un feminismo que posee una mirada estratégica notoriamente distinta a la de las mujeres de las clases media y alta, interesado este otro más en los cambios económicos y sociales que en los políticos e ideológicos.

Trabajando mayormente en la industria textil y en la de la confección de vestuario, lo que las mujeres obreras de la época reivindican son demandas tales como una disminución de las horas de trabajo, un mejor salario y el descanso dominical. Los derechos políticos o ideológicos poseen para ellas una importancia menor, aunque no por eso los pierdan de vista ni pierdan de vista el rechazo a las tropelías del patriarcalismo y que es el rasgo que comparten con las demás. Podríamos concluir entonces que el reclamo de las mujeres de mentalidad revolucionaria fue sobre todo por una incorporación diferenciada de sus reivindicaciones particulares en la contienda por los derechos de la clase trabajadora. O, para ser más exacto, no por la subsunción sino por una instalación de la especificidad de la "cuestión femenina" dentro del cuadro de las propuestas y protestas relativas a la llamada "cuestión social", la que andaba ya en los discursos de los representantes de una izquierda latinoamericana todavía muy joven, pero ganosa y peleadora.

Buenos ejemplos de feminismo proletario son los que ofrecen las mujeres anarquistas, como las argentinas Juana Rouco Buela, Marta Newelstein, Teresa Caparoletto y Tomasa Cupayolo, las uruguayas Virginia Bolten y María Collazo, las chilenas Carmela Jeria y Esther Valdés, las brasileñas Maria de Oliveira, Matilde Magrassi, Elisabetta Valentín y Sorelina Giordani, la mexicana Juana Belén Gutiérrez de Mendoza, la costarricense Carmen Lyra y la puertorriqueña Luisa Capetillo, esta última una figura relevante no sólo para el movimiento obrero y feminista de su propio país sino para el conjunto de la emergente cultura moderna de América Latina. Dramaturga proletaria, defensora y practicante del amor libre, ocultista y anarquista al mismo tiempo, sin que tales contradicciones le provocaran ni la más mínima incomodidad, una serie de estudios valiosos que han entrado en circulación desde un tiempo a esta parte se ocupan de Capetillo. Anarquismo feminista el suyo que hoy, en consonancia con la revaloración que se viene haciendo del papel que cumplieron los ácratas en el campo político y cultural de aquellos años y por la diferencia que las mujeres introdujeron en sus posiciones y actuaciones, atrae el interés de los historiadores. Los trabajos de Elizabeth Hutchinson son una muestra excelente de ello.[2]

Contemporáneas, entonces, y empeñadas en dejar un testimonio por escrito de sus experiencias femeninas respectivas, resultan ser después de todo la aristocrática doña Inés Echeverría de Larraín (1868–1949), la gran dama de la escena literaria de Santiago de Chile durante casi cincuenta años, junto con una intelectual clasemediera como la profesora Amanda Labarca (nacida Amanda Pinto Sepúlveda, 1886–1975), que en la segunda década del siglo se arrimaba recién a los debates de género (fue la fundadora del Círculo Femenino de Estudios en 1919) y que se transformará en el arquetipo por excelencia de las mujeres profesionales chilenas durante la primera mitad del siglo XX. Y finalmente las articulistas obreras de publicaciones como *La Alborada* (1905–1906) y *La Palanca* (1907–1908), entre las cuales sobresale la tipógrafa Carmela Jeria a quien yo nombré en el párrafo anterior. Jeria, miembro del Partido Democrático y oradora fogosa, fue quien fundó *La Alborada* y en sus páginas, al principio en Valparaíso y después en Santiago, dejó lo mejor de sí. Luis Emilio Recabarren, que la conoció, la describe como una "joven guerrillera porteña que se eleva como chispa eléctrica entre las multitudes".[3]

¿Dónde está Mistral en este cuadro? Ya dije que la crítica vieja no tuvo dudas en lo concerniente a la integridad del sujeto mistraliano. Mistral fue para quienes la representaban, la poeta mujer cuyos poemas se ajustaban como anillo al dedo a lo que esos críticos (la gran mayoría de ellos hombres) creían que debía ser una mujer.

Dije también que la nueva crítica nace en el mismo momento en que una investigación literaria responsable, ahora desprovista de anteojeras ideológicas, empieza a descubrir las múltiples agramaticalidades con que se escribe el relato mistraliano.

---

2. Véase: Elizabeth Q. Hutchinson. *Labores propias de su sexo. Género, política y trabajo en Chile urbano 1900–1930*. LOM/Centro de Investigaciones Diego Barros Arana, 2006. Para Luisa Capetillo, véase: Julio Ramos. *Amor y anarquía. Los escritos de Luisa Capetillo*. Editorial Huracán, 1992.

3. En un artículo publicado en el periódico *El Proletario*, de Tocopilla, el 21 de octubre de 1905. Yo tomo la cita de un trabajo de Ana López Dietz. "Carmela Jeria y los inicios del movimiento obrero chileno". *Cuadernos de Historia Marxista* 2 (2008): s.p.

Participante en muchas de las aspiraciones de la nueva crítica y colaborador convencido de sus empresas desmitificadoras, yo pienso, sin embargo, al contrario de aquellos de mis compañeros y compañeras que se empeñan en desempolvar a una Mistral "rebelde", que en su poesía hay una sujeto conformista pese a todo, aunque sea cierto también que ésa es una sujeto que mantiene la coherencia de su conformismo a duras penas y, por lo tanto, en un estado de tensión continua. Esto significa que yo pienso que la sujeto obediente y monolítica con la que se autoadministró su paquete de verdades a medias la crítica vieja es una ficción, habiendo sido esa crítica, como lo he sostenido alguna vez, bizca del ojo izquierdo, pero significa asimismo que pienso que no es menos ficción la sujeto desobediente, aunque no por eso menos monolítica, de cierta crítica feminista contemporánea, bizca asimismo, aunque esta vez del ojo derecho.

Gabriela Mistral es ambas cosas, es obediente y es desobediente, es conformista y es inconformista, y es la resolución imposible de este conflicto lo que la histeriza y la tensa, tensión que, convertida al fin y al cabo en escritura (no por la vía del reflejo sino por la de la transposición productiva, ni qué decirse tiene), explica al menos en parte (no debo ni quiero ser reduccionista ni en esta ni en otras materias) la potencia extraordinaria de su discurso. Podría dar un cantidad interminable de ejemplos que respaldan esto que acabo de decir, pero bastará con que observe que de otro modo no se explica que Gabriela Mistral sea una católica devota durante toda o casi toda su vida y que al mismo tiempo retenga contra viento y marea la herejía de su proclividad esotérica, como puede comprobarse en sus prácticas espiritistas posteriores a la muerte de Yin o en su carteo de los años cincuenta con don Zacarías Gómez, el dueño de la Librería Orientalista de Santiago, y que era a esas alturas quien la proveía con los libros de la hermandad Rosacruz.

Del otro costado, me parece conveniente insistir en esa evolución de la cual los que hoy nos interesamos en su obra tenemos la obligación de hacernos cargo. Concuerdo en este sentido con la periodización que propuso Jaime Concha en 1987 y estimo por lo tanto adecuada la hipótesis que afirma que la sujeto Gabriela Mistral cruza a lo largo de tres épocas que se pueden delimitar cada una de ellas con nitidez suficiente. Cada una de tales épocas constituye, también ella, una totalidad compleja, tanto desde el punto de vista ideológico como desde el punto de vista estético. En este encuentro, a nosotros nos interesa aquí la primera.

Va esta desde 1904 o 1905, que es cuando Mistral colabora en los periódicos del Norte Chico, en *La Voz de Elqui* de La Serena, en *El Coquimbo* de Coquimbo y en *El Tamaya* y *El Constitucional* de Ovalle, principalmente,[4] hasta 1929, cuando residiendo en La Provenza recibe la noticia de la muerte de su madre. Durante esta época de su vida y su escritura, nosotros nos encontramos frente a una mujer joven e impetuosa, que en lo ideológico pasa desde un radicalismo anticlerical un tanto ingenuo, el de sus quince o dieciséis años, que le costó el repudio del obispo de La Serena y su no admisión en la Escuela Normal de Preceptores de esa misma ciudad, a su descubrimiento del mensaje teosófico y en general de las doctrinas herméticas, sobre todo en los años de Antofagasta y Los Andes, de 1911 a 1917, y a un catolicismo que al principio convive con el esoterismo y que se manifestará después más excluyente, pero sólo por el corto período que sigue a su primera estancia en México, entre 1926 y 1929.

El radicalismo anticlerical se manifiesta codo a codo con sus atrevimientos sociales y políticos y suministra el contenido de algunas de sus prosas de periódico. El panteísmo y el animismo teosóficos o simplemente esotéricos proporcionan por otra parte su riqueza a la vena espiritualista y sobrenadan en/entre algunos de esos mismos artículos periodísticos o semi periodísticos, así como en varias de las piezas de *Desolación*. Finalmente, el catolicismo se da la mano con el femenilismo (no con el feminismo, porque a riesgo de incurrir en una precisión anacrónica de eso no hay o no hay todavía[5]), con el

---

4. Véase: Gabriela Mistral. *La tierra tiene la actitud de una mujer*. Pedro Pablo Zegers, ed. RIL Editores, 1998.
5. Mi posición, en *Dirán que está en la Gloria...* (1997), fue esta: "Al no ser por completo la expresión de una postura ideológica retrógrada, la suya de aquellos años sobre la cuestión femenina amerita evaluarse con más sutileza de las que pudiera parecerle necesaria al suspicaz lector de nuestros días. No tanto por las reservas tradicionalistas de las que Mistral hace gala como por sus arduos esfuerzos para legitimar una zona de *equilibrio* entre la 'mujer antigua' y la 'mujer nueva', en la que se le daría un lugar a la segunda, pero sin abolir los supuestos privilegios que la tradición le reservara a la primera [...] Gabriela Mistral se da perfecta cuenta de que lo que contemporáneamente se ha puesto en marcha en América Latina es una invasión femenina del país de El Padre. De repente, la frontera se resquebraja y cede, oportunidad que muchas mujeres aprovechan para saltar por sobre las cercas que hasta entonces demarcaran el espacio de la circulación permitida.

conyugalismo, con el maternalismo y con el familiarismo al mismo tiempo que ofrece noticia respecto de una percepción suya no siempre condescendiente con el *statu quo* social y político. De suma importancia, a propósito de este proceso de (in)constitución del sujeto Mistral, es a mi juicio la magnitud amorosa, cuya forma queda definida, ahí y hacia delante, en los textos que integran la sección "Dolor" de *Desolación*. "Los sonetos de la muerte" son el mejor ejemplo de esto.

Estéticamente, el contenido ideológico se combina en la joven Mistral con un romanticismo algo tardío, aunque variado y todavía poderoso –el emocionalismo de las grandes pasiones, el del melodrama, el del folletín, el de la necrofilia y el del elogio de la locura–, el modernismo en su corriente menos dionisíaca (la de Nervo, con un apoyo complementario de Tagore[6]), el postmodernismo de ciertos poetas chilenos de aquel momento, todos ellos de musa mucho más asordinada que la de Gabriela (Manuel Magallanes Moure, Ernesto A. Guzmán, Pedro Prado, Carlos R. Mondaca), el realismo social y, podría anotarse, creo, también dentro de este mismo orden de cosas, como una variable estética específica, la discursividad de procedencia bíblica.

Combinaciones habituales son, en primer lugar, la casi prehistórica del radicalismo anticlerical con una retórica romántica de combate (pienso en

---

El precio que ellas y la sociedad en torno a ellas deben pagar por esta audacia es un problema que la ronda y obsesiona [...] O sea que en 1927 Gabriela Mistral da con la mano izquierda lo que quita con la derecha. Pero es interesante que sus percepciones no difieran demasiado, al menos en lo que atañe a este aspecto específico de la cuestión, de las que por esas mismas fechas se daban a conocer en las páginas de la revista *Acción Femenina* (1922–1936), el 'órgano oficial del ya constituido primer partido político autónomo feminista chileno', según nos los deja saber Julieta Kirkwood, y donde se repetía, con una insistencia que en sí misma es sintomática de un peculiar desconcierto, que 'El verdadero y noble feminismo no hace perder a las mujeres sus cualidades femeninas'" (450–455).

6. Un tema sobre el que todavía hay mucho que decir: el ascendiente de las doctrinas de procedencia oriental entre ciertas mujeres intelectuales latinoamericanas de los años veinte y treinta, Iris, Mistral, Loynaz, Ocampo, etc., y para el que Tagore es un gran embajador. Mi hipótesis es que se trata de una religiosidad alternativa a la religión católica, al patriarcalismo de la religión católica, mejor dicho, y cuya expresión más extendida, esto es, la que desborda el coto de las mujeres intelectuales, es el espiritismo.

un texto como "Saetas ígneas", de 1906, en el que Mistral saluda la Revolución rusa de 1905, declarando que "la Revolución es la tempestad de los pueblos [...] La cuestión social como la cuestión religiosa terminará en todas las naciones como allí"[7]), que por supuesto que le debe mucho menos a Marx y a Lenin que a los folletines socializantes decimonónicos (¿habrá leído Gabriela a Eugenio Sue? Me atrevo a suponer que sí) y a la prosa de batalla del plumífero colombiano José María Vargas Vila.

Anoto también la combinación del esoterismo con el modernismo y sobre todo con el postmodernismo de tono menor y proclividad espiritualista (la admiración de Mistral por el budista Nervo y por el espiritualista Prado es grande). En tercer lugar, vemos que el catolicismo, directamente o en sus prolongaciones femenilistas, conyugalistas, maternalistas y familiaristas, se apoya con frecuencia en el romanticismo sentimental, en el folletinesco y en el melodramático, aunque no por eso desdeñe ni el realismo social, con un grandísimo socorro de la novelística rusa de fines del siglo pasado, la de Dostoyevski, Gorki, Andreiev y Tolstoi, ni la retórica bíblica. Esta última es comprobable en los sonetos de "Ruth", que se pronuncian a favor de la unión conyugal y se inspiran en el Antiguo Testamento, y en los "Poemas de las madres", que con gesto mariano alaban la maternidad, designándola "santa" y extrayendo su sustancia del Nuevo.[8]

Pero nada de lo anterior es ni muy unívoco ni muy firme. Los poemas mistralianos de esta primera época y más aún los mejores entre ellos, son siempre el reducto de conflictos ingentes. El modo discursivo ejemplar hegemónico es en tales poemas saboteado sin cesar. Al lenguaje acatado del Padre se le contrapone, casi invariablemente, el "otro lenguaje". Aun en aquellos textos que se presentan como defensores de la más rigurosa ortodoxia, que acaban imponiéndola y en los que por consiguiente los críticos tradicionales no tuvieron problemas para confirmar sus prejuicios, un lector de hoy puede descubrir, si es que así lo decide, el *frisson* iconoclasta.

Recién hablé de los "Poemas de las madres" de la primera *Desolación*, acerca de los cuales Mistral confiesa que fueron escritos "con intención casi religiosa"

---

7. "Saetas ígneas" se publicó el 14 de octubre de 1906. Puede consultarse en *Gabriela Mistral en* La Voz de Elqui. Pedro Pablo Zegers, ed. Biblioteca Nacional de Chile, 1992. 55–56.
8. Gabriela Mistral. *Desolación*. Instituto de las Españas en los Estados Unidos, 1922. 176–185.

porque "la santidad de la vida comienza en la maternidad" (185). Poemas, como se ve, programadamente marianos, pero que, cuando uno menos se lo espera (en la sección doce del primero, por ejemplo), no tienen inconveniente en darse una vuelta en redondo y en volver la mirada hacia la imagen pagana de La Tierra, la que se le aparece a Mistral con "la actitud de una mujer con un hijo en los brazos". Y agrega Gabriela, aflojando ahora todas las riendas de su animismo teosófico: "Voy conociendo el sentido maternal de las cosas. La montaña que me mira, también es madre, y por las tardes la neblina juega como un niño por sus hombros y sus rodillas" (181). Algo parecido es lo que ocurre en el menos sospechable de todos los lugares, en las canciones de cuna, piedra de toque de la ideología maternalista de la poeta, como es bien sabido, pero que si se las lee con cuidado resultan harto menos marianas de lo que la gente buena suele creer. A la inversa, debe advertirse que estas canciones de cuna son dignas del mayor elogio desde un punto de vista artístico o, lo que viene a ser lo mismo, desde un punto de vista que prescinda de los servicios de la estética/ética convencional.

No sólo no son las canciones de cuna mistralianas el dócil receptáculo de unos discursos conscientes y miméticos, en los que se magnifica estereotipadamente la función materno-patriarcal a través de la figura de la madona, poniendo de relieve el componente de su abnegación, esto es, el de la negación que la madona hace de sí misma en beneficio del hijo (ello en el noventa o más por ciento de los casos, pues rara vez se trata de la hija. En rigor, en los poemas "infantiles" de Mistral las "canciones de cuna" son, en general, de los niños y las "rondas", también en general, de las "niñas"), según las interpretó la crítica vieja, sino que, favorecidas por la ambigüedad de la estructura (la madre le habla en la canción de cuna al niño y al mismo tiempo monologa consigo misma), se convierten a menudo en los vehículos de discursos inconscientes y no miméticos de carácter subversivo o, mejor dicho, en un continente textual dentro de cuya engañosa ingenuidad conviven enfrentándose un discurso consentidor y otro rebelde. El motivo de la madre-leche, en batalla con el motivo de la madre-sangre, en, por ejemplo, "Canción de la sangre", suministra una buena prueba de lo que aquí dejo expuesto.

Mencioné más arriba "Los sonetos de la muerte". La lectura que hasta hace algunos años se hacía de esta obra paradigmática –pues a mi juicio se trata de un solo poema y del poema germinal mistraliano, materia esta en la que la vieja crítica no se equivocó–, combinaba una cierta perspectiva del amor, la del amor eterno y listo para cualquier sacrificio, con la imposibilidad del amor. La poeta, víctima del hado funesto o adicta a un ascetismo de la más refinada pureza, es lo que se decía (cada una de estas lecturas involucra la activación de un prejuicio retórico particular: romántico-sentimental el primero y cristiano el segundo), no completaba su amor en este mundo. Sólo en el próximo, y por el levantamiento allí de la condena trágica que habría caído sobre su cabeza descomedidamente o por la índole incorpórea o descorporizada de los seres que deambulan por aquel sitio, el amor devendría posible.

La trampa de esta interpretación clásica (o que hace de "Los sonetos de la muerte" un texto clásico, es decir, un texto que los profesores de literatura enseñan en clase, según decía Alone con frío sarcasmo) consiste en pasar por alto un detalle que se encuentra explícito en los últimos versos del poema. En esos versos, el lector percibe la figura de "una mujer que deseó y que celebra la muerte de su amado" (22), según lo precisó Jorge Guzmán en 1985. Cuando este pormenor se toma en serio y se lo empuja hasta su consecuencia lógica, la lectura canónica de "Los sonetos de la muerte" se desploma en mil pedazos. La hablante de "Los sonetos de la muerte" se ha quedado sin realizar su amor en esta tierra no por causa de su destino trágico, tampoco por causa de una espiritualidad que no tolera la carne y el sexo, *sino porque ella así lo ha querido*. En la explicación del por qué lo ha querido, mi lectura difiere de la de Guzmán. Pienso yo que la *mujer* de este poema mata al *hombre* de este poema no por sus celos "violentos" (22) y "acendrados" (22), celos que sin duda ella tiene, pero que no son el factor que determina su conducta después de todo ("¡porque a ese hondor recóndito la mano de ninguna/ bajará a disputarme tu puñado de huesos!", alardean los versos trece y catorce del soneto uno), sino porque ése es el único arbitrio del que puede echar mano para despejar el territorio y proveerse a sí misma de un sujeto sexual y poético activo, que no es el que el principio de realidad le aconseja, pero que por otro lado es el único con el que puede "imaginarse" y "decirse" e imaginar y decir el poema.

El drama de "Los sonetos de la muerte" deviene pues el mismo de siempre: el del rechazo del/la Orden del Padre (rechazo del amor del amante, en este caso), solo que ahora habida cuenta de su eliminación simbólica, esto es, por medio de un acto de supresión en el espacio del poema de aquel individuo que por sus atributos biológicos emite o está en condiciones de emitir el/la Orden Patriarcal, y todo ello con el fin de generar las condiciones que habilitan la emergencia del "segundo lenguaje".

También existen, para el nefando crimen de Mistral en "Los sonetos de la muerte", ciertos antecedentes retóricos egregios, empezando por una cita famosa de Edgar Allan Poe: "La muerte de una mujer hermosa es, incuestionablemente, el tópico más poético del mundo" (19; la traducción es mía). Fue la sentencia de Poe en "The Philosophy of Composition". Pero en "Los sonetos de la muerte" Mistral le cambia a ese *dictum* su signo genérico (y no sólo en "Los sonetos de la muerte", porque este poema confiere su forma modélica a una tentación homicida que venía en ella desde muy atrás, que está ya en un relato de su juventud, en "El rival", de 1911, que se reitera en la mayoría de los poemas de "Dolor" y que se prolongará casi sin modificaciones en múltiples textos posteriores). Se nos informa así no sobre una mujer hermosa y muerta *sino sobre un hombre hermoso y muerto*. Además, junto con la necrofilia al estilo Poe (y, entre nosotros los hispanoamericanos del Nervo que le canta a su "amada inmóvil", a Ana Cecilia Luisa Dailliez, y que es la misma de los prerafaelitas ingleses. Recuérdense "Beata Beatrix", el retrato que Dante Gabriel Rosetti le hizo a su mujer suicida o la imagen de "Ofelia" como un bellísimo cadáver flotante en el cuadro de John Everett Millais) colabora en "Los sonetos de la muerte" el folletín romántico de la virtud perseguida y el juicio público con vistas a su reivindicación.

El 7 de julio de 1929, cuando Mistral está viviendo y criando a Yin Yin en Bedarrives, en el sur de Francia, le llega la noticia de que su madre ha muerto en el remoto valle de Elqui. Ese acontecimiento pone fin al trajín escriturario de la joven Mistral y da comienzo a su producción de madurez.

Obras citadas

Ansaldi, Waldo y Verónica Giordano. *América Latina. La construcción del orden. De las sociedades de masas a las sociedades en procesos de reestructuración.* Tomo 2. Ariel, 2012.

Concha, Jaime. *Gabriela Mistral*. Júcar, 1987.

Cuadro Cawen, Inés. *Feminismos y política en el Uruguay del Novecientos (1906–1932). Internacionalismo, culturas políticas e identidades de género*. Asociación Uruguaya de Historiadores (AUDHI) y Ediciones de la Banda Oriental, 2017.

Díaz Arrieta, Hernán. *Gabriela Mistral*. Nascimento, 1946.

Guzmán, Jorge. "Gabriela Mistral: 'Por hambre de su carne'". *Diferencias latinoamericanas (Mistral, Carpentier, García Márquez, Puig)*. Ediciones del Centro de Estudios Humanísticos. Facultad de Ciencias Físicas y Matemáticas. Universidad de Chile, 1985.

Lavrín, Asunción. *Mujeres, feminismo y cambio social en Argentina, Chile y Uruguay 1890–1940*. Trad. María Teresa Escobar Budge. Dirección de Bibliotecas, Archivos y Museos, 2005.

Poe, Edgar Allan. "The Philosophy of Composition". *Essays and Reviews*. Literary Classics of the United States, 1846.

Rojo, Grínor. *Dirán que está en la Gloria... (Mistral)*. Fondo de Cultura Económica, 1997.

Subercaseaux, Bernardo. *Historia de las ideas y de la cultura en Chile. Desde la Independencia hasta el Bicentenario, II*. Universitaria, 2011.

2

El retorno de la madre *queer*[1]

Licia Fiol-Matta
NEW YORK UNIVERSITY

YA HAN PASADO VEINTE AÑOS de la publicación de *A Queer Mother for the Nation* en el año 2002. Como se sabe, en enero de 2007, cinco años después de haberse publicado mi libro, salió a la luz el archivo personal, auténtico, de Gabriela Mistral. Se concibió el traslado del archivo de Estados Unidos a Chile como un "regreso a casa" no problemático, hasta dichoso (para emplear una palabra muy mistraliana), a pesar del resentimiento que Mistral le guardaba a Chile y del hecho de que pasó gran parte de su vida adulta en el exilio y que los objetos del archivo los generó un no-lugar, acaso el famoso "país de la ausencia" (151). De ahí la ambigüedad de Doris Dana en su testamento: expresó sus deseos de que el archivo se donara a la Biblioteca del Congreso de los Estados Unidos, Hispanic Division y, a la vez, autorizó a Doris Atkinson, su sobrina y albacea, a tomar la decisión sobre la suerte final del archivo. Dana logró así plasmar su propia incertidumbre. Aceptó que el asunto quedaba inacabado, que las cuentas seguían pendientes. Sin embargo, el Estado chileno presumió que tenía derecho de propiedad, posición que no necesariamente asume cuando se trata de archivos de otros escritores.

Rápidamente, el legado, como se le bautizó, empezó a generar textos. Correspondía una reflexión sobre qué debía ser publicado en forma de libro y a quiénes asignar la tarea de editar los distintos materiales y por qué. Publicar libros

---

1. Este texto es el posfacio a *Una madre queer para la nación. El Estado y Gabriela Mistral.* Palinodia, 2024.

del archivo no era equivalente a democratizarlo, por muchas razones, que van desde las económicas y de acceso a biblioteca hasta otras más sutiles que tienen que ver con el poder interpretativo y los usos de la figura del gran escritor.

La Biblioteca Nacional de Chile lanzó un sitio web en el que puso a disposición copias digitales de documentos selectos. Continuó con el proceso de digitalización y conservación y hoy pueden leerse en la red miles de documentos digitalizados. Esta gestión, por cierto admirable, no obvia ciertos nudos problemáticos que despierta todo archivo *queer* y que en el caso mistraliano remite a décadas de discursividad sexo-genérica dominante y de luchas sobre el control de la interpretación.

En mi libro me detuve en las figuraciones mistralianas *queer* de la maestra y de la madre. Estas dependían de la peculiar manipulación que Mistral hacía de lo femenino en la emergente modernidad. Eran, por supuesto, susceptibles a las apropiaciones patriarcales y sexistas y, hasta cierto punto, se plegaron a ellas en una difícil e inestable identificación, como escribí en el 2002. Pero, a la larga, resistieron a las lecturas biografistas y seguían abiertas, dispuestas a otras interpretaciones. Formulé algunas en mi libro. Sería muy importante que los usos de este archivo no normalicen ni el gesto *queer* de su recopilación ni sus contenidos y que, en medio de su nueva vida digital –frente a su inesperada plenitud y la ilusión de acceso inmediato–, no se pacifiquen sus aristas.

Hay que subrayar cuán adelantada a su tiempo estuvo Dana, hasta qué punto demostró ser un sujeto tan plenamente moderno como Mistral. Su acto de archivar no fue solo guardar material y documentos impresos, sino que desplegó un costado performativo y produjo documentos extraliterarios. Entre ellos, las grabaciones de sonido permiten ser testigos del día a día y conocer una experiencia distinta de la que hemos escuchado innumerables veces en torno a Mistral y sus llamadas "secretarias". Nos devuelven a la auralidad de la poesía de Mistral con "el oído limpio", para hacerme eco de una frase de Mistral.[2] Se escuchan bromas e intercambios de humor y las recorre un tono íntimo que aún no se ha analizado como merece. El archivo fotográfico, a pesar de ser presentado al público como álbum descolorido, con tonos

---

2. Mistral habló del "ojo limpio" en el discurso "Cómo escribo", reimpreso en *Revista de crítica cultural* 15 (noviembre 1997): 15. La cineasta Maga Meneses lo tomó de título para su cortometraje documental de 1995, *El ojo limpio: Gabriela Mistral a 50 años del Nobel*.

de sepia, nos muestra una pareja *butch-femme* en su vida cotidiana en la que la diferencia de edad hacía estallar el deseo en ambas direcciones.³

La experiencia *queer* es indisociable de la experiencia de la modernidad y si algo hay que destacar del archivo mistraliano es cómo la extraordinaria pareja Mistral-Dana emerge como avatar de esta. También hay que subrayar que la poesía no es inmune a la experiencia. De hecho, Mistral, como miembro de una serie de poetas globales de la modernidad, a los que se les dice *modernist* en inglés, no puede entenderse sin la categoría de la experiencia y la noción benjaminiana de la experiencia. Cantidad de críticos han sabido leer sus poemas desde la experiencia que han construido para Mistral, casi siempre de feminidad abyecta. Ahora tenemos materiales *queer*, pero es crucial que entendamos que su aparición repentina no equivale a una interpretación que permita, como aconsejó Roland Barthes, "cambiar el objeto en sí mismo" (86–87).

Absorber el impacto del archivo *queer* de Gabriela Mistral, incorporarlo a la "casa" cultural chilena, ha tenido una vertiente de investigación y otra de incrementada normalización de sujetos *queer* y feministas. Pensemos en cómo una controversia de 2001, cuando se preparaba mi libro y ya había salido de mis manos, tuvo lugar debido a un proyecto de una *biopic* que, a fin de cuentas, jamás se filmó, mientras que el archivo que se hizo público en 2007 generó un documental difundido en 2011, cuando ya la mayoría de los materiales del archivo de Dana se había digitalizado. La primera película se llamaba *La pasajera*; su director y guionista era Francisco Casas, conocido por ser parte del dúo fundamental Las Yeguas del Apocalipsis, con Pedro Lemebel. Como no se hizo la película, lo que queda en la memoria son las opiniones vertidas en la prensa, casi todas de pánico ante la "lesbianización" de Gabriela Mistral.⁴

Locas mujeres (2011) es una realización de la cineasta María Elena Wood. Esta narra el trayecto del "legado" desde Massachusetts hasta Chile, enfocándose en la labor de Doris Atkinson, una presencia *queer* sumamente interesante por ser un signo visual poderoso de diferencia que, aun así, emite palabras y juicios que se conforman a los designios del Estado, sin abrir grandes fisuras. Wood no presenta a los funcionarios y especialistas que intervinieron en esta

---

3. *Gabriela Mistral: álbum personal*. Pres. Nívea Palma Manríquez, pról. Alfonso Calderón S., ed. Ana María Moraga. Dirección de Bibliotecas, Archivos y Museos; Biblioteca Nacional de Chile, Archivo del Escritor, 2008.
4. Ver Licia Fiol-Matta, "A Queer Mother for the Nation, Redux: Gabriela Mistral in the Twenty-First Century". *Radical History Review* 120 (Fall 2014): 35–51.

primera etapa, dejando que la complejidad del traslado perviva como consecuencia lógica y transparente. Lee cartas íntimas con voz en *off*, pero no la firma de "Gabriel", personaje que no se nombra. No sabemos en qué hubiera parado la película de ficción, y serían otras las expectativas, pero del documental podemos decir que, aunque la pareja Mistral-Dana sea el foco ostensible (y de más está decir que es un logro que se retrate esta relación), el tema central es la ambigüedad del archivo como evidencia, aunque no fuera esta la intención de la cineasta.

En mi libro hablé de la "masculinidad femenina" de Mistral (siguiendo a Jack Halberstam) tanto en la obra como en su figura e imagen. Además, aludí, con los poquísimos materiales que tenía a mi disposición, al efecto de esta masculinidad hipnótica en sus contemporáneos y en la intimidad de varias mujeres de su época. Prediciblemente, las discusiones en la prensa sobre la recepción del archivo buscaron minimizar el impacto sexo-genérico que tuvo su emergencia; normalizaron la relación Mistral-Dana y nuevamente hubo una gran negación del lesbianismo de la poeta (acorde a la serie de negaciones que discutí en 2002).[5]

El primer volumen de cartas inéditas escogidas del amplio acervo del archivo vio la luz en el año 2009. Pedro Pablo Zegers, en ese entonces director del Archivo del Escritor de la Biblioteca Nacional, y destacado mistraliano, publicó la correspondencia entre Mistral y Dana con el título de *Niña errante: cartas a Doris Dana*.[6] Cabe poca duda de que la primicia que dio una periodista sobre este hallazgo encontrado en el archivo influyó en el orden en que se empezaron a publicar las correspondencias extraídas de los materiales que se encontraban en el "legado". Estas publicaciones respondían simultáneamente al interés salaz en la sexualidad de Mistral y a la necesidad de manejar la crisis que supuso para el segmento conservador las "revelaciones" del archivo. Ambos polos sirvieron para reestablecer un orden letrado, autorizado y presuntamente sensato.

---

5. Discutí las reacciones homofóbicas que demandaban "pruebas" en "A Queer Mother for the Nation, Redux". Ahí noté que entre las voces escépticas se encontraban algunas identificadas con el feminismo y los estudios queer.
6. Gabriela Mistral. *Niña errante: cartas a Doris Dana*. Ed. y pról. Pedro Pablo Zegers B. Lumen, 2009. Afortunadamente, se ha publicado una nueva edición: Gabriela Mistral. *Doris, vida mía: cartas*. Ed. y notas Daniela Schütte González, pról. Alia Trabucco Zerán. Lumen, 2021.

Las razones por las que estas cartas llegaron a manos de una periodista no se han dado a conocer, que yo sepa. Podemos especular que sin esta noticia publicada –tan parecida estructuralmente a las de la larga serie de irrupciones en la Saga Sexualidad de Mistral, pero distinta, obviamente, en su contenido– la correspondencia podría haber sido censurada u ocultada.[7] No obstante, pienso que no se debe subestimar la repetición de la estructura, aun si en este caso su contenido haya resultado favorable a la protección de la integridad del archivo. Lo *queer* es intrínseco a cualquier discusión de Mistral y no tiene que ver con una nueva versión de su supuesto secreto.

Un ejemplo, pero no el único, de cómo la estructura dominante se acomodó a los nuevos tiempos sin abrirse a la transformación que, se esperaría, provocaran los materiales tan ricos que se encontraron, lo fue el prólogo de Zegers a *Niña errante*. Lo señalo porque estas cartas realmente cambiaron el estatuto del objeto Mistral y constituyen el verdadero evento de 2007. A pesar del cambio repentino en la discusión pública en torno a la escritora, muchos de los estereotipos que fui desmenuzando en *A Queer Mother for the Nation* vuelven a surgir sin cambios significativos. Para lidiar con el hecho de que Mistral se refiere a sí misma en masculino, e ignorando el contenido amoroso de las cartas, Zegers propuso que Mistral "adquiere una función gramaticalmente masculina en las huellas formales de sus cartas. Esto podría leerse como un ascendente de carácter paternal y protector" (17), que, según él, caracterizaba esta relación maestra-alumna (siempre infantilizando a Dana y no dando cuenta del carácter altamente performativo de este lenguaje filial entre mujeres).

Cuando leemos las cartas nos encontramos con un objeto muy distinto del que semantiza el prólogo. El recurso al género para expresar erotismo, los muchos tropos poéticos mistralianos que aparecen (la locura y lo femenino, la enfermedad, el niño muerto que aparece en sueños), el maravilloso retrato de un tropel de mujeres que viaja por Europa, América Latina y Estados Unidos mientras la más famosa de todas, Mistral, cumplía con sus funciones oficiales y cuidaba con esmero su carrera literaria; cómo se contaban sus lecturas; la curiosidad de Mistral por la escritura de Dana; la obsesión de Mistral de encontrar una residencia permanente en donde poder escribir y acabar su errancia, su exilio, todos son temas que permiten profundizar en la poética

---

7. El artículo es de Elisa Montesinos. "Cartas sobre la mesa: Gabriela, Doris y todos los demás". *La Tercera*, 20 de octubre de 2007, 4–5.

compleja de Mistral y aproximarse a la correspondencia como un conjunto de documentos donde se mezclan la experiencia vivida y la factura literaria.

Las cartas en masculino no me sorprendieron, aunque, claro, me conmovieron. En este caso el periodismo cumplió la función de proteger los documentos y sacudir la línea predecible, homofóbica y antifeminista de los debates anteriores. Aun así, hubo reacciones que seguían sin aceptar la diferencia sexo-genérica de Mistral, de cara a las supuestas pruebas que antes habían exigido. Ello confirma el aspecto fantasmático de la prueba y me convence de la necesidad de argumentos basados en corrientes teóricas y críticas que puedan ir más allá de la primicia periodística. Aun así, no por ser fantasmática la prueba dejan de ser importantes el archivo y la experiencia.

Luego de aparecer *Niña errante*, Zegers anunció en entrevistas que pensaba publicar las cartas entre Gabriela Mistral y Palma Guillén. La próxima entrega de lo que parecía convertirse en "El legado: la serie" apareció en el año 2011, con el título de *Hijita querida. Cartas de Palma Guillén a Gabriela Mistral*.[8] Quizás algunos lectores esperaban que hubiera al menos algunas cartas parecidas a las de Mistral y Dana, de naturaleza erótica o amorosa. (Recuerdo que yo no lo pensaba así; me parecían relaciones de muy distintos talantes.) Las cartas Guillén-Mistral no urden la misma retórica ni contienen intercambios de signo amoroso-sexual. Con todo, son también *queer*, como la familia que analicé, tan salida de la norma a la vez que subjetivada por ella.

Para mí está claro que Palma Guillén y Doris Dana desplegaron, cada una, su *performance* particular. Más allá, el Estado moderno ha dependido de la articulación de la figura del gran escritor nacional y, por lo tanto, se ha dispuesto a vigilar todo discurso sobre ella, a restringir la definición del archivo de escritor y a dictar quiénes son los autorizados a descubrir, reconstruir y proteger este archivo. Lo más notable de Gabriela Mistral es que siempre descoloca esta caracterización oficial de su grandeza nacional.

Le dediqué no pocas páginas del libro a ciertas tensiones que conforman las figuraciones de Mistral y propuse que dichas figuraciones –antimodernas por demás– eran en sí *queer*, y no únicamente por coincidir con la sexualidad de Mistral en un sentido íntimo. Mi objetivo no era sacar a Mistral del clóset. Quise indagar en la fijación con la figura de la madre masculina y en particular demostrar cómo esta figura se adecuó al proyecto del Estado.

Más recientemente, Mistral ha protagonizado *el retorno de la madre queer*. A lo largo de la primera década del siglo XXI se vio manifiesta la continua

---

8. *Hijita querida. Cartas de Palma Guillén a Gabriela Mistral*. Ed., selec. y pról. Pedro Pablo Zegers Blachet. DIBAM; Pehuén Editores, 2011.

ansiedad en torno a la masculinidad excesiva de la "madre" de Chile y quedó al desnudo la persistente gestión anti-*queer* de la cultura fomentada por el Estado. Ello se vio en las distintas controversias que se dieron en torno a la figura mistraliana a principios de este siglo y también en las respuestas de diversos sectores a la emergencia del legado en 2007.[9] La normatividad neoliberal es más elástica, pero no por eso democrática. En mi libro analicé detenidamente la susceptibilidad de lo *queer* a la heteronormatividad. Me separé del deseo de celebrar lo *queer* donde apareciera y urgí un análisis más depurado, historizado, sobre las emergencias *queer* y el papel de celebridades *queer* como Mistral. En Mistral —y sin duda tiene que ver con su continua relevancia a tantos niveles— hay un meollo que no se puede normalizar. Acercarse a él no significa minimizar todos los aspectos perturbadores, los menos encomiables, los nudos psíquicos que no se pueden concebir de modo unilateral.

En la segunda década del siglo XXI, hemos sido testigos de cómo la llamada nueva derecha latinoamericana ha apelado a la amenaza que representan las identidades de género no normativas, que se multiplican, insurrectas y valientes. El lesbianismo sigue siendo odiado y las lesbianas viven en peligro día a día. A las mujeres no solo se las reprime. También se las mata. A esta realidad han respondido nuevos movimientos feministas en el continente, algunos de los cuales han resignificado, entre otros, el ícono mistraliano. No olvidaré una visita a Valparaíso en 2018 donde asistí a la manifestación del 8M y observé y escuché a lesbianas y mujeres *queer* muy jóvenes que ya estaban de luto por sus amigas y compañeras muertas por violencia machista.

Hace poco se inició una revista europea feminista que lleva el título de *Mistral*, en homenaje a la poeta que nos ha ocupado. Y cómo olvidar el mayo feminista chileno de 2018, que arremetió contra los recintos simbólicos del saber, contra la visión que mantiene a las humanidades y al arte literario como recintos cerrados y vigilados, lo cual equivale a decir, patriarcales.[10] Se han publicado nuevas monografías que han aprovechado el archivo mistraliano; se difundió en las redes mundiales la imagen de un mural llamado "Nous sommes rockers sudamerican" del ilustrador Fab Ciraolo, que se erigió en el espectacular espacio Centro Cultural Gabriela Mistral (GAM) de Santiago. (El GAM no existía cuando publiqué *A Queer Mother for the Nation*, solo existía el edificio, que remitía tanto a la dictadura como a la Unidad Popular;

---

9. Ver Fiol-Matta, "A Queer Mother for the Nation, Redux".
10. Ver Faride Zerán, ed. *Mayo feminista: la rebelión contra el patriarcado*. LOM Ediciones, 2018.

tampoco se mezclaban los registros de cultura pop e ícono solemne). En 2019 el GAM hizo otra comisión, esta vez de la obra del dramaturgo Andrés Kalawski, *Mistral, Gabriela (1945)*. En clara alusión al acto de investigar en biblioteca, de hurgar entre documentos de archivo, al invertir el orden de los nombres de pila y propio, el título evoca la figura nostálgica de la ficha táctil en papel que prometía el saber autorizado, así como el pasado que se vuelve a investigar o que aparece como relámpago benjaminiano para iluminar nuestros días. Según la sinopsis, la trama tiene que ver con un grupo de jóvenes feministas que secuestran a Gabriela Mistral en Brasil, poco después de la muerte de Juan Miguel Godoy. En fotos publicitarias colgadas en el sitio web del GAM vemos que la secuestradora, tal vez de la misma edad de Godoy cuando se suicidó –alrededor de dieciocho años– luce vestimenta contemporánea alusiva a las multitudinarias protestas feministas en Chile y otras partes del mundo al cerrar la segunda década del siglo XXI.

Todas estas realidades y estos desarrollos nos deberían convencer de la continua necesidad de teorizar el archivo *queer* para que este resista su incorporación al Estado, que se jacta de su tolerancia ante la diversidad sexual. En verdad, el Estado hace muy poco por cambiar los mandatos sexo-genéricos dominantes, patriarcales y heteronormativos. Sigue reproduciendo los binarismos de género y ya no tiene tanta necesidad de disimular sus designios. Que el género y la sexualidad transgresores no sean solo un gancho. Que el capítulo reciente en la historia de la autora-figura y autora-obra, que el que Mistral y Dana hayan legado al mundo (como cosmopolitas que fueron) su archivo *queer*, representen la oportunidad de defender lo *queer* en su vertiente radical y reclamar el potencial democratizante del archivo y del saber.

Obras citadas

Barthes, Roland. "La mitología hoy". *El susurro del lenguaje: más allá de la palabra y de la escritura*. Ediciones Paidós, 1994. 86–87.

Halberstam, Jack. *Female Masculinity. 20th Anniversary Edition with a New Preface*. Duke University Press, 2018.

Mistral, Gabriela. "País de la ausencia". *Desolación; Ternura; Tala; Lagar*. Ed. Palma Guillén de Nicolau. Porrúa, 1986. 151.

Wood, María Elena. *Locas mujeres*. Igenio Visual y Wood Producciones, 2011. DVD.

Zegers, Pedro Pablo. "Prólogo: Gabriela en la niebla". *Niña errante*. Lumen, 2009. 11–21.

3

El deseo por la imagen: Gabriela Mistral, una intelectual en cuerpo de mujer[1]

Claudia Cabello Hutt
GEORGE MASON UNIVERSITY

CUANDO EN 2007 SE exhibe por primera vez el recién abierto archivo de Gabriela Mistral, una de las aristas que capta más la atención de la crítica, la prensa y el público en general fue una serie de fotografías suyas nunca antes vistas.[2] En Chile y en Latinoamérica estábamos acostumbrados a ver unas pocas imágenes, todas con expresiones similares, que se repetían en la mayoría de los libros de texto y ediciones de su obra. Las imágenes del legado donado a Chile por Doris Atkinson muestran, en cambio, a la

---

1. Este ensayo es una versión revisada y actualizada de algunas secciones de los capítulos 4 y 5 del libro *Artesana de sí misma. Gabriela Mistral, una intelectual en cuerpo y palabra.* Purdue UP, 2018.
2. En 2007 muere en Estados Unidos Doris Dana, compañera y albacea de Mistral. Tras un complejo y publicitado proceso, su sobrina, Doris Atkinson, decide donar el enorme archivo de Dana (165 cajas de materiales) al Estado de Chile. El legado sumó a las fotografías ya existentes cinco nuevos álbumes con cientos de fotografías en su mayoría nunca antes vistas. Un libro que recopila una selección de estas fotografías ha sido publicado en Santiago de Chile bajo el título de *Gabriela Mistral: álbum personal* (2008). La DIBAM también publicó un libro de fotografías e imágenes de algunos de los objetos del legado, *Chile, o una voluntad de ser. Legado de Gabriela Mistral* (2008).

escritora sonriendo, fumando, en compañía de sus mascotas y en la intimidad doméstica con su pareja Doris Dana (ver fig. 01). Algunas de estas fotografías, junto con ciertos objetos personales y manuscritos, se transformaron en el centro de atención durante las exposiciones itinerantes y las ediciones de libros que aparecieron poco después de llegados los materiales a Chile. Luis Oyarzún apunta, en su libro *Temas de la cultura chilena* (1967), que hay poemas de Mistral que por ser tan conocidos ya ni se piensa si son buenos o malos, solo se aceptan. Hay fotografías de Mistral con las que ocurría algo parecido; su presencia constante (como en el billete de cinco mil pesos) petrificó su imagen, cerrando las posibilidades interpretativas. Las 'nuevas' fotografías que aparecieron en 2007 desgarraron la imagen solemne y monolítica de Mistral y dieron comienzo a una nueva era de redescubrimiento y reinterpretación –feminista, *queer*, política– que llega a un momento eufórico y viral con el mural de Fab Ciraolo (2019) en el marco del estallido social iniciado el 18 de octubre de 2019 en Chile. Esta multitud de imágenes nunca antes vistas de Mistral, en ocasiones representada mirando con complicidad y goce a Doris Dana, son políticas y visibilizan un presente y un pasado que no se reduce a la violencia machista y homofóbica, a los finales de muerte o locura. Estas imágenes, multiplicadas en redes sociales, *graffiti*, *stickers* y poleras, reivindican las estrategias de sobrevivencia y el deseo *queer* así como los vínculos y las familias disidentes.[3] Las polémicas que estas representaciones de Mistral generan, en un grupo que acusa a quienes las producen de apropiación y descontextualización, revelan los efectos del progresivo derrumbe del control y el privilegio de poderes estatales, institucionales y académicos gobernados bajo lógicas patriarcales, heteronormadas y conservadoras. Todas las figuras históricas están abiertas a revisiones en base a información antes desconocida (o silenciada), a nuevos paradigmas y sensibilidades. La imagen de Mistral, por décadas, fue apropiada a través de discursos oficiales y académicos (prensa, textos escolares, museografía, entre otros) para reforzar ideas de género y sexualidad binarias, sexistas y homofóbicas.

---

3. Identifico a Mistral como *queer* y disidente porque existe amplia evidencia de su disidencia sexual y de género, sin embargo, no es posible afirmar en base a los materiales de archivos que su deseo fuera exclusivamente hacia las mujeres. La ideas de *queer* y disidencia asociadas a Mistral, las entiendo como prácticas más que como una identidad en el sentido posmoderno.

FIG. 01 Gabriela Mistral y Doris Dana en su casa en Roslyn Harbor
(Archivo del Escritor, Biblioteca Nacional de Chile)

Las imágenes y citas de Mistral que circulan hoy por las calles y las redes sociales son también una respuesta a estas violencias simbólicas institucionales y un síntoma de cómo Mistral, ahora en base a un conocimiento ampliado de su vida y obra, vibra con tantas personas, particularmente mujeres y disidencias, que encuentran en esta imagen suya feminista y *queer*, una ancestra, una fuerza y una inspiración, que por mucho tiempo nos fue negada, escondida tras la fachada de la maestra apolítica, monástica, dolorosa y casi asexual. Las fotografías, los manuscritos y los audios del legado de Doris Dana no son piezas perdidas que vienen a 'completar' el *puzzle* mistraliano. Los archivos disidentes, tantos como las vidas *queer*, resisten cualquier intento de composición final y cierre, de legibilidad total. Un acercamiento feminista, decolonial y *queer* a los archivos disidentes no se propone la ilusión de legibilidad de la disidencia sexual y de género por medio de verdades e identidades definitivas, sino que reconoce la potencialidad, la belleza y radicalidad de la ilegibilidad *queer*.[4]

---

4. He desarrollado más ampliamente el concepto de radicalidad de la ilegibilidad *queer* en "Undisciplined Objects: Queer Women's Networks". *Revista Hispánica Moderna* vol. 74, no. 1 (April 2021): 27–36.

Poco antes de que los materiales del legado llegaran a Chile, la entonces presidenta Michelle Bachelet declara que Gabriela Mistral "se nos empieza a revelar ahora como una geografía en la que tenemos mucho por descubrir" (Discurso en el Instituto Cervantes de Nueva York, 26 de septiembre, 2007). Si bien la Biblioteca Nacional y otras bibliotecas del mundo ya contaban con una importante colección de materiales de archivo suyos, estos en su gran mayoría habían sido sub-estudiados. Las palabras de Bachelet hablan de un repentino, aunque bienvenido, interés en el redescubrimiento y revaloración de los manuscritos y materiales de archivo de la escritora. La llegada de estos manuscritos, objetos e imágenes es presentado en el discurso oficial y en la prensa como un nuevo comienzo. En su evaluación del nuevo legado, Nivia Palma, Directora de Bibliotecas, Archivos y Museos de Chile, declara que estos archivos revelan a "[u]na Gabriela desmitificada. Una Gabriela humana. Una Gabriela sonriente y gozosa" (*Chile, o una voluntad de ser* 4). Aun cuando muchos de los mitos en torno a Mistral no han sido despejados, resulta interesante la valoración de Nivia Palma y Bachelet de que sólo ahora en el siglo XXI y, gracias a evidencia antes desconocida, aparece la 'humanidad' de esta mujer en oposición a la imagen monumental y santificada. Recién ahora es posible ver la risa y el goce que revelan las nuevas fotografías (y ahora también en muchas de las antiguas): el placer de fumar, de acariciar a sus gatos y de mirar con complicidad a su pareja. Las múltiples caras de una mujer. Su sexualidad no normativa. Sus contradicciones "humanas".

Los efectos del legado y el deseo de renovar la imagen pública de Mistral son tales que, en 2009, se llega a cambiar su retrato en el billete de cinco mil pesos (bajo el gobierno de la primera presidenta mujer, Michelle Bachelet). Si en los años 1920 y 1930 se la quiso ver como la maestra ideal, la madre de la nación y de Latinoamérica, a fines de la primera década del 2000 se la representa como una líder, una mujer compleja que, de acuerdo a Bachelet, luchó por la democracia, la educación, la igualdad de géneros y los derechos de los pueblos originarios. Junto con destacar el legado de Mistral en estos diferentes ámbitos, Bachelet sostiene que al agregar esto a la imagen de maestra y escritora de rondas "tendríamos un retrato más completo que el que la tradición escolar nos pinta" (Discurso en el Instituto Cervantes de Nueva York, 26 de septiembre, 2007). Un punto de partida para formar un retrato más completo –esto es, más complejo y diverso– sería explorar el funcionamiento de la imagen pública de Gabriela Mistral, particularmente con relación a su proyecto intelectual en el espacio público latinoamericano de las primeras décadas del siglo XX.

Las narrativas que trataron la biografía de Mistral tanto durante su vida como en las décadas posteriores a su muerte reforzaron los mitos que buscaban elevarla como la poeta dolorida, la maestra de América y la figura espiritual siempre virgen. Estas narrativas han sido descritas por Elizabeth Horan como "a nationalist adaptation of a hagiographic rhetoric, permeated and shaped by overlapping critical anxieties about sexual and ethnic and racial identity" ("Santa Maestra Muerta" 27). De acuerdo a Horan, estas narraciones hagiográficas están dominadas por el pánico heterosexista que busca transformar la realidad de Mistral como mujer independiente, soltera y sin hijos biológicos mediante una definición caracterizada por su dedicación a la infancia y su canto a la maternidad. Este pánico, que persiste aun después de haber sido expuesto por un sector importante de la crítica, adquiere particular visibilidad, por ejemplo, en la prensa masiva, que desde la aparición del legado de su albacea, Doris Dana, ha dado espacio a voces y debates apanicados frente a la ya "comprobada" relación homosexual entre la escritora y Dana.[5] Su *queerness*, sin embargo, es mucho más que su homosexualidad. Mistral, como otras mujeres y artistas de su época, vivió su vida de modo *queer*; en oposición a lógicas heterosexuales y patriarcales de familia, sexualidad, reproducción y dependencia económica. Para comprender la hostilidad, la censura y el silenciamiento de la que han sido objeto ciertos aspectos de la obra, la imagen y la vida de Mistral, resulta esencial pensar en el concepto de *queerness* según lo plantea Jack Halberstam. Halberstam, a partir de la idea de "modo de vida homosexual" de Foucault, que él define, separado de la identidad sexual, propone una idea más amplia de *queerness*: "If we try to think about queerness as an outcome of strange temporalities, imaginative life schedules, and eccentric economic practices, we detach queerness from sexual identity and

---

5. A partir de los materiales de este archivo, como el recientemente publicado epistolario entre Mistral y Doris Dana, la identidad sexual de la poeta ha resurgido como tema de debate público. Si bien hoy, la mayoría de las académicas y escritoras afirman la productividad y necesidad de discutir abiertamente la identidad sexual de Mistral y la presencia de esta en su obra, hay quienes aún asocian la afirmación de su heterosexualidad con la defensa de su "honor", su lugar en la historia literaria y en el imaginario nacional. Resulta emblemática de los límites a los que llegan quienes se niegan a cuestionar la identidad heterosexual de Mistral la declaración del crítico literario Camilo Marks al diario *Las últimas noticias*: "Ella era profundamente heterosexual" (26 de octubre 2007).

come closer to understanding Foucault's comment in 'Friendship as a Way of Life' that 'homosexuality threatens people as a *way of life* rather than a way of having sex'" (364).

En muchos niveles, el modo de vida de Mistral, que incluye sin duda su sexualidad, resultaba amenazante. Ante eso la normalización, la mitificación, la santificación de la maestra fueron estrategias para controlar esa amenaza. Mistral es un antecedente fundamental de lo que Carl Fischer, en su libro *Queering the Chilean Way, Cultures of Exceptionalism and Sexual Dissidence, 1965–2015* (2016), identifica como una genealogía "of Chilean artistic, cinematic and literary forms which systematically expose, over the span of 50 years, the seemingly fixed discursive models of heterosexual masculinity at the heart of Chilean exceptionalism as actually quite mutable and artificial" (10). Fischer demuestra cómo el cuestionamiento y la resistencia *queer* ante una heteronormatividad masculina es inseparable del cuestionamiento de otras narrativas como el modelo económico chileno, basado en una idea de excepcionalidad. La imagen, la vida y las ideas de Mistral no se pliegan y, en definitiva, rechazan (el rechazo es una acción en sí misma) los requisitos fundamentales de lo femenino (de un dominio patriarcal) y el modelo heteronormativo de reproducción social.

La no conformación de Mistral con este estereotipo femenino de la época ha sido relacionado directamente al tema de su identidad sexual. Si bien este ha demostrado ser un acercamiento provechoso, no permite considerar también el valor fundacional que tiene el hecho que ella, tanto en su imagen pública como en su vida privada, resistió un modelo estrecho y opresivo de feminidad, al mismo tiempo que logró abrirse paso en una multiplicidad de espacios dominados por los hombres. El cuerpo de Mistral es, en sí mismo, un elemento significativo de su *performance* de género, y por lo tanto esencial en el lugar que ocupa en los esquemas de poder simbólico y cultural. Cuando se la describía físicamente, se destacaba su altura inusual y cierta dureza de sus rasgos que fueron asociados a un carácter imponente y a una autoridad 'natural'. El ministro chileno Enrique Gajardo quien se relacionó amistosamente con la escritora en reuniones diplomáticas establece una relación directa entre su cuerpo y su impronta: "Gabriela Mistral estaba mejor hecha para oírla que para admirarla por su belleza física. De alta estatura y de porte severo, estaba más bien hecha para mandar que para obedecer" (*El Mercurio*, 18 de junio de 1989, 14). En el marco de un sistema patriarcal de estructuras binarias, que la teoría feminista ha puesto en evidencia en tanto relega lo femenino como secundario o no-existente, se es: el que habla o el que escucha, el que manda o obedece, el que crea o el que reproduce, el sujeto o el objeto. El cuerpo de Mistral parece no caber 'naturalmente' en la categoría del subalterno. Sus excesos –altura, discurso– y sus carencias –belleza, sumisión– desarticulan los parámetros arbitrarios que regulan lo masculino y lo femenino tanto a nivel corporal como intelectual. Cabe preguntarse, entonces, por la relación entre su cuerpo y su proyecto intelectual. Hasta qué punto sus rasgos y talante la excluyen de la categoría "femenina", al negarla, por ejemplo, como objeto de deseo masculino (sí fue objeto de deseo femenino). Mistral, como es natural, tiene control y conciencia de esto, pues no hay evidencia de que ella buscara adornar ni "remediar" su cuerpo; ella entiende, como todas las mujeres saben, y sigo aquí a Susan Sontag, que la feminidad está en directa relación con la capacidad de atraer, pero la poeta se resiste a este mandato (al menos en cuanto a ser atractiva sexualmente para los hombres). Sin embargo, Mistral logra conciliar hábilmente una imagen que, al mismo tiempo que resiste las definiciones tradicionales de género sexual, encarna –para los Estados y un público amplio– la imagen poderosa de la madre de América, la de "santa maestra".[6] Su *queerness*, su rareza, fue, según tempranamente advirtiera Licia Fiol-Matta en *A Queer Mother for the Nation* (2002), puesta a trabajar para el Estado. Por otro lado, y precisamente por negarse a trabajar una representación de género basada en la validación desde el deseo masculino, su *performance* y su corporalidad son asociadas a una serie de rasgos valorados por el campo intelectual y que hacen eco de sus prejuicios, como la oposición entre vanidad e intelecto. En el testimonio de su encuentro con Mistral en París (posiblemente en 1925), Joaquín Edwards Bello confirma esta lógica: "Lucila Godoy tenía una cabeza admirable. Unos ojos divinos y una risa de diosa.... No he conocido mujer menos coqueta. París no es sino un muestrario de mujeres catalogadas de uno a un millón. Es un inmenso almacén de accesorios para ellas.... Lucila pasó aparte de eso. No lo vio. Ensimismada soñaba con la democracia, con el reparto agrario, con la suerte de Puerto Rico y de Nicaragua". La falta de coquetería, la indiferencia ante el creciente mercado de consumo masivo que se le ofrece a la mujer moderna parece ser la consecuencia de la intensidad de su pensamiento, de su compromiso político. Aquí Edwards Bello no propone una imagen romantizada de la poeta como un sujeto ensimismado, desconectada del ajetreo del mundo, sino que representa a Mistral como una mujer extraña, excepcional frente al comportamiento de la mayoría

---

6. Ver la biografía de Virgilio Figueroa, *La divina Gabriela* y los ensayos de Benjamín Carrión, *Santa Gabriela Mistral*.

de las mujeres. Su pensamiento acerca de problemas continentales aparece en oposición a la conducta y los valores del resto de las mujeres.

La fotografía como amenaza y promesa

Allan Sekula en su artículo "The Body and the Archive" estudia distintos archivos fotográficos del siglo XIX y plantea que la fotografía desde un comienzo promete y amenaza. Para Sekula la promesa es el mejor dominio de la naturaleza y la amenaza, de carácter anárquico, es de la nivelación del orden cultural existente (4), entonces, por un lado está la promesa de mayor conocimiento y difusión de la naturaleza y por otro la amenaza que la fotografía presenta para la alta cultura. El análisis de Sekula se enfoca en la doble cara del retrato fotográfico en tanto una forma de masificar y por tanto subvertir los privilegios del retrato pictórico. Al mismo tiempo la fotografía cumple un rol que ningún retrato pintado hubiera podido cumplir: "This role derived not from any honorific portrait tradition but from the imperatives of medical and anatomical illustration. Thus photography came to establish and delimit the terrain of the *other*, to define both the *generalized look* –the typology– and the contingent instance of deviance and social pathology" (7).

Sekula demuestra hasta qué punto la función represiva de la fotografía se funde con la función clásica del retrato, lo que resulta en que el retrato del criminal emerge de cierto modo en el retrato de estudio de las clases emergentes, como un archivo oscuro.

> Notwithstanding the standard liberal accounts of the history of photography, the new medium did not simply inherit and "democratize" the honorific functions of bourgeois portraiture. Nor did police photography simply function repressively, although it is foolish to argue that the immediate function of police photographs was somehow more ideological or positively instrumental than negatively instrumental. But in a more general, dispersed fashion, in serving to introduce the panoptic principle into daily life, *photography welded the honorific and repressive functions together. Every portrait implicitly took its place within a social and moral hierarchy.* The private moment of sentimental individuation, the look at the frozen gaze-of-the-loved-one, was shadowed by two other more public looks: a look up at one's betters, and a look down, at one's "inferiors." (10, mi énfasis)

¿Con qué amenaza y qué prometen las fotografías de Mistral? ¿De qué manera une lo honorífico y lo represivo? A la luz de las ideas de Sekula se hace necesario leer las fotografías de Mistral no solo como un instrumento productivo en su proceso de construcción de sujeto intelectual sino también como un medio que amenaza. Los primeros retratos de Mistral son parte de su estrategia de difusión privada –retratos firmados– pero al mismo tiempo la ubican dentro de una jerarquía social. La joven ayudante de maestra no es la jovencita de clase alta capitalina, ni tampoco la mujer indígena que capta la cámara del etnógrafo, es un nuevo sujeto social, una mujer independiente, trabajadora, intelectual.

Si la fotografía, como sugiere Sekula y otros, crea y difunde un "look" generalizado y a la vez expone al 'otro', la fotografía de Mistral en la prensa en tanto desviación de la norma y sobre todo a medida que crece su fama, contribuye a perfilar una nueva categoría, la de la mujer intelectual. Al examinar ciertos medios de prensa de la primera mitad del siglo XX en Chile, Argentina, Costa Rica y México se observa una fuerte presencia de fotografías de mujeres tanto en el contenido como en la publicidad. Una gran mayoría correspondían a fotografías de la vida social o páginas de moda femenina. Sin duda estas imágenes construyen un modelo de feminidad muy estrecho, acorde a los esquemas de género de la época y que se limita a mujeres jóvenes, blancas, de clase alta que aun si se les muestra 'escribiendo' es por medio de una mirada que sexualiza el cuerpo femenino con el uso de símbolos fálicos (la pluma), ropa semi-transparente, componiendo una escena que apela a la fantasía y el deseo de la mirada masculina. Las fotografías donde la mujer retratada figura exclusivamente por belleza y posición social aparecen tanto en revistas de variedades de amplia difusión como en revistas culturales (*Repertorio Americano*).

En otros casos, y cada vez más a medida que se acerca la mitad del siglo XX se encuentran fotografías de mujeres artistas, escritoras o profesionales que aparecen junto a sus textos y/o biografías, entrevistas o reseña críticas. ¿De qué modo se representa visualmente a estas 'nuevas' mujeres en medios que hasta entonces exhiben a la mujer por razón de su clase, belleza y como imperativo de un modelo genérico sexual impuesto por el patriarcado? La representación visual de la mujer escritora presenta muchas de las problemáticas que se encuentran en la recepción crítica de su obra. Se halagan sus facetas menos amenazantes (lo maternal, romántico y religioso) y se silencia lo perturbador (lo erótico, político y *queer*). Por lo tanto, uno de los modos en que se representa a la mujer escritora es por medio de imágenes que destacan clase, belleza y feminidad en una relación de armonía con los proyectos creadores. Son las mismas mujeres blancas, bellas, de clase alta, que ahora suman un elemento "nuevo", moderno. Inés Echeverría, "Iris" (1848–1949), escritora contemporánea a Mistral, autora de más de una docena de libros, tiene alta figuración en la prensa de la época. Nieta de Andrés Bello, Iris pertenece a la aristocracia chilena. En 1915 la educadora chilena Amanda Labarca le hace una entrevista en su casa titulada "La vida del espíritu" donde tratan temas de literatura, educación y viajes.[7] En el texto de la entrevista Iris se muestra irreverente frente a muchas de las convenciones de su clase social, sin embargo, las fotografías que acompañan la entrevista por medio de una cuidada composición se concentran, por sobre todo, en la posición social de la escritora y el lujo de su entorno: dos fotografías de la elegante casa de la escritora donde destacan los muebles y la decoración (una de ellas dice al pie: "Sala Luis XVI de la casa de la señora Inés Echeverría de Larraín), una fotografía de un retrato pintado de su hija Rebeca –una belleza santiaguina de la época– y una fotografía de un retrato de la escritora cuando niña. No hay ninguna fotografía de la escritora por razones imposibles de saber, pero en cambio acompañan sus palabras con lo que el público lector de una revista de variedades como *Familia* quiere ver: lujo, belleza, pautas de moda y elegancia. El discurso de Iris que con todas sus contradicciones desafía las limitaciones de su género y critica rasgos de la sociedad chilena queda encapsulado por el discurso de las fotografías que la destaca no en tanto intelectual sino como miembro de una clase social dominante, tradicional y conservadora.

    Aun cuando la mujer escritora no sea normalizada ni contenida por su afiliación a la clase alta en su representación visual, las fotografías construyen un modelo de belleza y sensualidad que las ubican nuevamente en el lugar de objeto, de 'musas', negándoseles entonces el figurar públicamente (y visualmente) más allá de su afiliación de clase o su belleza física (Delmira Agustini, Juana Borrero). En 1924 la fotografía de la poeta y ensayista cubana Emilia Bernal aparece en *Repertorio Americano* junto a un breve texto que comenta su último libro. Del libro se alaba su "suave temperamento poético", "actitud de coqueteo" y "fluidez y dulzura", la fotografía por su parte, teatral, evoca una estética de retrato de estrella de cine y muestra a Bernal con los hombros descubiertos, mirando directamente al espectador. La imagen de la mujer poeta aquí fomenta la identificación de la belleza, el romanticismo y la sensualidad

---

7. "La vida del espíritu" entrevista a Inés Echeverría. *Familia* Agosto 1915: 3–5.

FIG. 02. *Revista Repertorio Americano*, 1924.

de la mujer con su poesía (ver fig. 02). La belleza es sin duda una cualidad que la prensa de principios de siglo atribuye a muchas de las mujeres artistas y profesionales que perfilan en sus páginas. ¿Qué pasa entonces cuando no se puede alabar ni la belleza ni el abolengo de una mujer?

Para poder examinar críticamente estos regímenes de representación hay que preguntarse qué es lo que excluyen. Lo que se excluye, lo que se opta por no representar en estos medios de prensa es a la mujer que "carece" de belleza y abolengo o que se desvía y amenaza los límites de la identidades de género en un esquema heterosexual patriarcal (a menos que sea una caricatura). Griselda Pollock asegura que al identificar la historia dominante en los regímenes de representación existentes se puede descubrir la resistencia de una cultura patriarcal a representar a la mujer, el deseo femenino y su diferencia (175). La no representación de la diferencia de la mujer resulta productiva para el patriarcado en este contexto histórico en que la mujer ya comienza a salir de un estrecho molde que la confinaba al espacio privado y pasivo del hogar. La mujer intelectual, escritora o activista impone el dilema de su diferencia a los regímenes de representación visual.[8]

El dilema de la diferencia, la amenaza de un nuevo tipo de mujer, genera como respuesta social mecanismos de invisibilidad, violencia y manipulación. Un modo que tienen ciertos medios de prensa de enfrentar esta irrupción es la normalización de la mujer escritora e intelectual por medio de una puesta en escena de género estereotípica a nivel visual. Las fotografías así como la manipulación editorial minimizan la diferencia y la desviación de la norma que estas mujeres ecarnan y dan testimonio de la ansiedad social que su independencia creativa, económica e intelectual genera. Dos ejemplos de bien entrado el siglo XX son el reportaje que la popular revista argentina *Caras y Caretas* hace a la poeta Alfonsina Storni y, una fotografía de Mistral comprando ropa de mujer incluida en un extenso reportaje especial de la revista *Ercilla* con motivo del Premio Nobel (ver Fig. 03). El artículo periodístico dedicado a Storni incluye una fotografía que muestra a la poeta, con un delantal de cocina, inclinada sobre una olla, bajo la cual se lee: "La exquisita poetisa no desdeña los quehaceres domésticos, siendo una excelente cocinera" y que pertenece a una fascinante serie de fotografías domésticas (ver Gliemmo).

Además de mostrar una foto casi surreal de la escritora tras una pierna de maniquí que luce medias femeninas, "La Mistral se viste a la moda" hace evidente el deseo de la prensa por domesticar la imagen de la entonces recién laureada poeta. El mensaje apela a la mujer chilena para mostrar como Mistral a

---

8. "The premise that images are not only reflections of a world but constructions of meaning not only implies the critique of stereotypes that show limited aspects of women's lives and experiences, it also means that we take to be common definitions of femininity are themselves already part of this fabrication. 'Feminine' here is not the conventional idea of what women are or should be, but invokes the potential of a 'different difference' that as yet lies unacknowledged in current regimes of visual representation" (Pollock 175).

FIG. 03. "Una mañana cualquiera salió de compras con el mismo entusiasmo de una buena señora de casa. Es que Gabriela Mistral, poetisa excelsa, es, ante todo mujer. En ella se conjugan todas las virtudes de la feminidad"

pesar de su fama y gloria mundial es una mujer con la que la dueña de casa se puede identificar, ya que al igual que ella sale a comprar ropa. No se trata solamente de acercar la imagen de la entonces "celebridad" a la gente común, sino de acentuar el *performance* femenino de Mistral; Mistral es una mujer, porque actúa como una. La presencia de la imagen de Mistral en los medios no satisface las lógicas que motivaban la exhibición del cuerpo femenino de la época: no era simplemente etnográfica, en tanto representación de un tipo social o étnico, ni tampoco símbolo de belleza o clase, era la imagen de un sujeto femenino nuevo. Mistral, al mismo tiempo que otras mujeres profesionales de su tiempo, abre el campo visual a un nuevo tipo de mujer, la mujer intelectual cuya imagen circula producto de su obra y acciones y que, sin negar su feminidad, rechaza los modelos que buscan normalizar el cuerpo de la mujer y mantenerlo como un objeto de la mirada masculina por medio de la moda, gestos, hábitos (como la condena hacia el fumar), etc.

Volviendo a la idea de Sekula de la fotografía como promesa y amenaza, las fotografías de Mistral al exponer su clase, raza y distancia con los modelos de feminidad de elite que dominan los medios de prensa la hacen vulnerable a la catalogación, a ser ubicada dentro del ordenamiento social (ver ejemplos de los Juegos Florales). Si bien los medios de prensa publican frecuentemente fotografías de escritores, políticos e intelectuales, la exposición pública del sujeto femenino presenta mayores "peligros" que la del hombre (hombre público versus mujer pública). La aparición y el éxito (como escritoras, figuras políticas, etc.) de mujeres que no se ajustan a los limitados cánones de belleza y que provienen de la clase obrera o media llama a una revisión crítica de la representación de estos nuevos cuerpos a nivel visual para preguntarse desde dónde tanto ellas como los medios construyen y validan su identidad sexual en los espacios culturales y sociales públicos.

Performance fundacional

La idea de *performance* de género que propone Butler (1990) está constituida por actos repetitivos, que citan discursos culturales altamente regulados y que tienen efectos. Si aceptamos que el género se "hace", que es "a matter of ritualized, public perfomance" (272) y que a pesar de operar en una marco restringido contiene posibilidades de subversión, "as an ongoing discursive practice, it is open to intervention and resignification" (33). En el sentido más teatral del concepto de *performance,* es posible sugerir que Mistral se distancia –por medio de su *performance* de género– de roles subordinados, para así redibujar una identidad que la perfile como un sujeto extraordinario y que le dé acceso a las esferas de producción intelectual. Si bien se podría contra-argumentar que Mistral no teme a identificarse con grupos minoritarios: las mujeres, los indígenas, el pueblo, esto es siempre funcional al modelo mayor que ella construye. El ser mujer, campesina, maestra rural, el "indio que lleva adentro" (*Pensando a Chile* 117) son partes de un todo que suma un sujeto que escapa la esencialización y que en un constante movimiento performativo se desencaja de identidades asignadas para así construir una identidad única, móvil, atractiva, efectiva para su éxito como intelectual transnacional. Su discurso auto-descriptivo refuerza una imagen que no responde al deseo social ni a las normativas de género: "Empecé a trabajar en una escuela de la aldea Compañía Baja... A la Directora no le caí bien. Parece que no tuve ni el carácter alegre y fácil ni la fisonomía grata que gana a las gentes. Mi jefa me padeció a mí y yo la padecí a ella. Debo haber llevado el aire distraído de los que guardan secreto, que tanto ofende a los demás..." (*Magisterio* 43).

Mistral compone una narrativa de sus inicios profesionales para explicar su doble profesión como maestra y escritora. Mediante una autocrítica afectada, la escritora declara carecer de las características necesarias para el éxito interpersonal. No tiene la belleza ni tampoco un carácter alegre ni fácil, rasgos que una sociedad patriarcal exige a la mujer que aspira a ser el "ángel del hogar". Pero las líneas finales hacen imposible pensar que Mistral aspiraba realmente a estas cosas de las que "lamentablemente" carece. Su indiferencia, su "aire distraído" y el guardar un secreto que los demás perciben pero no pueden entender componen una narrativa de sí misma como "diferente", un sujeto extraordinario que por su vida interior, su conocimiento, aliena a "las gentes", aunque no así a quienes ella en otros textos identifica como sus "iguales" en términos de sensibilidad e intelecto. Muchos de sus relatos autobiográficos fundan su identidad en esa diferencia que para Mistral es parte de su naturaleza, no pose, y que ella misma explica la ha determinado desde la infancia: "Yo era una niña triste... Y tú sufrías de que tu niña no jugara como las otras y solías decir que tenía fiebre cuando en la viña de la casa la encontrabas conversando con las cepas retorcidas y con un almendro esbelto y fino que parecía un niño embelesado" (*Gabriela Mistral: su prosa y su poesía en Colombia* 451). La historia de la niña que habla sola, que tiene una relación especial con la naturaleza, que crece alimentando su imaginación con la Biblia, contribuye a crear un mito de genialidad, de diferencia con los demás niños, de creatividad y sensibilidad extrema.

Alberto Gerchunoff comienza su artículo y entrevista a Mistral para *La Nación* de Buenos Aires en 1925 así:

> El que ha visto alguna vez un retrato de Gabriela Mistral la imagina como una mujer de rasgos duros, que recuerda en algo las líneas abultadas de la máscara de Rubén Darío. El retrato que más ha popularizado su fisonomía nos la presenta así, con los párpados tristemente caídos y los labios apretados en un pliegue doloroso. Pero esa expresión ásperamente viril se borra cuando se la ve. Comprendemos en seguida que Gabriela Mistral es distinta y su mirada y su voz nos dan una imagen diferente... ¿Qué impresión confusa removía en mi memoria? No creáis que al contemplarla evocaba los seres poéticos, estilizados por la tradición literaria y que concebimos, en su prestancia magistral, con los atributos reales del esplendor y de la belleza. Y a pesar de alejarse tanto de las figuras femeninas que resumen en su apariencia un ideal de perfección, pensé, al hallarme delante de ella, en los versos que el poeta principesco, el ingenioso y galante Carlos de Orleáns, consagra a Bonne d' Armagnac:
> *Dieu! Qu'il fait bon la regarder.*
> Pensé más bien en las heroínas de las leyendas rurales y en las efigies que exornan los viejos devocionarios. Parecíame una campesina venida a la ciudad [...] o una santa, como debían ser las santas en la realidad de su piadosa militación... (citado en García Huidobro 169)

A diferencia de otras mujeres escritoras y artistas –Norah Lange, Delmira Agustini, Juana Borrero– que tuvieron que luchar o vivir con el lugar asignado de la musa, Mistral, al "alejarse tanto de las figuras femeninas que resumen en su apariencia un ideal de perfección" queda en un limbo que cada cual trata de resolver y que hasta hoy la mantiene en disputa. Alberto Gerchunoff, quien la compara con la máscara mortuoria de Rubén Darío, confunde desde el comienzo los límites entre el "ver" y el "imaginar" cuando sugiere que quien ve el retrato de Mistral "la imagina como una mujer de rasgos duros". Si la ve, ¿qué imagina? ¿sus rasgos en el sentido de su carácter? ¿o el imaginar y el ver son una misma operación? El periodista al verla descarta la primera impresión/imaginación de Mistral como viril pero también confiesa que no la puede identificar con la belleza femenina ideal, "Gabriela Mistral es distinta". Distinta sin dejar de ser atractiva, distinta sin ser masculina, hace bien mirarla dice Gerchunoff, lo que respalda la importancia de la pregunta inaugurada por Fiol-Matta acerca de cómo explicar la atracción general que Mistral provocaba.⁹

"If one wished to be seen, imitate the style of those who are seen or celebrated already" (Braudy 481). El gesto mistraliano de negarse a imitar el ideal femenino de su época, de rechazar activamente muchas de las marcas y modos impuestos a la identidad femenina y celebrados por la sociedad, no es simplemente omisión, es un acto significativo. Por otro lado, Mistral sí 'imita', sí incorpora a su *performance* corporal y discursivo elementos asociados al poder y a la autoridad en la sociedad patriarcal de su época; en ese sentido su *performance* demuestra comprensión del funcionamiento del poder en el campo cultural. No son los elementos hasta entonces celebrados en una poetisa, pero sí en políticos e intelectuales: como el carisma, la presencia en espacios de poder, el monopolio de la voz y el discurso (darse la palabra y no permanecer en silencio), la participación en debates públicos y privados.

El valor de la *performance* fundacional de Mistral no se limita a su subversión visual de las definiciones de género sino que también de clase, ya que su opción por encarnar la estética de maestra rural durante toda su vida se puede leer como un acto político. El discurso de Mistral reafirma su pertenencia y lealtad a la clase campesina y al pueblo. A nivel visual ese discurso se mantiene a través de su *performance* de clase, su resistencia a cambiar su forma de vestir, a cambiar su tono campechano, en un gesto que simbólicamente lleva a la maestra rural a todos esos espacios de poder a los que Mistral va accediendo. Esto, sin embargo, no significa que Mistral no tuviera un interés personal y estratégico en el cultivo de esta imagen, simplemente me interesa reconocer uno de los efectos culturales de su persona pública. Se producen efectos políticos cuando la mujer, la campesina, la figura *queer* entra a los espacios de poder: "La exhibición de lo femenino en las tribunas del poder [...] contribuye a redelinear contornos que ayudan a la individuación, al reconocimiento y la identificación de las mujeres como sujetos (desde siempre negados) de la

---

9. "For decades, critics and readers alike have assumed that Mistral–that is the icon we take to be Mistral–embodies a Catholic construction of femininity as a celibate abstraction, or that she modeled herself after an asexual mother figure who does not evoke desire... These interpretations, however, cannot account for her charisma, her success as image and the passions she provoked nationally and transnationally" (Fiol-Matta 156).

visualidad pública" (Richard 78). Estas mujeres, estos cuerpos, no solo cuestionan el orden tradicional, sino que también, como quiero sugerir, fundan y abren nuevos espacios, y aumentan la diferencia agregando posibilidades.

En este sentido, propongo que la *performance* de Mistral es fundacional porque no responde a ninguno de los modelos disponibles tanto para la mujer en la esfera privada ni en la pública, espacios donde la mujer intelectual, artista o escritora –con pocas excepciones– seguía siendo presentada en relación a los modelos de belleza y clase dominantes. Mistral no solo desestabiliza las categorías sino que lo hace de manera efectiva, escapando esencializaciones e inaugurando una imagen de mujer escritora, de intelectual transnacional distinta.

Su autodefinición como un sujeto excepcional se constituye como un arma de lucha, una estrategia para resistir la normatividad, un modo de escapar de las expectativas y restricciones heteropatriarcales que se le imponen a las madres, a las esposas y a la mujer en tanto objeto de deseo masculino; pero sin por eso querer identificarse con los modelos emergentes de rebelión femenina, como la *flapper* o la feminista burguesa. Su imagen se convierte así en una *performance* fundacional de género, en el sentido de su posición con respecto al poder, su disidencia y su resistencia, lo que abrió modelos alternativos y exitosos de representación para la mujer y su discurso en el siglo XX.

Obras citadas

Braudy, Leo. *The Frenzy of Renown: Fame and its History*. Vintage Books, 1997.
Butler, Judith. *Gender Trouble: Feminism and the Subversion of Identity*. Routledge, 1990.
Fiol-Matta, Licia. *A Queer Mother for the Nation: The State and Gabriela Mistral*. University of Minnesota Press, 2002.
Fischer, Carl. *Queering the Chilean Way. Cultures of Exceptionalism and Sexual Dissidence, 1965–2015*. Palgrave, 2016.
Gajardo, Enrique. "La Gabriela que yo conocí". *Artes y Letras. El Mercurio*. Santiago, 18 de junio 1989. 14.
García-Huidobro, Cecilia. *Moneda dura: Gabriela Mistral por ella misma*. Catalonia, 2005.
Gliemmo, Graciela. "Alfonsina Storni: el cerebro y la pasión". *Mujeres argentinas: el lado femenino de nuestra historia*. Editado por María Esther de Miguel y Graciela Batticuore. Alfaguara, 1998.

Halberstam, Jack. *In a Queer Time and Place: Transgender Bodies, Subcultural Lives.* New York University Press, 2005.
Horan, Elizabeth. "Santa Maestra Muerta: Body and Nation in Portraits of Gabriela Mistral". *Taller de Letras* 25 (1997): 21–43.
Mistral, Gabriela. *Gabriela Mistral: su prosa y poesía en Colombia. Tomo II.* Compilado por Otto Morales Benítez. Convenio Andrés Bello, 2003.
_____. *Magisterio y niño.* Selección y prólogo de Roque Esteban Escarpa. Andrés Bello, 1979.
_____. *Pensando a Chile. Una tentativa contra lo imposible.* Compilación de Jaime Quezada. Publicaciones del Bicentenario, 2004.
Mistral, Gabriela, Pedro Pablo Zegers, Tomás Harris y Daniela Schütte. *Chile, o una voluntad de ser: legado de Gabriela Mistral.* Biblioteca Nacional de Chile, 2008.
Oyarzún, Luis. *Temas de la cultura chilena.* Editorial Universitaria, 1967.
Pollock, Griselda. "The Visual". *A Concise Companion to Feminist Theory.* Ed. Mary Eagleton. Blackwell, 2003. 173–194.
Richard, Nelly. *Feminismo, género y diferencia(s).* Palinodia, 2008.
Sekula, Allan. "The Body and the Archive". *October* 39 (invierno 1986): 3–64.
Sontag, Susan. *Women.* Jonathan Cape, 2000.

II

Maternidades e infancias disidentes

4

El poder de la ambigüedad en la poética de Gabriela Mistral: maternidades abyectas

María Rosa Olivera-Williams
UNIVERSITY OF NOTRE DAME

G ABRIELA MISTRAL (1889–1957) ES la poeta e intelectual pública que mejor representa lo que es habitar la vorágine modernizadora en el continente latinoamericano. Marshall Berman entendía que la modernización es una fuerza de la que nadie ni nada puede escapar, que "nos sumerge a todos en una vorágine de desintegración y renovación perpetuas, de lucha y contradicción, de ambigüedad y angustia" (15).[1] Es precisamente la experiencia de la ambigüedad en Mistral sobre la que se centra este ensayo. La experiencia de ambigüedad que libera a la poeta de la fuerza persuasiva de la "realidad" y que le permite imaginar nuevas formas de ser y de relacionarse se estudiará en la creación de diferentes concepciones de la maternidad, lo que yo llamo "maternidades abyectas", especialmente en "Poemas de madres" de *Desolación* (1922).

Nacida en Vicuña y trasladada a Montegrande a los diez días de vida, Mistral se crió en la pobreza de un pueblo rural del norte de Chile, en una familia de mujeres solas, ya que como era común en la época y especialmente en el mundo rural, los hombres desaparecían dejando, en el caso de la familia

---

1. Las traducciones son mías, a menos que se indique lo contrario. "[I]t pours us all into a maelstrom of perpetual disintegration and renewal, of struggle and contradiction, of ambiguity and anguish" (Berman 15).

Godoy Alcayaga, el recuerdo nostálgico de un padre compositor de versos, hábil con la guitarra, maestro y amante de los viajes, así como la realidad de su ausencia. Las mujeres de la familia de la niña Lucila, el nombre oficial de Gabriela Mistral, ocuparon los papeles tradicionales para las mujeres en el sistema patriarcal: una madre costurera, una hermana mayor que era maestra rural, y que en Montegrande mantuvo a su familia en una pequeña habitación en la misma escuela que enseñaba y donde Lucila aprendió sus primeras letras, y, por último, una abuela que le enseñó las fascinantes historias de la Biblia. El mundo rural chileno de los primeros años de Mistral pertenecía al mundo tradicional decimonónico que entraba lentamente a la modernización por medio de una reforma del sistema de la educación pública. Al Estado le interesaba unificar a la nación bajo un ideal de lo que era ser chileno, y para ello abrió escuelas normales y formó maestras –en su mayoría mujeres, aunque hubo algunos hombres– que tuvieron la violenta tarea de borrar en los niños las marcas culturales ajenas al proyecto nacional, ya sea que provinieran de las costumbres familiares, la etnia o el lugar de origen.

Esta mínima introducción biográfica es necesaria porque la joven Mistral, como adolescente pobre de una aldea rural, la única posibilidad de educación que tenía era el magisterio (37–64), según lo explica Licia Fiol-Matta en *A Queer Mother for the Nation* (2002), libro que se ha vuelto canónico para los estudios mistralianos. Como maestra, Mistral se lanzó a los incesantes viajes de la modernización, primero en Chile y luego en América Latina, Europa y Estados Unidos. Debo aclarar que, si bien su viaje iniciático lo realizó como maestra (oficio que le permitía ganarse la vida), los viajes de Mistral serán clave en la creación de la mujer poeta e intelectual moderna, y la figura de la maestra se desvanecerá, aunque sin perderse del todo, para dar paso a la de la poeta. Segunda aclaración: el uso del verbo "lanzar" para explicar la salida de Mistral de Montegrande, lugar afectivo y verdadera patria para la poeta, no invalida la agencia de la chilena en sus movimientos por el mundo. Elizabeth Horan, crítica indispensable en la biografía de Mistral, cuyo admirable trabajo de archivo y notable lectura del ingente material da vida a la figura de la poeta, señala que desde muy temprano la escritora comprendió la importancia de crear redes de poder con importantes personalidades del mundo de las letras, la política y la diplomacia. Horan aclara el mito de que José Vasconcelos (1882–1959), por decisión propia y en el cargo de Secretario de Educación Pública, llamó a la chilena para que le ayudara en su visión de la reforma educativa en México, al mostrar cómo la poeta cultivó desde 1916 relaciones epistolares con influyentes diplomáticos mexicanos que fueron esenciales para futuras invitaciones y cargos. Sus contactos con los poetas, intelectuales y embajadores mexicanos en los países del Cono Sur, como con el modernista Amado Nervo (1870–1919), y especialmente los destinados en Chile, Enrique González Martínez (1871–1952), Antonio Castro Leal (1896–1981) y Alfonso Caso (1896–1970), determinaron la invitación de Mistral a México. En palabras de Horan, "aunque la invitación procedía de Vasconcelos, él sólo era el canal para lo que quería este grupo de escritores-diplomáticos."[2] El deseo de González Martínez, Castro Leal y Caso reflejaba la voluntad de Mistral de salir de Chile y era el resultado satisfactorio de una red de amistades intelectuales cuidadosamente tejida por la poeta.

La ambigüedad liberadora

La figura y la poética de Gabriela Mistral son ambiguas. Mistral fue en su momento la encarnación de la institucionalidad, de los roles legitimados por el sistema patriarcal, la voz de la madre, la maestra, la amante, la hija, la hermana, la abandonada, la abnegada, y la sufrida. También fue su reverso: la subversiva, la loca, la inconformista, la cuestionadora del orden político, social y económico, la que da voz a los oprimidos (los indígenas, los niños y las mujeres pobres, especialmente del campo), la feminista (sin usar tal designación), la pacifista, la autora "trans" (pues cruza diferentes fronteras geográficas, sociales y de género), la poeta *queer*,[3] quien desde muy temprano

---

2. "While the invitation came from Vasconcelos, he was only the channel for what this group of writer-diplomats wanted". Esta cita pertenece a la conferencia "Writing the Queer Life of Gabriela Mistral" / "Escribiendo la vida queer de Gabriela Mistral", que Horan pronunció el 9 de septiembre de 2022 como parte del ciclo de conferencias virtuales "Rereading Gabriela Mistral 100 Years after *Desolación* (1922–2022): A Transhemispheric Encounter", University of Notre Dame.

3. *Queer* puede entenderse como un término paraguas que engloba a todas las personas que no son heterosexuales ni cisgénero. Los términos muy amplios son siempre objeto de crítica, y el término *queer* tiene sus detractores. Cuando me refiero a la ambigüedad de la poética de Mistral como apertura de posibilidades para movilizar políticas feministas y *queer*, estoy de acuerdo con la elaboración teórica de Michael Warner en *The Trouble with Normal* (1999). En ese libro, Warner sostenía que la teoría *queer* y la ética de una vida *queer* sirven para criticar

cambiaba pronombres de género gramatical y subvertía los roles de género (Rojo, Fiol-Matta, Horan, Olea, Cabello Hutt, Sepúlveda). De hecho, Mistral despliega la fluidez del género y la sexualidad mostrando su carácter cultural casi un siglo antes de que Judith Butler empezara a teorizar sobre ello en *Gender Trouble* (1990). Diferentes generaciones han visto y acogido algunas de las múltiples subjetividades mistralianas que emergen de su obra y de su actuación como intelectual pública. Si sus contemporáneos la cristalizaron o monumentalizaron como la poeta y maestra nacional, proceso que culminó con el Premio Nobel de Literatura en 1945, las generaciones actuales, apoderándose también de ella para sus causas sociales, tomaron el cincel para liberarla del pedestal institucional que silenciaba sus múltiples voces.

La figura de Gabriela Mistral es ambigua: su estatura alta, especialmente para la época, su cabello corto y libre, la forma de vestirse con ropa holgada, larga y, casi siempre, de color oscuro, como cubriendo las marcas de su sexo, su risa fuerte que explotaba sin miramientos por las reglas del buen gusto, su placer por fumar en pipa, su lengua cotidiana, no ausente de bromas y palabras consideradas obscenas, su numeroso círculo de amigas, mujeres de diferentes nacionalidades, crean una figura que claramente es *queer*.[4] Esa presencia *queer* autoforjada por la poeta sirvió al Estado para proyectar el modelo de la maestra normal –una mujer nada femenina según los parámetros patriarcales de feminidad, pero no un hombre– que sustituyó a la mujer-madre en el proyecto normalizador del Estado. Ese Estado invisibilizó la sexualidad de Mistral, como se invisibilizó la sexualidad de los hombres para mostrarlos como individuos y ciudadanos, y, en el caso de Mistral, para mostrarla y visibilizarla como la maestra icónica. La Mistral maestra no era una mujer sexual,

---

las estructuras sociales y económicas existentes partiendo de las críticas contra la heterosexualidad, pero no sirven exclusivamente para criticar la heterosexualidad y la sociedad heterosexual. El libro es considerado uno de los debates más profundos sobre la normalidad.

4. Si el documental de María Elena Wood, *Locas mujeres* (2011), retrata de forma breve pero inequívoca la relación amorosa entre Mistral y Doris Dana, es el cortometraje documental de la guionista y directora chilena Magali Meneses *El ojo limpio. 50 años del Nobel* (1995) que paradójicamente capta la imagen *queer* de Mistral en movimiento a través de proyecciones de fotografías. Estas fotografías acompañan una grabación radiofónica inédita de la poeta, la entrega del Premio Nobel y el funeral de Mistral.

ni mujer-madre, ni hombre, y, como el lesbianismo era tabú, se convirtió en la imagen oficial de la maestra normal: la mujer asexuada que daba su vida a la normalización de las futuras generaciones de chilenos. No es pertinente para este trabajo ver si la Mistral maestra cumplió dócilmente con el programa estatal o si subvirtió ciertos aspectos del mismo desde la propia institucionalización. Lo que sí importa es ver cómo las normas culturales y sociales de la primera mitad del siglo XX paralizaron la dinámica de una mujer que no se ajustaba a los parámetros de género de la época.

El proceso de la iconografía de la maestra en la figura de Mistral recuerda el proceso del marianismo como modelo a seguir por las buenas mujeres. La figura de la Virgen como madre de Dios borra la sexualidad de María para crear el ícono de la madre virgen y la figura de la Mistral maestra, como vimos, borra la sexualidad *queer* de la chilena. Si el borramiento de la sexualidad de María crea el constructo de la feminidad ideal dentro del sistema patriarcal, el borramiento de la sexualidad de Mistral crea otro tipo de feminidad: el constructo de la maestra. El paralelo entre ambos procesos se materializa en el mural cerámico de 1971 del artista chileno Fernando Daza (1930–2016), ubicado a los pies del Cerro Santa Lucía, en el centro de Santiago de Chile, y, especialmente, en la lectura que de él hace Magda Sepúlveda. En *Gabriela Mistral. Somos los andinos que fuimos* (2018), Sepúlveda se enfoca en la vestimenta que Daza le da a Mistral; le quita el traje oscuro y largo y la cubre con un vestido etéreo y azul claro para darle una nueva imagen a la maestra, ya que la Mistral de Daza lleva un libro en la mano con el que educará para la nación chilena a los niños indígenas y trabajadores que la acompañan, metonimia de lo andino. Esta Mistral maestra de veste azul recupera la feminidad asexuada de la Virgen, si bien con rasgos indígenas, y por eso, en palabras de Sepúlveda, "el reconocimiento de Mistral como subjetividad lésbica ha causado escozor en quienes participan del imaginario social de este mural" (26). Imaginario que retrata a Chile como un pueblo indígena, mestizo y proletario que está en vías de alcanzar su apogeo gracias a la educación en manos de una maestra impoluta, de feminidad asexuada.

¿Se puede decir que el poder de la poética mistraliana radica en la ambigüedad? ¿Cómo leer la ambigüedad en Mistral? ¿Por qué es la ambigüedad el patrón de su poética? Si la apropiación de la figura de Mistral en diferentes épocas y por diferentes grupos e ideologías hizo posible la creación de una sujeto múltiple y contradictoria, es en su poesía y en la creación de una voz ambigua y cambiante donde reside la fuerza y la relevancia de su obra.

Propongo analizar un personaje siempre presente en la poética de Mistral – la madre– para comprender cómo funciona la ambigüedad en manos de la escritora. Antes, sin embargo, debo explicar qué entiendo por ambigüedad.

El filósofo italiano Gianni Vattimo argumenta en *La società trasparente* (1988) (*The Transparent Society*, 1992) que experimentar formas de vida distintas de la nuestra abre el arte a modos de existencia plurales, a formas de vida ignoradas por la cultura hegemónica: "Vivir en este mundo plural significa experimentar la libertad como una oscilación continua entre la pertenencia y la desorientación" (10).[5] La desorientación, según Vattimo, contribuye al "debilitamiento" de la noción de "realidad" y de "su fuerza persuasiva", fomentando la libertad creativa (59). Para el filósofo, "el arte está constituido tanto por la experiencia de la ambigüedad como por la oscilación y la desorientación [...] Éstas son las únicas formas en que el arte puede (no *todavía*, pero quizá *finalmente*) adoptar la forma de la creatividad y la libertad" (60).[6] Vattimo pensaba en el mundo de la comunicación generalizada por Internet, que evidentemente no era el mundo en el que vivió Mistral. Sin embargo, Mistral experimentó muy pronto un mundo plural que la enriqueció, pero que le hizo sentir que no pertenecía a él. Sirva como ejemplo temprano su asistencia "invisible" a la Fiesta de la Primavera y los Juegos Florales de 1914, concurso de poesía en el cual recibió el primer premio por "Los sonetos de la muerte" y galvanizó el seudónimo Gabriela Mistral.[7] Si consideramos este evento social y cultural como un ritual de iniciación de la joven poeta en el *establishment* literario chileno, su presencia invisible muestra la conciencia de la no pertenencia de Mistral a ese mundo que la aplaude sin conocerla. Su figura, con marcados signos de etnia y clase social, y su papel en los Juegos Florales, el de poeta y no el de musa, no correspondían al ideal de mujer-flor de la época, cuya vigencia se reforzaba en la pluralidad de bellas jóvenes pertenecientes a las familias más poderosas y prestigiosas de la sociedad chilena que constituían "La corte de Amor de los Juegos Florales", como atestigua una fotografía

---

5. "To live in this pluralistic world means to experience freedom as continual oscillation between belonging and disorientation" (Vattimo 10).
6. "[A]rt is constituted as much by the experience of ambiguity as it is by oscillation and disorientation [...] These are the only ways that art can (not *still*, but perhaps *finally*) take the form of creativity and freedom" (Vattimo 60).
7. Ver "La performance de los Juegos Florales de 1914 y la inadecuada presencia de Gabriela Mistral en ellos" de María de la Luz Hurtado.

de la época aparecida en la revista *Zig-Zag* del 26 de diciembre de 1914. Ante la experiencia de oscilación y desorientación de aquel acontecimiento que la nombra "poeta", Mistral prefirió perderse en el anonimato de la masa de público que asistía al Teatro de Santiago.

Así, "Los sonetos de la muerte" fueron leídos por el poeta Víctor Domingo Silva, mantenedor de los Juegos, haciendo un travestismo de voces que correspondía al ritual heterosexual de la representación patriarcal moderna, lo que debió influir en la forma de leer el tríptico poético de Mistral en los primeros años tras su publicación: la amante virgen que jura amor eterno al amado muerto. Este tema subvierte ya la tradición de la amada muerta, que origina el poema con su temprana desaparición y solidifica el tema romántico del amor por la pérdida, como es el caso, por ejemplo, de *La amada inmóvil. Versos a una muerta*, de Amado Nervo. El poemario de Nervo, escrito en 1912, año de la muerte de su esposa, Ana Cecilia Luisa Dailliez, y publicado póstumamente por Alfonso Reyes en 1922, sintetiza magníficamente la tradición decimonónica de pasividad, inmovilidad y fragilidad, características del ideal femenino en la cultura occidental y que constituyen lo que Sandra Gilbert y Susan Gubar denominaron "el culto" a la mujer como "ángel de la muerte" (25). Muy diferente es lo que hace la hablante de "Los sonetos de la muerte", quien abandona el papel de amada condenada a desaparecer con la muerte del hombre para convertirse en madre de ese amado a quien, en una conversación de ultratumba, le tendrá que explicar por qué tuvo que morir: "sabrás que en nuestra alianza signo de astros había / y, roto el pacto enorme, tenías que morir" (Mistral 82).[8] Pero en la voz del poeta Víctor Domingo Silva, la subversión del tríptico mistraliano pasó inadvertida y por un tiempo el estereotipo decimonónico de la mujer como "ángel de la muerte" continuó. Sin embargo, así como la invisible Mistral estuvo presente en los Juegos Florales, confundida entre el público y sintiendo su ambigüedad de poeta y mujer, la

---

8. Se verá que no me refiero al lamentable y triste suceso del suicidio de Romelio Ureta Carvajal acaecido en Coquimbo el 25 de noviembre de 1909. La razón es que mucho se ha dicho sobre las limitaciones de la lectura biográfica en este caso y lo que importa es la creación poética en que Mistral imagina una nueva relación entre los sexos. Quizá por ello, Amado Nervo, siguiendo una tradición poética – la pérdida de la amada– escribió casi inmediatamente después de la desaparición física de su esposa *La amada inmóvil. Versos a una muerta*. Mistral, en "Los sonetos" rompe con esa tradición.

voz que habla en los sonetos no desapareció en la voz de Silva. Esa voz está ahí no solo para explicar la razón de su muerte al amado muerto, convertido por la hablante en su hijo,[9] sino para incriminar a Dios, juez, testigo y, en última instancia, causante de esta tragedia pasional, cuyo origen parecería estar en la expectativa patriarcal de que las mujeres sean eternamente pasivas e inmóviles. La pasividad femenina repetida durante siglos −repetición que Butler explica como la performatividad que crea el género− en "Los sonetos" se materializa como destino y ante ese destino/Dios se presenta la hablante.

Explica Grínor Rojo en su exhaustivo y brillante estudio de este poema que Mistral trastoca los tiempos jugando con el futuro, el pretérito y el presente, siendo el tercer soneto el único que establece el presente de la enunciación y cambia el destinatario de la hablante: el "tú" de los dos primeros sonetos, en el tercero, deja de ser el amado muerto transformado en niño pequeño y se convierte en Dios, un "Tú" con mayúscula (Rojo 90−98). Coincido con Rojo en leer el poema de Mistral como la escenificación de un juicio melodramático en el que se acusa a la hablante de ser la autora intelectual de la muerte del amado. Sería el deseo de ella que ese hombre que no supo cumplir el "pacto enorme" que existía entre los dos tuviera que morir y que Dios permitiera su suicidio (Mistral, *Poesías* 82). Esto que parece un sacrilegio, en la ambigüedad que experimenta Mistral y que, como explica Vattimo, tanto en ella como en la desorientación y la oscilación, radica la libertad creadora de todo arte, ya que debilita la noción de realidad y su fuerza persuasiva, le posibilita enjuiciar un sistema de poder que niega a ciertos seres. En el caso de "Los sonetos", ese sistema niega o invisibiliza a las mujeres −a todas las mujeres−, pero podría decirse que especialmente a aquellas que no obedecen dócilmente al paradigma patriarcal de lo femenino. En *Bodies that Matter* (1993), Butler estudia la materialidad de los cuerpos y ve el sexo como una práctica normativa que produce −marca, hace circular, diferencia− los cuerpos que gobierna y controla. Así, el sexo es el proceso normativo por el que el "yo" se hace viable o inteligible en el ámbito cultural. El imperativo heterosexual permite ciertas identificaciones sexuadas y excluye o rechaza otras, creando un dominio de "seres abyectos", aquellos que aún no son sujetos, pero que forman el afuera constitutivo al dominio del sujeto (3). Volviendo a "Los sonetos", cuando la hablante exclama: "¿Qué no sé del amor, que no tuve piedad? / ¡Tú, que vas

---

9. "Solo entonces sabrás el por qué no madura / para las hondas huesas tu carne todavía, / tuviste que bajar, sin fatiga, a dormir" (Mistral, *Poesías* 82).

a juzgarme, me comprendes, Señor!" (*Poesías* 83), ella se hace visible ante ese sistema materializado en la figura de Dios Padre. La visibilización final de la hablante se ha ido produciendo en un proceso a lo largo de todo el tríptico poético. Este proceso es el que permite las múltiples lecturas de su subjetivización en el poema: la mujer que sólo conoció un gran amor y permanecería virgen en fidelidad a ese amor, la mujer que posee para siempre al amado gracias a la muerte y nadie más que ella puede tenerlo, la amante engañada y vengativa y, finalmente, quien reivindica una nueva forma de amar y ser amada. En este último caso, la mujer tiene que convertirse en la madre del amado para enseñarle una nueva relación entre los sexos y reclama, desde su posición abyecta, otra forma de relación frente al imperativo heterosexual. Para Butler, el sujeto se convierte en tal por la fuerza de la exclusión y la abyección que produce un exterior constitutivo del sujeto: las zonas "invivibles" e "inhabitables" de la vida social que, sin embargo, están densamente pobladas por quienes no gozan de la condición de sujeto –lesbianas, gays, bisexuales, transexuales, *queers*, intersexuales, asexuales–, así como personas racializadas, personas marginadas por edad o creencias, pobres, discapacitados, etcétera. Pero deja claro que el afuera abyecto está, después de todo, *dentro* del sujeto como su propio repudio fundador.[10]

La aclaración de Butler de que el afuera abyecto está dentro de todo sujeto como un fantasma que muestra tanto el proceso normativo del sexo como las debilidades de la regulación de las prácticas identificatorias permite pensar en la capacidad política de lo que Butler llama "la desidentificación" (*Bodies That Matter* 4). Así, "puede que sea precisamente a través de prácticas que subrayan la desidentificación con esas normas reguladoras por las que se materializa la diferencia sexual como se movilizan tanto las políticas feministas como las *queer*" (*Bodies That Matter* 4).[11] La hablante de "Los sonetos", que se visibiliza ante Dios como juez, testigo y responsable de su pertenencia a lo abyecto, a las "zonas invivibles", y las consecuencias trágicas que esto acarrea,

---

10. "[T]he subject is constituted through the force of exclusion and abjection, one which produces a constitutive outside to the subject, and abjected outside, which is, after all, 'inside' the subject as its own founding repudiation" (Butler, *Bodies That Matter* 3).

11. "[I]t may be precisely through practices which underscore disidentification with those regulatory norms by which sexual difference is materialized that both feminist and queer politics are mobilized" (Butler, *Bodies That Matter* 4).

no se identifica con los sujetos sexuados femeninos que surgen de las prácticas identificatorias. La libertad originada en la experiencia de lo ambiguo permite a Mistral crear un mundo poético que se desprende de la fuerza persuasiva de la noción de realidad y desde ese mundo y su propia desidentificación puede concebir otras formas de relacionarse. La hablante de "Los sonetos" sabe de amor y tiene piedad, y es, precisamente, esta apertura a los demás presente en toda la poesía de Mistral la que hace posible que distintas generaciones de lectores descubran en ella inspiración para movilizarse políticamente.[12]

Una maternidad nada tradicional

Ya en "Los sonetos de la muerte" aparece una madre que puede calificarse de "abyecta": una mujer que engendra a su amado muerto como hijo y le da una nueva posibilidad de vida en el mundo de ultratumba. La maternidad abyecta, según el concepto de lo abyecto en el desarrollo teórico de Butler, es esa que se opone a la idea de maternidad pergeñada por la ideología patriarcal. La mujer virginal que se convierte en madre tras un matrimonio sancionado por la ley y la Iglesia y que educa a sus hijos según las normas heterosexuales recibidas de madres y abuelas. La madre obediente y abnegada, cuyo modelo exige lo imposible porque es una mujer que, aunque carece del atributo divino, es más que humana, la Virgen. Contra esta única posibilidad de maternidad legitimada, Mistral, que conoció las maternidades de las "zonas invivibles", las de las jóvenes engañadas, violadas, abandonadas y los vientres fértiles de la miseria, en el mundo poético, crea nuevas posibilidades de maternidad. La poeta abre espacios, por ejemplo, para las madres lesbianas, rompiendo el sistema

---

12. En el estallido social chileno de 2019, las calles de Santiago fueron ocupadas por cuerpos semidesnudos, por colores y *performances*. Los cuerpos de las mujeres se mostraron para reclamar contra la violencia y la violación y legitimaron su rebeldía de género con la imagen de Mistral transformada en una de ellas. La Mistral que desfiló por las calles acompañando a una nueva generación de mujeres llevaba *jeans*, una bandera feminista y, atado al cuello, el pañuelo verde de la lucha por el aborto. Las Tesis, el colectivo multidisciplinar de Valparaíso formado por Lea Cáceres, Paula Cometa, Sibila Sotomayor y Daffne Valdés, puso en escena la *performance* callejera "Un violador en tu camino", una crítica mordaz a la normalización social de la violencia contra las mujeres. Desde entonces, esta *performance* ha sido interpretada por mujeres de más de 50 países.

vertical de la familia patriarcal (padre, madre e hijos), por un sistema horizontal (en el que las mujeres se hermanan para criar a un hijo). La ambigüedad que libera al arte de la dependencia del ámbito de la realidad le permite crear literatura, en la que puede visualizarse aquello que habita las "zonas inhabitables" que llevamos dentro. En palabras de la poeta en su introducción a *Lecturas para mujeres*, esa literatura, destinada a "la juventud femenina de mi América" debe poseer "un sentido humano, profundo" que se consigue al "nutrirnos espiritualmente con el sentimiento de las obras de arte extrañas" (xiv). La chilena creará "obras de arte extrañas" en su concepción poética de la maternidad abyecta.

El tema de la maternidad, sin embargo, fue uno de los que hicieron de Mistral la poeta que mejor representó el ideal de feminidad patriarcal. Fue la poeta que encarnó con más fuerza el deseo de ser madre acrecentado hasta la locura precisamente en mujeres a las que la biología parecía negar la única razón de su existencia. Es en *Desolación* (1922), particularmente en "Poemas de las madres", dedicado a Doña Luisa F. de García-Huidobro (1870–1938) – madre del poeta vanguardista chileno Vicente Huidobro (1893–1948) y escritora, editora y poeta feminista que, por su clase social e ideología, formó parte del llamado "feminismo aristocrático"–,[13] donde se encuentran poemas que no solo crean una comunidad de mujeres a través de la maternidad, sino, lo más revolucionario en la poesía de Mistral y lo menos estudiado, una mirada erótica hacia ese cuerpo que tiene la capacidad de reproducirse. Analizando *Ternura* (1924),[14] Magda Sepúlveda observa, y con razón, que los poemas de Mistral dedicados a las madres están inspirados en las madres pobres, trabajadoras, campesinas, indígenas, abandonadas, mujeres solas con un hijo o una

---

13. Escritoras como Inés Echeverría Bello, María Mercedes Vial, Teresa Wilms Montt, las hermanas Ximena y Carmen Morla Lynch y Mariana Cox Méndez también militaron en el llamado "feminismo aristocrático".

14. *Ternura* es el segundo libro publicado por Mistral en 1924. Sin embargo, es un libro que, por estar dedicado a la infancia, preocupación central de la poeta, se fue rehaciendo constantemente a lo largo de su vida. La primera edición hecha en Madrid por Saturnino ediciones tiene textos que aparecieron en *Desolación* (1922) y la segunda de 1945 publicada en Buenos Aires por Espasa-Calpe incorpora secciones de *Tala* (1938). Como observa la crítica en general, poemas publicados en *Lagar I* (1954) y *Lagar II* (1992) bien podrían integrar una nueva edición de *Ternura*.

hija y no en la madre universal (74–89). Por eso es bastante irónica la dedicatoria de este poema a la aristocrática señora Fernández de García-Huidobro, no sólo porque nos hace ver una realidad que las clases altas chilenas preferían ignorar: los embarazos y abandonos de niñas y adolescentes, los niños sin padres (la "huachería"), la miseria del mundo rural andino, pero sobre todo la mirada erótica que estos poemas muestran sobre el cuerpo embarazado de las mujeres. Es decir, la mirada erótica hacia el embarazo. Como se sabe, en la ideología mariana, la mujer, cuya misión última es ser madre, debe ocultar su embarazo como una enfermedad o una vergüenza; después de todo, la Virgen María es una madre virgen.

"Poemas de las madres" tiene dos secciones, la primera de título homónimo, está compuesta por diecisiete poemas en prosa breves y la segunda sección, "Poemas de la madre más triste" de solo dos poemas dedicados a una adolescente que al quedar embarazada es arrojada a la calle por su familia y la sociedad. Estos poemas dan crédito a lo dicho por Sepúlveda y al compromiso de Mistral por esas mujeres que ocupan las "zonas invisibles" de la sociedad. En una nota de *Desolación*, la propia poeta indica que un grupo de mujeres criticó duramente estos poemas por apartarse de las normas del buen gusto que, según ellas, debía seguir el arte. Mistral se pregunta "si la misión del arte es embellecerlo todo, en una inmensa misericordia, ¿por qué no hemos purificado, a los ojos de los impuros, *esto*?" (*Poesías* 137). Y explica: "Algunas de estas mujeres que para ser castas necesitan cerrar los ojos sobre la realidad cruel pero fatal [...] me insinuaron que los eliminase de un libro [...] ¡No! Aquí quedan dedicadas a las mujeres capaces de ver que la santidad de la vida comienza en la maternidad" (*Poesías* 137). Estos poemas pueden ser la semilla de los poderosos poemas de *Ternura* que estudia Sepúlveda, donde la llegada del hijo, con toda la incertidumbre y los dolores que le traen a la madre soltera y desamparada, constituye el único consuelo. En "¿Para qué viniste?", la madre adolescente habla en primera persona: "¿Para qué viniste, si el que te trajo te odió al sentirte en mi vientre? ¡Pero no! Para mí viniste; ¡para mí que estaba sola, hasta cuando me oprimía él entre sus brazos, hijo mío!" (*Poesías* 137).

La primera sección, sin abandonar las alusiones al mundo andino, se centra en el proceso de la gestación y comienza con un poema ambiguo, "Me ha besado". La primera línea abre con la voz pasiva que da énfasis a un "yo" que fue besado y no al agente que besa. El besador desaparece para que el "yo" surja: "Me ha besado y ya soy otra: otra, por el latido que duplica el de mis venas, otra, por el aliento que se percibe entre mi aliento" (*Poesías* 128). En una primera lectura, parecería que quien besa es el hombre que fecundó a la mujer que habla. Sin embargo, lo que hace otra a la hablante, lo que la duplica, lo que la ennoblece es "aquél que descansa en mis entrañas blandamente, como el rocío entre la hierba!" (*Poesías* 128). Así, en las tres líneas que constituyen el poema en prosa toda la atención se deposita en la mujer embarazada y el agente externo del embarazo se pierde en ella y en el nuevo ser que está en ella. El embarazo en estos poemas se vuelve un ritual que muestra el placer de las mujeres, la *jouissance* como llama Julia Kristeva a ese sentimiento de satisfacción o amor propio por sus cuerpos, una especie de continuidad sexual primordial con el cuerpo materno, pero también el temor por un futuro incierto. En "El ruego", "Sensitiva", "El dolor eterno", "La madre" y "Cuéntame madre" se plasman distintos temores de la futura madre.

El tema de estos poemas es original, especialmente en los años veinte en Chile y América Latina. Mistral los escribió como su colaboración al escritor costarricense Joaquín García Monje para la revista *Repertorio Americano* editada en San José, en la cual se publicaron por primera vez el 10 de junio de 1921. El cuerpo de la mujer embarazada era un cuerpo "fuera de lugar", como indica Linda McDowell. La geógrafa británica compare los resultados de la investigación de otra geógrafa, Robyn Longhurst, que trabajó en Nueva Zelandia sobre el cuerpo grávido en el espacio. Longhurst observó que las mujeres embarazadas se sintieron extremadamente incómodas al cambiar la relación entre sus cuerpos y el espacio que ocupaban, retirándose a un ámbito cada vez más privado y localizado (60). Lo observado por Longhurst en los noventa en Nueva Zelandia era una realidad en América Latina en la primera mitad del siglo XX. Mistral muestra este sentimiento de incomodidad de las mujeres embarazadas: "Ya no juego en las praderas y temo columpiarme con las mozas" (*Poesías* 131), en "Sensitiva"; en "Al esposo", "¡Perdóname! Estoy torpe al andar, torpe al servir tu copa, pero tú me henchiste así y me diste esta extrañeza con que me muevo entre las cosas" (*Poesías* 133) y, en "La quietud", "Ya no puedo ir por los caminos; tengo el rubor de mi ancha cintura y de la ojera profunda de mis ojos" (*Poesías* 132).

Es la mirada de una mujer, la mirada de la poeta, la que abre un espacio para la representación de una experiencia que había que mantener invisible. Porque si la maternidad estaba normalizada por el sistema patriarcal como la máxima y única ambición de toda mujer, el embarazo debía ocultarse. Tal vez porque el embarazo altera radicalmente la noción de un individuo como un cuerpo delimitado, separado por el espacio de otro, como muestra Iris Marion Young (163). El embarazo hace tambalear los supuestos cartesianos de un sujeto singular unificado. La apertura de este espacio poético para el cuerpo de una mujer en el tiempo de gestación de otro sin dejar de ser un solo cuerpo revela el placer erótico de quien lo contempla. Dos poemas sirven de ejemplo.

En "La quietud", se crea una escena en la que la hablante, que no sale a la calle debido a su estado de gestación, se complace en la esfera privada donde ve crecer su cuerpo con autoerotismo:

> Pongo rosas sobre mi vientre, digo sobre el que duerme estrofas eternas. Recojo en el corredor hora tras hora el sol acre. Quiero destilar como la fruta miel hacia mis entrañas. Recibo en el rostro el viento de los pinares. La luz y los vientos coloreen y laven mi sangre [...] Que estoy tejiendo en este silencio, en esta quietud, un cuerpo, un milagroso cuerpo, con venas, y rostro, y mirada, y depurado corazón. (*Poesías* 132)

Por su parte, es "La hermana" el único poema de esta sección en el que la hablante que se presenta ambiguamente como embarazada mira a otra campesina embarazada que siembra la tierra: "Hoy he visto una mujer abriendo un surco. Sus caderas están henchidas, como las mías, por el amor, y hacía su faena curvada sobre el suelo" (*Poesías* 130).[15] La imagen de la campesina encinta que con sus manos también "henchirá" la tierra con las mieses despierta en la hablante un fuerte deseo por esta mujer. Mistral recurre a la isotopía –figura retórica que consiste en la agrupación de campos semánticos para dar homogeneidad de sentido al texto– para asociar las caderas de la campesina con la tierra sembrada y las caderas de la hablante. Se podría leer que las caderas de la hablante están hinchadas por el embarazo que resulta de hacer el amor en una relación heterosexual, o por el deseo que se origina al sentir el cuerpo de la otra mujer embarazada junto al suyo, mientras acaricia su cintura engrosada: "He acariciado su cintura; la he traído conmigo" (*Poesías* 130). La ambigüedad permite la doble lectura de un embarazo biológico o simbólico, este último fruto del deseo por la campesina embarazada que desborda de amor a la hablante.

---

15. Mi reflexión sobre este poema comenzó en "Teaching Latin American Poetry a Vulnerable Genre" (230–232).

El cuerpo de la hablante no solo crece, se hincha, se duplica por el amor que despierta la otra mujer, sino que también es capaz de ofrecerle leche de su propio vaso: "Beberá la leche espesa de mi mismo vaso y gozará de la sombra de mis corredores, que va grávida de gravidez de amor" (*Poesías* 130). En la línea siguiente aparece una nueva isotopía con la palabra "leche". La hablante ofrecerá su "leche espesa" para calmar la sed de la campesina, que a pesar de su condición trabaja la tierra al sol, y le ofrecerá "la sombra de [sus] corredores" (*Poesías* 130), pero también para alimentarla ya que está esperando un hijo y para ofrecerle la protección de su cuerpo/casa. La repetición en la expresión "grávida de gravidez" como sintagma antepuesto al sustantivo "amor" transforman a la campesina en la encarnación del amor del que no puede escapar la hablante. La isotopía de la leche regresa en la línea final del poema en prosa. La leche ofrecida por la hablante como un acto de amor a la mujer preñada y que las dos tomarán del mismo vaso se relaciona con la leche del seno de la campesina: "Y si mi seno no es generoso, mi hijo allegará al suyo, rico, sus labios" (*Poesías* 130). La campesina le ofrecerá la leche de su seno al hijo de la hablante, alimentando de esta manera el fruto de amor del "yo" que habla, un niño hambriento por la leche de esa mujer embarazada que la mirada de la hablante descubre en el campo.

El final del poema es ambiguo y permite, como es típico en la poesía de Mistral, una lectura más tradicional. El futuro hijo de la hablante embarazada, si su madre no es capaz de alimentarlo, podría beber del generoso seno de la campesina. En esta lectura, la hablante femenina está creando una comunidad solidaria de mujeres. Sin embargo, esta lectura anula la voz erótica de la hablante, que mira con deseo el cuerpo embarazado de la mujer que trabaja en el campo. El deseo por la mujer embarazada y por tener un hijo se materializa en el estado de gestación de la hablante, una manifestación de la intensidad de sus sentimientos más que una realidad biológica. La hablante no puede amamantar a su hijo; sin embargo, puede satisfacer su deseo imaginando a su bebé como el bebé de la campesina bebiendo leche del pecho de su madre. Los dos bebés se funden en uno. Lo cierto es que en las dos lecturas se crea una comunidad de mujeres. Tal vez, esa comunidad sea más fuerte en la hablante que despliega su mirada erótica lésbica, ya que desde la posición de desidentificación con las normas reguladoras a través de las cuales se materializa la diferencia sexual, la poesía de Mistral ha conmovido políticamente a las nuevas generaciones y ha facilitado una reconceptualización de qué cuerpos importan y qué cuerpos están aún por emerger como temas críticos de interés.

Cierre

Unas breves palabras finales sobre por qué es la ambigüedad la clave de la vigencia imperecedera de la poética de Mistral. Como espero haber demostrado en este ensayo, la ambigüedad que permitió a la poeta romper con las normas que la realidad de su tiempo le imponía la llevó a concebir en la poesía un proceso de desidentificación con esas normas. Es un proceso que comienza con imágenes que conllevan un significado tradicional dentro del mundo demarcado por la heterosexualidad, pero a medida que la imaginación se libera, empieza a concebir diferentes posibilidades de habitar el mundo. Sirva como ejemplo la famosa ronda "Todas íbamos a ser reinas" de *Tala* (1938), en la que tres de las cuatro niñas del Valle de Elqui, tomadas de la mano y cantando el eterno ritual de la feminidad, repiten lo que durante siglos se les había dicho a todas las niñas: que su futuro dependía del hombre que se casara con ellas. Las niñas del pueblo, en el alegre vértigo de la ronda, hacen suyo ese destino que, más tarde, en el vértigo de la vida, las dejará, en el caso de Rosalía, viuda; en el de Soledad, solterona habiendo cuidado de sus hermanos menores y de los hijos de las demás mujeres del pueblo; y en el de Efigenia, perdida en el mundo siguiendo esa "extranjera"/extraña idea de que el único futuro de las mujeres depende de los hombres: "Efigenia cruzó extranjero / en las rutas, y sin hablar, / le siguió, sin saberle nombre, / porque el hombre parece el mar" (*Poesías* 385). La única niña, "Lucila" –indicación obvia para la poeta– en el mundo de la creación, aquello que es diferente de nuestra noción de realidad forjada en la repetición de ideas como la necesidad de esperar a un rey poderoso que despose a la joven para darle una identificación legítima, "recibió reino de verdad" (*Poesías* 385). La verdad de su reino está fuera de las reglas y su percepción liberada la califica de "locura" porque responde a otra razón. El final del poema es ambiguo al referirse a nuevas generaciones de niñas que cantan y cantarán la misma ronda: –"En la tierra seremos reinas, / y de verídico reinar, / y siendo grandes nuestros reinos, / llegaremos todas al mar" (*Poesías* 385)–. La repetición de la ronda de generación en generación parecería subrayar un destino imposible de cambiar. Sin embargo, si prestamos atención al sintagma "verídico reinar" y lo asociamos al "reino de verdad" de Lucila, la ambigüedad poética abre espacios para movilizar políticas feministas y *queer*. Nos permite pensar que el "verdadero" reinado reside precisamente en el poder de imaginar estructuras sociales que no se rijan por la heterosexualidad y la heteronormatividad normalizadas. La lectura o teorización *queer* de la poesía de Mistral es consecuencia de la ambigüedad que la produce.

Obras citadas

Berman, Marshall. *All That Is Solid Melts into Air: The Experience of Modernity.* Penguin Books, 1988.

Butler, Judith. *Bodies that Matter. On the Discursive Limits of "Sex".* Routledge, 1993.

_____. *Gender Trouble: Feminism and the Subversion of Identity.* Routledge, 1990.

Cabello Hutt, Claudia. *Artesana de sí misma. Gabriela Mistral, una intelectual en cuerpo y palabra.* Purdue University, 2018.

Fiol-Matta, Licia. *A Queer Mother for the Nation. The State and Gabriela Mistral.* U of Minnesota P, 2002.

Gilbert, Sandra y Susan Gubar. *The Madwoman in the Attic: The Woman Writer and the Nineteenth-Century Literary Imagination.* Yale UP, 1979.

Horan, Elizabeth. "Writing the Queer Life of Gabriela Mistral" in "Rereading Gabriela Mistral 100 Years after *Desolación* (1922): A Transhemispheric Encounter". University of Notre Dame, 9 de septiembre de 2022.

Hurtado, María de la Luz. "La performance de los Juegos Florales de 1914 y la inadecuada presencia de Gabriela Mistral en ellos". *Revista Chilena de Literatura* 72 (abr. 2008): 163–191. http://dx.doi.org/10.4067/S0718-22952008000100008.

McDowell, Linda. *Gender, Identity and Place. Understanding Feminist Geographies.* U of Minnesota P, 2007.

Meneses, Magali. *El ojo limpio. Gabriela Mistral, 50 años del Nobel.* Cortometraje documental. Chile, 1995.

Mistral, Gabriela. *Lecturas para mujeres.* Ed. Palma Guillén de Nicolau. Editorial Porrúa, 1980.

_____. *Poesías completas.* Segunda edición. Editorial Andrés Bello, 2004.

Nervo, Amado. *La amada inmóvil.* Biblioteca Virtual Miguel de Cervantes, 2010.

Olea, Raquel. *Como traje de fiesta. Loca razón en la poesía de Gabriela Mistral.* Universidad de Santiago de Chile, 2009.

Olivera-Williams, María Rosa. "Teaching Latin American Poetry as a Vulnerable Genre". *Teaching Latin American Poetries.* Eds. Jill S. Kuhnheim y Melanie Nicholson. MLA, 2019. 220–234. https://www.mla.org/Publications/Bookstore/Options-for-Teaching/Teaching-Modern-Latin-American-Poetries.

Rojo, Grínor. *Dirán que está en la Gloria...* Fondo de Cultura, 1997.

Sepúlveda, Magda. *Gabriela Mistral. Somos los andinos que fuimos*. Editorial Cuarto Propio, 2008.
Vattimo, Gianni. *The Transparent Society*. Traducido por David Webb. The Johns Hopkins UP, 1992.
Warner Michael. *The Trouble with Normal: Sex, Politics, and the Ethics of Queer Life*. Harvard UP, 2000.
Wood, María Elena. *Locas mujeres*. Documental producido por Patricio Pereira. Ingeniovisual, Wood Producciones y Televisión Nacional de Chile, 2011.
Young, Iris Marion. *Throwing Like a Girl and Other Essays in Feminist Philosophy and Social Theory*. Indiana UP, 1990.

Juego y escritura[1]

Raquel Olea
CRÍTICA LITERARIA

Albricia: hallazgo y don del juego

EN MÚLTIPLES POEMAS GABRIELA Mistral recurre a lo lúdico. La actuación de un juego que une y reúne propone una particular situación comunicativa al lector, lo convoca al descubrimiento de algo que está ahí pero no es visible. En las "Rondas" es el deseo de reunión a través de la danza en corro, en "Jugarretas" es la palabra desplazada, en "La desvariadora", el desvío y la elusión del sentido. El juego, en su forma estética, se ofrece en Mistral como rito de desocultamiento, como facultad y acto de hacer comparecer. Enunciado como un anhelo, como lugar en el que se devela un excedente de sentido (la ilusión guardada en el texto poético aun después de muchas lecturas, la promesa de un pensamiento, de un discurso de otra razón), el juego está asociado al doblez que el texto poético guarda en su escritura, que permanece —y quizás permanecerá siempre— como el misterio de la poesía.[2] En la lógica del secreto, este llama a su desocultamiento o a ser

---

1. Este ensayo fue originalmente publicado en el libro *Como traje de fiesta. Loca razón en la poesía de Gabriela Mistral*. Ediciones USACH, 2009.
2. Refiriéndose a los "Recados", como textos sin pertenencia específica a ningún género literario, la autora los relaciona con el juego y con el capricho atrabiliario de la razón femenina. Dice de ellos: "Y cuando además se les escribe sobre el rescoldo de una poesía, sintiendo todavía en el aire el revoloteo de un ritmo sólo a

preservado en el silencio, la poesía se ofrece como lengua que reserva a la lectura el reconocimiento de un don, de un hallazgo que Mistral nombró como resultado del juego (infantil).

La alusión a la palabra que tiene origen en el juego de la infancia se presta a nombrar (como sucede en el juego de la ronda) el momento del encuentro que acontece en el acto del danzar; performatividad del lenguaje que produce pensamiento acerca del reunir.

Albricia es la palabra con la que Gabriela Mistral nombra un hallazgo tras larga búsqueda, así lo dice:

> Albricia mía: en el juego de *las Albricias* que yo jugaba en mis niñeces del Valle de Elqui, sea porque los chilenos nos evaporamos la s final, sea porque las albricias eran siempre cosa en singular –un objeto escondido que se buscaba– la palabra se volvía una especie de sustantivo colectivo. Tengo aún en el oído los gritos de *las buscadoras* y nunca más he dicho la preciosa palabra sino como la oí entonces a mis camaradas de juego [...] El sentido de la palabra en la tierra mía es el de *suerte, hallazgo o regalo*. Yo corrí tras *la albricia* en mi valle de Elqui, gritándola y viéndola en unidad. Puedo corregir en mi seso y en mi lengua lo aprendido en las edades feas –adolescencia, juventud, madurez– pero no puedo mudar de raíz las expresiones recibidas en la infancia. Aquí quedan pues esas albricias en singular. (178)

La "Albricia" ha sido recogida como un legado de Mistral para nombrar un hallazgo, también para impulsar la búsqueda de eso ocultado, cuyo encuentro se proclama –como ella dijo– con la "preciosa palabra". Palabra escondida y palabra hallada vinieron a darse cita en la lectura de las poetas –las buscadoras– atentas al encuentro de su "don", su regalo esperado por un siglo. Fue en el centenario de su nacimiento cuando Soledad Fariña nombró su libro en el que la poeta-amazona erotiza el don de la palabra, con la preciosa palabra

---

medias roto y algunas rimas de esas que llamé entrometidas, en tal caso la carta se vuelve esta cosa juguetona, tirada aquí y allá por el verso y por la prosa que se la disputan [...] Me ha pasado esto muchas veces. No doy por novedad tales caprichos o jugarretas: otros las han hecho y, con más pudor que yo, se las guardaron. Yo las dejo en los suburbios del libro, *fuora dei muri*, como corresponde a su clase un poco plebeya o tercerona. *Las incorporo por una razón atrabiliaria, es decir, por una loca razón, como son las razones de las mujeres*" (178; el subrayado es mío).

de Mistral, *Albricia* (1988); "cada salto una Albricia estremeciendo el anca", dice Fariña.

La palabra de Fariña se cumple como "don" de Mistral a la larga espera de las escritoras en la poesía chilena. Albricia que ocurre en la escritura, a quienes han elegido en la poesía la producción de una palabra propia. Soledad Fariña puso nombre al regalo que antes, en *El primer libro* (1985) había enunciado como imperativo: "Había que pintar el primer libro". Es el encuentro con las buscadoras del don. Don diseminado en su escritura, "en el juego de las *Albricias* que yo jugaba en mis niñeces en el valle de Elqui" (178).

La Albricia queda, pues, en la escritura poética como signo de lo enterrado, como tesoro, "preciosa palabra" que se desentierra en el juego infantil, como huella de un misterio en el texto mistraliano que llama a su desocultamiento y acontecimiento en la lectura, también como hallazgo que ocurre en la búsqueda de aquello que está enterrado (el tesoro). La albricia tiene ese sentido doble de lo encontrado y/o lo perdido, lo que es constitutivo de su poética. Así lo dicen los versos finales del poema "La Gracia", "Quedé temblando / en la quebrada / ¡Albricia mía / arrebatada!" (37–40). Apelación, entonces, a leer en la poesía de Mistral el sedimento de sentido que no se deja ver (leer) fácilmente, las ausencias, las latencias de las palabras, "su temblor" (137) diría el filósofo Patricio Marchant. Lo enterrado.

¿Qué palabra singularmente femenina late en el juego? Fariña leyó el don, el hallazgo que se cumple en el juego que reúne, que enlaza a la una con otra. La Albricia en la poesía vendría a cumplir el juego del reunir, del encuentro con otras.

Rondas: "la voz y la voz a trenzar"

Las "Rondas" están, probablemente, entre los poemas menos atendidos críticamente en la obra mistraliana. Connotados por la nimiedad que se le supone al lenguaje de la infancia han quedado fuera del interés crítico, excluidos de lecturas productivas de su profundización y de significaciones más amplias.[3]

Gabriela Mistral escribe las rondas y las canciones de cuna como forma de llenar un vacío en la cultura latinoamericana, reconociendo una falta y un

---

[3]. Entre los críticos que le han dedicado atención a las "Rondas" es necesario destacar a Margot Arce, Grínor Rojo y Bernardo Subercaseaux.

deseo de probar para producir lo nuevo, un tanteo del deseo de palabra propia, de producir lengua propia latinoamericana:

> sobre las Rondas debería decir alguna cosa, y muchas más sobre las poesías infantiles [...] Diré solamente que por aquellos años estaba en pañales el género infantil en toda la América nuestra; tanteos y más tanteos. El menester es tan arduo que seguimos tanteando todavía, porque, según acabo de decirlo, nacimos monstruosamente, como nacen las razas: sin infancia, en plena pubertad y dando, desde el indio al europeo, el salto que descalabra y rompe los huesos. (109)
>
> En la poesía popular española, en la provenzal, en la italiana del medioevo, creo haber encontrado el material más genuinamente infantil de "Rondas" que yo conozca. El propio folclor adulto de esas mismas regiones está lleno de piezas válidas para los niños. Hurgando en eso cuanto me era dable hurgar, supe yo, artesana ardiente pero fallida, que me faltaban en sentidos, y entraña, siete siglos de Edad Media Criolla, de tránsito moroso y madurador, para ser capaz de dar una docena de "Arrullos" y de "Rondas" castizos –léase criollos–. (109)

No obstante los siete siglos pasados, la autora pudo escribir el conjunto de poemas –"Rondas"– que da cuerpo a la segunda sección de *Ternura*, "Rondas" (II) (Madrid, 1924), las otras son, "Canciones de cuna" (I), "La desvariadora" (III), "Jugarretas" (IV), "Cuenta Mundo" (V), "Casi escolares" (VI) y "Cuentos" (VII). Los poemas de estas secciones se sitúan –como la propia Mistral lo dijo– en el rango de poemas dedicados a la infancia. Con ellos quería iniciar un género literario para satisfacer una necesidad. Cada una de estas secciones tiene su marca y su particularidad. Son las "Canciones de cuna", como representación del género de poemas en que la madre dedica canciones al hijo/a los que han sido más atendidos y trabajados por la crítica.[4]

Si en las canciones de cuna es la madre quien habla al niño o como la misma Mistral ha dicho es "cosa que la madre se regala a sí misma",[5] la ronda escribe el

---

4. Véase Bernardo Subercaseaux, "Gabriela Mistral: espiritualismo y canciones de cuna". *Cuadernos Americanos* 2 (1976): 208–225; Grínor Rojo, en *Dirán que está en la gloria* (1997), dedica un capítulo a "Canciones de cuna", la referencia a "Rondas" es menor.

5. Dice Mistral: "La mujer no sólo oye respirar al chiquito; siente también a la tierra matriarca que hierve de prole. Entonces se pone a dormir a su niño de carne, a los de la matriarca, y a sí misma, pues el 'arrorró' tumba al fin a la propia cantadora

juego de los infantes, cosa que sucede entre pares, niños y niñas, o solamente niñas. Formalmente las rondas se configuran a partir de un enunciado que describe la situación del juego por un hablante impersonal, que sitúa el mundo como juego o sitúa el juego en el mundo. "Los astros son rondas de niños" ("Todo es ronda" 1) o, explícitamente desde un sujeto plural que forma parte de ella, un nosotros colectivo y paritario, niñas o niños que invitan, han sido invitados a danzar, o participan y se suman a la ronda, "Dame la mano y danzaremos" ("Dame la mano" 1).

El enunciado que da inicio a la escritura declara a la ronda como una existencia en sí misma, la ronda preexiste a quienes participan de ella, el juego se enuncia como un imperativo, un deseo que promete la reunión de todos quienes danzan, seres humanos, elementos o cosas. Por eso en "Invitación", poema que abre el conjunto, la hablante se pregunta "Qué niño no quiere la ronda / que está en las colinas venir" (1-2), para luego agregar "vinimos buscando y buscando / por viñas majadas pinar / y todos se unieron cantando" (5-7).

La imagen induce un acto performativo que incita a la acción de rodear el mundo danzando, abarcarlo en su totalidad, rodearlo en un tiempo presente, infinito. La ronda es figuración de una búsqueda de unión, de un deseo de totalidad de los seres en y con el mundo. En el juego mistraliano el mundo es circundado por la ronda en todas sus elementos: tierra, aire, fuego, agua se totalizan por el abrazo ondulante de la ronda:

> Vinimos buscando y buscando
> Por viñas, majadas, pinar
> Y todos se unieron cantando,
> Y el corro hace el valle blanquear. ("Invitación" 5-8)

> ¡Haremos la ronda infinita!
> ¡La iremos al bosque a trenzar,
> la haremos al pie de los montes
> y en todas las playas del mar! ("¿En dónde tejemos la ronda?" 13-16)

[...] Esta madre con su boca múltiple de diosa hindú, recuenta en la Canción sus afanes del día: teje y desteje sueños para cuando el sí –es no es– vaya creciendo; ella dice bromas respecto del gandul; ella lo encarga en serio a Dios y en juego a los duendes; ella lo asusta con amenazas fraudulentas y lo sosiega antes de que se las crea. La letra de la Canción va desde la zumbonería hasta el patético, hace un zig zag de jugarreta y de angustia, de bromas y ansiedades" (107).

Los hombres salieron por ellas
y viendo la tierra girar
y oyendo cantar a los montes
al ruedo del mundo se dan. ("Ronda de la paz" 21–24)

Los ríos son rondas de niños
jugando la tierra a espiar...
Los trigos son talles de niñas
Jugando a ondular..., a ondular... ("Todo es ronda" 5–8)

En el blanco mar Antártico
prueba el mar hasta las heces,
y en un giro da la vuelta
donde el mundo desfallece,
La ronda de la Argentina
que en el Trópico aparece. ("Ronda argentina" 29–34)

Acercar la lejanía

Los poemas citados reconfirman la centralidad del acto de la reunión enunciado en el poema "Invitación". Las imágenes reiteran indistintamente la idea en "Ronda del arco iris", "Ronda de los metales", "Ronda argentina", "Ronda de los aromas", "Ronda del fuego"; en ellos los elementos –astros, ríos, trigos, olas– integran un proyecto en la escritura, ser parte de la reunión por el danzar en corro, del acercamiento de lo que está distante.

Al interrogar la esencia de la cosa, el filósofo Martin Heidegger descubre en ella la esencia de la cercanía: "en este encuentro descubrimos también la esencia de la cercanía. La cosa hace cosa. Haciendo cosa hace permanecer tierra y cielo, los divinos y los mortales; haciendo permanecer, la cosa acerca unos a otros, a los cuatro en sus lejanías. Este traer cerca es el acercar. Acercar es la esencia de la cercanía" (154).

En su trayecto etimológico la palabra cosa –*res* en latín, *Ding* en alemán– reúne en su significado aquello que de un modo u otro concierne a los hombres, los asume, aquello que les concierne es lo que se debate. A lo que se debate, los romanos llamaron *res*, dice Heidegger, la "res pública" actúa como esencial acercamiento de la lejanía. Debatir sirve para acercar posiciones, para reunir.

Interesa pensar cómo cosa pública y debatir se cumplen en el acto de reunir, ambos espacios reúnen y acercan lo lejano; la tierra y los cielos, los mortales y los divinos, lo que Heidegger llama la cuaternidad. En ese acercamiento cada participante, a su manera, refleja lo suyo propio y lo de los demás:

> Este espejo de espejos de los confiados, unos, unitariamente desplegados, es 'el danzar en corro', el danzar en corro es el anillo que anilla de tal modo, es la vuelta [...] En la vuelta del anillo que juega el juego de los espejos se pliegan los cuatro en su esencia anudada y no obstante propia [...] Cada uno de los que danzan en la ronda se reflejan, a su manera, en lo suyo propio, regresando a eso propio dentro del despliegue unitario con los demás. (121-135)

Ese apropiarse y expropiarse que Heidegger llama el juego de los espejos, se expresa en la escritura de las rondas mistralianas por la identificación de quienes danzan; la ronda es una, el juego opera la representación de lo que en ella se ha unido. "A este juego de espejos de la simplicidad de tierra y cielo, divinos y mortales –un juego que acaece de un modo propio– lo llamamos mundo [...] Los que flexiblemente rodean el mundo 'mundean'. En el mundear se trama dócilmente el mundo" (156), según el filósofo.

Huelga decir que en la escritura de "Rondas", Mistral demanda reiteradamente el mundear, conjuga el mundo referido en el espejear(se), en la reunión de quienes participan del juego: "Te llamas Rosa y yo Esperanza / pero tu nombre olvidarás / porque seremos una danza" ("Dame la mano" 9-11). La necesidad de acercamiento, el afán que enuncia la apelación al juego es reiterado en diversas actitudes de sujeto que, en el habla, a veces ansiosa, otras en búsqueda de un espacio, a veces dudosa, a veces en singular, otras en plural invita a otros/otras a danzar. En el poema "¿En dónde tejemos la ronda?", el primer verso de cada una de las estrofas responde progresivamente a la pregunta que acosa a la danza misma en un territorio que reúne todos los lugares: "¿la haremos al pie de los montes?" (5), "la haremos mejor en el bosque" (9), "Haremos la ronda infinita / la iremos al bosque a trenzar / la haremos al pie de los montes / y en todas las playas del mar" (13-16).

El deseo de reunión habla, por cierto, de la soledad que afecta a los humanos por efecto de estar desunidos, de esto también hablan las rondas mistralianas en aquello que proclaman como acto y palabra. Poemas como "Ronda de los colores": "Mano a mano con nosotros / todos eran, ya no son / el cuento del mundo muere / al morir el contador" (35-38). La pregunta que asalta la lectura es por lo que late tras la necesidad de reunión como indicio del temor de estar fuera, de la despertenencia que significa la exclusión que estaría en el origen de la necesidad de ser parte de la ronda. ¿Qué acontece a quienes no participan de la danza? El poema "Los que no danzan" responde, en parte, la pregunta: "Una niña que es inválida / dijo ¿Cómo danzo yo?" (1-2), "luego dijo la quebrada: / ¿cómo cantaría yo?" (5-6). La danza en corro se vuelve una necesidad, un imperativo de la vida, un modo posible de acercamiento, un paliativo a la angustia que se intensifica patéticamente con el verso final: "A quien falte (a la ronda) se le vuelve / de ceniza el corazón" (17-20). Para quien no dance sólo hay una terrible sentencia, una amenaza de soledad radical, de muerte.

El texto de las "Rondas" propone una distinción entre un discurso que produce un sentido manifiesto, explícito, que se hace parte del sentido universal de la unión y la reunión que efectúa el danzar en corro, al que apela Mistral como un modo de tramar el mundo y una latencia que se devela en un sentido encubierto que hace girar el poema hacia un sentido oscuro, operación que la poeta reitera en diversos momentos de la escritura. La factura de un pliegue en la escritura porta la latencia de otro sentido, que se produce por la irrupción de imágenes en apariencia insignificantes, dispersas y diseminadas en los poemas que al abrir un intersticio a la armonía del "mundear" lo fisuran, otorgando al lenguaje el efecto de desocultar una verdad que circunda el espacio poético del juego. La danza se vuelve entonces la expresión de un vagar fantasmático de niños y niñas en un mundo sin amparo; la ronda se vuelve errancia y desesperanza relativa a la verdadera unidad del mundo y de quienes la conforman.

La ronda se vuelve cosa de ausencia. En ella las madres no son convocadas a la danza –tampoco los padres–, permanecen apartados, fuera del juego. Imágenes de soledad de las madres, imágenes de soledad de las hijas, ausencia de padres. Ellas, las madres lejanas, cuentan el mundo ido del padre, a la par del transcurrir de la ronda que es observada por ellas, pero sin hacerse parte de ella, demarcando para sí un espacio otro, fuera de la vida. El universo de las rondas se construye así, como fragmento, mundo partido, de niñas solas, sin madre ni padre, de madres solas. Alegoría de soledad y muerte.

En "La margarita", el sujeto colectivo que danza, enuncia:

Las madres miran desde el valle,
y sobre la alta hierba fina
ven una inmensa margarita
que es nuestra ronda en la colina. (5-8)

La "Ronda de la paz" da cuenta de la soledad del mundo en el que niños, madres y padres comparecen disociados, en espacios incomunicables entre sí, haciendo explícita la distancia que contradice la esencia de la danza en corro, acercar la lejanía:

> Las madres contando batallas
> sentadas están al umbral.
> Los niños se fueron al campo
> la piña de pino a cortar
> [...]
> Las madres, subiendo la ruta
> de olores que lleva al pinar,
> llegando a la rueda se vieron
> cogidas del viento a volar... (1–4, 17–20)

Como enunciación de un deseo, el signo de la reunión en el danzar en corro escribe una contradicción que se lee en la latencia de un anhelo de acercamiento antes que en la verdad del acto: "Se acabó la ciega y muda / desesperación [...] / Vamos a bailar la ronda" ("Vamos a bailar la ronda" 6–7, 10). De este modo la lectura del danzar devela en la ronda mistraliana un doblez que porta otro discurso; la apelación al reunir, su explicitación se vuelve un imposible anhelado, una constatación de la disociación más que de la unión, un grito desesperado de impotencia ante la ausencia, la soledad, el abandono de quienes se juntan para danzar.

Ronda de la ceiba ecuatoriana: madres y doncellas

Es en el poema "Ronda de la ceiba ecuatoriana" donde se extrema la imagen de escisión y desamparo de las madres y de las doncellas como forma de la existencia con la particularidad de estar referida a espacios separados. La interpretación no solo repite algo de lo ya dicho, confirma lugares femeninos, se trata una vez más de madres e hijas, pero de algo más en el juego de la ronda.

El poema figura en la ceiba –árbol emblemático y sagrado de la selva centroamericana y de la cultura maya– la representación del origen y la fertilidad del mundo. Cosmogonía americana centrada en la figura del árbol-ceiba. La cadena semántica fuego-ceiba-luz transporta la experiencia de lectura a un espacio mítico, el del bosque primigenio, el árbol, la ceiba emerge allí señorial, única, como centro de un mundo y una cultura: América.

> En el mundo está la luz
> y en la luz está la ceiba

> y en la ceiba está la verde
> llamarada de la América. (1–4)

La ronda construye la escena sin tiempo de una madre-árbol original. Madre arcaica y madre árbol se funden en una figuración de poder y principio. La imagen del árbol-madre-arcaica trabajada por Patricio Marchant, resulta iluminadora de la lectura del poema. Con riesgo de repetición, cito: "Sin duda ningún objeto o tema, para llamarlo de algún modo, cualitativa y cuantitativamente más importante que el árbol en esta poesía" (*Escritura y temblor* 118). De modo tal que la insistencia en este árbol-madre-arcaica define la primera poesía de la Mistral y al mismo tiempo define su poesía sin más, pues las otras formas de árboles se derivan o deducen del árbol-madre-arcaica, como es el caso también de la última forma del árbol a la cual llegan los textos de Gabriela Mistral: árbol-madre que –a decir de Marchant– será poetizado como muerta, como abandonada, destruida, quemada.

En "Ronda de la ceiba ecuatoriana", la palabra árbol puede ser densamente tramada a la palabra madre y unificar en propiedad su significante al significado de madre arcaica, del mismo modo que la palabra ceiba cumpliría también una simbolización materna, como nombre de árbol y de un árbol particular, en su carácter de origen y centro de la vida. Así el sintagma "árbol ceiba" traducido a madre-madre produce, en la reiteración, la intensificación de la figuración universal en la identidad femenina, situada desde antes de todo, al centro y en el origen del mundo. Diosa madre, origen del mundo latinoamericano, su nombramiento podría hacer referencia a alguna divinidad pre-colombina, en este caso de la cultura maya.

> Árbol-ceiba no ha nacido,
> y la damos por eterna
> indios quitos no la plantan
> y los ríos no la riegan. (6–9)

Figurada como origen y permanencia sin finitud en el mundo, antes del tiempo del sujeto en el mundo, el poema elabora la imagen poderosa del cosmos, núcleo original, árbol de árboles, madre de madres. Madre primera, temida e inalcanzable, autofecunda, eternizada en su centro conjuga en sí la vida y la muerte; es a su alrededor que se realiza la danza, revestida de rito sagrado y convocante en su girar. La danza acerca, reúne, enlaza el arriba y el abajo, la muerte y la vida: madre de madres reúne a madres e hijas en su órbita, pero envuelve también la diferencia, la separación entre unas y otras.

A su sombra de giganta
bailan todas las doncellas
y sus madres que están muertas
bajan a bailar con ellas. (24-27)

Vivas las hijas, muertas las madres, su reunión en la danza vendría aquí a tramar dos mundos a su alrededor, por medio del *continuum* infinito del danzar en corro.

La distinción y distancia que produce la escritura entre madres e hijas, la vida de unas y la muerte de las otras, la unión y la separación entre ambas: "Damos una y otra mano / a las vivas y las muertas / y giramos y giramos / las mujeres y las ceibas" (29-32), interroga el mundo dócilmente tramado por la danza en corro. En medio de la pérdida radical que significa el mundo sin madre, como causa y permanencia de la melancolía, ¿de qué hablan, entonces, estos poemas al nombrar la falta y reunión de madres e hijas en el mundo? La escisión irreductible de lo que antes estuvo unido emerge con insistencia en "Rondas" como una imagen intrínseca a la representación de la relación madre/hija, como espacio sin demora entre deseo y satisfacción. La búsqueda entre desaferrados en el mundo parece ser un tópico de las rondas mistralianas, un deseo de recuperación del instinto filial. Mientras la ronda acontece acercando la lejanía, aunando el mundo, un intersticio en el lenguaje insinúa la flaqueza del mundo, su total desamparo: sin padre ni madre (del padre, ellas, las madres, solo pueden contar antiguas batallas). La regencia del mundo, la unidad de la cuaternidad acontece en la danza de las doncellas solas; hijas sin padre, madres muertas.

El tramar el mundo, el envolverlo que en el discurso de Heidegger se significa por el danzar en corro, late en la poesía de Mistral como anhelo (imposible). En el mundo representado la lejanía entre las doncellas que danzan no se anula, menos aún la ausencia que la fuga de las madres ha dejado en la experiencia. El deseo explícito de reunión frente a la presencia inminente de la muerte y de lo nimio del sujeto, frente a la (in)finitud que enuncia la ronda, se rompe por la repetición y la reiteración de imágenes que niegan la presencia de la reunión: el abandono, la amputación y exclusiones que las rondas escriben. El instinto de búsqueda y el deseo de unión construye la escena del imposible que el juego representa. La "Ronda de la selva ecuatoriana" vuelve explícita una reminiscencia; sólo la madre, "la giganta", podría reparar lúdicamente la separación entre las doncellas desamparadas y sus madres muertas. En su defecto la ronda pone en escena las mutilaciones corporales, los quiebres, las exclusiones que las marginan del corro y que hablan la imposibilidad del deseo, el imposible de la reunión.

Una alteración en el orden armónico de la danza hace comparecer la ruptura que "el danzar en corro" representa como anhelo incumplido. Mistral construye el fracaso del "tramar armónicamente" un mundo que de alguna manera permanece en estado de pecado y de dolor. La poeta de las "Rondas" como una parca teje e hila el canto de la soledad de una prole que se espejea en un mundo sin madre –ni padre–. Dice Nicolás Abraham: "¿De qué pecado, exactamente? No lo sabe; peor; ignora que ignora. ¿Cómo sabría que su pecado se remonta a los tiempos inmemoriales de la filogénesis, cuando se abatió sobre él la catástrofe del desaferramiento, del abandono primitivo? Haber sido arrancado de los árboles del Edén: ese es aparentemente el crimen de la primera pareja" (300).

Esto (no) es un juego

Más allá de la explícita declaración de Gabriela Mistral sobre la necesidad de fundar el género de la literatura infantil en Hispanoamérica, la práctica escritural que hace uso de la formas del juego infantil y popular obliga a pensar los sentidos que cobra en su particular modo de escritura. La jugarreta, en su forma de construir el poema, se propone como efecto de un juego en y con el lenguaje. Su movimiento. En los poemas de esta sección Mistral escribe los desplazamientos de sentido de una imagen inicial. Por una operación de encadenamientos la imagen que ha dado comienzo al poema se transforma sucesivamente en otra, la mutación produce desplazamientos significantes que acontecen en la escritura y alteran el tono, aparentemente leve e intrascendente del juego, hacia otro serio y de amenaza; una falta, una amputación real o simbólica, una pérdida se hace presente y cae sobre la situación inicial de la escritura, para efectuar una inversión de sentido.

"La pajita", poema alguna vez referido como muy querido por la poeta,[6] narra la experiencia de una niña que era y no era lo que era. "Esta que era una niña de cera" (1) deja de serlo en los versos siguientes, para mutar, hasta llegar a ser algo nimio, sin embargo poderoso que impide la mirada; los versos escriben el movimiento que desplaza el sentido lúdico hacia el reconocimiento de

---

6. Según apunta Quezada, Mistral afirma: "Entre todos mis trabajos, el que prefiero es una pequeña canción de cuna que escribí con el título de 'La pajita'" (120).

un mal, el movimiento del juego es hacia la creciente disminución del sujeto, hacia su nadificación: de una niña a una gavilla, para luego de una gavilla mutar a la flor tiesa de la maravilla y luego a un rayito de sol pegado a la vidriera. Pero "no era un rayito de sol siquiera" (8), sino "una pajita dentro de mis ojitos era" (9). Los desplazamientos del sentido inicial avanzan hacia el devenir de una pérdida del objeto deseado y amado. El poema concluye con la apelación a mirar la experiencia triste que resulta como efecto del juego: "¡Alléguense a mirar como he perdido entera, / en este lagrimón mi fiesta verdadera!" (10-11).

La operación de desplazamiento reitera una pérdida que afecta a la sujeto referida o a la que habla, una fragilización de su ser en el mundo. El impulso lúdico que construye el texto sirve a la producción de un fundamento del pensamiento femenino en la escritura de Mistral; lo escrito inicialmente (no) es más que un juego, al adquirir una significación profunda, por la insistencia en las transformaciones de sentido del lenguaje. La vida profunda de las formas del juego se realiza en palabras que indican un devenir en constante debilitamiento, referido siempre a un sujeto femenino.

La operación de producir significación por desplazamiento y sustitución se repite en los cinco poemas de jugarretas: "La pajita", "La manca", "La rata", "El papagayo" y "El pavo real". En cada uno de ellos se escenifica una posición de sujeto mutilada de su deseo o de su cuerpo. Una niña pierde el "dedito" en "La manca", una muchacha pierde su vestido de novia en "La rata", el papagayo despoja de su belleza a la hablante en "El papagayo", un pavo real le quita la mano a una mujer en "El pavo real". La jugarreta vendría a ser la construcción de una mala pasada en el lenguaje que en sucesivos desplazamientos construye una relación de lo femenino y la historia, de lo femenino y el mundo. Poemas de otros libros como "La cajita de Olinalá" o "Todas íbamos a ser reinas" reiteran el uso de la forma del juego, para producir un posicionamiento de sujeto en los deslizamientos, las sustituciones de lugar y provocar un interrogante a la inestabilidad radical de la existencia exhibida en los poemas. Nada es fijo, nada se cumple, todo puede mutar para producir pérdidas de lo tenido y lo amado.

Si el fundamento estético del juego es operar una transfiguración, la jugarreta –juego con el lenguaje– en la escritura de Mistral denota la particularidad de su operación. Iniciada en el uso convencional de los significados de las palabras, la escritura efectúa una torsión que se produce por la introducción de cambios de sentido, de obstrucciones a la comprensión primera, para afectar el sentido lúdico y desviarlo hacia un mal inesperado.

Las referencias a la presencia de la muerte, a lo imposible de la realización del deseo, producen una insatisfacción, un malestar que tuerce el sentido tradicional de lo que ha sido el significado histórico y cultural del juego, transfigurar lo real en promesa, en ilusión, en anhelo. En Mistral el juego transfigura, pero su sino es la fatalidad.

En las distintas teorizaciones sobre el juego la relación entre juego y arte ha sido ya estudiada.[7] En sus múltiples reflexiones sobre el juego, Schiller ha destacado su potencia transfiguradora de la realidad; pues, para él, el juego es algo distinto de otras actividades mentales, incluso lo que hace humano al hombre. La operación de traslado del deseo al orden de lo real que Mistral realiza, sirve a la poeta para anunciar el cumplimiento de un destino que acontecería en el lenguaje. Para Gadamer, en *Teoría del juego*, el juego artístico destaca el carácter de diálogo que existe en su tradición y sirve de hilo conductor de la explicación ontológica.

La dimensión artística del juego realiza en Mistral la doble operación de componer diálogos e interrogantes sobre la apariencia y la realidad, sobre los anhelos y lo (im)posible de su satisfacción en la posición de la sujeto femenina: "Cuando es que las mandaron / a ser matas de olor, / todas dirían '¡Sí!' / y gritarían '¡Yo!'" ("Ronda de los aromas" 13–16). Nótese el énfasis de las palabras "Sí" y "Yo", dado por la escritura de la exclamación y el encomillado. El juego en el lenguaje despliega la libre y gratuita imaginación, sin otro interés que jugar, pero a veces las palabras hacen trampas.

"Rondas" invierte el sentido del danzar en corro, la expresión de la unión, afecto y solidaridad transmuta el mundo en dispersión y soledad; la unión esperada no es más que una fantasía, una ilusión. Las figuraciones de un mundo armónicamente tramado en el *continuum* que produce el danzar, espejeándose unos en otros, unas en otras, por la reunión del danzar en corro, se disuelve en imágenes de muerte, de soledad, de terrores que alteran la ilusión, la esperanza, la fuga de lo real propias del sentido lúdico.

El juego emerge como espacio de revelación negativa originalmente ocultada, transporta una verdad que no se deja ver, subvirtiendo el sentido más tradicional de su significación. Hacer saber de la promesa incumplida aunque

---

7. Para Georges Bataille, el juego representa la gratuidad, lo que no tiene utilidad inmediata y en ese sentido está asociado al arte; el juego voluntario está asociado a la voluptuosidad del placer en oposición al trabajo, que según él sería el fundamento de lo humano. Véase: *Las lágrimas de Eros*. Editorial Signos, 1968.

se cumplan las reglas del juego es el modo con que la escritura produce una representación de la experiencia femenina en el recurso al impulso lúdico en la construcción del pensamiento estético. Transfigurada la realidad hacia lo negativo, comparece la realidad ocultada de la muerte, la mutilación, la soledad y la angustia que laten en la inversión como modo de hacer real la verdad, habitar un mundo en falta. La jugarreta de Mistral es eso, una mala pasada, donde el lenguaje del juego devela lo que la razón seria de la norma impide ver. La palabra descubre un deseo no formulado en los sentidos y las formas de organizar lo humano, de tramar el mundo en el mundear. Hallazgo, don, pero no siempre feliz es el que emerge en la utilización del impulso lúdico en la poesía mistraliana.

Obras citadas

Abraham, Nicolás. *La corteza y el núcleo*. Editorial Amorrortu, 2005.
Fariña, Soledad. *Albricia*. Ediciones Archivo, 1988.
_____. *El primer libro*. Ediciones Amaranto, 1984.
Gadamer, Hans George. *La actualidad de lo bello. El arte como juego símbolo y fiesta*. Editorial Paidós, 1991.
Heidegger, Martin. "La cosa". *Conferencias y artículos*. Ediciones del Serbal, 2001. 121–134.
Marchant, Patricio. *Escritura y temblor*. Cuarto Propio, 2000.
_____. *Sobre árboles y madres*. Sociedad Editora Lead Ltda., 1984.
Mistral, Gabriela. *Desolación-Ternura-Tala-Lagar*. Editorial Porrúa, 1967.
Quezada, Jaime. "Prólogo a *Ternura*". *Gabriela Mistral. Antología mayor. Poesía*. Editorial Cochrane, 1992.

6

Círculo, giro y vacío: el tejido de la ronda mistraliana y sus imaginarios de infancia[1]

Alida Mayne-Nicholls
UNIVERSIDAD ADOLFO IBAÑEZ

Introducción

Laceada de ella [la ronda], cogida de la trampa musical, no me era posible trabajar; ya que ella no me dejaba ni bien leer ni bien escribir, mejor era irme a la Plaza y gozarla allá en pleno, en vez de pelearme con los duendes musicales que entraban por la ventana. (Mistral, "Rondas" 1)

EL FRAGMENTO ANTERIOR NOS habla de las rondas: esos juegos de infancia en que nos tomábamos de las manos para formar un gran círculo y girábamos cantando una canción. Mientras más participaban, mejor; mientras más rápido se giraba, también. Gabriela Mistral describe el efecto que tenían las rondas en ella mientras intentaba trabajar en su casa de la Población Huemul de Santiago. No podía evitar distraerse al escuchar los corros que se jugaban en la plaza contigua; de hecho, no solo se distraía, sino que se rendía ante el poder de la ronda para convocarla a sumarse a ella. Cuando se habla de Mistral, las rondas no solo son juegos, sino tipos de poemas que escribió a lo largo de su carrera y sobre los cuales también teorizó en

---

1. Este artículo se inserta en mi investigación posdoctoral "Territorios de infancia: pensamientos y construcciones de infancia en prosas y versos de Gabriela Mistral", financiada por Fondecyt-Anid, folio 3230418.

algunos textos, siempre a partir de su experiencia. La experiencia de bailar la ronda y –de forma más relevante– de participar en esta son la base necesaria para que la poeta problematice acerca de estas construcciones poéticas. A partir del recuerdo mencionado al comienzo de este artículo, Mistral construye un texto en que se entretejen definiciones y conceptos, con imágenes y ejemplos, los que van dando cuenta del imaginario que se encuentra en el sustrato de la ronda mistraliana, esas construcciones que, aun formando parte del corpus poético de Mistral, apenas han sido abordadas críticamente. Benjamín Rojas (1989) analiza las rondas de *Desolación*; Elizabeth Horan estudia la ronda "El corro luminoso" en *Gabriela Mistral: An Artist and Her People* (1994); Grínor Rojo las aborda sucintamente en *Dirán que está en la gloria...* (1997), ya que su análisis se centra en las canciones de cuna; Raquel Olea aborda la dimensión lúdica del corro en *Como traje de fiesta* (2009); Yenny Ariz (2017) analiza, desde la crítica genética, las rondas como parte de los poemas infantiles de Mistral y, finalmente, Magda Sepúlveda estudia el aspecto social de la ronda en *Gabriela Mistral. Somos los andinos que fuimos* (2018). En el ámbito popular, algunas de las rondas de Mistral son conocidas por su conversión en cantos aparentemente inocuos con los cuales bailar tomados de las manos. "Dame la mano" sería uno de estos típicos poemas familiares al oído, pero cuyo contenido y construcción no han sido objeto de análisis.

Los poemas dedicados a la infancia no son excepcionales en el corpus mistraliano, sino que constituyen parte esencial de este. De hecho, Mistral incluyó diez rondas en su primer libro, *Desolación* (1922): "El corro luminoso", "Rondas de niños", "¿En dónde tejemos la ronda?", "La Margarita", "Invitación", "Dame la mano", "Los que no danzan", "La tierra", "Jesús", y "Todo es ronda". Estas últimas ocho rondas aparecían agrupadas como partes de la I a la VIII después de "Rondas de niños", un poema pacifista motivado por la Primera Guerra Mundial y que Mistral renombró "La guerra" para *Ternura* (1924),[2] texto en el que volvió a incorporar las rondas en el mismo orden.[3] Los únicos poemarios que no incluyeron rondas fueron *Tala* (1938) y *Poema*

---

2. En este artículo, trabajaré con la edición de 1959 de *Ternura*, editada originalmente por Espasa-Calpe en Argentina en 1945.

3. La excepción fue "El corro luminoso" que en 1922 integraba un apartado titulado "La escuela", probablemente porque en este poema es reconocible la figura de una voz poética maestra junto a las niñas danzantes que serían las alumnas. El poema fue incorporado oficialmente como ronda en la edición de *Ternura* de 1945.

de Chile (1967); pero sí las hay en la reedición de *Ternura* de 1945 (se sumaron seis rondas a las incluidas en la edición de 1924), en *Lagar* (1954) (con cuatro rondas) y en *Lagar II* (1991) (con ocho rondas y un desvarío con tema de danza).

La llegada a Chile, en 2007, del Legado de Gabriela Mistral amplió el corpus general de la poeta y también el de sus rondas. Se trató de ciento sesenta y ocho cajas con cartas, fotografías, objetos personales y, principalmente, manuscritos y material inédito tanto en verso como en prosa; más de diecisiete mil documentos que han llevado a nuevas publicaciones, como *Baila y sueña* (2011), que presentó dieciocho rondas,[4] y una versión ampliada de *Poema de Chile* (La Pollera, 2013), que incluyó la "Ronda de Montegrande".

Según la propia Mistral, para escribir sus rondas y canciones de cuna investigó poesía popular española, provenzal e italiana. Allí, declaraba: "creo haber encontrado el material más genuinamente infantil de Rondas que yo conozca" (*Ternura* 163). Ese fue el punto de partida para crear rondas que fueran propiamente chilenas, criollas. Mistral opinaba que la poesía infantil "más válida, o la única válida, sería la popular y propiamente el folklore" ("El folklore para los niños" 145), con lo que implicaba que para escribir esta poesía dedicada a la infancia no había que mirar hacia fuera, sino hacia adentro del país, y reconocer así temáticas, usos verbales, coloquialismos y ritmos propios (Mayne-Nicholls). Eso fue lo que buscó en sus poemas, en los que observamos tanto chilenismos como elementos locales; de hecho, sus corros con paisajes de cerros, viñas y mares encabritados parecen anclados a Montegrande, el valle de Elqui, en general, y la zona costera de la región de Coquimbo. Mistral tenía un objetivo claro: hacer una poesía para niños que fuera local y, al mismo tiempo, que tuviera calidad poética. Lo decía explícitamente en 1915: "He querido hacer una poesía escolar nueva porque la que hay en boga no me satisface;[5] una poesía escolar que no por ser escolar deje de ser poesía" ("Epistolario" 270). Y también lo deslizaba, por ejemplo, al criticar la letra de "Arroz con leche": "Me daba todo gusto la música; pero la letra me parecía un zaquizamí,

---

4. Aunque podemos decir que se trata de nuevas rondas, muchas de estas son más bien versiones previas de rondas publicadas por Mistral en vida. Sin embargo, esto no les resta interés en absoluto.

5. A esta poesía escolar (es decir, para niños) de su época, la consideraba "balbuceo de docentes: lo primario en vez de lo elemental, el chiste en lugar de la gracia, lo ñoño dado como lo simple" ("El folklore para los niños" 145).

un zurcido gracioso de disparates" (Mistral, "Rondas" 1). Para evitar el "zaquizamí", ese cuarto (ese poema) en el que se lanza todo lo que sobra, era necesario, entonces, volver la vista hacia las tradiciones, usos, costumbres, rutinas, paisajes, naturaleza, y emociones propias.

En este ensayo, presento una propuesta de lectura sobre las rondas escritas por Mistral desde dos perspectivas simultáneas. En primer lugar, abordaré los aspectos principales de estas a partir de los elementos que componen la ronda como estructura y que son los mismos elementos que Mistral distinguía: el círculo, el giro y el vacío del centro. En segundo lugar, vincularé cada uno de esos aspectos a una temática que, respectivamente, cruza estas construcciones: la ronda como hermandad, el delirio del giro como ejercicio de agencia y el vacío que expulsa como un ejercicio de transformación más allá del sí mismo. Lo que me interesa a través de este análisis es abordar los imaginarios de infancia –y especialmente de las niñas– que propone Mistral.

Como las construcciones de infancia están en el centro de mi investigación, este trabajo es un estudio de literatura comparada en el que utilizaré conceptos provenientes de los llamados *childhood studies* o nuevos estudios de la infancia, campo de estudio interdisciplinario centrado en "the early period of the human life-course that is legally recognised and socially (as well as, in part, scientifically) defined as childhood, as distinct from adulthood" (James y James 18). A partir de esto, me referiré específicamente a dos concepciones desarrolladas por los *childhood studies*. En primer lugar, el reconocimiento de que los niños viven en el presente, sin definirlos exclusivamente por lo que serán cuando crezcan, lo que se conecta con el concepto de futuridad, esto es: "the recognition, in the present, of the child's potential for being different in the future and the predication of present actions on the basis of this recognition" (James y James 57). Esto implica ver a los niños siempre en relación con aquello que serán y no como seres que son; mientras que en las rondas de Mistral, aunque hay un componente de futuridad, se privilegia el presente enunciativo de las rondas; es decir, estas siempre se bailan en el presente y he ahí su relevancia.

En segundo lugar, aplicaré el concepto de agencia, esto es: "the capacity of individuals to act independently" (James y James 3). El hecho de que los niños sean vistos como individuos independientes es relevante a la luz de las rondas en que observamos a los niños actuando por sí mismos, muchas veces sin observar adultos presentes. Esta independencia es la que permite que consideremos a los niños como actores sociales por derecho propio, que es otro concepto vinculado a los estudios de la infancia y a la propuesta poética de Mistral que revisaré a continuación.

El círculo de la ronda

Aunque parezca obvio que una ronda tiende al círculo, centrarse en esta forma es el primer paso que da Mistral, quien enfatiza la variedad de tiempos y contextos en los que aparece el círculo. Para Mistral la noción de la ronda siempre presenta una condición doble, según la cual habita, al mismo tiempo, espacios que parecen contradictorios. Esta construcción poética a partir de los opuestos y la aparente contradicción es una marca que atraviesa la escritura mistraliana. Como propone Olea, la poética de Mistral "se escribe en desplazamientos y sustituciones que se abren a direcciones de sentido en constante e insistentes puntos de fuga" (170). Mistral elude la simplificación de las subjetividades, lo que atraviesa toda su escritura. Por ejemplo, en "El fantasma" (*Tala*, 1938), la voz poética presenta pares como "dura noche" y "mañana tierna" o "si acaso me ven / y lo mismo si no me vieran" (67), que enfatizan este carácter complejo y dinámico. De la misma manera, en su concepción de la ronda, presenta pares contrarios que nos hablan de la complejidad de la visión integral de las cosas. De acuerdo con esto, Mistral inicia la descripción de la ronda de la siguiente manera: "Es cosa bien vulgar, y, sin embargo, es magia pura, la ronda infantil" ("Rondas" 1). Es decir, tomarse de las manos y "formar un círculo es algo natural, pero implica algo que es especial" (Mayne-Nicholls 152).[6] Es esta concepción la que permite que el círculo surja en distintas instancias, las que Mistral apunta y compara con la ronda que hacen los niños. Las primeras analogías que propone Mistral son con "el círculo de los teólogos; [y] la vuelta que hace el torno del alfarero" ("Rondas" 1), lo que permite ver que la ronda está en comunicación con mundos distintos: el de la mente y el

---

6. Observo una forma de pensamiento semejante cuando Mistral escribe sobre el amor maternal, al que considera "cotidiano y fuera de lo ordinario al mismo tiempo" (Mayne-Nicholls 152). Para ella es extraordinario el hecho de que una mujer sea madre, pero le llama la atención que sus acciones estén tan naturalizadas, como se ve en las citas siguientes: "A nadie le parece maravilloso que la mujer amamante" (Mistral, "La madre" 105), "Nadie se asombra tampoco de que la madre tenga desvelo y goce sólo de la mitad de la noche" (105), "a nadie deslumbra la pasión de la mujer por el hijo, aunque sea la pasión que más dure" (107).

de las manos; es decir, se conecta tanto con el saber o el pensar, por un lado, y con el hacer y el crear materialmente, por el otro. La ronda se muestra como un hacer cotidiano junto al oficio de la alfarería. Para entenderlo, se nos pide imaginar la forma del torno del alfarero, ese círculo que a la vez es material y recibe material. El torno no solo es forma, sino también movimiento. Y un movimiento creador, ya que va más allá del giro en sí mismo; por cuanto este trasciende al transformar las materias que se usan en el torno, de manera que un poco de arcilla puede ser convertido en vasija o jarro o lo que se proponga el alfarero. Esta visión me lleva a vislumbrar la ronda, entonces, más allá de un girar que se consume en sí mismo; en el caso de la ronda mistraliana el giro de la ronda genera, crea, transforma.

El círculo de los teólogos, en tanto, es inmaterial; no se trata de un círculo físico de sujetos, sino que apela a un plano que es, a la vez, intelectual y espiritual. Así como el torno gira y produce un resultado físico, en el caso de los teólogos lo que gira y se forman son ideas, pensamientos. Se establece que la mente es dinámica, que está continuamente moviéndose, es decir, funcionando, activándose y desarrollando ideas. Esta analogía otorga a las rondas una nueva dimensión, en que el juego de bailar tomados de las manos no es simplemente anecdótico, por cuanto lo lúdico involucra también formación y, por tanto, el desarrollo de ideas. Mistral no aborda, sin embargo, el torno y el círculo de teólogos como conceptos independientes; ambas dimensiones están unidas en el mismo enunciado, de manera que Mistral pareciera introducirnos en un planteamiento de coexistencia de lo cotidiano y tangible con aquello inefable que la poeta considera algo maravilloso, algo que, aun cuando se da en el seno de la cotidianeidad, es digno de admiración. Para recalcar esa condición, encontraremos que Mistral prefiere los términos magia, hechizo y encantamiento para referirse a esa idea.

A las dimensiones física e intelectual a las que se refiere Mistral aquí, incluyo la dimensión natural: la naturaleza también da cuenta del giro, como se observa en sus rondas, en tanto que los animales, las flores, las piedras, las viñas y los campos de trigo, no son solo espectadores o escenarios del corro, sino parte danzante. Por ejemplo, en "La Margarita", esta es llamada la "loca margarita / que se levanta y que se inclina, / que se desata y que se anuda" (*Ternura* 58), dando cuenta de que el giro está presente en los elementos de la naturaleza. A través de la personificación, estos son presentados como entes vibrantes, por cuanto en ella podemos ver "the nonhuman powers circulating" (Bennett X), y esa vitalidad se manifiesta mediante su participación en la ronda. La elección de la margarita no es trivial y muestra cómo Mistral construye la ronda en distintos niveles, ya que la margarita no solo danza con el movimiento (se levanta, se inclina, se desata, se anuda), sino que representa la ronda en su misma estructura de pétalos en torno al disco, es decir, al centro. Esta imagen se presenta también en "Ronda de las manzanillas", en tanto "camomiles are a round and contain in themselves a round composed of petals tightly arranged together like the girls holding their hands in the *ronda*" (Casals y Mayne-Nicholls 151). De la misma manera que en "La Margarita" las niñas y la margarita son una misma ronda ("...una inmensa margarita, / que es nuestra ronda en la colina" [*Ternura* 58]), las manzanillas y las niñas bailan también en el mismo corro.

Además del binomio material-inmaterial, Mistral utiliza otra pareja para referirse al círculo de la ronda, comparándola con "el baile de los salvajes en torno de la hoguera, ya desaparecida y que fue maravillosa para ellos por librarles del frío"[7] ("Rondas" 2) y con "nuestro Padre el Dante, la persona menos primitiva del mundo, [quien] también llevó la Ronda a su paraíso y la clavó a medio firmamento, sabiendo, como los niños, que la figura del círculo es la más hermosa con que acertaron los inventores de juegos humanos y divinos" ("Rondas" 2). Aquí se puede ver cómo en el círculo se encuentran el conocimiento vernáculo con el conocimiento intelectual, en un movimiento similar al de lo material y lo espiritual que se complementan en la analogía del torno y los teólogos. Mistral hace que se encuentren –en este caso en el círculo– los conocimientos que vienen de la tradición del vivir en la naturaleza con aquellos que vienen de la tradición de la razón: "lo cotidiano y lo extraordinario; lo natural y lo divino; lo instintivo y lo razonado" (Mayne-Nicholls 153). Mistral es, de hecho, explícita al respecto al mencionar a Dante Alighieri: el escritor florentino sabía lo mismo que los niños saben: el círculo es perfecto. A propósito de ello, observo que tanto el camino de la intuición (el de los niños, pero también el de los habitantes primitivos) como el de la sabiduría (el de Dante) conducen a la misma idea: la del círculo como metáfora de perfección.

Esa ronda que Mistral observaba en la conformación del círculo es la que manifiesta también en sus poemas. Enfatizo ese conformar la ronda, ya que no se trata de una unidad indivisible, sino que está formada por las niñas y

---

7. Ese fragmento fue corregido por Mistral. El original decía: "el baile de los salvajes en torno del fuego, maravilloso para ellos por librarles del frío".

los niños que se integran a bailar. Olea dirá que la ronda "es figuración de una búsqueda de unión, de un deseo de totalidad de los seres en y con el mundo" (116), aunque la crítica es escéptica de que esa unión se haga efectiva. Hay sí en el corro mistraliano un colectivo, una voz plural y, especialmente, una hermandad, porque para que la ronda exista, nadie puede quedar atrás. Al ser parte de la hermandad "el mismo verso cantaremos, / al mismo paso bailarás" (*Ternura* 57), escribe Mistral en "Dame la mano", dando cuenta de cómo se forma un grupo de hermanas, en este caso, Rosa y Esperanza: "pero tu nombre olvidarás, / porque seremos una danza / en la colina y nada más..." (*Ternura* 57). Para que el círculo sea perfecto la hermandad debe ser fuerte. Para construir esa idea, Mistral se centra en la forma en que las niñas se toman de las manos, entrelazando sus dedos con los de las compañeras. Es la imagen de la trenza que encontramos como isotopía a lo largo de las rondas mistralianas: las trenzas, las espigas, los puntos del tejido. Mistral entrelaza las manos de las niñas que bailan para mostrar su unión, que se mueven armónicamente juntas, pero no se queda en lo físico, sino que lleva esta imagen al círculo de voces que acompañan una ronda, porque los corros no son solo baile, también son canto.

En ese contexto, se encuentra, por ejemplo, el poema "¿En dónde tejemos la ronda?"[8], que introduce desde el mismo título la representación del corro como un tejido en que cada punto es necesario para que esté completo. Sabemos lo que sucede cuando en una prenda tejida (un chaleco, una bufanda, un gorro) se rompe un punto: irremediablemente los puntos que estaban unidos se van deshaciendo. Al seguir la lectura del poema, encontramos el siguiente verso: "La voz y la voz va a trenzar" (*Ternura* 56), que pone de manifiesto que la hermandad de la ronda no es solo física. Aunque no siempre los que bailan las rondas de Mistral son niñas, sí podemos observar allí la relevancia de que las voces mujeriles se encuentren en la formación no solo de una historia conjunta –necesaria, por cuanto la permanencia por siglos de las mujeres separadas cada una en su espacio doméstico ha impedido el tejido de una historia de las mujeres escrita por las mujeres–, sino de un presente conjunto.

Quiero retomar la idea del punto perdido en el tejido y cómo este puede desencadenar una especie de reacción en cadena en que los demás puntos también se pierden, porque el conocimiento de la práctica del tejido nos enseña

---

8. En la reedición de Espasa-Calpe (1945), el título de este poema solo lleva el signo de interrogación en el cierre.

que los puntos se recuperan con la acción del zurcido hasta recomponer la prenda. De la misma manera, Mistral reconoce, primero, la posibilidad de que la ronda se separe, de que esos dedos entrelazados, a veces, se suelten. En "Ronda del arco-iris" se explicita el temor a que la ronda se rompa: "La mitad de la ronda / estaba y no está. / La ronda fue cortada / mitad a mitad" (*Ternura* 62). No es trivial la forma verbal que la voz poética utiliza, la que enfatiza que la ronda "fue cortada" y no que "se cortó"; es decir, no hay una renuncia interna a estar en la ronda, no es que las niñas hayan decidido separarse, sino que se trata del producto de una acción externa, alguien o algo corta la ronda. Encuentro la misma idea en la estrofa final de "El corro luminoso": "En vano quisieron / quebrarme la estrofa / con tribulación: / ¡el corro la canta / debajo de Dios!" (*Ternura* 78). Estos versos me llevan de regreso a esas voces que se trenzarán en la ronda ("¿En dónde tejemos la ronda?"). En "El corro luminoso" se ha vuelto más personal, porque nos encontramos con la voz poética denunciando esa acción externa de quebrar la estrofa, tal como en "Ronda del arco-iris" se hablaba de la ronda cortada. La elección de la forma verbal y de la intencionalidad que involucra es relevante porque permite fijar la atención en que la ronda está expuesta a acciones externas que pueden terminarla o, al menos, tratar de terminarla. De la misma manera, me parece relevante porque resalta la idea de que mantener el giro de la ronda es una decisión constante, que las danzantes necesitan estar atentas a la formación de la ronda, para que las manos no se suelten. Y si llegaran a soltarse, como sucede en poemas como "Ronda del arco-iris", que las danzantes sean capaces de volver a unirse para continuar el baile.

La fuerza de la hermandad del círculo de la ronda se manifiesta en que las acciones destructoras externas siempre son detenidas desde el interior mismo de la ronda, así como la que zurce el chaleco con el punto perdido es la misma que lo tejió en primer lugar. En la "Ronda del arco-iris", luego de que fue partida, una mitad de la ronda ha quedado en el suelo y la otra se ha echado a volar. El poema no cierra con el reencuentro de ambas partes, pero sí con el llamado de las que esperan volver a la ronda en las alturas: "¡Ay mitad de la rueda, / ay, bajad y bajad! / O nos lleváis a todas / si acaso no bajáis" (*Ternura* 63). En "El corro luminoso" son las niñas que cantan en coro a una sola voz quienes sostienen la integridad de las palabras de la sujeto poética. Esos versos reivindicatorios no solo cierran el poema, sino el conjunto de las rondas publicadas en *Ternura*. Siempre me ha parecido que es posible leer las rondas de Mistral como una sola propuesta estética; según esto, el círculo de la ronda (la hermandad de las danzantes) prevalece.

La propuesta de la hermandad en Mistral tiene un componente político ineludible ya desde la conformación misma de la ronda, por cuanto apunta a la construcción de una historia común de carácter mujeril. La falta de una historia de las mujeres debido a que estas han estado separadas durante siglos es un aspecto que ha sido abordado por la crítica feminista (Tyson). Esta separación, por cierto, es tanto cultural como física; es decir, se refiere tanto a los estereotipos ligados con el sexo femenil como con el espacio físico de la casa como lugar destinado a las mujeres. Ambos aspectos son subvertidos por la materialidad de la ronda como círculo, ya que al reunir a las niñas (futuras mujeres) enfatiza la relevancia de pertenecer a un colectivo.

La hermandad no siempre tiene carácter femenil, sino que todos están invitados a la ronda. Este "todos" se relaciona con la especificidad de los poemas, así a veces involucra a flores, animales y niñas, como en "La ronda de las manzanillas".[9] Otras veces se trata de niños de distintas procedencias, como sucede con la ronda "La guerra", incluida en la primera edición de *Ternura* (1924). Años antes, cuando fue publicado en *Desolación* (1922), este poema había nacido con el título de "Rondas de niños". Marcado por el contexto de la Primera Guerra Mundial, el poema presenta dos rondas que se inician en distintos puntos: Francia y Alemania. Estas dos rondas están "destinadas a convertirse en una sola, celebrando las semejanzas y dejando atrás los aspectos culturales que podrían dividir a los países" (Mayne-Nicholls 119). La reedición de *Ternura* en 1945 está marcada por la Segunda Guerra Mundial y Mistral lo ve como una nueva oportunidad para trabajar sobre este poema al que retitula como "Ronda de la paz". El primer cambio se observa en el cambio de énfasis en los títulos desde la explicitación de la guerra a la explicitación de la paz, esto último más elocuente al considerar que la Primera Guerra no vio una unión de rondas, sino que los conflictos se agudizaron, lo que significó todo un impacto para la poeta que en la década de 1930 creía ver que "[l]a era en que la Humanidad rendía culto a la barbarie gloriosa de los héroes de la sangre... está agonizante" ("Por la humanidad futura" 157). El segundo

---

9. En la "Ronda de las manzanillas", el "todos invitados" a participar de la ronda es expansivo: "We readers, chamomiles, tiny beasts, girls and poet, all become one in the performative act of reading and dancing along" (Casals y Mayne-Nicholls 151).

cambio está en los versos referidos a Francia: mientras en 1924 escribe que "los niños del lado de Francia / rompieron también a cantar", en 1945 apunta que "Los niños de Francia responden / sin rostro en el viento del mar" (*Ternura* 65), relevando el carácter más cruento del segundo conflicto mundial. En ambos casos, mujeres y hombres se terminan sumando a la ronda, porque la paz solo se logra si todos danzan (trabajan) por ella. Sea marcadamente femenil o abierta a todos, el círculo de la ronda se asienta en el presente, es decir, la ronda se baila en un ahora que se extiende por siempre: "¡Haremos la ronda la infinita!" (*Ternura* 56), porque cuando el corro se detiene, la hermandad se rompe.

El giro en que la ronda se expresa

La capacidad de Mistral de proponer comparaciones inusuales que abren nuevas posibilidades para entender algo está presente cuando describe el giro de la ronda. Es preciso decir, al respecto, que no se trata solo de que el corro gire, sino de la forma en que lo hace. Dice Mistral: "Los niños, que por su inocencia son la anti-brujería, parece que al igual de las brujas, danzasen en torno de un fuego: así es de fogoso el color que se ve en los semblantes y así de fogoso el nudo que hacen y deshacen burlando a no sé qué fuerza invisible" ("Rondas" 2). Al seguir el planteamiento de la poeta, en la primera parte sostiene que los niños son lo contrario a la brujería. ¿Vincula a la brujería con una práctica negativa y por eso los niños serían contraria a ella? ¿O tiene que ver con una práctica que implica experiencia, mientras que los niños recién se están formando? Mistral no lo explicita. La segunda parte de la analogía da vuelta la idea, ya que compara el ardor de los niños que bailan con el ardor de las brujas bailando en torno al fuego. Aunque Mistral no lo precisa, se está refiriendo a una junta de brujas. Cuando la poeta compara el color de las mejillas de los niños al bailar su ronda con el de las brujas del aquelarre, habla de un tono ardiente y apasionado, como se desprende del uso de la palabra "fogoso" que Mistral elige. Para quedar con esas mejillas enrojecidas, la ronda debió ser intensa, en que los niños se han dejado llevar –como las brujas– por un baile rápido y descontrolado.

Al comparar el ardor de los niños bailando con las brujas, lo que Mistral hace es resignificar este segundo término. La palabra aquelarre (del vasco *akelarre*, "prado del macho cabrío" según el Diccionario de la Lengua Española), se comenzó a usar en el siglo XVII para referirse a las juntas que realizaban mujeres a las que se identificaba popularmente como brujas en el contexto de la Inquisición (Paul Arzak). De hecho, no son los testigos quienes usan el término, sino los inquisidores, según se observa en las anotaciones de los procesos de 1609, año en que aparecen las primeras menciones al concepto aquelarre (Paul Azark). Fue en el contexto de la Inquisición en que además se comenzó a vincular a las brujas con el demonio, relación que se mantiene en la definición de la Real Academia Española presentada más arriba y, por supuesto, era una creencia presente en la época de Mistral. Paul Arzak especifica que, durante la década de 1930, hubo algunos intentos de quitarle a la palabra aquelarre la connotación de fiestas para el demonio. Mistral pareciera tener presente esa relación cuando dice que los niños "por su inocencia son la anti-brujería" ("Rondas" 2). Cuando luego postula que, a pesar de eso, los niños danzan alrededor del fuego "al igual de las brujas" (2), pareciera estar estableciendo un límite en la analogía, al distanciarse de la noción demoníaca de brujería instalada en la doxa desde el siglo XVII. En vez de eso, Mistral describe que tanto en los niños como en las brujas opera una "no sé qué fuerza invisible" ("Rondas" 2), que más que brujería, sería magia:[10] "crean un verdadero hechizo, un encantamiento que no cansa nunca" (1). Pero como en la tematización de la ronda, los pares son relevantes, al pensar en niños y brujas nos encontramos entonces con dos movimientos recíprocos. El primero ya lo he mencionado: el baile intenso, fogoso, de la ronda que está en las mujeres también se encuentra en los niños. El segundo implica, de alguna forma, que las brujas quedan exentas de la brujería al ser comparadas con los niños. Aquí se vuelve sobre la idea maravillosa de que los niños bailen la ronda, por la situación de encuentro y de formación que representa durante la infancia. Lo que hace Mistral, una vez más, es utilizar el concepto de magia como una forma de recalcar el carácter especial que le confiere a la ronda.

De la misma manera que el corro observado en la plaza, en sus poemas el giro de la ronda es desenfrenado. Luis Vargas Saavedra vio en las rondas[11] de

---

10. Tradicionalmente se ha distinguido entre los términos magia y brujería. Magia enfatizaría una conexión de los seres humanos con el universo, mientras que la brujería implicaría un uso maligno de la magia (Gosden).

11. Vargas Saavedra se refiere específicamente a las rondas "Convite" y "Ronda grande", que recopiló en el libro *Baila y sueña* y que recoge textos inéditos de Gabriela Mistral. Sin embargo, la idea de la epifanía puede extenderse también a los corros publicados en *Ternura*.

Mistral una "genuina epifanía del baile a la manera de los sufíes que giran y giran hasta llegar al trance" (*Baila y sueña* 6). Efectivamente en estos poemas se produce una manifestación de la danza que involucra el cuerpo por completo: "¡Haremos la ronda infinita!" (*Ternura* 56), exclaman los niños en el poema "¿En dónde tejemos la ronda?", de lo cual puedo desprender que hay un movimiento infinito, cuya manifestación es el giro. La imagen a la que apela Vargas Saavedra no solo apuesta a la literalidad, sino que tiene un sustrato: en la samâ o danza sufí, parte de una creencia mística islámica, los practicantes creen que la verdad y el conocimiento se consiguen a través de la experiencia directa de Dios; así, persiguen alcanzar un éxtasis religioso a través del giro de sus cuerpos sobre su propio eje: bailar girando hasta alcanzar un trance de carácter místico. Tanto en el baile sufí como en las rondas, hay una cierta pérdida del sí mismo al ingresar en un movimiento fervoroso. Sin embargo, mientras la danza sufí es individual y por tanto una experiencia personal, la ronda mistraliana es colectiva, por lo tanto, su giro es grupal: tenemos a distintos sujetos tomados de la mano formando un círculo que da vueltas, no en persecución de una experiencia mística, sino de una transformación social y espacial.

Esa transformación social tiene que ver, por un lado, con la poética mistraliana que releva el estatus de mujeres y niños al enfatizar su agencia, es decir, su capacidad de actuar con independencia. La tradición occidental suele ver a los niños como pasivos, es decir, "things happen to them that they do not choose and cannot control" (Kehily 5); esto también fue así en la historia de las mujeres. En este sentido, relevar la capacidad de ambos grupos de ser capaces de pensar por sí mismos da muestras de la visión de Mistral.[12] La agencia infantil en los poemas es refrendada en el hecho de que sumarse al corro no es un acto irreflexivo, sino una decisión consciente,[13] como se observa en los

---

12. La misma biografía de Mistral nos permite observar su agencia, no referida al hecho de que trabajara, porque la realidad de mujeres de clase media y popular de la época es que debían trabajar para mantenerse económicamente a ellas y a sus familias, sino por las decisiones que fue tomando al respecto, construyendo una carrera como maestra, escritora y diplomática.

13. Agencia no implica solo actuar de forma independiente, sino la capacidad de pensar de la misma manera. Por lo cual valora que las ideas de los niños no son actos irreflexivos, sino producto de su manera de pensar. Al respecto, James y James anotan: "It underscores children's and young people's capacities to make choices

siguientes versos de "Dame la mano": "Dame la mano y danzaremos", "Como una sola flor seremos", "El mismo verso cantaremos", "porque seremos una danza" (*Ternura* 57). En estos versos, la voz poética es clara en la invitación (tomarse de las manos) para lograr algo: conformar una unidad a partir de la voluntad individual.

La transformación se observa también en la ronda misma como una propuesta distinta de sociedad en un giro que podríamos considerar franciscano (Casals y Mayne-Nicholls) por la perspectiva democrática del santo católico en su visión del mundo. A su vez, White explica: "Francis tried to depose man from his monarchy over creation and set up a democracy of all God's creatures" (13). En concordancia con esto, Mistral hace bailar juntos a los niños franceses y a los alemanes, a los niños y los adultos, a los excluidos por la sociedad patriarcal, a las distintas especies y las materias inertes. Esta nueva forma de encontrarse en comunidad también es abordada metafóricamente por Mistral, imaginando esta transformación social en el espacio físico iluminado por el fulgor de la ronda y en las piedras que cantan al chocar unas con otras, dejando en claro que "Todo es ronda" (*Ternura* 76). El corro es, por lo tanto, un gesto político intelectual –la transformación de las danzantes que buscan la consolidación de la hermandad (y la reivindicación de la palabra)– y físico por la ocupación de un espacio.

Pienso en mi propia experiencia de la ronda cuando niña: tomada de la mano con mis amigas, girando cada vez más rápido, tan rápido que los pies se resbalaban y siempre había algunas que terminaban siendo arrastradas por otras. Por supuesto, más de una terminaba despeinada, con la ropa desordenada y riéndose a carcajadas. En el texto "Rondas", Mistral se refiere al ritmo de los corros como "oleada que [los niños] no pueden resistir" (3) y a la vuelta que da la ronda la llama "delirio", lo que se conecta con mi recuerdo de infancia y con el recuerdo de Mistral bailando la sardana catalana: "La experiencia era maravillosa. Mi cuerpo se hacía hábil a cada vuelta; yo dejaba de manejarlo; me llevaba a su antojo, aquello que unos llaman el demonio, y otros el genio de la danza" ("Rondas" 4). Bailar con el demonio (o genio) dentro quiere decir que las danzantes están envueltas en un delirio, en una locura. No

---

about the things they do and to express their own ideas. Through this, it emphasises children's ability not only to have some control over the direction their own lives take but also, importantly, to play some part in the changes that take place in society more widely" (4).

tiene una connotación negativa, como tampoco la tiene la comparación entre niños y brujas; sin embargo, la palabra demonio me hace pensar en un texto del periódico *El Huasquino* que describe los ruedos del vidalai, una danza folklórica de la zona. La nota periodística narra un carnaval en la plaza de Huasco en 1857 y critica esa manifestación por ser una "danza endemoniada" (*Diaguitas chilenos* 30). La Ley del Padre consideraría que una mujer que baile de manera delirante –o que se exprese públicamente– es más bien endemoniada: una suerte de loca del desván, a decir de Gilbert y Gubar. En el texto, Mistral resignifica ese adjetivo al vincularlo al de genio: el sentido de la danza es el dejarse llevar y las niñas de las rondas quieren dejarse llevar. Y dejarse llevar implica olvidar el nombre ("Te llamas Rosa y yo Esperanza; / pero tu nombre olvidarás"; [*Ternura* 57]), despegarse del suelo ("Todo es alto y todo vuela, / los brazos, trenzas y sentidos" [Mistral, *Baila y sueña* 22]) y de lo que impide el actuar independiente, es decir, lo que impide la agencia.

Otra isotopía presente en las rondas se relaciona con la idea de la locura en términos de vehemencia y no de falta de juicio, junto a términos como delirio, ardor, fervor, loca, reventón, temblor. Este tópico cruza toda la poética mistraliana[14] y la misma escritora lo denominaba la "loca razón, como son las razones de las mujeres" ("Recados" 540). Siguiendo a Mistral, la locura no es una sinrazón, sino una lógica diferente, porque proviene de sujetos diferentes. Es lo que propone Rojo cuando escribe: "Si el loco era el otro del orden simbólico en sentido amplio, la mujer era el otro del orden genérico en sentido estricto. Las mujeres eran 'locas' no por ser locas sino por ser 'otros'" (347). Al analizar los poemas de la sección "Locas mujeres" en *Lagar* (1954), Zaldívar conecta esa locura con una capacidad creadora, lo que tiene sentido también en las rondas, ya que el sentido de la ronda es crear comunidad, crear movimiento, crear lazos, crear una historia en común. Esta capacidad creadora es la que logra transformaciones sociales y espaciales como las que he abordado anteriormente, y es la que lleva a Rojo a identificar con "la utopía de un mundo humano distinto" (382). De hecho, si "'loca' es esta mujer que rompe con los estereotipos hegemónicos" (Sepúlveda 78), sus acciones son también la representación de este quiebre, al fundarse en la manera en que las mujeres perciben y analizan el mundo, es decir, en la "loca razón". En el poema

---

14. Sobre el tema de la locura, encontramos, sin ir más lejos, los poemas de la sección "La desvariadora" en *Ternura*; los poemas "Locas letanías" e "Historias de loca" en *Tala*; y los desvaríos de las "Locas mujeres" en *Lagar* y *Lagar II*.

"La Pajita" (*Ternura*), Mistral aborda esa percepción distinta del mundo: "Se vincula a la idea de ir contra la corriente, pensar distinto: quien ve las cosas de otra manera (la loca, por ejemplo) está en un estado de incomodidad frente al mundo" (Mayne-Nicholls 148). La historia nos ha enseñado que atribuirles locura a las mujeres que no se conformaban con los roles asignados ha sido una forma de quitarle valor a sus formas de ver el mundo; "se ha negado [...] la razón de la sinrazón atribuible a lo femenino" (169), escribe Olea, destacando que Mistral "hace audible" esta "loca razón", es decir, amplifica esas voces femeninas que han sido acalladas por siglos (169).

Hay una resignificación, entonces, de la locura, no como una forma de acallar, sino de valorar su poder. Por eso la ronda es desenfrenada, porque deja su marca allí donde se baila. Esto se observa en el uso de la comparación como figura retórica predilecta: Mistral compara la ronda, por ejemplo, con las olas del mar que rompen en la orilla de la playa o el viento que sopla. Estos dos casos presentan fuerzas de la naturaleza que son capaces de movilizar la tierra; es decir, olas y viento son energías y modifican la geografía, tienen un impacto en la tierra. Para Mistral, el corro también tiene esta fuerza capaz de movilizar la tierra. Cuando Grínor Rojo analiza la canción de cuna "Meciendo" (*Ternura*) plantea que la voz poética habla de un mecer masculino, porque toma su movimiento de las asociaciones con fuerzas de la naturaleza. Sin embargo, esta lectura parte de la visión de que el ritmo de las mujeres es calmo, y que, por lo tanto, el mecer mujeril del hijo debiera ser prácticamente imperceptible, aun cuando el movimiento de las mujeres está envuelto en el desvarío, en la locura. Si Mistral vincula el mecer con las fuerzas de la naturaleza, es porque esas fuerzas son maternales (y uso la palabra *maternales*, porque el sujeto de las canciones de cuna es la madre). No es que la madre y las mujeres sean contagiadas por el ritmo masculino, lo que en el fondo descansa en las díadas tradicionales de que los hombres son fuertes y activos, y las mujeres son débiles y pasivas; una idea que la propia Mistral rechaza al decir: "Porque las mujeres no podemos quedar mucho tiempo pasivas, aunque se hable de nuestro sedentarismo, y menos callarnos por años" (*Ternura* 157). O bien Mistral está maternizando las fuerzas de la naturaleza o simplemente está constatando la conexión entre ambos movimientos.

La idea de que Mistral materniza las fuerzas de la naturaleza es profundizada en las rondas, por cuanto el movimiento de las mujeres que bailan contagia a la naturaleza: mueve el mar y el viento; hace bailar a las flores y las espigas; hace cantar a las piedras. Retomo unos versos de "Donde bailan los niños" presentado anteriormente: "Todo es alto y todo vuela, / los brazos, trenzas y sentidos / y nos siguen verticales, los surcos, yugos y trigos" (*Baila y sueña* 22). En esa estrofa se observa claramente el contagio: son las niñas las que bailan y se elevan primero, lo que es marcado por los sustantivos "brazos" (la metonimia es clara: los brazos representan a las niñas), "trenzas" (una elección interesante, por cuanto enfatiza que se trata de niñas, quienes son las que usan las trenzas más habitualmente en el contexto de producción de los poemas de Mistral, y porque se refuerza la isotopía de la trenza, el tejido entrelazado que hace que la ronda se mantenga firme y unida), y "sentidos" (lo que enfatiza que la pertenencia a la ronda es algo integral). La naturaleza sigue a las niñas: los surcos, yugos y trigos no pueden resistirse al giro de la ronda y se suman a este. Esto es posible porque ese movimiento de la ronda no es calmo ni pasivo ni sedentario; ni siquiera es enérgico: es desenfrenado. Y debe serlo para que la ronda logre sus objetivos de volar y blanquear el valle, esto es, de iluminar el espacio.

En la "Ronda de los colores" se puede apreciar cómo lo personal y lo social se conjugan, toda vez que la poeta usa distintos colores para referirse a los diferentes tipos de niñas que participan de la ronda: azul, rojo, amarillo y verde, y, dentro de este último, distintas tonalidades: verde trébol, verde oliva, verde limón. Cada uno diferente, pero todos participan del desenfreno de la ronda, en que se nos recuerda que el giro marea como las olas, deshoja las flores, salta, todos "se queman en su ardor" (*Ternura* 60). Mientras las estrofas hablan de las subjetividades particulares, el coro en cursiva apela a la voz de todos los colores unidos que exclaman: "¡Vaya hermosura!", "Vaya locura" y "Vaya delirio" (60–61). El grupo tiene conciencia de lo que está haciendo, las niñas que bailan (los colores) se dejan llevar por el baile loco porque así lo quieren.

La locura no tiene que ver con una falta de juicio, por cuanto el giro no se pierde en sí mismo; es decir, no es un movimiento sin sentido, no se trata de una inercia que mantiene a las danzantes entumecidas. Mistral lo explicita en los siguientes versos: "Bailad el cuerpo y el alma / echando al ruedo lo que tenéis, / y perdeos, baila que baila, / que bailando os ganaréis" (*Baila y sueña* 21). El girar de las rondas mistralianas tiene un poder transformador, como es visible en poemas como la "Ronda de los colores", en que, cual disco de Newton, los distintos colores, al girar, forman el color blanco. La luz blanca que se produce al girar es resplandeciente, capaz de iluminar todo el espacio, tan fuerte que arde, que quema. Ese delirio, propone Mistral en sus rondas, es hermoso, por cuanto es una luz transformadora, que llega a lugares desolados como el desierto y la estepa yerta, como expone en "El corro luminoso". Esta función transformadora de la ronda hace danzar el mar y cantar las piedras ("¿En dónde tejemos la ronda?"), y llega a asustar ("Ronda de los metales"). El delirio no es solo un divertimento, un perderse sin norte: el movimiento delirante de todas las niñas con sus manos entrelazadas está destinado a iluminar, a hacer ver el mundo de otra manera.

Esta construcción se presenta también en "Ronda de los metales", donde cada metal que es parte de la ronda tiene características propias. Desde la perspectiva de la agencia, identificar los colores permite distinguir las identidades diferentes: las niñas no son todas iguales, de hecho, no podemos hablar de "la niña", como si se tratara de un estereotipo o de la normalización de una sola forma de ser niña. Al enfatizar que todas son diferentes, nos muestra que no hay maneras correctas e incorrectas de ser, como se ve en el ejemplo del color rojo: tanto la niña tranquila ("mansa") como la atrevida ("brava") tienen algo que aportar al colectivo. Y ese aporte es clave: la presencia de agencia individual es la que permite que haya hermandad y la ronda sea capaz de actuar como grupo en que cada uno importa.

El que todos importan es una idea que atraviesa las rondas de Mistral desde la "Invitación" (*Ternura* 55), ya que todos están llamados a la ronda. Esto es especialmente potente en "Los que no danzan", poema en que Mistral individualiza a los marginados: "una niña que es inválida", "la quebrada", "el pobre cardo muerto" (64). Cada vez que uno de ellos se pregunta cómo es que podría unirse a la ronda, esta le responde: "Pon al viento a volar tu corazón" (64). Mistral trabajó esta idea también en el poema "Convite":[15] "Bailad los pastos floridos / o que están por florecer, / los trigos que ya segaron / los no sembrados también" (*Baila y sueña* 20). En estos versos podemos observar cómo todos están invitados a danzar. Los distintos momentos de los ciclos naturales enfatizan esto y, probablemente, dan cuenta de que la ronda no tiene edad ni condición más que el querer bailarla.

El ir a la ronda no puede ser pasivo; requiere voluntad: salir del espacio cerrado y privado, reunirse con otras niñas, bailar hasta el delirio. Mistral se opuso a la idea de que las mujeres eran sedentarias no solo a nivel de discurso, sino que lo probó con su vida. En este sentido su errancia no es casual y, por

---

15. Este poema no fue publicado por Mistral, sino de manera póstuma en *Almácigo*, libro recopilado por Vargas Saavedra a partir de los textos inéditos del Legado Mistral.

el contrario, responde a las decisiones que va tomando la poeta. Ese continuo moverse también está en las rondas: desde que salen de sus casas para subir la cuesta, los montes, hasta llegar a la cima de la colina y ponerse a bailar. La danza, de hecho, no termina, la ronda es infinita, por lo tanto, el movimiento también. Y cuando Mistral habla de la actividad de las mujeres no se trata de un movimiento sin sentido: es bailar hasta iluminarlo todo.

El vacío como centro de la ronda

El último aspecto de la ronda identificado por Mistral es el centro, al que se refiere como un "vacío [que] la inquieta" ("Rondas" 2). En el corro, por supuesto, el centro está vacío; es decir, los niños forman el círculo mismo, separando un adentro en que no hay nada, y un afuera, en el que queda la vida: las personas, las calles, las cosas, todo lo que no participa del baile. Pero la poeta lo llama un vacío que inquieta, es decir, como si tuviera una cierta cualidad espectral. Si consideramos el poder centrífugo de la ronda, que arroja todo hacia afuera, sí hay algo: una fuerza que actúa desde el centro hacia afuera. Y esta fuerza inquieta lo que hay en la ronda, es decir, saca a los y las integrantes de la ronda de su quietud. Por eso estos poemas de Mistral remarcan la imagen de que las manos de los niños están entrelazadas y no simplemente tomadas, ya que es necesario contrarrestar la fuerza centrífuga que puede terminar rompiendo la ronda y separando a los niños. La experiencia de jugar a la ronda nos lo recuerda: mientras más rápido se gira, más fácil es terminar cayendo o retrasándose porque el que está junto a una corre más rápido. Esto es lo que se observa en la "Ronda del arco-iris", en que "la mitad de la rueda / se echó a volar" mientras la otra se quedó en la tierra "mirando hacia lo alto... una mitad llorando" (*Ternura* 62). La ronda no concluye en el quiebre, sino que está enfocada en reencontrarse de nuevo, rearmarse, hacer que la trenza sea más firme, el vínculo más fuerte y el coro más armonizado.

Ese sacar de la quietud a los que bailan tiene que ver también con el hecho de que el vacío que se encuentra al interior de la ronda, la busca y provoca: "Más se siente cuando la ronda no se limita a girar sino que por turnos avanza y retrocede. Persigue el centro, que le falta y como en una operación mágica, quiere crearlo" ("Rondas" 2). Entiendo, a partir de esto, que el centro de la ronda no está realmente vacío, puesto que ejerce un juego de fuerzas con los niños que bailan. Para entender esta idea, pienso en cómo la Tierra rota alrededor de su eje; dicho movimiento produce una fuerza centrífuga que siempre se aleja de este. La Tierra, entonces, también danza la ronda infinita y su centro no está en absoluto vacío: por un lado sabemos que en el centro estamos nosotros, la vida; pero también está el eje. Y en varias de las rondas, Mistral reconoce la idea del eje, pero no se trata de una abstracción, sino que este es imaginado como un sujeto. El hecho de que haya un centro no le resta agencia a quienes se unen a la danza, porque en los corros mistralianos el eje supone un llamamiento, una invitación, una fuerza a la que los danzantes deciden aproximarse y no sujetos que imponen el baile.

Uno de los sujetos-eje de la ronda es la niña imaginaria, aquella que solo vive en el recuerdo, aquella que, tal vez, integró la ronda en el pasado: "yo he pensado en que no existía ese vacío, que lo llenaba invisible la última niña muerta del grupo, la que estaba allí una semana antes, la bailarina de pies rotos" ("Rondas" 2). Esta niña-eje es inmaterial, ya no acompaña físicamente a los danzantes, pero su presencia no será olvidada, lo que enfatiza el hecho de que el corro se nutre de lo que los danzantes aportan al bailar. La idea de la niña que permanece en el recuerdo de la ronda subyace a su poema "Los que no danzan"[16] (*Ternura* 64), enfocado en todas aquellas niñas que no pueden bailar físicamente la ronda, a las que identifica con la inválida, la quebrada y el cardo muerto;[17] quienes aunque no puedan unirse materialmente a la ronda, sí son parte del movimiento que esta significa.

La niña-eje pareciera ser una excepción, ya que muchos de los sujetos que Mistral ubica en el centro de la ronda son adultos, como el Jesús espectral: "yo he puesto el fantasma de Jesús al centro de ese espacio en blanco que clama por llenarse" ("Rondas" 2). La fuerza del eje puede no verse, pero sí se siente, como también aparece en el poema "Jesús": "Y giramos alrededor / y sin romper el resplandor" (*Ternura* 67). A partir de la relación entre el ensayo y el verso, aprecio una especie de simetría, por cuanto el vacío que "clama por llenarse" en la prosa, en el poema se llena de luz ("el resplandor", que es capaz de iluminar la ronda completa.

---

16. En este poema el último que no puede bailar es, de hecho, Dios, lo que establece un vínculo entre este poema y "Jesús". En ambos identifica ya sea a Dios o a Jesús con el sujeto que, aunque no danza, ocupa un lugar en la ronda.

17. La flor del cardo se contrapone con las flores de la manzanilla y la margarita que, al tiempo que se mecen, contienen la ronda en su estructura de pétalos y disco; lo que difiere de la fisonomía del cardo, especialmente cuando está seco y sus pétalos se separan, construyendo la imagen de una ronda que se ha separado.

La sujeto-eje que me interesa especialmente es la mujer o, mejor dicho, las mujeres, ya que no se trata de una única mujer o forma de ser mujer, muy en concordancia con la idea feminista de que cada mujer vive una experiencia subjetiva particular. Es decir, para deconstruir la idea de que existe "la mujer", esto es, una forma estereotípica e idealista acerca de cómo somos las mujeres, es necesario buscar las particularidades en el colectivo, de la misma manera en que Mistral presenta, en cada una de sus rondas, distintas niñas y mujeres bailando. Para salir de la visión totalizadora de "la mujer", "[w]e need more historically specific, more situated, and far more clearly defined accounts of women's lived experience and women's subjectivity" (Moi 845). En "Ronda de las manzanillas", considero que el centro de la ronda lo ocupa la Virgen María, quien danza desde el cielo, enfatizando una vez más tanto el carácter inmaterial de quienes ocupan el centro de la ronda como el hecho de que la ronda está –como consecuencia de la fuerza centrífuga– elevándose (Casals y Mayne-Nicholls). Esta ronda sigue la lógica de "Los que no danzan", ya que "[l]o verde se muda en blanco / y de blanco en cosa viva / y toda la Tierra canta / voceando lo sucedido" (*Lagar II* 139). Estos versos vuelven sobre la idea de que la ronda lo ilumina todo y lo que aquí es iluminado es la Tierra completa, lo que parece abrazar la relación que presenté anteriormente acerca de que nuestro planeta al rotar está bailando la ronda.

La mujer que ocupa el centro de la ronda no siempre tiene relación con lo religioso. En la crónica "La raza triste",[18] Mistral se lamentaba de que la sociedad chilena fuera triste porque no sabe bailar ni cantar. Sin embargo, como es habitual en su escritura, la poeta no se resignaba, sino que proponía una solución: convocar a una ronda infantil en parques y plazas que estimule el baile de niños y niñas. Luego, Mistral propone expresamente: "El sitio central de la ronda pide una figura de mujer..." ("La raza triste" 102). El correlato poético lo encontramos, por ejemplo, en "El corro luminoso", que cierra el apartado de las rondas en *Ternura*, donde el centro es ocupado por una mujer: la voz poética que canta y se levanta como una forma espectral de Mistral que anticipa la figura fantasmagórica que recorre el país en *Poema de Chile* (1967). Entonces, la sujeto observa la ronda desde el centro, como una maestra que organiza la ronda en el patio del colegio. En otras rondas, la identificación con Mistral será más clara todavía. "Nunca, nunca las dejaremos. / Aunque Lucila

---

18. "La raza triste" fue publicado originalmente el 22 de enero de 1922 en el diario *El Mercurio*.

las dejó" (*Obra reunida. Tomo IV* 372), se lee en una de las rondas inéditas del Legado Mistral, mostrando a Lucila como una mujer imaginaria de la forma en que la niña-eje es imaginaria también. Gabriela, en tanto, no es imaginaria, pero sí inmaterial, como se aprecia en su recorrido poético por Chile.

En *Poema de Chile* (1967), por su parte, se halla una suerte de ronda reducida, formada por la fantasma Gabriela, el niño indígena y el huemulillo, donde la voz adulta acompaña la caminata/proceso de crecimiento del niño, tal como la mujer/maestra/Mistral acompaña la formación de los niños desde el centro de la ronda. "[L]a presencia humana, activa y dialogante de *Poema de Chile* está en Gabriela Mistral misma que se hace acompañar de un niño diaguita atacameño en su recorrido" (28), observa Quezada. Este carácter activo y dialogante es el que relaciono particularmente con la ronda: así como el corro implica actividad (aquello tan mujeril, como reconoce Mistral), las manos entrelazadas, la hermandad de la ronda implica diálogo, puesto que todos están invitados a la ronda y puede bailarse en cualquier parte. Aunque Mistral, eje del giro, camina descendiendo por Chile, a contrapelo del movimiento ascendente de la ronda al que invita su núcleo, en parte geográficamente obligada por la forma del país y su disposición en el mapa, y tal vez, porque es su último viaje.

Así como el círculo de la ronda es explicado a través de binomios de conceptos, estas parejas se vuelven a encontrar, esta vez en la relación que existe entre el eje o núcleo y la ronda propiamente tal, esto es, el círculo (de niños, flores, plantas, animales). El primer binomio que identifico es el de lo material y lo inmaterial, donde la primera es la ronda (los danzantes) y el segundo corresponde al eje, sea este una niña, una mujer, Mistral fantasma o Jesús. Lo inmaterial es lo que les define como pura fuerza, la que nuevamente se establece a través de una pareja, ya que tenemos ejes en que la fuerza es divina o sobrenatural, como sucede con María y Jesús, y humana y natural, como sucede con las mujeres.

Conclusión

Mi objetivo en este capítulo ha sido presentar una lectura de las rondas de Gabriela Mistral a partir de la identificación de una estructura. Esta organización dio cuenta de un modelo original de ronda, que se distanció de la típica consideración del corro como un conjunto de "voz o canto, el ritmo o refrán, el movimiento expresivo corporal o danza, y la comunicación" (Rojas

126). Lo que hice fue establecer el modelo a partir de las tres categorías que Mistral propuso en su texto "Rondas": el círculo, el giro y el vacío del centro. En un primer acercamiento, pareciera que las características de la ronda como círculo, giro fervoroso y centro centrífugo refieren a la ronda como juego y como acción, sin considerar directamente el contenido de los corros. Sin embargo, para Mistral las rondas no eran simples juegos de palabras acompañados de baile, una descripción que se vincularía más a una ronda como "Arroz con leche", a la que Mistral destacaba por su música, pero no por su letra sin sentido.

De esta manera, aunque el círculo, el giro y el centro refieren, en un primer nivel, a la ronda-juego, era imprescindible vincularlas con la ronda-texto. En ese sentido, mi segundo objetivo fue vincular cada aspecto del juego a un análisis temático que uniera las partes de la ronda con el contenido de los poemas. La forma en que Mistral describía la estructura de la ronda ya apelaba a un sentido poético. Al respecto, la ronda se vinculaba con lo material y con lo inmaterial, con lo cotidiano y lo mágico, con el conocimiento vernáculo y el sistematizado. Entiendo, entonces, la ronda como un juego que trasciende, toda vez que constituye una instancia de formación, de aprendizaje, de participar en comunidad.

Esa instancia es enfatizada a través de los versos de Mistral. Estos conectan, en primer lugar, el círculo con la hermandad, una hermandad que no se limita a la de los niños, por el contrario, todo está en hermandad, desde los pétalos de la margarita hasta el mar que danza "con mil olas" (*Ternura* 56), todos conectados en una sola e inmensa ronda infinita, como Mistral postula una y otra vez. Luego, está el delirio del giro como ejercicio de agencia, de elegir participar en la ronda y volcarse por completo a ella, ya que esta no se baila a medias, sino de cuerpo entero. Esta forma de expresión del giro se mostraba, entre otros aspectos, en la isotopía de la locura, otro concepto resignificado por Mistral. Calificar de loca a la mujer que se atrevía a hablar o a actuar fuera de los límites de lo indicado por las sociedades occidentales patriarcales es, sin duda, una forma de control, de obligar a las mujeres a retroceder al espacio privado y guardar silencio en todos aquellos temas que fueran considerados públicos.

Sin embargo, en su poesía, Mistral reconoce la hermosura de la locura. Bailar con locura la ronda, entonces, no es una pérdida de voluntad, por el contrario, como se observa en "Ronda de Montegrande" cuando las niñas cantan: "Nos llevan si no queremos / y si queremos, más" (*Poema de Chile* 95). Es decir, la voluntad de las niñas que bailan es lo que potencia a la ronda. Y esa potencia entreteje el giro loco con el vacío aparente, invisible a simple vista, pero que representa un eje, núcleo o fuerza; a veces identificado con fuerzas sobrenaturales, a veces con la fuerza natural de las mujeres. Dicha fuerza centrífuga, se vuelve sobre la ronda, constituyéndose un ejercicio de transformación más allá de sí mismo: sumarse a la ronda implica una acción en que las danzantes cambian y, con su baile, cambian también el entorno, ya sea al "hacer al valle blanquear" (*Ternura* 55) o haciendo que el mar forme "una trenza de azahar" (56); así en el mundo que aparece apenas como "una tierra yerma", "desierto", "estepa yerta" (77), la ronda ilumina, remueve el suelo bajo los pies y vuelve la tierra fértil otra vez, ya que la misma ronda es "una inmensa flor" (77). Este espacio renacido constituye una metáfora de construir una nueva forma comunitaria de sociedad; allí la ronda no solo promueve una nueva manera de ver el mundo, sino que la lleva a cabo.

Me interesaba vincular estas categorías de Mistral con dos propuestas de los estudios de la infancia: la infancia vivida en presente y la agencia. La transformación social se desarrolla en el presente de la ronda: en los poemas de Mistral, las niñas y niños no cambiarán el mundo solo cuando crezcan, sino que lo hacen en su infancia al momento de bailar. La preocupación de Mistral por los niños es evidente por el volumen de poemas y prosas que dedica a la infancia, pero también por la creación del imaginario de una infancia que ya cuenta con capacidades en el presente. Aquí se despliega la agencia de niñas y niños cuando deciden subir el monte para sumarse a la ronda, cuando deciden tomarse de las manos, cuando deciden ser comunidad. Mistral construye la infancia en base a actores sociales en el hoy y el que lo haga a partir del juego de la ronda tiene que ver con que la poeta ve en la actividad de los niños un ardor que es capaz de cambiar el mundo en el que viven. Al mismo tiempo eso abre el paso al futuro, ya que los niños no se conforman con bailar, sino que hacen planes que reconocen la fuerza iniciada en la ronda: "Mañana abriremos sus rocas, / las haremos viñedo y pomar; / mañana alzaremos sus pueblos / ¡hoy sólo queremos danzar!" (*Ternura* 59). Este último verso, sin duda, reconoce el carácter performativo y lúdico de la ronda. Y a través de eso Mistral nos muestra que el juego no es trivial, sino parte relevante de la formación de los niños. Lo performativo nos habla de la experiencia: es necesario que los niños experimenten la vida para que se formen, aprendan y conozcan el mundo y a sí mismos. Y lo lúdico nos habla de una manera particular de aprender. Kehily plantea, desde los *childhood studies*: "Through patterns of friendship and rituals of play, children create meanings for themselves and others" (11). Y ese es el principal aprendizaje que Mistral aborda en la ronda;

los niños danzantes aprenden sobre sí mismos y sobre los demás mientras bailan y porque bailan. Por supuesto, los niños que habitan las rondas de Mistral no son reales; lo que es real es el hecho de que Mistral valore la infancia y el juego de la ronda asociada a ella como una imagen perfecta de que somos seres sociales y que debemos aprender a bailar la ronda juntos para transformar las cosas.

Obras citadas

Ariz, Yenny. "¿Cómo se tejió la ronda?: los poemas infantiles póstumos de Gabriela Mistral". *Logos: Revista de Lingüística, Filosofía y Literatura* vol. 27, no. 1 (2017): 31–48.

Bennett, Jane. *Vibrant Matter. A Political Ecology of Things.* Duke University Press, 2010.

Casals, Andrea y Alida Mayne-Nicholls. "From Camomiles to Oaks: Agency and Cultivation of Self-Awareness". *Plants in Children's and Young Adult Literature.* Editado por Melanie Duckworth y Lykke Guanio-Uluru. Routledge, 2022. 141–156.

Diaguitas chilenos. Fundación de Comunicaciones, Capacitación y Cultura del Agro, 2014.

Gosden, Chris. *The History of Magic. From Alchemy to Witchcraft, from the Ice Age to the Present.* Penguin Books, 2022.

Horan, Elizabeth. *Gabriela Mistral: An Artist and Her People.* Interamer, 1994.

James, Allison y Adrian James. *Key Concepts in Childhood Studies.* Sage, 2012.

Kehily, Mary Jane. "Understanding Childhood: An Introduction to Some Key Themes and Issues". *An Introduction to Childhood Studies.* Open University Press, 2004. 1–21.

Mayne-Nicholls, Alida. *Espacios tomados: representación de las niñas en Gabriela Mistral y María Flora Yáñez.* Pontificia Universidad Católica de Chile, tesis doctoral, 2018.

Mistral, Gabriela. *Baila y sueña. Rondas y canciones de cuna inéditas de Gabriela Mistral*, recopilado por Luis Vargas Saavedra. Ediciones UC, 2011.

_____. *Desolación.* Nascimento, 1923.

_____. "El folklore para los niños". *Revista de Pedagogía* 160 (1935): 145–152.

_____. "Epistolario. Cartas a Eugenio Labarca". *Anales de la Universidad de Chile* 106 (1957): 266–281.

_____. *Gabriela Mistral. Obra reunida. Tomo II.* Ediciones Biblioteca Nacional, 2020.

_____. *Gabriela Mistral. Poesía. Tomo IV.* Ediciones Biblioteca Nacional, 2020.

_____. *Lagar II*. Ediciones de la Dirección de Bibliotecas, Archivos y Museos, 1991.
_____. "La madre". *La tierra tiene la actitud de una mujer*, editado por Pedro Pablo Zegers. RIL Editores, 1999. 105–108.
_____. "La raza triste". *50 prosas en* El Mercurio. *1921–1956*. Editado por Floridor Pérez. El Mercurio Aguilar, 2005.
_____. "Por la humanidad futura". *Por la humanidad futura. Antología política de Gabriela Mistral*. La Pollera, 2015. 157–160.
_____. "Recados". *Gabriela Mistral. Obra reunida. Tomo I*. Ediciones Biblioteca Nacional, 2020. 539–540.
_____. "Ronda de Montegrande". *Poema de Chile*. La Pollera, 2013.
_____. "Rondas" [manuscrito]. *Archivo del Escritor*. Disponible en Biblioteca Nacional Digital de Chile. http://www.bibliotecanacionaldigital.cl/bnd/623/w3-article-139188.html.
_____. *Tala*. Ediciones UDP, 2010.
_____. *Ternura, canciones de niños*. Editorial Saturnino Calleja, 1924.
_____. *Ternura*. 6a ed. Espasa Calpe, 1959.
Moi, Toril. "From Femininity to Finitude: Freud, Lacan, and Feminism, Again". *Signs: Journal of Women in Culture and Society* vol. 29, no. 3 (2004): 841–878.
Olea, Raquel. *Como traje de fiesta. Loca razón en la poesía de Gabriela Mistral*. Universidad de Santiago de Chile, 2009.
Paul Arzak, Juainas. "El aquelarre, una invención afortunada". *Gerónimo de Uztariz* no. 23/24 (2008): 9–40.
Quezada, Jaime. Prólogo. *Gabriela Mistral. Obra reunida. Vol. 2*. Ediciones Biblioteca Nacional, 2020. 21–29.
Rojas, Benjamín. "Literatura infantil en *Desolación*: rondas". *Acta Literaria* 14 (1989): 121–137.
Rojo, Grínor. *Dirán que está en la gloria*. Fondo de Cultura Económica, 1997.
Sepúlveda, Magda. *Gabriela Mistral. Somos los andinos que fuimos*. Cuarto Propio, 2018.
Tyson, Lois. "Feminist Criticism". *Critical Theory: A Friendly Guide*. Routledge, 2006. 83–120.
White, Jr., Lynn. "The Historical Roots of our Ecologic Crisis". *The Ecocriticism Reader*. Editado por Cheryl Glotfelty y Harold Fromm. The University of Georgia Press, 1996. 3–14.
Zaldívar, María Inés. "Gabriela Mistral y sus 'locas mujeres' del siglo veinte". *Taller de Letras* 38 (2006): 165–180.

III

La América nuestra de Mistral

Gabriela Mistral y el pensamiento latinoamericanista: las herencias hurtadas

Miguel E. Morales
UNIVERSITY OF SOUTHERN CALIFORNIA

❦

Entradas latinoamericanistas a Mistral

¿DE QUÉ MANERA GABRIELA Mistral lee, asimila, participa y reconfigura el latinoamericanismo? Diversas son las entradas a esta materia. Una, la más habitual: sus poemas de temática americanista, tanto en el canto a la tierra americana –sus paisajes, sus habitantes, sus culturas– como a las grandes figuras de la historia continental. Una segunda la constituye su lectura de la tradición literaria latinoamericana, donde destacan sus perfiles de figuras tutelares desde la colonia hasta sus días: sor Juana Inés de la Cruz, Teresa de la Parra, Rubén Darío, José Martí, y Alfonso Reyes, entre tantos. Una tercera entrada es su labor diplomática con las respectivas redes transnacionales que le granjeó: su trabajo de cónsul de Chile en diversas ciudades; su compromiso con las cruzadas educativas de Vasconcelos en México figuran, sin dudas, entre sus principales (aunque no únicas) obras. Si "el magisterio" devino "la puerta de entrada de Mistral a la cultura letrada" y, con ella, a la esfera pública de predominio masculino (Falabella Luco 132), la praxis pedagógica constituye a su vez el principal medio mistraliano para alcanzar la integración latinoamericana, en cuyo ideal confluyen "arielismo, reformismo universitario, hispanoamericanismo" (Weinberg 16).

Paralela a las ideas inspiradoras de su acción pedagógica hay otra entrada, precisamente la que me interesa desarrollar en este texto: su asimilación de, su inserción en y sus tensiones con los discursos latinoamericanistas, tanto en el plano de las ideas como en el de la praxis.

En este ensayo, estudiaré la relación de Mistral con el latinoamericanismo en su vertiente latinoamericana clásica, esto es, desde las independencias hasta mediados del siglo XX. Este corte histórico es también un corte geopolítico: se trata del discurso en su sentido previo al de la academización del término como un *area studies*, que si bien se inicia a fines del siglo XIX con el patrocinio del gobierno de los Estados Unidos (cf. Fernando Degiovanni, *Vernacular Latin-Americanism*), diluye –sin disolver del todo– su énfasis político al acelerarse la migración de investigadores latinoamericanos tras la Revolución Cubana y, sobre todo, a causa de los exilios frente a las dictaduras (cf. Roman de La Campa[1] o Mary Luz Estupiñán, Clara Parra y rodríguez freire[2]).

En otras palabras, *el latinoamericanismo político* como el discurso público-letrado que aboga por la integración política, económica y/o cultural de las repúblicas al sur de Estados Unidos. El resultado sería ya una gran república (bolivarismo), ya una comunidad política confederativa (Alberdi), o ya una comunidad cultural articulada en torno a la lengua (Bello), entre otros proyectos. La base de esta integración descansaría en la confluencia de algunos de los tres elementos comunes (Bolívar/Vasconcelos): raza (Bilbao/Rodó), religión católica (Rodó/Vasconcelos/Jaime Eyzaguirre) y lengua española (Vasconcelos/Bello). Asimismo, el proyecto nace desde una urgencia por adoptar una articulación transnacional defensiva, primero frente a los intentos de reconquista de España (Bolívar, Sucre, San Martín), luego respecto al expansionismo norteamericano (Martí, Bilbao, Rodó, Ugarte, Vasconcelos, Mistral, Mariátegui, etc.).

El latinoamericanismo: un discurso masculino... incluso para Mistral

Mistral oscila entre la ausencia o la marginalidad. ¿Por qué? Esgrimo dos razones.

Primero, el latinoamericanismo político es un discurso y una praxis abismalmente masculina. Abismal en dos acepciones: descriptor cuantitativo, "diferencia inmensa" (RAE), imponente, como distancia irremontable o

---

1. *Latin Americanism*. U. of Minnesota Press, 2006.
2. "Latinoamericanismo de la descomposición: una lectura de su crítica y de su crisis". *Pléyade (Santiago)* 24 (2019). Web.

innegable; descriptor geográfico, separación espacial indomable entre dos orillas. En el caso del latinoamericanismo, esas dos orillas las habitan, sin duda, el hombre y la mujer de letras.

El abismo ha sido documentado e impugnado tanto por las críticas mujeres como las feministas de Mistral o del latinoamericanismo. En "Mujeres de América Latina", por ejemplo, Mariana Alvarado inicia su estudio sobre las ideas pedagógicas de Clorinda Matto de Turner y Florencia Fossatti con una crítica al gesto epistémico de diversos libros que excluyen "la producción de mujeres latinoamericanas" (21). "Difícilmente encontraremos compilada o citada alguna mujer pensadora. La Historia de las ideas en América Latina se ha contado especialmente con rostros masculinos. Las mujeres no están incluidas en este tipo de antologías. Lo que lleva a suponer que la participación de las mujeres ha sido escasa o nula, o bien no ha merecido ser tenida en cuenta" (21–22).[3]

El sesgo masculino que anota Alvarado es un rasgo fundador del latinoamericanismo. Autores cenitales inscribieron este rasgo mascultista. Uno de ellos es Pedro Henríquez Ureña, lector entusiasta de Mistral y contraparte —mejor: complemento— a escala universitaria del rol a nivel escolar que se le

---

3. En su estudio sobre las funciones oficiales, las no oficiales y las estrategias de posicionamiento de Gabriela Mistral en su estadía en México, Carla Ulloa Inostroza inicia con un diagnóstico similar: "La disipación de las mujeres en la historia de las ideas" es, sin duda, una consecuencia de un espacio discursivo cuya jerarquía es subsidiaria de la configuración sexo-genérica del espacio público (173). En el caso del ensayo y el pensamiento latinoamericano, existen algunos trabajos tanto críticos como editoriales que buscan desestabilizar esta exclusión de la mujer de la polis (espacio masculino), lo que se traduce incluso en el silenciamiento o marginalidad de autoras connotadas. Además del trabajo de Alvarado, destaco dos más: por un lado, "'No me interrumpas': las mujeres y el ensayo latinoamericano", de Mary Louis Pratt; por otro, la antología *Latinoamérica pensada por mujeres: trece escritoras irrumpen en el canon del siglo XX* (UAM, 2015) cuyo estudio introductorio y su coordinación corresponden a la académica mexicana Mayuli Morales Faedo. En este último texto, Morales Faedo incluye a Mistral, las argentinas Victoria Ocampo y Alfonsina Storni, la peruana María Wiesse, la dominicana Camila Henríquez Ureña, las puertorriqueñas Nilita Vientós Gastón y Margot Arce, las cubanas Fina García Marruz y Mirta Aguirre Carreras, las costarricenses Carmen Naranjo y Yolanda Oremuno, la mexicana Rosario Castellanos y la venezolana Teresa de la Parra.

encomendó a la chilena en la campaña educativa de Vasconcelos en los años veinte del siglo XX (Weinberg 20). En su clásico "La utopía de América" (1925), el dominicano clavetea el hecho "masculino" en su homenaje a las figuras latinoamericanistas:

> Me fundo solo en el hecho de que, en cada una de nuestras crisis de civilización, es el espíritu quien nos ha salvado, luchando contra elementos en apariencia más poderosos; el espíritu solo, y no la fuerza militar o el poder económico.... La barbarie tuvo consigo largo tiempo la fuerza de la espada; pero el espíritu la venció en empeño como de milagro. Por eso *hombres magistrales* como Sarmiento, como Alberdi, como Bello, como Hostos, son verdaderos creadores o salvadores de pueblos, a veces más que los libertadores de la independencia. (6, énfasis mío)

Segundo: junto a la naturalización del latinoamericanismo como discurso y praxis de hombres (magistrales), la ausencia o posición minoritaria de Mistral también encuentra un escollo en su propia lectura y articulación de esta tradición. La mujer de letras no está ausente en los distintos subgéneros de la prosa de ideas practicados por Mistral. Figuras como sor Juana Inés de la Cruz, Victoria Ocampo, Alfonsina Storni o Teresa de la Parra ocupan un lugar central en su reflexión. Sin embargo, cuando lee la tradición latinoamericanista, Mistral reitera el sesgo masculino inscrito por la fórmula de Henríquez Ureña: se trata de hombres. Bolívar, Alberdi, Bello, Sarmiento, Hostos, Bilbao, Montalvo, Martí, Rodó y Vasconcelos recorren su latinoamericanismo.[4]

---

4. Según Jaime Petit-Breuilh Jaque, Mistral habría escrito en 1927 un texto titulado "Cuatro hombres americanos en Francia", texto donde homenajearía al mexicano Vasconcelos, al argentino Manuel Ugarte, al peruano Francisco García Calderón y al boliviano Alcides Arguedas, entonces asentados en París. Para Petit-Breuilh, Mistral se interesa en ellos en tanto "líderes de un pensamiento latinoamericano a favor de la unidad y el mejoramiento de nuestra raza", que, empero, habían sido desechados por sus respectivos países ("El Pensamiento"). Confieso que, hasta donde he podido investigar, no he encontrado el texto referido por Petit-Breuilh. De todos modos, existe una proximidad. En 1927, Mistral publica tres textos cercanos a aquel referido por el autor: "Hispanoamericanos en París: José Vasconcelos. Indología"; "Hispanoamericanos en París: Francisco García Calderón"; y, finalmente, "Hispanoamericanos en Francia: Manuel Ugarte". Arguedas, por su parte, no figura. En el título del texto referido por Jaime Petit-Breuilh resuena

Sobre el sesgo machista del latinoamericanismo mistraliano

Un argumento general: la matriz patriarcal del latinoamericanismo mistraliano es un reconocimiento histórico-político a las grandes figuras continentales, por las que prodigaba admiración intelectual y literaria, además de prudente respeto diplomático.

El argumento es una presunción cómoda e inocua sobre este tópico en Mistral. Tres motivos. Primero, reconocería de manera tácita el prejuicio machista que denuncia Alvarado. El prejuicio reforzaría el perjuicio epistemológico: al final, justificaría el "desplazamiento" o bien la "insuficiente atención" por "el hecho de ser mujer" que ha recibido la chilena en esta "tradición intelectual canónica 'masculina' latinoamericana" (Cabello Hutt 8–9).

Segundo, esquivaría una tensión central del pensamiento mistraliano no solo respecto al latinoamericanismo, sino también a cierto esencialismo en su comprensión de lo masculino y lo femenino en la literatura, en la arena pública y en la vida cotidiana. Esta tensión en las imágenes y en los roles de la clasificación sexo-genérica en Mistral ha suscitado un amplio debate, especialmente con los aportes de la crítica literaria feminista. Sobresaliente, entre otros, es *A Queer Mother for the Nation* (2002), de la académica puertorriqueña Licia Fiol-Matta, donde tanto los estereotipos feminizantes como los masculinizantes de Mistral en su rol de maestra son friccionados. Elizabeth Horan, por su parte, ve en la chilena una "subversión" del binarismo masculino/femenino por medio del rechazo del "decorum" que se le exige a la mujer heterosexual, al punto que ella "disiente de los roles heteronormativos" (148).[5] En cualquier caso, como advierte Ana Pizarro, "el discurso cultural que la define [...] implica toda una serie de contradicciones en su personalidad literaria" inevitables para una lectura crítica, entre las que destacan una conciencia estratégica del "juego del discurso patriarcal" (100) acompañadas de presunciones heteronormativas.

---

otro libro publicado un solo año después, en 1928, por el diplomático e intelectual ecuatoriano Benjamín Carrión: *Los creadores de la nueva América: José Vasconcelos, Manuel Ugarte, F. García Calderón, Alcides Arguedas*. En cualquier caso, las observaciones críticas de Petit-Breuilh son pertinentes.

5. Traducción mía. En adelante, son mías todas las traducciones al español de libros cuyas entradas bibliográficas corresponden a versiones en inglés.

En lo relativo al discurso latinoamericanista, sus ensayos replican una heteronormatividad de cuño –por pasajes– esencialistas. En mi opinión, uno de los ensayos canónicos de Mistral sobre el tópico es, asimismo, ilustrativo al respecto. En "La lengua de Martí" (1932), la chilena describe al mártir cubano como un "hombre tan viril y tan tierno", a pesar de que en "nuestra raza el viril se endurece" (*Poesía y prosa* 440). La idea de *virilidad* dista, en esta alocución, de operar como hipérbole: la chilena describe ciertos rasgos específicos de cada sexo. Como señala al inicio de su conferencia, "veremos a Martí marcar varonía en cada paso de su vida de hombre; pero desde que comienza su carrera literaria varón será también en esta naturaleza antiimitativa, o sea, antifemenina" (430).

Tiene razón Laura Lomas cuando señala que si bien las imágenes mistralianas de Martí refuerzan el culto mascultista, hay también otras que, de algún modo, disuelven estos bordes. La abundancia descriptiva le permite incluso esbozar una figura con cualidades que desajustan el estereotipo del héroe masculino, como la ternura o su "tropicalismo" que vienen a "desordenar y "reimaginar" los órdenes raciales y genéricos (252). No obstante, cuando se trata de la apropiación, asimilación y aporte de Mistral al discurso latinoamericanista, en especial respecto a la valoración de los "hombres magistrales", lo que predominará es su sesgo machista. Solo en sus textos escritos desde los cuarenta, lo femenino va a adquirir un valor diferente en su configuración del latinoamericanismo en su prosa pública.

Tercero, lo que percibo como un prejuicio que, al desatender la especificidad de las ideas latinoamericanistas de Mistral, produce el efecto de reducirla, de manera sutil, a una *glosadora*. Mistral no solo cantó a la América nuestra: también desarrolló su propia idea tanto en sus prosas públicas como privadas. Esta es la advertencia que Elizabeth Horan y Doris Meyer subrayan en su introducción al epistolario entre Mistral y Victoria Ocampo publicado en inglés el 2003 como *This America of Ours*: la "fascinación con América [de Mistral] informa gran parte de su escritura" (8). En sus misivas con Victoria Ocampo, la "exploración de la identidad americana" es también un modo de construir "identidades propias", al punto de que la "americanidad" aparece ya "en la primera carta que intercambian en los treinta" (8).

Del latinoamericanismo de Gabriela Mistral

En el siguiente ensayo, propongo una hipótesis general que al mismo tiempo demarca la metodología y la estrategia de escritura que seguiré: Gabriela

Mistral participa en el latinoamericanismo político tanto a nivel discursivo como de praxis. De hecho, no es posible entender la originalidad de su latinoamericanismo sin atender el rol relevante de la acción política, pedagógica, cultural y diplomática de Mistral. Así, propongo que Mistral hereda, asimila, apropia, cuestiona y tensiona el discurso latinoamericanista. Dichas acciones diagraman un pensamiento latinoamericanista complejo y original.

Ese diagrama es también el que, metodológica y escrituralmente, seguiré en las siguientes páginas. En ellas busco leer de manera sucinta –por ende, injusta– su latinoamericanismo. En este ensayo, estudiaré el latinoamericanismo mistraliano en un primer momento denominado *Las herencias hurtadas*,[6] con el objetivo de dar cuenta de la relación más o menos convergente de Mistral con siete tópicos latinoamericanistas clásicos.[7]

Dos últimas notas, genéricas, en términos literarios. Uno: el discurso latinoamericanista de Mistral germina en su poesía y en su prosa. Al respecto, decido recorrer la senda de su prosa[8] secundado por la observación

---

6. El título proviene sin duda del refrán popular "lo que se hereda no se hurta". No obstante, me parece relevante destacar otro eco, directamente vinculado tanto a Mistral como a la crítica literaria feminista: en 1996, Eliana Ortega publica el libro *Lo que se hereda no se hurta: Ensayos de crítica literaria feminista* (Cuarto propio), donde dedica un ensayo a Mistral: "'Otras palabras aprender no quiso': la diferencia mistraliana". En este texto, Ortega lee en la poesía de Mistral un gesto de "resistencia a la cultura hegemónica, patriarcal" (38), por medio del desarrollo de una estética-ética femenil mediante su negación a reproducir las codificaciones de la mujer tanto de la cultura hegemónica latinoamericana (38-39) como de los discursos occidentales (42). A este gesto analizado con meticulosidad, Ortega le llama la *diferencia mistraliana*. Para efectos de esta nota, he consultado el capítulo reproducido en el número 3 de la revista *Nomadías* en 1998, rango de páginas 38-43.
7. Dada la extensión de este trabajo, debo postergar para un segundo ensayo el segundo momento, *Las tensiones impugnadoras*. En dicho texto abordaré tres tópicos conflictivos e impugnadores del latinoamericanismo mistraliano, los que constituyen también su aporte original.
8. Los ensayos latinoamericanistas de Mistral que este trabajo cita son, en orden cronológico: "El grito" (1922), "La raza triste" (1922), "Salve, América" (1925), "Sandino, contestación a una encuesta" (1928), "Sandino, la pobre Ceiba" (1928), "Antillas" (1930), "Voto en el Día de las Américas" (1931), "El rostro cuarentañero de Bolívar" (1931) y "La cacería de Sandino" (1931), "La lengua de Martí" (1932),

metodológica de Claudia Cabello Hutt en su pionero *Artesana de sí misma* (2018): frente a la atención privilegiada a su poesía, pienso que su prosa es central para reconstruir una imagen de Mistral desde ese "lugar liminal y excéntrico que ha ocupado en tanto intelectual dentro de la historia cultural latinoamericana" (7).

Dos: su prosa de ideas se refracta en una serie de subgéneros de diversa clasificación: ensayos, conferencias universitarias y diplomáticas, recados, artículos de prensa, discursos y cartas privadas. Para efectos de este trabajo, me enfocaré en distintos textos de su prosa pública, a pesar de que estoy al tanto de la advertencia de Silvina Cormick: "el examen de su correspondencia constituye una vía" que no puede eludirse "si se aspira a comprender las posiciones y compromisos que asumió" Mistral (10–11). Creo que los trabajos de Horan y Cormick, junto al notable estudio de Eduardo Andrés Hodge Dupré –"América Latina en la intimidad intelectual de Gabriela Mistral"– cubren esta faceta de su obra.

La extensión tanto de este ensayo como del epistolario mistraliano, así como el análisis escritural y extra-discursivo que demanda esa tarea, me obligan a poner entre paréntesis esa labor. Sepa, lector, dispensarme.

El latinoamericanismo de Mistral: las herencias hurtadas

1. *Cien nombres, una geografía.* Cualquier recuento del discurso sobre la unidad continental inicia por el problema del nombre. La nominación de esta América rebasa chovinismos identitarios. Como advirtiera Miguel Rojas Mix en su clásico *Los cien nombres de América. Eso que descubrió Colón* (1992): "la cuestión onomasiológica parece no resuelta" (12). Los sintagmas de América implican matices identitarios de alcances geográficos, raciales, históricos, culturales, económicos, geopolíticos y epistémicos. Mientras América es el nombre recurrente, el sintagma suele iniciar con un adjetivo que al delimitar, divide, y al dividir, define: hispano, latino, ibero, pan, nuestro, indo, negroamericano son algunas de sus acepciones. Así, "el asunto del nombre, su origen y su sentido, no fue ni es un asunto neutro, un tema tan solo historiográfico, intelectualmente sosegado" (Altamirano 37). Cuando empecemos a

---

Nota a "Dos Himnos", de *Tala* (1938), "El día Panamericano (las tres Américas)" (1941), "La faena de Nuestra América" (1946) y "Sobre la paz y la América Latina" (1949).

"despreocuparnos tan frívolamente de los nombres de América", agrega Grínor Rojo, "podría ser un indicio funesto de que 'la cosa' [lo designado] está dejando callada y simplemente de existir" ("Nota sobre los nombres" s/p).

En el discurso latinoamericanista de Mistral, la cuestión de los nombres es recurrente e inconsistente. Recurrente: la mayoría de sus textos nombran con un sintagma a América; inconsistente: diversos son los apelativos utilizados. Su inconsistencia en caso alguno constituye incoherencia. Al contrario: da cuenta de la apertura y la pluralidad con que leyó a los autores clásicos de este discurso; asimismo, sitúa su experiencia real, mediante su errancia continental, de la diversidad de América. Entre los nombres resaltan: Nuestra América, esta América criolla, Iberoamérica, América Indoespañola, Indo-América, y, por supuesto, América Latina. Quizás el aporte más original de Mistral en la cuestión de los nombres es la inversión sintagmática de la fórmula martiana: en ella, "América nuestra" aparece en poemas ("Padre Bolívar"), cartas (cf. epistolario con Victoria Ocampo) y ensayos.

¿Por qué este gesto de invertir el orden sintáctico tradicional del español al relegar detrás del nombre el posesivo "nuestra"? Tres especulaciones. Una, insatisfactoria para mí: una licencia de poeta frente al nombre martiano de América. Dos, una intuición para la que, por ahora, carezco de argumentos: cierta resonancia redentora cristiana con "El padre nuestro", imagen común en su universo verbal. Tres: "América nuestra", porque Mistral no se siente poseedora de nuestra América, sino más bien ella –Mistral– le pertenece a la América nuestra. Dicho de otro modo: no es América quien se debe a ella, como en la imagen de los hombres magistrales de Henríquez Ureña: es ella la que se debe a la América. Cuando Mistral escribe sobre lo latinoamericano, su escritura acude menos al "nosotros" que al "nuestra" o "nuestro". Un ejemplo entre tantos es "La Faena de nuestra América": "nuestras personas" (*Padre Bolívar* 89), "nuestras cabezas" (91), "de nuestra lentitud y de nuestro avance", "nuestras patrias", "nuestra sangre" (92), "esa clase media nuestra", "nuestra suerte", "nuestra civilización futura", "nuestra sangre" y "hazaña nuestra" (93).

Mientras los nombres pululan sin una problematización ideológica entre lo que denotan,[9] la geografía que designan es clara. En "Salve, América"

---

9. Mistral no cuestiona la capacidad que los nombres tienen para designar la realidad que denotan; tampoco se pregunta por las diferencias y conflictos que comporta el uso de cada uno de esos nombres. La primera es una discusión impugnadora más propia de tendencias recientes del latinoamericanismo académico –por

(1925), Mistral es inequívoca: "Desde el Bravo hasta las nieves del sur somos bastantes para nuestra dicha, suficientes para el honor rabioso" (*Padre* 21). La América nuestra mistraliana excluye a los Estados Unidos. Mistral invocó a América con diferentes nombres, excepto uno: jamás habla de "Panamérica" como parte de su América. Panamérica, para ella, no cesó de ser una denominación que incluía lo estadounidense, un caballo de Troya que, en su vida diplomática, arrostró con ingenio y esperanza de entendimiento y cooperación.

2. *Unidad en el dolor y en la lengua: Hécuba y América, o la desunión*. Desolador diagnóstico mistraliano: la América nuestra está desunida. "Pero del Bravo al Estrecho [de Magallanes] ni nos conocemos ni nos amamos", continúa en su ensayo "Salve, América" (*Padre* 21). El latinoamericanismo mistraliano acusa la desunión de la América nuestra en un plano político pero también cultural. Para ilustrar la desunión –que es también desconocimiento mutuo–, Mistral acude a la imagen de la mítica Hécuba, reina de Troya: "No hemos de ser los hijos de Hécuba, que por numerosos no se amaron y fueron quebrados por el destino" (22). Como señala Minerva Alganza Roldán, la "división en naciones le recuerda el infortunio" de Hécuba, cuyos –al menos– catorce hijos no supieron amarse (77–78).

Según Mistral, dos son los elementos centrales para promover la unión de las naciones latinoamericanas. Primero, el dolor. Frente a las diferencias vanidosas y de propósito de las naciones, Mistral –como Martí– ve en los dolores pasado, presente y porvenir un elemento de reconocimiento mutuo. Escribe en "El grito" (1925): "¡América, América! Todo por ella; porque todo nos vendrá de ella, desdicha o bien. Somos aún México, Venezuela, Chile,

---

ejemplo, el latinoamericanismo anarqueológico propuesto por Erin Graff Zivin o el latinoamericanismo de la descomposición de raúl rodríguez freire y Mary Luz Estupiñán–. La segunda corresponde más bien a algunos debates en la historiografía y las historias de las ideas; entre sus intervenciones más recientes, destacan el sutil y provocador libro de Mauricio Tenorio-Trillo: *Latin America: The Allure and Power of an Idea* (U. of Chicago Press, 2017) y *La invención de Nuestra América*, de Carlos Altamirano (Siglo XXI Editores, 2021). Si bien no se comprometió teórica o conflictivamente con ella, la cuestión de los nombres sí fue contemporánea a Mistral, como lo demuestran los trabajos de Vasconcelos en su prólogo-programa a *La raza cósmica* (1925) y Mariátegui en su "El Ibero-Americanismo y el Pan-Americanismo" (1925).

el azteca-español, el quechua-español, el araucano-español. Pero seremos mañana, cuando la desgracia nos haga crujir entre su dura quijada, un solo dolor y no más que un anhelo" (*Padre* 19).

El segundo elemento que hermana por la común herencia es la lengua, el español. En "Salve, América", mientras insiste en evitar el error de los hijos de Hécuba, señala: "Que el ancho corazón nos sirva para que crezcan vigorosos los perdones. La lengua común no nos fue dada para el recelo expiador, sino para el aleluya en medio del ágape feliz" (*Padre* 22). En la visión mistraliana de la lengua como elemento unificador resuena, sin duda, el proyecto de Andrés Bello. Según Acevedo Gutiérrez, Bello "afirmaba la unidad del continente desde la lengua. La integración idiomática debía convertirse en el alma poderosa de la integración" (283). Una opinión similar plantea Grínor Rojo, para quien la lengua representa para Andrés Bello tanto la base como último reducto para alcanzar la unidad cultural: "Si la unidad política se había perdido, por lo menos que se salvara la unidad cultural" ("Notas"). Para Mistral, la lengua es un elemento pacífico de unidad. Los hijos de Hécuba no cargan la maldición babélica. Comunicarse el dolor compartido en la lengua común: clave mistraliana para alcanzar la unidad latinoamericana.

3. *Antiimperialismo*. En "El grito", Mistral detalla deberes de figuras de la vida social de América Latina. Cuatro son los roles invocados: maestro, periodista, artista e industrial. A todos los conmina a trabajar por América Latina mediante sus radios de influencia. Al maestro, primero en la lista, le pide: "Enseña en tu clase el sueño de Bolívar, el clarividente primero" (*Padre* 19). ¿Qué previó Bolívar? Mistral retoma sus dos tópicos anteriores del latinoamericanismo para alertar del peligro imperialista:

> ¡América, América! Todo por ella; porque todo nos vendrá de ella, desdicha o bien. Somos aún México, Venezuela, Chile, el azteca-español, el quechua-español, el araucano-español. Pero seremos mañana, cuando la desgracia nos haga crujir entre su dura quijada, un solo dolor y no más que un anhelo. (*Padre* 19)

La unidad de América es urgente para Mistral ante el peligro norteamericano, así como lo fue para Martí antes, y lo era para Vasconcelos, con quien trabajó hasta un año antes de este texto.

Para Mistral, la soberanía política está en juego ante las acciones imperialistas que se ciernen sobre América Latina. Una década después confirmará su temor "ante la crueldad norteamericana, hija de la lujuria de poseer" (76), cuando Augusto C. Sandino en Nicaragua, abandonado por el resto de los países latinoamericanos, es asesinado:

> Sandino carga sobre sus hombros vigorosos de hombre rústico, sobre su espalda viril de herrero o forjador, con la honra de todos nosotros. Gracias a él la derrota nicaragüense será un duelo y no una vergüenza; gracias a él, cuando la zancada de *botas de siete leguas* que es la norteamericana, vaya bajando hacia el Sur, los del Sur se acordarán de "los dos mil de Sandino" para hacer lo mismo. (79, énfasis mío)

El antiimperialismo mistraliano se inscribe en la vertiente martiana antes que en la vasconceliana, a pesar de su proximidad histórica y humana. Si bien Mistral suscribe un discurso identitario, desmaleza cualquier odio que clausure la comunicación o el encuentro con Estados Unidos: "¿Odio al *yankee*? ¡No! Nos está venciendo, nos está arrollando por culpa nuestra, por nuestra languidez tórrida, por nuestro fatalismo de indio" (20). La imagen de las "botas de siete leguas" en la cita de Mistral proviene, de hecho, de "Nuestra América" de Martí. La metáfora involucra resonancias poéticas e ideológicas.

Como señala Silvina Cormick, el antiimperialismo mistraliano se inscribe y se distancia "del prisma político e ideológico" prevaleciente "entre intelectuales y juventudes antiimperialistas" (8). Si Mistral se les acerca en la denuncia expansionista y en el llamado a la unidad, se distancia mediante "su valoración del desarrollo y la modernidad de los Estados Unidos" (8). Esa misma distancia le permitirá, con los años, revisar y matizar los rasgos antiimperialistas. En una nuez: el suyo fue un antiimperialismo sin odio.

4. *Las dos Américas: simpatía y diferencia, o entre identidad y diplomacia.* Los nombres de esta geografía, la unidad y el antiimperialismo desembocan en otro rasgo clásico de este discurso: la idea de las dos Américas. Aunque el tópico arraiga desde Francisco de Miranda o más consistentemente desde "La Carta de Jamaica" de Bolívar (1815), Mistral se arrima al tronco *latinista* inaugurado en 1856. El uruguayo Arturo Ardao concede al colombiano José María Torres Caicedo el acto pionero en este bautizo, al fundar "un latinoamericanismo defensivo, de sentido humanista y universalista" (185). Miguel Rojas Mix, por su parte, ve el origen en la conferencia de Francisco Bilbao, "La iniciativa de América", también ofrecida en París y en 1856, texto que inaugura "un marco de pensamientos anticolonialista, antiimperialista" de este discurso ("Bilbao" 38).

Para Bilbao, América Latina y los Estados Unidos albergan "dos razas diferentes, herederas, no de las tradiciones de la Europa, sino de las utopías de sus genios" (365). Las diferencias sociales y políticas en los derroteros de ambas Américas se inscribirían en unos supuestos rasgos inscritos en las razas latina y anglosajona: la fórmula espiritualismo-latino versus materialismo-sajón (369). Aunque este discurso proyecta un proto-culturalismo en su lectura de ambas sociedades, epistemológicamente es esencialista y racista. Es la "Ley de Bilbao" del latinoamericanismo, como la llama Mauricio Tenorio-Trillo.

Mistral adopta esta distinción binaria. Suscribe varios rasgos epistemológicos e ideológicos de este discurso. Por ejemplo, argumenta de manera racista en diversos pasajes de su prosa, incluso si su racismo busca proyectar valores de cuño positivos sobre la raza latina de América, así como en los mestizos y criollos. Su conferencia de 1931, "Voto de la Juventud Escolar en el día de las Américas", abre con un nosotros americano que, de inmediato, distingue entre ambos grupos: "Nosotros, americanos del norte y del sur" (*Padre* 24). Ese nosotros que aún intenta aunar las dos ramas es prontamente escindido: estamos ante "la moralidad diversa de dos culturas", las que incluso se personifican mediante mayúsculas: "el Norte respecto al Sur, y el Sur respecto al Norte" (25). En otros ensayos, así como en algunos poemas (el que lleva por título "Padre Bolívar", por ejemplo), los Estados Unidos nombrados como "Norte" representarán una entidad política incompatible con la América nuestra, pues el rasgo principal de *ellos* será el afán expansionista por motivos económicos (el "interés" y el materialismo descritos por Bilbao y resignificados por José Enrique Rodó en su *Ariel* de 1900).

Sobre esta veta esencialista en su idea de las dos Américas, Mistral incluso recupera explícitamente la idea de la "latinidad". Por un lado, de manera estratégica, cuando en los años cuarenta empieza a dar forma a su contribución más original a este discurso: lo que llamaremos *el latinoamericanismo pacifista*.[10] En su conferencia "Sobre la paz y la América Latina", la "latinidad" es

---

10. Adelanto brevemente la idea de un *latinoamericanismo pacifista*, por la cual aludo a la articulación mistraliana durante los años cuarenta de un ideal continentalista con un fuerte énfasis pacifista: la unidad latinoamericana mediante la diplomacia debía contribuir tanto a la paz entre los países latinoamericanos así como también asumir una posición pacifista frente al conflicto bélico de la Segunda Guerra Mundial así como, tras su fin, frente al nuevo orden geopolítico que reconfiguraba. Mistral, de hecho, incluso concibe a su "América nuestra" como un tercer espacio frente a Europa y Estados Unidos. Como escribe en "Sobre la paz y la América Latina", "No puedo callar el hecho de que, entre la lectura de los cables europeos que trae la prensa diaria y el paisaje prócer del hermoso estado

invocada como un elemento para construir confianza entre los países al sur de Estados Unidos: "hagámoslo con mira a nosotros mismos y a la reconstrucción de la latinidad que, en porción europea, parece hallarse enferma y a trechos llagada" (*Padre* 118). Por otro, de manera acre, como en su alocución "El día panamericano (Las tres Américas)", donde, por cierto, propone una tercera América al reconocer al Brasil como un espacio cultural diferente. Allí, Mistral critica el discurso latinista precisamente por oponerse de manera fatalista e intransigente a los Estados Unidos: "Ha sido un grave error criollo oponer a la índole dionisíaca de los norteamericanos la tesis de una latinidad lenta" (*Pensando* 27).

La transición mistraliana hacia una crítica del discurso de la latinidad nos permite leer una segunda acepción de su idea de las dos Américas. Se trata de una variante original de Mistral frente a un discurso que, amparado en su deber "defensivo", admite pocas virtudes en la América del Norte. Es decir, la idea de las dos Américas en Mistral presenta dos dimensiones: por un lado, *la identitaria*, con los rasgos antes revisados; por otro, la *diplomática*. En este punto, Mistral invita a los latinoamericanos a reconocer dos aspectos positivos de los Estados Unidos que podrían contribuir al desarrollo social y político de las repúblicas de la América nuestra. Primero, su democracia. Segundo, el derecho, que se traduce en la fortaleza de su Constitución y en la estabilidad que ella le prodiga a la democracia y, de aquí, a cierta justicia social:

> ...la paz que es nuestro deber inmediato, tiene que añadir cierta materia nueva: la justicia económica y en una proporción que no sea de gramos. La vieja paz no consideró este elemento; la América del Sur ha vivido unos tiempos remolones y miopes que no adivinaron esta obligación por venir. Sin embargo, teníamos cerca, encima de nuestras cabezas, el rectángulo de los Estados Unidos, pueblo que nació cenital en el capítulo de las justicias sociales. (*Padre* 91)

Mistral no es del todo clara en los elementos de justicia social que percibe en Estados Unidos, más allá de su descripción de la educación escolar y la labor

---

veracruzano, mi pensamiento constante y casi obsesional es este: hay que mantener la paz en nuestros veintiún pueblos, a fin de que en meses o años más seamos una especie de tercer Continente, la isla del refugio, un tercer frente salvador para los hombres desesperados, que llegarán aquí en busca de sitio donde posar los pies errantes" (*Padre* 117).

del maestro. Creo oír en este *dictum* que aboga por los elementos modernizadores de América del Norte algunos ecos de las valoraciones sarmientinas y alberdistas. En cualquier caso, esta idea de las dos Américas desde una perspectiva diplomática le permite distanciarse de la dimensión identitaria. Su distancia no socava, empero, su conciencia antiimperialista, antipanamericanista, pues Mistral "se mantuvo escéptica con respecto a una posible Sociedad de las Naciones Americanas [...] sus diferencias raciales y lingüísticas las distanciaban" (Rubio 72-73).

5. *La naturaleza: el andinismo como tópico latinoamericanista.* ¿Es la naturaleza –el espacio físico– de la América nuestra un rasgo del latinoamericanismo? En principio, creo que no. Es, con seguridad, un tópico del americanismo literario. Es decir, de aquel discurso literario sobre América, cuyo objetivo es construir cierta representación letrada del continente. Si bien ese discurso se remonta a las cartas del Descubrimiento, desde las Independencias se asigna como misión corroborar simbólicamente la emancipación mediante el hallazgo de "nuestra expresión en literatura" (Henríquez Ureña 38).

En "El descontento y la promesa", Henríquez Ureña señala que la primera fórmula del americanismo fue: "Ante todo, la naturaleza" (38). Gabriela Mistral difiere: el discurso literario sobre América Latina adolece de una justa dedicación a su geografía. En una de las notas finales de su poemario *Tala* (1938), en específico las dedicadas a sus "Dos Himnos" y que Jaime Quezada ha reunido como un ensayo bajo el título "América", Mistral señala: "Suele echarse de menos, cuando se mira a los monumentos indígenas o la Cordillera, una voz entera que tenga el valor de allegarse a esos materiales formidables" que esperan "[n]uestro cumplimiento con la tierra de América..." (*Padre* 28). Solo la aparición de Martí, con su tropicalismo, remedia, en parte, esta carencia: "Antes y después de José Martí, ninguno se había revolcado en lo fogoso y en lo capitoso de estos suelos" (*Prosa* 436). La chilena, por supuesto, continuará esta senda martiana, especialmente en su poesía, género sobre el cual la crítica literaria ha resaltado la condición axial de la naturaleza material y también la naturaleza americana.[11]

---

11. Además del estudio de Juan Gabriel Araya citado en el cuerpo textual, destaco sucintamente algunos textos. Desde los estudios literarios, el temprano "El Americanismo de Gabriela Mistral" escrito por Carlos Clavería para el número especial de 1946 del *Bulletin of Spanish Studies*, dedicado a Mistral tras su obtención

Empero, el discurso y la praxis mistralianos sobre la integración de las repúblicas de la América nuestra incorporan la naturaleza como tópico y problema. Dicha integración ocurre en dos niveles. Primero, en términos representativos, Mistral incorpora la valoración de la naturaleza en cuanto metonimia de las zonas interiores de América. Se trata de una crítica tácita a la postura de los *civilizadores* del siglo XIX como Alberdi o Sarmiento, que priorizaban la ciudad o el litoral en desmedro del interior: pampa (en Argentina), mundo andino (Chile), la sierra (Perú), entre otras configuraciones de este binomio. Al respecto, original es lo que denomina *andinismo*. Su autodefinición de "andina" se liga a su amor "por la cordillera de los Andes [...] uno de los nudos [...] de la americanidad" (De Arrigoitia 301).[12] De este mandato

---

del Premio Nobel; la introducción de Jaime Quezada a la edición de Biblioteca Ayacucho del libro *Poesía y prosa* de Mistral; el ensayo "Gabriela Mistral y la naturaleza", de María Teresa Adriasola publicado en 1990 en *Una palabra cómplice. Encuentro con Gabriela Mistral*; una tesis de magíster de 1992 escritura en portugués por Sandra Trabucco, titulada *Ternura e o americanismo em Gabriela Mistral*; el artículo de Claudio Maíz de 2001, "Naturaleza, espacio y campo: Una nueva mirada a los tópicos mistralianos", entre otros. El tema de la naturaleza, o algunas de sus tematizaciones en Mistral, también ha sido de interés en la filosofía, donde resalta el ya clásico libro de 1984 de Patricio Marchant, *Sobre árboles y madres*; recientemente, encuentro el tema de la naturaleza desde un filósofo preocupado por la bioética, Alejandro Serani Merlo, que en 2021 publica "Naturaleza, filosofía y literatura en nuestra América. La 'paganía congenital' de Gabriela Mistral". Otras lecturas recientes del tema de la naturaleza están presentes en los estudios ecocríticos y ecofeministas. Confesando que no soy un lector suficientemente informado en esta corriente, resalto "Mother Earth, Earth Mother: Gabriela Mistral as an Early Ecofeminist" publicado en 2015 por Erin Finzer; y, en Chile, "La loca ecología de Gabriela Mistral", de Andrea Casals, aparecido en 2017.

12. En su libro *Gabriela Mistral. Somos los andinos que fuimos* (Cuarto Propio, 2018), Magda Sepúlveda estudia el imaginario andino en Mistral a partir principalmente de su poesía. Aunque el estudio de Sepúlveda no está centrado en la cuestión del latinoamericanismo, sin duda hay una clara resonancia continentalista en su propuesta de un nosotros andino en Mistral a partir de su propia identificación como mujer andina y mestiza. Esta identificación, presente en su poesía, pero también en los murales que representan a Mistral tanto en el Cerro Santa Lucía como en la

brota su gesto de "transforma[r] la palabra que designa el deporte de ascender a las montañas –*alpinismo*– por *andinismo*", cuyo objetivo es "explorar y admirar los Andes americanos" (301).

Segundo, existe una correlación entre su llamado a ir hacia la naturaleza y dos de sus tópicos latinoamericanistas conflictivos y originales: su indigenismo mestizófilo y su acción pedagógica. Volveré sobre ambos más adelante, porque en ellos también se presentan la dos principales tensiones de Mistral. Baste, por ahora, lo señalado por Jaime Concha tras el paso de Mistral por México, donde se concentró en la educación de las mujeres y los hombres indígenas y campesinos: "de esa experiencia resultará, en beneficio suyo, un extraordinario ensanchamiento de su visión, que es posible condensar bajo tres inmensas categorías: americanismo, campesinado, indigenismo" (29).

En síntesis, el latinoamericanismo de Mistral incorpora el tópico de la naturaleza como una metonimia de las zonas interiores de América Latina –su geografía natural, social y humana–. El llamado a recorrer la naturaleza americana, a peregrinar por ella, implica asimismo una toma de posición ideológica en pro de los sujetos del interior, contra el desdén que le prodigaran los hombres magistrales *civilizadores*, aquellos acusados por Fernández Retamar de cometer "leso americanismo" (162). Se trata, nuevamente, de la Gabriela Mistral martiana, aquella que asimila la réplica de Martí a Sarmiento: "no hay batalla entre la civilización y la barbarie, sino entre la falsa erudición y la naturaleza" ("Nuestra América" s/p). Contra los "letrados artificiales" asentados en las capitales, Mistral, como su Martí, va hacia ese "hombre natural" que habita el interior:

> El indio, mudo, nos daba vueltas alrededor, y se iba al monte, a la cumbre del monte, a bautizar sus hijos. El negro, oteado, cantaba en la noche la música de su corazón, solo y desconocido, entre las olas y las fieras. El campesino, el creador, se revolvía, ciego de indignación, contra la ciudad desdeñosa, contra su criatura. ("Nuestra América" s/p)

La acción política y pedagógica de Mistral constituyen una praxis que apunta a mejorar las condiciones de ese mundo.

---

estación Universidad de Chile del Metro de Santiago estudiados por Sepúlveda, le permitiría trascender el espacio de la frontera nacional para, a través de la cordillera o, más bien, los imaginarios asociados a ella, avanzar hacia una subjetividad trasandina o transnacional.

6. *Los hombres magistrales.* Mistral convoca e invoca a los hombres magistrales. En "El grito", por ejemplo, conmina al maestro a difundir su legado: "Divulga la América, su Bello, su Sarmiento, su Lastarria, su Martí. No seas un embriagado de Europa" (*Padre* 19). Esta distinción entre el amor por América y la embriaguez por Europa también es una discusión tanto del latinoamericanismo político como del americanismo literario. En Martí, por ejemplo, es la fórmula letrados artificiales versus creadores desde el hombre natural. En el americanismo literario, Mistral "configura para su literatura auténticos modelos americanos [...] para oponerse al eurocentrismo" (Araya 46). Sus intervenciones políticas, como hemos visto en cada tópico revisado, suelen incluir referencias explícitas o tácitas a distintas posiciones del latinoamericanismo. Su prosa demuestra su lectura atenta de esta tradición.

Creo, no obstante, que tres son las influencias mayores en su latinoamericanismo: Bolívar, Martí y Vasconcelos. Insisto: en su discurso, porque en su praxis, la figura tutelar es un autor que por su afán europeizante suele quedar fuera de esta genealogía: Domingo Faustino Sarmiento.[13]

Mistral prodiga a "El Libertador" poemas, discursos y recados en los que despliega diversos tópicos del latinoamericanismo. Tomemos un ensayo: "El rostro cuarenteñero de Bolívar" (1931), retrato que también traza "el relato vivo de cómo el Libertador sintió el proceso de emancipación latinoamericana

---

13. Entre las tantísimas dificultades de cualquier ejercicio de pesquisa y organización del latinoamericanismo mistraliano, una de las centrales es su conocida afiliación con Sarmiento. ¿Se trata de una afiliación solo biográfica, deudora de su rol de profesora normalista? No lo creo: para Mistral, Sarmiento fue un modelo pedagógico tanto en la práctica magisterial como en la función ideológica, estatal, que la educación debía cumplir. Como señala Liliana Weinberg, "El perfil de la maestra, central en la autofiguración intelectual de Gabriela Mistral, se apoyaba además en el culto casi religioso, o de religión laica, al proyecto civilizatorio y educativo de Sarmiento, por el que Gabriela Mistral profesaba devoción" (15). Como espero desarrollar en un futuro trabajo sobre los aspectos originales del latinoamericanismo de Mistral, tres son las principales influencias de Sarmiento en su pensamiento y praxis: primero, el educador que funda las escuelas Normales en Chile y Argentina; segundo, el promotor y difusor de la lectura, creador, al igual que Vasconcelos, de bibliotecas populares y nacionales (cf. Catalina Romero Bucciardi, *Gabriela Mistral: el libro y la lectura*, 2011); tres, una visión de racismo de Estado para la cual la educación deviene un elemento central.

con sus alegrías, victorias, decepciones y derrotas" (Farías y Dos Santos 422). Ese relato vivo, agrego yo, funciona como un exhorto a completar el ideal integracionista. Mistral abre con la idea de las dos Américas mediante las diferencias del rostro nuestroamericano de Bolívar frente a "la placidez sonrosada de Washington y menos feo, pero no menos patético que el de Lincoln" (*Padre* 43). El "aguileñismo" de Bolívar representa "la iconografía indoespañola" desde el "cura Hidalgo a Sucre; de Sucre a San Martín, de Portales a Alberdi" (43). Para Mistral, seguimos en deuda con el Libertador: "Esta frente [de Bolívar] se pone a mirar la tierra de Sudamérica para ver si la han dividido, y allí está ella, todavía hecha de provincias [...] se echa atrás la frente para mirar lejos, y lo que ve son las fronteras que él no quiso y que cada día se cuajan y se enderezan más" (44). La desunión es el fracaso no de Bolívar, sino de los latinoamericanos.

El Apóstol ocupa el lugar principal en la poesía y en la prosa de Mistral. "Yo llegué a su fiesta y una de las pérdidas de este mundo será siempre no haber escuchado a Martí" (*Poesía* 432). Además de su admiración literaria, el cubano es, para ella, dechado de una serie de virtudes heroicas, como lo señala en los recados de 1932 derivados su conferencia de 1931 en La Habana, "La lengua de Martí": "Las funciones humanas mejores él las sirvió, una por una: la de camarada, la de confortador, la de consolador, la de corregidor, la de organizador y la de realizador" (*Padre* 63). El mártir de la Independencia cubana es ejemplo no solo del discurso latinoamericanista de Mistral, sino también de la praxis, aquella que ella reclamaba para alcanzar el sueño bolivariano, cuyas "virtudes extraordinarias" le parecían "tan escasas en el suelo americano y tan necesarias para el desarrollo definitivo de América" (De Arrigoitia 258). Sin dudas la chilena se proyectaba en el cubano cuando señala que "Todo lo quiere para su gente Martí: libertad primero, cultura y bienestar en seguida [sic]" (*Poesía* 439). El Apóstol supo "ser conductor de hombres" (438) con una virtud formada por su experiencia del dolor: fue un "luchador sin odio" (440), a la que opuso la ternura.

La imagen de un mártir americano que renuncia al odio adquiere mayor relieve cuando leemos a la tercera figura central del latinoamericanismo mistraliano: José Vasconcelos. En su ensayo "Las Antillas" señala: "en cuanto a Martí, él 'quiere y no quiere' volver a Vasconcelos. El mexicano recibió su fuego puro, pero 'el tierno' le falta, el agua caritativa que desaltera y hace que el calor no nos vuelva astilla de yesca" (*Padre* 102). Los juicios mistralianos sobre Vasconcelos están signados por su contemporaneidad y proximidad. De hecho, tras una meticulosa "búsqueda de alianzas" intelectuales como parte de su sutil "estrategia de posicionamiento" intelectual en un campo cultural masculino (Ulloa Inostroza 183–184), Mistral logra que el mexicano la invite personalmente a participar de su cruzada educativa, a la cual se suma con entusiasmo entre 1922 y 1924. Estos coetáneos heredan la esperanza en el rol integrador de la educación y el afán latinoamericanista, cuyo modelo tutelar es la política pedagógica de Sarmiento, además de ciertas ideas de Eugenio María de Hostos y de José Enrique Rodó. Junto a la praxis integracionista, Mistral también da cuenta de la influencia de Vasconcelos en su discurso. En algunos pasajes de su prosa pública se perciben ecos de *La raza cósmica* (1925) del mexicano. Es posible que algunas de estas ideas Mistral las conociera en su estadía mexicana: en varios de sus distintos discursos públicos mientras fue Secretario de Educación Pública entre 1921 y 1925, el *Ulises criollo* Vasconcelos ya esbozaba el programa de acción contenido en el prólogo a su libro de viajes por América. Como Vasconcelos, Mistral aspiraba "a crear en el Continente razas de facciones universales, capaces de un ensanchamiento de la vida clásica y capaces también de toda la épica futura" (*Padre* 26). Su lectura del mestizaje, sobre todo en los años veinte y treinta, es también un eco vasconceliano (cf. Schröder 239–243 o Devés 118).

De los hombres magistrales, esta tríada es, sin duda, la que más inspiró a Mistral en las dos facetas del continentalismo que ensaya: discurso y acción. Como señala Daniela Schröeder, son los nombres que "ella eleva a lo más alto de la raza americana" (237). En la versión de 1932 de "La lengua de Martí", Mistral afirma: "Cuando me encuentro con un hombre semejante a Martí o a Bolívar o a Vasconcelos, que en su trópico de treinta años no se descoyunta [...] yo vuelvo a pensar que lo monstruoso, lo elefantástico del Ecuador no existe, y que solamente existe la pusilanimidad de la criatura mestiza" (*Padre* 66). ¿Por qué en la versión de 1941 de esta conferencia quita a Vasconcelos de esta oración? No lo sé. Sospecho que, tal vez, guarde relación con el espíritu belicista y el filonazismo del mexicano de fines de los treintas e inicios de los cuarenta. Después de todo, Mistral era una abierta pacifista.

7. *Racismo*. En su faena identitaria, el latinoamericanismo político alberga un elemento racista ineludible. Los *civilizadores* Sarmiento y Alberdi fueron abiertamente racistas. No obstante, dicho racismo también merodea en la ideología latinista iniciada con Bilbao, cuyas reconfiguraciones más influyentes en la época de Mistral serán el *Ariel* de Rodó y *La raza cósmica* de Vasconcelos. Mistral reproduce el racismo del latinoamericanismo en diversos

tópicos. Por ejemplo, en su lectura de las dos Américas, donde resuenan tanto el arielismo del uruguayo como el mestizaje del mexicano.

El tema de la raza es central en Mistral. Abrumante, por ejemplo, resulta el trabajo de Licia Fiol-Matta, quien afronta "las zonas no examinadas, no percibidas, y por lo tanto no censuradas del racismo mistraliano" ("Reproducción" 49). Fiol-Matta impugna las lecturas que santifican a Mistral y que, sobre su racismo, postulan lecturas optimistas. Para la académica este racismo se aúna con su visión de la educación emprendida por el Estado como instancia normalizadora. También aparece en sus textos de asuntos menos públicos, como en "Primer recuerdo de Isidora Duncan", de 1927. Allí, "el racismo mistraliano en contra de la gente negra, y también su posición ambivalente, quién sabe si favorable, ante la supremacía blanca en Estados Unidos" ("Reproducción" 49-50).

Respecto al latinoamericanismo, las primeras manifestaciones de este racismo las encuentro en un texto de 1922 dedicado a Chile: "La raza triste". En la antología que prepara en 1924 bajo el marco de las cruzadas educativas vasconcelianas, *Lecturas para mujeres*, hay una sección donde incluye textos de diversos autores sobre tópicos latinoamericanistas: Bolívar, Unidad Hispanoamericana, San Martín, Martí, etc. Entre estos apartados, un ensayo parece alejarse del tópico: "Chile", escrito por la propia Mistral. Pienso que el ensayo sí es capital dentro de esta constelación de temas latinoamericanistas, pues en ella la autora de "Los sonetos de la muerte" escribe: "Una raza refinada no somos [los chilenos]; lo son las viejas y ricas" (121). Sin embargo, es enfática en señalar la existencia de una *raza*: "la raza existe, es decir, hay diferenciación viril, una originalidad que es forma de nobleza" (121).

Como demuestra Fiol-Matta, sus escritos no acuden al concepto de raza como una simple expresión para referir, figurativamente, a los habitantes de América Latina. A lo Bilbao, Rodó o Vasconcelos, Mistral cree que la raza es un factor que explica las diferencias sociales y culturales de los sujetos y los países. En la estela vasconceliana, la "aptitud estética" es uno de los niveles claves donde se perciben estas diferencias inscritas en la raza. Por ejemplo, Mistral –anotan Figueroa, Silva y Vargas– "no comparte la idea de belleza única o estándar. Por el contrario, señala que cada raza tiene belleza particular, que se entiende desde perspectivas propias y parámetros distintos, por lo que resulta insensato emitir juicios estéticos, basados en un canon eurocentrista" (*Tierra...*).

La cuestión del racismo mistraliano es fundamental para comprender las figuraciones de los latinoamericanos frente a los estadounidenses, y también de los distintos habitantes de América Latina: criollo, mestizo, afroamericano e indígena. La chilena explica por elementos raciales varios de los rasgos de cada uno de estos sujetos sociales. Por ejemplo, sobre el mestizo, figura de cualidades ambiguas a lo largo de su prosa: "la traición es la mitad del temperamento del mestizo" (*Padre* 78). Otra figura de la que provienen ciertas ideas de cuño racista, incluso si busca exaltarlo, es el indio: los latinoamericanos heredamos "el fatalismo indio" (20). Solo desde los años cuarenta, cuando se torna heraldo del ideal pacifista, Mistral proyectará la posibilidad de superar las distancias ancladas en las razas de los sujetos de la América nuestra por el rol comunicador y pacificador de la lengua española. "La Raza sudamericana, a lo que así llaman, está quebrantadísima en su hispanidad [...] En cincuenta años más aquella América nuestra ya no será nombrada española por la sangre, sino por la lengua" (*Padre* 111). A pesar de este leve cambio, nótese que Mistral no abandona la raza. Incluso la escribe con mayúscula.

Pausa, a modo de conclusión

El latinoamericanismo de Mistral es un discurso complejo. Su dificultad radica en diversos niveles: la extensión y dispersión de la prosa mistraliana, los vaivenes inevitables durante el despliegue del tema de la integración a lo largo de más de tres décadas, los distintos roles que ella ejerció, las codificaciones textuales e ideológicas de los subgéneros ensayísticos que practicó, la tensión entre la prudencia diplomática de algunas de sus prosas públicas frente la honestidad brutal de su prosa privada, el cambio que ella misma nota en el trato público que recibe tras obtención del Nobel en 1945, la proximidad o lejanía con el Estado (chileno y mexicano, principalmente), las tensiones ideológicas entre autores que ella organiza bajo el mismo ideal, y la inmensa crítica literaria sobre su prosa, entre tantos otros. Por lo mismo, cualquier texto que aspire a abordar el problema del discurso latinoamericanista en Mistral será incompleto. Este ensayo mío no es la excepción.

Queda para futuros trabajos la revisión de los otros tres aspectos del latinoamericanismo mistraliano, aquellos que considero sus aportes distintivos: (1) el indigenismo y el mestizaje frente a su confeso sarmientismo; (2) pedagogía e integración; (3) el latinoamericanismo pacifista. Licia Fiol-Matta, Liliana Weinberg, Ana Pizarro, Daniela Schröder, y Jaime Concha, entre otros, han trabajado varios de estos aspectos por separado. Creo que esos tres tópicos demandan un análisis más detenido para abarcar la complejidad de su discurso. Por ahora, baste con este recorrido por el latinoamericanismo político clásico en un ánimo de aunar y enlazar a la chilena dentro de esta genealogía, con el fin de justificar su inserción de pleno mérito en este canon que suele ignorarla. Suscribo, en este sentido, a Sara Sefchovich: "Gabriela Mistral bebió en las aguas ideológicas del ideal bolivariano [...]. Leyó a Sarmiento, a Rodó, a Martí" (27), con un matiz: leyó casi todo el latinoamericanismo. (El adverbio "casi" que le atribuyo proviene, en realidad, de mi propia ignorancia sobre el tópico: en cada nueva página latinoamericanista de Mistral, me descubro novato en estas lides.)

Mistral se reclama heredera de una tradición que en términos de clase y de género la excluye (cf. Ulloa Inostroza y Cabello Hutt). Ella, con ingenio y agudeza, equilibrando diplomacia y activismo continentalista, construye un discurso latinoamericanista signado por la urgencia de la praxis. De esta praxis, de este sentido de urgencia (ignorado de manera indolente incluso por los líderes políticos que leen poemas de ella en ceremonias oficiales), sostiene un posicionamiento en simultáneo original y conflictivo con el latinoamericanismo, como lo establece en su discurso "La unidad en la cultura", pronunciado el año 1932 en Guatemala: "Nosotros, los sarmientanos en Vasconcelos, o en mí" ("La unidad"). ¿Cómo se puede suscribir, simultáneamente, un ideal martiano y un ideal "sarmientano"?

Espero resolver esta tensión en futuros trabajos. Por ahora, me ciño a este intento de contribución a sustentar el derecho de plena pertenencia de Mistral a esta tradición, a esta genealogía que suele incluirla desde una posición marginal. En Mistral, el latinoamericanismo es una herencia hurtada.

Obras citadas

Acevedo Gutiérrez, Álvaro. "América: Identidad, Integración e Independencia". *Análisis* 83 (2013): 269-286.

Alganza Roldán, Minerva. "Presencia de la mitología clásica en la prosa de Gabriela Mistral". En Pino Campos, Luis Miguel y Santana Henríquez, Germán (eds.). *Homenaje al profesor Juan Antonio López Pérez*. Ediciones Clásicas, 2013. 75-83.

Altamirano, Carlos. *La invención de nuestra América. Obsesiones, narrativas y debates sobre la identidad de América Latina*. Siglo XXI Editores, 2021.

Alvarado, Mariana. "Mujeres de América Latina. Episodios para una historia de las ideas pedagógicas del sur: Clorinda Matto de Turner y Florencia Fossatti". En Adriana Arpini (comp.). *Fragmentos y episodios. Expresiones del pensamiento crítico de América Latina y el Caribe.* Qullqasqa, 2017. 21–46.

Araya G., Juan Gabriel. "Gabriela Mistral y el recado". *Horizontes Educacionales* 5.1 (2000): 43–48.

Ardao, Arturo. "Panamericanismo y latinoamericanismo". 1956. En Batthyany, Karina, y Gerardo Caetano (comps.). *Antología del pensamiento crítico uruguayo contemporáneo.* CLACSO, 2018. 179–195.

Bilbao, Francisco. "La iniciativa de América". 1856. *Francisco Bilbao. El autor y la obra.* José Alberto Bravo (Ed.). Cuarto Propio, 2007. 363–374.

Cabello Hutt, Claudia. *Artesana de sí misma. Gabriela Mistral, una intelectual en cuerpo y palabra.* Purdue University, 2018.

Concha, Jaime. *Gabriela Mistral.* Júcar, 1987.

Cormick, Silvina. "La maestra de América reconsiderada: el antiimperialismo de Gabriela Mistral". 2017. Web.

De Arraigotia, Luis. *Pensamiento y forma en la prosa de Gabriela Mistral.* Editorial de la Universidad de Puerto Rico, 1989.

Degiovanni, Fernando. *Vernacular Latinamericanisms. War, the Market, and the Making of a Discipline.* University of Pittsburgh Press, 2018.

De la Campa, Román. *Latin Americanism.* University of Minnesota Press, 1999.

Devés V., Eduardo, y Centro de Investigaciones Diego Barros Arana. *El pensamiento latinoamericano en el siglo XX : entre la modernización y la identidad.* Biblos, 2000.

Estupiñán, Mary Luz, Parra Clara y Raúl Rodríguez Freire. "Latinoamericanismo de la descomposición: una lectura de su crítica y de su crisis." *Pléyade* 24 (2019): 191–214.

Falabella Luco, María Soledad. "Modernidad literaria y la entrada de las mujeres a la esfera pública en los discursos de Bello, De Hostos y Mistral". *Revista Chilena de Literatura* 82 (2012): 119–141.

Farías Rojas, Gabriel Arturo y Juciane dos Santos Cavalheiro. "Entre subjetividad y alteridad en el discurso político en prosa de Gabriela Mistral en la década de 1930". *Letrónica* 11.4 (2018): 416–428.

Fernández Retamar, Roberto. "Algunos usos de civilización y barbarie". 1977. *Lo que va dictando el fuego.* Fundación Biblioteca Ayacucho, 2008. 143–187.

Figueroa, Lorena, Keiko Silva y Patricia Vargas. *Tierra, indio, mujer: pensamiento social de Gabriela Mistral.* Lom Ediciones, 2000. Web.

Fiol-Matta, Licia. "Reproducción y nación: raza y sexualidad en Gabriela Mistral". *Nomadías* 3 (1998): 44–61.

_____. *A Queer Mother for the Nation. The State and Gabriela Mistral*. University of Minnesota Press, 2002.
Henríquez Ureña, Pedro. "La utopía de América". 1925. *Ensayos. Edición crítica*. Editorial Universitaria, 1998. 266–272.
Horan, Elizabeth Rosa. "Alternative Identities of Gabriel(a) Mistral, 1906–1920". En Susana Chávez-Silverman y Librada Hernández (eds.). *Reading and Writing the Ambiente: Queer Sexualities in Latino, Latin American and Spanish Culture*. University of Wisconsin Press, 2000. 147–177.
Horan, Elizabeth R. y Doris Meyer. *This America of Ours. The Letters of Gabriela Mistral and Victoria Ocampo*. University of Texas Press, 2003.
Lomas, Laura. "Redefining the American Revolutionary: Gabriela Mistral on José Martí". *Comparative Studies. An International Journal* 6.3 (2008): 241–264.
Martí, José. "Nuestra América". 1891. Web.
Mistral, Gabriela. *Lecturas para mujeres*. 1923. Porrúa, 2017.
_____. *Padre Bolívar. Recados de la América Nuestra*. 2012. Comp. de Jaime Quezada. El Perro y la Rana, 2021.
_____. *Pensando en América: Gabriela Mistral*. Selección e introducción de Zegers, Pedro Pablo y Bernardita Domange M. DIBAM, 2013.
_____. *Poesía y prosa*. Biblioteca Ayacucho, 1993.
_____. "La unidad de la cultura". 1932. Web.
Petit-Breuilh Jaque, Jaime David. "El pensamiento político de Gabriela Mistral entre 1906 y 1954". Web. En sitio *Grupo de trabajo Historia del siglo XX. Blog de divulgación científica de la historia peruana y latinoamericana*.
Pizarro, Ana. "Gabriela Mistral en el discurso cultural". En Olea, Raquel y Soledad Fariña (eds.). *Una palabra cómplice. Encuentro con Gabriela Mistral*. 1990. Corporación de Desarrollo de la Mujer La Morada / Editorial Cuarto Propio / Isis Internacional, 1997. 99–107.
Rojas Mix, Miguel. "Bilbao y el hallazgo de América Latina: Unión continental, socialista y libertaria...". *Cahiers du monde hispanique et luso-brésilien* 46 (1986): 35–47.
_____. *Los cien nombres de América. Eso que descubrió Colón*. Lumen, 1991.
Rojo, Grínor. "Nota sobre los nombres de América". 2001. Web.
Rubio, Christian. "Los artículos de Gabriela Mistral en *La Nueva Democracia*, de Nueva York". En Piña-Rosales, Gerardo, *et al. Gabriela Mistral y los Estados Unidos*. Academia Norteamericana de la Lengua Española, 2011. 65–82.
Schröder, Daniela. "Between Indigenism and *Mestizaje* (Miscegenation): Interpretations about the Colonial in the Prose of Gabriela Mistral". *Universum* 31.2 (2016): 229–244.
Sefchovich, Sara. *Gabriela Mistral, en fuego y agua dibujada*. UNAM, 1997.

Ulloa Inostroza, Carla. "Poder, cultura y saber. Una pregunta por las intelectuales: Gabriela Mistral en México 1922–1924". En Blázquez Graf, Norma y Martha Patricia Castañeda Salgado (coords.). *Lecturas críticas en investigación feminista*. UNAM, Centro de Investigaciones Interdisciplinarias en Ciencias y Humanidades y Programa de Posgrado en Estudios Latinoamericanos, 2016. 173–193.

Weinberg, Liliana. "Gabriela Mistral: Recado para América". *Revista Historia de América* 152 (2016): 11–41.

8

El maíz de Gabriela Mistral. El territorio mesoamericano[1]

Magda Sepúlveda Eriz
COORDINADORA DE LA CÁTEDRA GABRIELA
MISTRAL DEL CENTRO DE ESTUDIOS DE
LITERATURA CHILENA (CELICH)
PONTIFICIA UNIVERSIDAD CATÓLICA DE CHILE

I0.000 AÑOS A.C., LOS HUMANOS comenzamos a cultivar el trigo; 3.000 años a.C., el arroz y 1.500 años a.C., el maíz. Fueron los y las agricultores(as) mesoamericanos(as) quienes domesticaron el cultivo del maíz. Este cereal, junto con el tomate, la papa y el chocolate, son los alimentos que América Latina ha proporcionado al mundo. La poeta chilena Gabriela Mistral valoró el maíz como alimento latinoamericano de raíz indígena y lo potenció como marca étnica que permite valorar nuestro pasado y nuestro presente.

El poema "El maíz" pertenece a *Tala* (1938), libro que se inscribe en una escena cultural de reflexión sobre América Latina. Tal como lo ha explicado el crítico Mauricio Ostria, este poemario "coincide con una serie de trabajos ensayísticos que procuran descifrar los signos de nuestra cultura, así los de José Vasconcelos, Samuel Ramos, Antonio Caso, Alfonso Reyes, Pedro Henríquez Ureña, Mariano Picón Salas, José Carlos Mariátegui, Antenor Orrego,

---

1. Este texto se inscribe dentro del Proyecto Anillos ATE 220054, *Heritage, Space and Gender: Understanding the Ethnological Heritage and its Cosmovision from a Gender Perspective*, financiado por el Estado de Chile. web: http://proyectopeg.cl/

Ricardo Rojas, Manuel Ugarte, Aníbal Ponce, Ezequiel Martínez Estrada" (82). En ese contexto, Mistral elabora su idea de una comunidad latinoamericana formada por las y los campesinos, razón por la que el estudioso Jaime Concha caracteriza su propuesta como "humanismo rural" (33–34). Yo agregaría que Mistral elabora un humanismo rural mesoamericano.

Para esta reflexión que valoriza los alimentos indígenas, su estadía en México (1922–1924) fue fundamental. Allí, la poeta Premio Nobel comprende la importancia del maíz. En el país mesoamericano publica la antología *Lecturas para mujeres* (1924), donde recoge una serie de textos sobre cereales, árboles y frutas de cada localidad. Dentro de los cereales, las recopilaciones acerca del maíz son significativas en extensión y densidad cultural. Uno de los textos que antologa es "El maíz" del escritor ecuatoriano Juan Montalvo:

> ¡Riqueza del pobre, fuerza del trabajador constante, oh, grano bendito, tú eres pan y vino para la clase más útil e infeliz del Nuevo Mundo! [T]ú perteneces al estado llano, maíz, y por eso encierras tantas virtudes en tu seno. El trigo, el arroz son aristócratas; tú no puedes lo que ellos; pero ellos tampoco pueden lo que tú. El trigo y el arroz son monarquistas; tú eres republicano, hijo del Nuevo Mundo. (*Lecturas* 161–162)

Este texto sobre el maíz reviste interés porque establece relaciones entre tipos de alimentos y clases sociales, valorando el grano que ha sido disminuido por la cocina europea. Tal como Montalvo, Mistral dignifica el menú mexicano y latinoamericano, destacando un patrimonio gastronómico donde el maíz o choclo ocupa un lugar central.

El poema "El maíz", que consta de nueve cantos, pertenece a la sección "América" de *Tala*. Mi hipótesis es que la ingesta del alimento le sirve, a la voz del poema, para demostrar la unidad americana entre pasado y presente. El yo poético se autorrepresenta y se describe como un comensal. No se trata de hablar sobre cómo comen otros, sino cómo se alimenta quien habla y cómo en esa ingesta el pasado relampaguea. Escuchémosla:

> Las mesas del maíz
> quieren que yo me acuerde.
> El corro está mirándome
> fugaz y eternamente.
> Los sentados son órganos
> las sentadas magueyes.

> Delante de mi pecho
> la mazorcada tienden. (*Tala* 398)

El yo poético no come sola, sino en un corro o círculo de personas que se unen para hablar. Ella está compartiendo la mesa con hombres y mujeres, representados a través de la especie vegetal de las suculentas. Los hombres son descritos como cactus candelabro y las mujeres, dichas a través del maguey. Ests metáforas donde lo humano es vegetal van en consonancia con el dicho "eres lo que comes" sobre el que está trabajado el poema. Un plato con choclo desgranado o mazorcada ha sido puesto frente al yo poético para que lo deguste. Esos hombres y mujeres que la acompañan, en el comer, la miran "fugaz y eternamente". La paradoja de fugaz y eterno, construida por Mistral, alude a que la ingesta de la mazorcada fusiona pasado y presente. Esta idea de eternidad cultural a través de los alimentos consumidos recorre todo el poema y les da unidad a las culturas mesoamericanas del maíz.

La fulguración del pasado en el presente ilumina tanto el maíz como ciertas palabras que se han mantenido en el tiempo. El pasado retorna en la lengua. México es nombrado por su significante indígena "Anáhuac" y parte de los que viven allí son denominados, en el poema, como "los mexitlis". Anáhuac corresponde a una parte de México, la que tuvo por capital a Tenochtitlán, entonces Mistral va hacia el pasado para indicar que consumir el maíz implica una forma de ingresar al largo tiempo de la cultura de la zona de Anáhuac:

> El maíz de Anáhuac,
> el maíz de olas fieles,
> cuerpo de los mexitlis,
> a mi cuerpo se viene. (395)

El maíz que se produce en Anáhuac ingresa al cuerpo de los mexitlis y ahora al de la hablante. Mistral dice "mexitlis" y no mexicanos, porque está interesada en usar significantes náhuatl[2] en el poema. Los mexitlis se asientan en Chapultepec (siglo XIII). Entonces, ella está pensando más allá de las fronteras nacionales, está ideando una región cultural centroamericana. Mistral potencia la fidelidad al alimento ancestral y a la lengua indígena, porque es lo que no se puede borrar. El gusto por ciertos sabores no se impone por norma; la

---

2. El náhuatl es la lengua perteneciente a zonas de lo que es hoy México, Honduras, Nicaragua y Costa Rica, entre otros países mesoamericanos.

presencia de la lengua materna atraviesa el tiempo. En el poema, el náhuatl y el maíz son valores generadores de lealtad cultural para una parte importante de Centroamérica.

No es solo el alimento servido en la mesa lo que importa en el poema, es también la forma de obtenerlo o cosecharlo. Mistral describe los maizales como un mar de olas verdes y compara el color de este vegetal con las plumas del Quetzalcóatl:

> En el viento me huye,
> jugando a que lo encuentre,
> y me cubre y me baña
> el Quetzalcóatl verde
> de las colas trabadas.
> Braceo en la oleada
> como el que nade siempre;
> a puñados recojo
> las pechugas huyentes,
> riendo risa india
> que mofa y que consiente,
> y voy ciega en marea
> verde resplandeciente,
> braceándole la vida
> braceándole la muerte. (395)

El cultivo del maíz movido por el viento asemeja un mar verde, en el cual el mexicano se encuentra a sí mismo, al igual que la voz asumida mujeril en ese movimiento de bracear. Ella va "ciega" en la marea, dado que se deja tocar y mecer por el maizal, potenciando su experiencia corporal. Mistral se autorrepresenta participando de la cosecha, "a puñados recojo", es decir, ella se imagina integrándose a todo el proceso implicado en la producción del maíz.

En el maizal, Mistral recoge la mazorca a la que nombra a través de la metáfora "pechugas huyentes", en razón de la forma de seno femenino de la mazorca. Recordemos que en Chile una forma de referirse a los senos, de manera coloquial, es "pechugas". Mistral agrega, en el verso posterior, "riendo risa india". ¿Qué es ese "riendo risa india" tan sonoro?: una /r/ interminable que reproduce un rugido. Mistral responde en el poema que es la actitud de quien "mofa y consiente". ¿Es posible reconocernos en esa forma de accionar?

¿De qué se ríe? Podría reírse de la connotación sexual lésbica de comparar la mazorca con un seno femenino. O, si ponemos atención al siguiente verso "que mofa y que consiente", este podría referirse a otra práctica chilena y latinoamericana, que consiste en afirmar que se hará lo que dicen las leyes y las instituciones y luego hacer caso omiso de ello. Mistral liga la risa indígena a la burla, como recurso del vencido frente a la autoridad. La producción del maíz es un bracearle a la vida y bracearle a la muerte para subsistir, y, en esa lucha, la risa india ayuda a bracear en las oleadas.

El gesto de agradecer el alimento, bajo la comprensión de que basta un cambio en el curso de las aguas o del viento para que todo se arruine, ubica a la subjetividad humana en la escena de la fortaleza ante la precariedad. Cada alimento requiere un tipo de esfuerzo humano. ¿Cómo comer una tuna sin pincharse la mano? ¿Cómo cultivar el maíz sin extraviarse en los maizales? En ambos esfuerzos es perito el que los necesita para sobrevivir. La metáfora para la habilidad de "ganarse el pan" o vivir es "bracear". Frente a la posibilidad de inanición, dice la voz, hay que bracear.

El esfuerzo por obtener el maíz se da desde la acción de plantarlo. Esto considera conocer cuáles son las tierras adecuadas para cultivarlo. Para decir el proceso de la semilla, Mistral se vale del imaginario indígena. Para ello, la poeta menciona a Xóchitl, palabra náhuatl que refiere a la flor que da origen a más flores; y a Tláloc, palabra náhuatl que significa el que cubre la tierra, como la lluvia; y también a Anáhuac, de la misma lengua, que refiere al territorio cercano al agua. La poeta usa varios significantes en náhuatl, volviendo a producir el territorio mesoamericano, principalmente maya. La voz deja a cargo de Xóchitl la polinización del maíz:

> Por bocado de Xóchitl,
> madre de las mujeres,
> porque el umbral en hijos
> y en danza reverbere,
> se matan los Tlálocs que jueguen
> y la piel del Anáhuac
> de escamas resplandece.
> Xóchitl va caminando
> filos y filos verdes.
> Su hombre halló tendido
> en caña de la muerte.
> Lo besó con el beso
> que a la nada desciende
> y le sembró la carne
> en el Anáhuac leve. (396–397)

Xóchitl o la fertilidad entierra la semilla en la tierra, tal como dice Mistral, "sembró la carne", pero con la salvaguarda que enterrar la carne es también reconocer los muertos que ha implicado la guerra por los cultivos. Xóchitl camina en la ola verde del maíz, es decir, polinizando, pero también portando un cuchillo de jade. El maíz tiene una historia indígena que, como Mistral señala, se reactiva al comerlo. La voz poética nos recuerda las guerras mesoamericanas entre pueblos indígenas movidos por poseer las mejores tierras para su cultivo. Entonces la relación entre la política y la alimentación está elaborada en este poema, y no solo como un presente, sino también como un pasado. Así como se bracea hoy para obtenerlo, se peleó antaño. No hay una visión dulzona del pasado mesoamericano, el pretérito no está concebido bajo la idea del país de Jauja, sino bajo el lema de que el maíz y sus productos son los frutos del esfuerzo humano.

La representación de la fertilidad en una mujer, Xóchitl, se puede apreciar también en el mural de Rivera *Canto a la tierra* (1924), pintado en la capilla de la Universidad Autónoma de Chapingo, bajo el muralismo impulsado por José Vasconcelos. La representación de Mistral y de Rivera comparten una perspectiva artística del maíz ligada al panteón mexicano indígena ancestral. Recordemos que en 1922, en el Anfiteatro Simón Bolívar, ex Casa de los Jesuitas, Rivera pintó el mural *La creación* en cuya parte superior está retratada Palma Guillén, que fue la secretaria de Mistral en México en la misma época. En este poema, Mistral comparte un aspecto de la política estética del gobierno revolucionario mexicano, a saber, la valoración de los pueblos indígenas como fundamento de la actualidad y su necesidad de darles una expresión en el arte.

El poema valora la plantación y la producción artesanal del maíz. El sociólogo italiano Carlo Petrini lanzó, a principios de los años 2000, la idea de "Slow Food", consistente en comer pausadamente, degustar y apreciar la producción lenta. Mistral se adelantó. Ella también une estas experiencias donde un cierto modo de producción está garantizado, por esto, en el poema rechaza los molinos de viento para generar harina de maíz y prefiere la antigua molienda:

> Molinos rompecielos
> mis ojos no los quieren.
> El maizal no aman
> y su harina no muelen.

> [...]
> A costas del maíz
> mejor que no naveguen:
> maíz de nuestra boca
> lo coma quien lo rece. (400)

La voz rechaza la instalación de molinos que producen harina de maíz a gran escala, en tanto estos eliminarán la producción doméstica y el contacto sensorial con la mazorca. La producción industrial implica que ya no se triturará el grano en la piedra, no se lo mezclará con agua y no se acariciará su masa, para luego cocerla en un horno de barro y obtener la tortilla. El trayecto hacia la fabricación industrial separará al comensal de la producción de su comida. Así, los comensales olvidarán agradecer el alimento y rezar a sus dioses. Mistral impulsa mantener las antiguas formas de producción que garantizan la preservación de toda la cultura que va asociada al maíz.

El pasado relampaguea en el alimento, en la lengua y también en los utensilios con que se come, según afirma el poema. La voz nombra la "jícara", que es un recipiente de arcilla creado a partir de la forma del fruto del árbol jícaro y adornado con escisiones labradas. La atención a este objeto antiguo puesto en la mesa, la jícara, indica ese pasado que no pasa. La voz describe la forma de usar la jícara en la mesa:

> De la voz y los modos
> gracia tolteca llueve.
> La casta come lento
> como el venado bebe.
> Dorados son el hombre,
> el bocado, el aceite,
> y en sesgo de ave pasan
> las jícaras alegres.
> Otra vez me tuvieron
> estos que aquí me tienen. (398)

Las jícaras llenas de bebida pasan alegres entre las manos de los comensales, como si fueran pajarillos que revolotean alrededor de la mesa. Las voces de los comensales, para el yo poético, tienen un sonido tolteca. Tolteca es otra etnia centroamericana, cuyo nombre está también en náhuatl. En esta idea de reactualizar un pasado, Mistral introduce un verso que reafirma su idea y por ello se permite romper la regla gramatical; este es "otra vez me tuvieron", indicando que la comida es un rito donde el pasado se actualiza y se muestra una cultura en toda su densidad. Al aceptar la jícara, el mundo prehispánico tolteca vuelve a la mesa.

Desde la perspectiva de la voz enunciadora, el maíz nunca se ha dejado de comer en la zona mesoamericana, lo que permite entender el verso que se repite en el poema: "eternidades van / y eternidades vienen" (399). El alimento no sufre la fractura histórica, pues los pueblos del maíz no lo sacan de su dieta:

> El ojo del maíz
> tiene el abismo breve.
> [...]
> El habla del maíz
> en valva y valva envuelve.
> Ley vieja del maíz
> caída no perece,
> y el hombre del maíz
> se juega, no se pierde. [...]
> ¡eternidades van
> y eternidades vienen! (399)

El maíz de Mistral tiene ojos y tiene habla. En esta personificación, el maíz y los humanos del maíz no son afectados fatalmente por la derrota histórica. El abismo es breve como lo es la distancia entre un grano de la mazorca y otro. El habla del maíz es valva, en tanto vaina contenedora, que envuelve a los pueblos consumidores del sagrado alimento. El maíz tiene una "ley vieja", que caída no perece, otra paradoja o contradicción aparente, pues la ley de los seres humanos del maíz, aun siendo la ley derrotada, no muere. El maíz, a pesar de perder prestigio social como alimento a partir de la colonización, ha permanecido en la mesa latinoamericana.

Mistral llama a una revuelta a través del maíz. Ella desea que los maíces "dancen y desperecen" (397). Mistral sigue aquí la reforma agraria propuesta por el gobierno revolucionario mexicano. Ella desea que las culturas del maíz escuchen el llamado del silbo:

> Están en turno y pausa
> que el Anáhuac entiende,

> hasta que el silbo largo
> por los maíces suene
> de que las cañas rotas
> dancen y desperecen:
> ¡eternidad que va
> y eternidad que viene! (397)

El maíz no es en el poema un objeto de consumo, una cosa, el maíz tiene vida, puede danzar y desperezarse, es decir, Mistral lo llama a dejar la pausa y volver a estar activo. Ese despertar considera el danzar, recordemos que el baile, para Mistral, tiene un sentido comunitario. Al bailar, toda la comunidad hace alianza y pone a su alimento en un sitio destacado, donde lo roto se une y la eternidad de la cultura mesoamericana retorna. Es decir, a través de comer se sana la herida histórica y los pueblos vuelven a su dignidad.

La falta del maíz en la mesa europea es una desdicha para la hablante. El trigo, la avena y otras mieses o cereales no la consuelan:

> Hace años que el maíz
> no me canta en las sienes
> ni corre por mis ojos
> la crinada serpiente.
> Me faltan los maíces
> y me sobran las mieses. [...]
> Y grano rojo y negro
> y dorado y en cierne
> el sueño sin Anáhuac
> me cuenta hasta mi muerte. (400–401)

Mistral conoce los distintos colores que tiene el grado de maíz en Latinoamérica y valora, a través de ellos, el recuerdo de Anáhuac. En esta última estrofa, Mistral nos habla de su desvelo, un insomnio en el cual recuerda Anáhuac como un tesoro siempre presente, un pasado que al igual que el maíz es eternidad.

Digo que sí, que lo haré, pero me río, me burlo, y ahí braceo contra la muerte, braceo por mi vida, me salvo y puedo comer mi tradición, usar los implementos que me gustan y sentarme con los míos. Tal como "México se acaba / donde el maizal muere" (*Tala* 399), yo me acabo donde la hamburguesa y el Starbucks han sustituido el ulte con cebolla de mi mesa provinciana.

Obras citadas

Concha, Jaime. *Gabriela Mistral*. Júcar, 1987.
Mistral, Gabriela. *Lecturas para mujeres*. Secretaría de Educación Mexicana, 1924.
_____. "Tala". *Gabriela Mistral. Obra reunida*. Edición a cargo de Magda Sepúlveda Eriz, Jaime Quezada, Calos Decap y Gustavo Barrera. Biblioteca Nacional, 2019. 309–539.
Ostria, Mauricio. "Sobre el americanismo de Gabriela Mistral". *Gabriela Mistral. Nuevas visiones. Homenaje al centenario de su natalicio*. Universidad Austral de Chile, 1989. 81–88.
Petrini, Carlo. *Bueno, limpio y justo. Principios de una nueva gastronomía*. Polifemo, 2007.

9

Estampa de la ética ecológica de Mistral en las palmas[1]

Andrea Casals-Hill
UNIVERSIDAD FINIS TERRAE

❈

Estampar a Mistral

A MEDIADOS DE 1981 ENTRÓ en circulación el primer billete de $5.000; en ese momento fue el billete en circulación de mayor valor. Estaba impreso en papel de algodón y tonos anaranjados. En el anverso destacaba un perfil de Gabriela Mistral, seria, con la mirada perdida en una alegoría de la maternidad. En el reverso se observa una reproducción de la alegoría a las artes, del escultor y grabador sueco Erik Lindberg, misma imagen que figura en la medalla de oro correspondiente al Premio Nobel de Literatura que recibe Mistral en 1945. La relación que propone el billete es consistente con la comprensión de Mistral que circulaba en la época. La académica Magda Sepúlveda sostiene que "Pinochet construyó una Mistral materna, cuya función era el ejercicio fuerte y severo en la educación de los hijos" (23). La asociación de Mistral como maestra aparece también en el mural del cerro Santa Lucía (1971), de autoría de Fernando Daza. En esta obra, Mistral es representada de perfil, con rostro severo, mirando hacia abajo a un cuarteto de niñes sin ropa; con una mano toma la de un niño, con la otra sostiene un gran libro. A su espalda observamos adultos jóvenes vestidos, trabajando como obreros en fábricas, como si al pasar por la educación que esta

---

1. Este ensayo es posible gracias a Fondecyt de Iniciación #11200236.

maestra ofrece, les niñes se convirtieran en jóvenes capacitados para el trabajo en serie que la sociedad moderna necesita.

En 2009, con motivo de la conmemoración del Bicentenario de la Independencia de Chile comienza el cambio de billetes de algodón por una serie de billetes plásticos de mayor durabilidad. El primero en circular fue un renovado billete de $5.000. El billete mantiene a Mistral en el anverso, pero ya no de perfil, sino de frente y con un gesto menos severo, basado en una imagen de Mistral que pertenece al archivo de la Universidad de Chile; una fotografía del estudio Valadez, en Veracruz, México (c.1954).[2] En el nuevo billete, detrás de la imagen de Mistral, aparece una representación figurativa y geométrica del copihue. A la izquierda, se puede observar el símbolo mapuche relacionado con el sol, Antú, el pillán más poderoso. Por el reverso encontramos una representación de un bosque de palmas chilenas (*Jubaea chilensis*), o palmas de Ocoa en el Parque Nacional La Campana, y un tucúquere, el búho más grande que habita en territorio chileno.[3] Las relaciones que se observan en este nuevo billete revelan otra manera de entender y valorar a Mistral; una comprensión más compleja y profunda. Sepúlveda confirma que "[l]as sucesivas transformaciones sobre la figura de Mistral son posibles porque la escritora va siendo releída" (23). Estas relecturas son facilitadas por la entrada en circulación de manuscritos de diversa índole que hasta el año 2007 se encontraban custodiados por Doris Atkinson, la sobrina de Doris Dana, y que ese año traspasa al Estado de Chile. En la composición visual del billete actual, Mistral es certeramente relacionada con la tradición ancestral andina, los pueblos originarios y la flora y fauna nativa que hallamos a lo largo de su *Poema de Chile* (1967). En este ensayo, en particular, me interesa destacar la visión mistraliana de la palma chilena, también presente en el mentado billete.[4]

---

2. Este dato figura en el libro *Gabriela Mistral: álbum personal*. Pehuén, 2008. s/n
3. La explicación de los símbolos que figuran en el billete se encuentra en la página web del Banco Central: https://www.billetesymonedas.cl/Billetes/BilleteActual/5000.
4. En "Retorno mistraliano" Grínor Rojo destaca que "en los años ochenta con los estudios de Goic, Concha, Guzmán, Ostria y Rodríguez Fernández y se consolida en los noventa a partir del congreso que organizaron las feministas chilenas en 1990 [una lectura más compleja de la obra de Mistral]. De aquel congreso legendario salieron un par de artículos importantes, de Raquel Olea y Adriana Valdés, a lo que siguió el libro mío de 1997, el número 3 de Nomadías de 1998,

Jubea chilensis

Para comenzar este análisis quisiera detenerme en las características de la palma de Ocoa, luego iré comparando los poemas y otros escritos donde esta es la figura central, antes de perfilar qué significa la palma chilena en la obra mistraliana. La descripción sobre la palma chilena que ofrece Hoffmann en su trilogía sobre flora silvestre de Chile comienza declarando que esta "crece únicamente en lugares con clima privilegiado [...] donde forma bosques" (48), son endémicas chilenas, columnares y alcanzan más de quince metros de altura. Sus hojas plumosas "se utilizan para hacer cercos y techumbres, sus frutos para pastelería, su aceite para cosméticos, además de su famosa miel para consumo directo" (Casals y Oppliger 31). Mistral, al igual que Hoffmann, entiende el riesgo que amenaza a las palmas chilenas debido a que esta se explotó fuertemente para la obtención de miel, proceso que implicaba la tala[5] del individuo y, por tanto, su muerte:

> Así, las poblaciones se fragmentaron y no han podido regenerarse hasta el día de hoy ya que son de crecimiento lento y alcanzan la madurez alrededor de los 70 años, que es cuando pueden reproducirse.
>
> En la actualidad quedan poblaciones importantes protegidas en el Parque Nacional La Campana, sector Ocoa, en los alrededores de Valparaíso y en el sector de Tilama. (Casals y Oppliger 31)

Actualmente la extracción de miel de palma se practica de manera sustentable, cortando solo las hojas de donde brota la salvia. Lamentablemente, Mistral no alcanzó a ver esta forma de cosecha.

---

otros artículos valiosos de Gabriela Mora, Elizabeth Horan y Kemy Oyarzún, por ejemplo, y hasta llegar a los libros más recientes de Licia Fiol-Matta y Soledad Falabella". Ver: *Proyecto patrimonio*. Publicado en 2017. Recuperado en abril 2023. http://letras.mysite.com/groj160817.html.

5. Utilizo aquí, y en otras oportunidades en este ensayo, la palabra "tala" de manera intencionada. Por un lado, los sinónimos no tienen la misma carga dramática. En el Diccionario de la Lengua Española de la Real Academia (2001), talar es "cortar por el pie una masa de árboles". Por otro lado, haciendo un guiño al libro *Tala* (1938), es interesante observar que en *Gabriela Mistral. Somos los andinos que fuimos* (2018), Magda Sepúlveda resignifica el título de libro *Tala* como un *talar* "la occidentalización experimentada en Latinoamérica...." (119) a partir de la colonia.

En el conjunto de la obra mistraliana no solo encontramos la presencia de la palma de Ocoa, sino una comprensión amplia de la gran familia de palmeras que se distribuyen en climas más cálidos o tropicales, así como también de su rol social e histórico en el desarrollo de las culturas de Oriente Medio, Mesoamérica y la región ecuatorial de América del Sur. En la antología compilada por Luis Vargas Saavedra, *Gabriela Mistral: caminando se siembra* (2013), el capítulo "Palmas" está compuesto por una compilación de tres manuscritos, donde se lee a la profesora de geografía: "En la cintura caliente de la Tierra [...] la familia de las palmeras vive con más gusto que en ninguna otra parte" y agrega que "alguna tribu suya nos salta con sorpresa a región fría, como el sur de Chile" (106). Mistral destaca el rol alimentario de las palmeras de dátiles por su valor nutricio y las cocoteras por el agua de coco que en algunos lugares es el agua más segura debido a la falta de agua dulce fresca y apta para el consumo humano. La poeta enumera su uso en construcción de casas y en el tejido, ya sea en cestería, creación de cuerdas o sombreros. Mistral está muy consciente del rico fruto del corazón de palma o palmito, que "regala un sabor que casi es de almendra verde o de la mejor legumbre" (107), pero también acusa su consumo por el "hombre puesto en glotonería [que] gana de mudar sabores [y] corta no uno sino muchos" (107). Mistral también reconoce el carácter divino que se le atribuye a la palmera "por su condición geométrica, por sus provechos múltiples que sobrepasan los de cualquier árbol por lo poco que pide para vivir" (110). En el mismo capítulo, termina con un poema dedicado a la palmera de Panamá. Como ese *work-in-progress* que se evidencia en los diversos manuscritos de la poeta, este poema incluye algunos versos que figuran iguales o casi iguales en poemarios que sí fueron publicados por Mistral. En *Lagar* (1954), por ejemplo, encontramos el poema "Hallazgo de palmar". Los primeros versos del poema incluido por Vargas Saavedra en *Caminando se siembra*, que probablemente datan de 1932, dicen: "Me hallé en Panamá la palmera. / Cosa tan alta no sabía" (112), mientras que la versión de *Lagar* comienza así: "Me hallé la mancha de palmeras. / Reina tan dulce no me sabía" (*Gabriela Mistral en prosa y verso* 367). En ambas aperturas del poema la frase "me hallé" sugiere una sorpresa, una serendipia; un conocimiento que solo se obtiene de la observación directa. En Panamá a Mistral le sorprende la altura que alcanza esta planta. En Chile, en climas menos cálidos, le sorprende que incluso haya bosques de palmas; "nos salta con sorpresa" (106) leíamos en *Caminando se siembra*. El *hallazgo* se repite en otros poemas de Mistral, e incluso el mismo *Poema de Chile*[6] comienza con un poema titulado "Hallazgo", donde la hablante lírica viene bajando "por espacios y aires [...] y era mi gozo más vivo" (Pomaire 7), confirmando la connotación de felicidad asociada al acto de hallar.

En *Lagar* también encontramos el poema "Palmas de Cuba" en el cual aparece "Siboney" (o Ciboney) que, al figurar en el mismo poema, conjura a las palmas de Cuba como nativas, igual que a los habitantes de las cuevas. En estos versos, la palma es un intermediario entre el cielo y sus habitantes: "El cielo habla a Siboney / por el cuello de las palmeras" (*Gabriela Mistral en verso y prosa* 374). Así mismo, en la tradición cristiana se celebra la entrada triunfal de Jesús en Jerusalén con palmas, por la vinculación previa de la palma como signo de victoria. Luego la palma será adoptada en la iconografía cristiana, especialmente en las estampas de santos mártires como signo de su victoria sobre el mal. Es decir, en diversas cosmovisiones la palma vincula al ser terrenal con el cielo y este conocimiento no escapa a la erudición de Mistral.

Los poemas dedicados a la palma chilena que aparecen en la primera edición de *Poema de Chile* (Pomaire, 1967), compilados por Doris Dana, son "Palmas" y "Palmas de Ocoa". La edición de 2010 (La Pollera Ediciones), bajo el trabajo curatorial de Diego del Pozo, incluye los poemas "Palmeras y viento" y también "Palmas de Ocoa";[7] mientras que la de 2013 (Libros Calabaza el Diablo), a cargo de Andrea Berríos y Diego González, incorpora los poemas "Palmas" y "Palmas de Ocoa". Comenzaré el análisis con el poema "Palmas de Ocoa" que figura en las tres ediciones. Luego veremos si los otros poemas son diferentes, o solo versiones distintas para el mismo canto. Lo que me interesa aquí, más que el juicio estético de las diversas versiones o las elecciones de sus editores, es la apreciación de Mistral por las palmas chilenas, a fin de destacar

---

6. Sobre *Poema de Chile* se han publicado diversos artículos. Por ejemplo, en "Desierto: territorio, desplazamiento y nostalgia..." (1997) Soledad Falabella propone que el proyecto responde a tres impulsos: añoranza dolorosa, impulso de esperanza, y dar a conocer el territorio nacional. Iván Carrasco escribe "Poema de Chile: un texto pedagógico" (2000). Recién en 2015 se comienza publicar sobre Mistral desde una lente ecofeminista, aunque no específicamente sobre *Poema de Chile*. Ver, por ejemplo: Erin Frinzer "Mother Earth, Earth Mother: Gabriela Mistral as an Early Ecofeminist" *Hispania* Vol. 98, No. 2 (June 2015): 243–251.

7. Para este ensayo, trabajo con la segunda edición de La Pollera Ediciones (2013).

la ética ecológica de Mistral representada en sus poemas dedicados a la palma chilena. Sostengo que en estos poemas sobresale la sensibilidad ecológica de Mistral, que no solo reconoce el valor intrínseco de la palma chilena, sino que celebra su presencia permanente, manifestando así una mirada sustentable y de solidaridad intergeneracional. Esta lectura es coherente con el proyecto general de *Poema de Chile*: leo este poemario como un atlas del Chile nativo, donde Mistral valora y destaca seres que van quedando fuera del proyecto de la nación-patria moderna. Esta cartografía poética es un proyecto pedagógico, ya que, como describe el estudioso Sebastián Schoennenbeck,

> *Poema de Chile* es una manifestación concreta de aquello que la autora proyectó y denominó como *estampa*, un género descriptivo con un enorme alcance pedagógico que transita entre lo visual y lo verbal [...] Los poemas del libro en cuestión serían entonces el equivalente poético de una estampa: una descripción del objeto (pájaro, árbol, etc.) que resalta sus recursos sensoriales (color, tamaño, forma, sonido) y luego una anécdota que refleja finalmente la visión de las voces frente al fenómeno natural con el cual se han encontrado durante su caminata. (s/n)

Palmas de Ocoa

Este poema corto de veintiocho versos, compuesto por tres estrofas breves, figura en la primera edición de *Poema de Chile* (Pomaire, 1967). En términos de disposición gráfica, "[a] simple vista el propio poema parece el tronco recto de una palmera" (Casals y Oppliger 32). Como en otros poemas de la colección, la hablante lírica, la mama fantasma que viaja por Chile acompañada de un niño indígena y un huemul, "se muestra muy ansiosa por llegar; dice que van como flecha loca hacia el cielo" (32). La imagen que construye Mistral en el poema puede ser entendida como una yuxtaposición entre la misma viajera en y las palmas. En diversos poemas Mistral, o la mama fantasma que habla por ella en el poema, se refiere a sí misma como loca, trascordada; así, la palma, como flecha loca que va al cielo es también la misma poeta, hablante-caminante que avanza rápido hacia el bosque de palmas, o bien puede referirse a las propias palmas chilenas tanto por ser tan altas que parecen tocar el cielo, o por sus hojas que parecen flechas que apuntan al mismo cielo, lo que remite a la idea de la palma como una intermediaria entre los seres de la tierra y el cielo. Propongo que en esta sobreposición figurativa se observa una identificación de Mistral con las palmas, donde se entrelazan el *ser-sentir-pensar* de estas con la poeta. Algo similar, y de manera más explícita, ocurre en el poema "Raíces", también incluido en *Poema de Chile*. En "Raíces" la hablante anhela poder oír lo que estas se dicen bajo tierra. Es decir, la mama viajera desea comprender la manera de expresarse y sentir de las plantas. Con este modo de plantearse ante el mundo vegetal, Mistral desestabiliza la manera racional y binaria de saber, subvirtiendo jerarquías, donde ya no es el ser humano el único poseedor de conocimiento, sino que se sitúa junto al mundo vegetal. Con su lectura y forma de expresar la agencia de las plantas, Mistral se adelanta a los estudios críticos de las plantas en línea con el pensamiento posthumanista. Giovanni Aloi (2018) propone que el campo de los estudios de las plantas puede enriquecer nuestra mirada respecto de ellas, particularmente considerando que estas son fundamentales para la sobrevivencia de la vida en el planeta. La escritura de Mistral está en sintonía con las esperanzas de Aloi y, tal como propone Donna Haraway, Mistral incorpora plantas no como elementos decorativos ni meras metáforas en sus poemas, sino como verdaderas protagonistas de las historias, creando espacio para una criatura que no suele participar del reparto tradicional de personajes (Haraway 105).

En las jugarretas con las palabras tan frecuentes en Mistral, la voz poética revela que oye "un llamado, un palmoteo"; son las palmas de Ocoa que la están llamando, como si fueran personas –mujeres altas, reinas– que *palmotean* con las *palmas de sus manos*. El llamado lo trae el viento. Si el poema comienza ágil y festivo, con el trío de viajeros entrando triunfal al bosque de palmas de Ocoa, a lo largo del poema el tono va cambiando. Mistral describe cómo las palmas, las reinas altas, van "cayendo al suelo cuando las cosechaban para sacarles la savia que se vende como miel de palma [...] heridas con una lanza" (Casals y Oppliger 32). Refuerza este dolor el uso de imágenes tales como "altas como *gritos rectos* / a la hora de ir *cayendo* / en el mes del *saqueo* / y las demás dando al aire un *duro y seco lamento*" (*Poema de Chile*, Pomaire 75, énfasis agregado). He utilizado la cursiva para destacar las palabras que enfatizan el daño que atestigua Mistral. Si en prosa acusaba la explotación del palmito en manos del *hombre glotón*, en "Palmas de Ocoa" Mistral acusa el *saqueo*, y agrega que de sus "heridas [...] manan / miel de los flancos abiertos" (75). En este punto, Mistral yuxtapone estas imágenes con referencias cristianas. Los *flancos abiertos* evocan al Cristo crucificado, de cuyo costado mana sangre y agua, asociación que Mistral confirma en los versos: "dulce es, y nazareno, / por las reinas alanceadas" (75). Termina el poema con los tres viajeros "respirándolas", como si se sintiera en el aire todo el dolor de estas reinas caídas; los viajeros van conmovidos, "llorándolas los tres / de amor y duelo diversos" (75). Intriga, no obstante, la *diversidad* de duelo (en singular); me pregunto junto a Mistral si lloran lo mismo "la mujer, el indio, el ciervo" (75).

En el poema "Tres árboles" incluido en la sección "Paisajes de la Patagonia" en *Desolación* (1922), la voz poética llora "Tres árboles caídos / [que] quedaron a la orilla del sendero", olvidados por el leñador; una tala inútil incluso desde una ideología mercantil. Estos tres árboles "conversan / apretados de amor". Ellos tienen "su costado abierto" (161), tal como *las reinas alanceadas*. En "Palmas de Ocoa", la poeta concluye que "[e]l que más sabe es el indio; / el que oye mejor, el ciervo; / y yo trato en estos hijos / por gracia de ambos, sabiendo" (76). En estos últimos versos, y a pesar de la intención pedagógica de *Poema de Chile*, la poeta no se ubica en la posición de la erudita, sino justamente de quien puede aprender del niño indígena y del ciervo. De manera similar, en "Tres árboles" la voz poética velará con los tres árboles caídos, y recibirá en su "corazón sus mansas / resinas" (162). Tanto "Palmas de Ocoa" como "Tres árboles" terminan con el duelo de las palmas y árboles caídos respectivamente. Aunque las tríadas son diferentes (los caminantes testigos de la tala en "Palmas de Ocoa" y los propios alanceados en "Tres árboles"). La imagen que construye Mistral en "Tres árboles" es inversa a la que sugiere Palmas de Ocoa, sin embargo, al leer ambos poemas en paralelo, observo que se repite y asoma la intención en la poeta: aprender del niño indio y el huemul en "Palmas de Ocoa", así como de las mismas especies caídas en "Tres árboles". De tal modo, Mistral se manifiesta no como la maestra que sugiere el mural del Cerro Santa Lucía, sino que su poesía legitima otros saberes: los del niño, del indígena, del animal, de los árboles y de las palmas. En este sentido, entiendo que las palmas de Ocoa que describe Mistral representan también el saber de los pueblos originarios que se fue perdiendo desde la época colonial y luego en los procesos de modernización, que incluyen una educación institucionalizada para formar ciudadanos útiles al sistema y, por supuesto, también a la mercantilización *glotona* (particularmente de la miel de palma en este caso) que acompaña el modelo de progreso que precisamente Mistral cuestiona.

Palmas

"Palmas" es un poema más largo que el anterior, con diez estrofas en octosílabas, donde aparece el diálogo entre los caminantes del largo *Poema de Chile*.

La hablante comienza dirigiéndose a un jardinero a quien le pide que plante palmas aunque no las vaya a gozar. Mistral acusa que se burlarán de quien planta palmas por ser lentas, pues quien las plante no las alcanzará a disfrutar en vida. En la segunda estrofa ruega:

> Coge en tu mano semillas
> y canta, cantando, siembra.
> Así mismo te pusieron
> tus padres, riendo en la Tierra.
> Planta la palma de miel,
> plántala, aunque no la veas,
> y no le goces la fiesta
> ni le oigas la risotada
> de niño loco o mujer ebria.
> Canta para la que nace
> en este mismo momento,
> planta unos hijos de ella... (*Poema de Chile*, Pomaire 71)

El poema muestra una clara conciencia de responsabilidad con las generaciones por venir, pero también conciencia de los antepasados, los *padres*. Esta mirada holística, de responsabilidad por la tierra heredada y que legaremos es el principio de lo que hoy llamamos sustentabilidad.[8] Para conseguir ese llamado de atención, en el andar del mismo poema observamos que el canto es propio del jardinero-sembrador, pero también de las palmas: ellas "cantan a los diez años / y antes ni hablan ni sombrean" (71). Luego las describe como capaces de *resonar sus velas* (utilizando la metáfora de las velas por sus hojas), capaces de *silbar, murmurar, rezongar y comadrear* (empleando la personificación). Y se repite el cantar. Como en la repetición del "Cantar de los cantares", aquí la siembra y el canto aparecen superlativos: "planta palmas", "planta la palma de miel, / plántala", "canta, cantando", "canta para la que nace" y "planta unos hijitos de ella..." (71). El poema se configura como un canto en cuyo encadenamiento sonoro cristaliza el ruego, donde la repetición, va dejando huella en quien lee o escucha el poema.

---

8. En 1987, la Comisión Brundtland de las Naciones Unidas definió la sostenibilidad como lo que permite satisfacer las necesidades del presente sin comprometer la habilidad de las futuras generaciones de satisfacer sus propias necesidades.

Pero la poeta va más allá y, así como asume una cadena de responsabilidad que traspasa la temporalidad humana, va borrando jerarquías y diferencias. El niño que acompaña a la mama le reclama que ella cree que las palmas son personas. La mama le responde de manera indirecta, sugiriendo que cuando él las vea, podrá juzgar por sí mismo. A continuación, la mama se dirige directamente a las palmas: "Cuéntame palma de miel, / cuéntame si acaso recuerdas / quien 'novelero' te trajo..." (73); pregunta a la cual responden las palmas alborotando sus coronas. En este punto la poeta confiesa su limitación: no les entiende, ubicándose nuevamente en la posición de quien no sabe. Sin embargo, aun cuando no las entienda, ha desviado su camino para venir a agradecerles su miel; ha venido en romería para oírles su canto "de madre espartana / o de vieja madre hebrea / [...] canción de madres despiertas" (73). En este canto a las palmas, Mistral nuevamente manifiesta una conciencia temporal que nos supera. Las palmas no solo crecerán y darán frutos cuando quien las siembra ya no esté, sino que han estado en estas tierras desde antes que los seres humanos lo pudiésemos contar. Reconoce que no sabemos cómo llegaron, ni quién las trajo a estas tierras más heladas, pero han resistido como *mujeres espartanas* y *viejas hebreas*. Estas madres con quienes Mistral asocia a las palmas chilenas no solo provienen de culturas que florecieron en climas más templados, donde la palmera es sinónimo de oasis, cobijo y alimento, sino que nuevamente Mistral revela conciencia de que las palmeras datan de tiempos que nos superan como especie. En el poema "Palmas de Ocoa" Mistral no solo llora la extinción de las palmas por la acción humana, sino que, al extender la imagen en la metáfora de las palmas como *antiguas reinas*, la poeta revela una conciencia temporal amplia que reconoce la longevidad de cada palma individual, pero también la del colectivo que existía en el territorio que hoy conocemos como Chile incluso antes del levantamiento de la Cordillera de los Andes, proceso que comenzó hace unos doscientos millones de años (Chong Díaz y Hüdepohl 44). Si en el poema anterior, "Palmas de Ocoa", Mistral cuestiona el modelo de progreso y la codicia, en este poema-canto invita a la conservación activa, desinteresada, intergeneracional y solidaria mediante la siembra de semillas de palma.

Palmeras y viento

En la edición de *Poema de Chile* de La Pollera Ediciones (2013) se incluye el poema "Palmeras y viento". Es un poema aún más largo que el anterior, con trece estrofas. Algunos pasajes aparecen en el poema "Palmas" (Pomaire), pero en un orden diferente y con algunas alteraciones en ciertos versos, además de estrofas completamente nuevas, que hacen del poema un artefacto distinto e intrigante. Conocer esta versión de la escritura mistraliana sobre las palmas permite profundizar en el pensamiento de la poeta.

Pasada la mitad del poema, aparecen los versos nuevos que completan el diálogo entre la mama y el niño una vez que este le ha recriminado su creencia de que las palmeras son personas, y ella le ha dicho que espere a verlas (anécdota que ya destacamos en la descripción del poema anterior). Entonces el niño le pide que lo deje jugar con las palmas caídas y ella le dice:

-Miéntales la patria para
que las busques y las halles
cuando tú crezcas y yo
no te lleve por la tierra. (124)

Aunque el recorrido por el largo *Poema de Chile* parece un juego –el juego que el niño va siguiendo– esta estrofa encierra la intención de este gran atlas que ha construido Mistral en este viaje imaginado. Como he escrito anteriormente,

[e]n su propuesta creativa, Gabriela Mistral desafía sistemáticamente la noción de nación moderna [...] a lo largo de *Poema de Chile* (1967), [...] Mistral compone un atlas en el que emergen flora, fauna, geografías y pueblos marginados del discurso hegemónico de la nación moderna chilena. En la composición de este gran catálogo lírico, Mistral se va revelando como una ecopoeta [...] Vanguardista y visionaria, Mistral se adelanta varias décadas al movimiento ecologista y la crítica ambiental contemporáneos [...] además de esforzarse por instalar en la memoria chilena especies nativas y vulnerables y paisajes recónditos. (Casals 10)

En *Poema de Chile* Mistral nos va contando sobre las especies y paisajes que han quedado afuera del imaginario nacional, de la patria que se construyen en la primera mitad del siglo XX. Mistral reconoce que la palma chilena va quedando fuera por la sobrexplotación, pero también por ignorancia. Este himno de palmas y viento, donde nos pide que las nombremos, hablemos de ellas, las cantemos y contemos historias sobre ellas, es un gesto de conservación para las generaciones venideras, pero también una lección. El niño no alcanza a comprender todavía y en la siguiente estrofa acusa que no da mucho fruto la palma chilena. A sus lectores, Mistral nos permite ver, tal como le hace ver al niño, que no todo puede ni debe ser medido por su rendimiento: las palmas no son "sandías ni peras" (124).

> Mira: el viento no da nada,
> tampoco dan las estrellas
> y menos da la nevada
> y tienes fiesta con ellas.
> ¿Sabes? Vas a andar muy mal
> si acaso de Madre Tierra
> solo te gustan y coges
> frijoles, maíz y avenas. (124)

Es la voz de la mama hablándole al niño la que nos advierte que no todo es *commodity*.

El viento aparece en este poema como un elemento central, cosa que ya indica el título. Aquí su presencia me intriga por la ambivalencia. En la estrofa anterior la poeta reconoce el goce que es posible encontrar en el viento, a pesar de que aparentemente no tenga valor de uso ni mercantil, como las estrellas o la nieve. Pero el viento también les permite a las palmas "resonar sus velas" (122), *cantar, cimbrear,* y hasta *gritar*:

> Viene el viento, viene, viene
> por la llanura entregada,
> viene como los que aman
> del amor que alegra y mata,
> viene desde la extremosa
> tierra en que la Tierra acaba
> como huyendo de sí misma
> gimiendo cual oso herido. (125)

Contrastando con el poema "Encina", donde el viento es vida que pasa por el follaje "como encantamiento, sin violencia, [pero] sin voz" (*Desolación* 95), en las coronas de las palmeras el viento suena, es decir, tiene voz, pero a la vez se manifiesta más violento; es un amor que *alegra y mata, huye, gime, hiere* y hasta *castiga*. Tras esta secuencia, la imagen que construye Mistral termina doblando a la palmera como *niña abatida, asustada* y *solitaria* con la que se identifica la poeta: "solitaria como yo" (125). El viento es "el amante y el dueño, / loco de locura santa" (125). La imagen me hace pensar en las palmas caribeñas que ha conocido Mistral en Cuba o en Panamá; palmeras que terminan dobladas por los vientos huracanados.

En el capítulo dedicado a *Poema de Chile* en *Gabriela Mistral. Somos los andinos que fuimos* (2018), Sepúlveda argumenta que la adopción del seudónimo Mistral, en remplazo de Godoy, posiciona a la poeta en un espacio desde donde puede sortear y hasta burlar el clasismo chileno que condena a los portadores de apellidos comunes de origen castellano. Así, Mistral acoge el *insulto* de ser "hija del viento" (150), una hija de nadie, la hija sin padre, apropiándose de este. A la vez, este gesto le permite ser "hija de la naturaleza" (153), justamente por ser hija del viento. El viento también le da la libertad de ir y venir, en tanto "Mistral se identifica con la movilidad del viento" (147). Como observo en "Palmas y viento", la académica también advierte las paradojas con que Mistral adjetiva al viento en *Poema de Chile*: duro y juguetón, "desde lo suave a lo violento" (147–148); "[u]n viento terrible, como el patagónico o el andino, es una corriente capaz de botar al suelo a las personas" (148). Siguiendo a Bachelard, la estudiosa sugiere que el viento también "se relaciona con la cólera cósmica y a la vez el ímpetu creador" (148) y, por tanto, siguiendo a Rojo y Garrido, el viento es "impulso artístico" y locura de artista (Sepúlveda 149). El viento que *viene, viene* en "Palmas y viento" parece un impulso creativo por cantar, nombrar y decir a la palma chilena, en ese acto de conservación. El verbo "cantar" se repite en estos poemas a las palmas. El canto es sinónimo de creación poética, lírica. Como dice Mistral en *Desolación* (1922), la canción es "[l]a mayor caricia / que recibe el mundo, / abrazo el más vivo, / beso el más profundo" (86), pero también "[a]guijón de abeja / lleva la canción: / aunque va enmielada / punza de aflicción" (87–88). En un acto generoso de conservación, Mistral le pide al jardinero que cante mientras siembra las palmas que no oirá cantar; quizás, saber que no las verá ni oirá cantar sea, justamente, su aflicción.

Para terminar, quisiera referirme a la comparación de las palmeras con mujeres fuertes, que, a pesar de ser aparentemente simple, también está llena de ambigüedades. En un sentido más evidente, denota la resiliencia de estas mujeres-palmas-reinas, cada una de ellas "bella como ninguna / por altiva y por señora" (La Pollera 122). Como vimos anteriormente, Mistral asocia las palmeras con mujeres espartanas y madres hebreas. En *Desolación*, en el poema "La mujer fuerte", Mistral celebra a la "mujer del sayal azul y de tostada frente" (62). Si bien este poema alaba a la mujer que cría sola a su hijo, incluso ante una maternidad forzada, podemos sobreponer la idea de mujer fuerte que figura en este poema con las palmas resilientes, cuyo territorio es violado por codicia y cuya descendencia se ve en peligro de extinción:

> Son las palmeras de Ocoa
> lo que se viene en el viento,
> son unas hembras en pie,
> altas como gritos rectos,
> a la hora de ir cayendo
> en el mes de su saqueo,
> y las demás dando al aire
> un duro y seco lamento. (Pomaire 75; La Pollera 126)

Los elementos que he destacado de este verso nos orientan a interpretarlo desde la perspectiva ecofeminista considerando particularmente que esta postura se vincula –aunque no se limita– con el movimiento de mujeres campesinas indias que en los años 1970 se opusieron a la tala de bosques, abrazando árboles e interponiendo el propio cuerpo para defenderlos. El movimiento es conocido como Chipko, y se inspiró en el principio de resistencia pacífica pero no pasiva que condujo Mahatma Gandi, cuya obra Mistral conoce. Aun cuando el poema es publicado recién en 1967, a diez años de la muerte de Mistral, y su escritura es previa a la configuración del ecofeminismo, me atrevo a sugerir que Mistral manifiesta afinidad con esta corriente en tanto es activa en defender el valor de las palmas chilenas *per se*, a la vez que en las yuxtaposiciones que va perfilando, también valora las mujeres campesinas e indígenas vinculadas a la tierra y representadas como reinas despojadas de sus tierras en el poema. El ecofeminismo se caracteriza por cuestionar el orden patriarcal que somete y explota a la Tierra al igual que a la mujer. El ecofeminismo es interseccional y ha abierto camino para el pensamiento posthumanista, no antropocéntrico, a la ecopedagogía, a los nuevos materialismos y a los estudios críticos sobre plantas (Gaard). En esta línea, podríamos decir que Mistral se anticipa, al menos, a las perspectivas ecofeministas actuales. Su poesía es testimonio de una identidad que se construye en el encuentro horizontal con otros seres más que humanos que en este caso son las palmas chilenas; las que hubo, las que hay y las que habrá…

Problematizar a Mistral

Un año después de que entra en circulación el nuevo billete de $5.000 con la imagen renovada de Mistral y su vinculación a las palmas de Ocoa y al tucúquere, la Real Academia Española publica *Gabriela Mistral en verso y prosa* (una colección también conmemorativa del Bicentenario de la Independencia de Chile). Esta antología reúne una importante colección de textos mistralianos así como una docena de ensayos sobre su obra. En el ensayo "*Tala*: digo, es un decir" podemos encontrar una explicación sintética del cambio de imagen pública de Mistral a partir de las relecturas que se desarrollan desde los años 1980 y con gran potencia crítica, según Adriana Valdés. Siguiendo a Grínor Rojo, Valdés comienza el ensayo señalando que la "percepción generalizada, hasta hoy, de Gabriela Mistral como ícono divinizado hasta el ridículo, en una 'leyenda blanca' [...] ha conspirado en contra de una consideración más seria y problematizada de su escritura, que ella misma exigía, hasta con aspereza" (662). La intelectual termina celebrando que "un poeta como Enrique Lihn, que supo ver tempranamente [...] la conflictiva potencia de Gabriela Mistral, es indicación de cuánto pueden encontrar en ella las generaciones siguientes" (672). Sin la intención de atrapar a Mistral en una leyenda verde, utilizando la ecocrítica y el ecofeminismo como perspectiva de lectura, espero haber desarrollado una estampa elocuente de la ética ecológica mistraliana, aportando con este ensayo a esa corriente de lectura más seria y problematizada que propone Valdés.

Post scriptum

Al momento de iniciar la escritura de este ensayo ardía el Palmar Kan Kan en la zona alta de Viña del Mar, consumiendo un bosque de cerca de sesenta palmas chilenas adultas. En diversos medios, las imágenes y testimonios de las personas afectadas por la pérdida de viviendas y seres queridos fueron impactantes; pero para llorar la pérdida de las *reinas endémicas*, nos hizo falta la sensibilidad y capacidad figurativa de Mistral que nos invita a preguntar: ¿quién escucha el *golpe seco y lastimero... llorando por las caídas*?

Obras citadas

Aloi, Giovanni. *Why Look at Plants? The Botanical Emergence in Contemporary Art*. Brill, 2018.

Casals, Andrea. "La loca ecología de Gabriela Mistral". *Taller de Letras* 60 (2017): 9–17.

Casals, Andrea y Valeria Oppliger. *Los territorios de Gabriela*. Soledad Sairafi, ilustradora. Orjikh, 2022.

Chong Díaz, Guillermo y Gerhard Hüdepohl. "Columna vertebral de un continente". *La Cordillera de Los Andes al sur de América*. Carlos Aldunate del Solar, editor. Museo de Arte precolombino, 2019. 29–54.

Gaard, Greta. "Ecofeminism". *Keywords for Environmental Studies*. Adamson et al eds. NYU Press, 2016. 68b-71a.

Haraway, Donna. "Staying with Trouble for Multispecies Environmental Justice". *Dialogues in Human Geography* 8(1) (2018): 102–105.

Hoffman, Adriana. *Flora silvestre de Chile. Zona Central*. Ediciones Fundación Claudio Gay, 1998.

Mistral, Gabriela. *Almácigo. Poemas inéditos*. Luis Vargas Saavedra, edición y compilación. Ediciones UC, 2015.

_____. *Caminando se siembra. Prosas inéditas*. Luis Vargas Saavedra, selección. Lumen, 2013.

_____. *Desolación*. Ed. Universidad Diego Portales, 2021.

_____. *Poema de Chile*. Pomaire, 1967.

_____. *Poema de Chile*. La Pollera Ediciones, 2013.

_____. *Poema de Chile*. Libros La Calabaza del Diablo, 2013.

_____. *Gabriela Mistral. En verso y prosa. Antología*. Alfaguara, 2010

Schoennenbeck, Sebastián. "Reportajes: paisajes mistralianos". Web *Fundación La Fuente*. Publicado en 2015. Recuperado en abril 2023.

Sepúlveda, Magda. *Gabriela Mistral. Somos los andinos que fuimos*. Ediciones Cuarto Propio, 2018.

Valdés, Adriana. "*Tala*: digo, es un decir". *Gabriela Mistral. En verso y prosa. Antología*. Alfaguara, 2010. 661–672.

Vargas Saavedra, Luis. *Gabriela Mistral. Caminando se siembra. Prosas inéditas*. Lumen, 2013.

IV

¿Mistral cosmopolita?

Marginalia espiritual: leer la Biblioteca de Gabriela Mistral y sus comunicaciones teosóficas y rosacrucianas con Inés Echeverría y María Tupper[1]

Macarena Urzúa Opazo
DEPARTAMENTO DE LINGÜÍSTICA Y LITERATURA
UNIVERSIDAD DE SANTIAGO DE CHILE

La meditación es el acto más temiblemente individual que pueda darse. El que está meditando se halla, unas veces, pavorosamente solo, otras, maravillosamente solo, pero se siente casi siempre en tremenda unidad. Pero hay que ir más allá; hay que continuar la meditación, que se parece a una cuesta infinita.
　　　　　　　　　　　　　　　　　　　"Meditación", Gabriela Mistral[2]

logrando comprensión de la vida tu espíritu logrará encontrar fundamento del sendero de la alegría.
　　　　　　　　　　　　　　　　　　　Gabriela Mistral, *Cuaderno 49*

---

1. Investigación realizada en el marco del proyecto FONDECYT Regular N° 1230216 del cual soy Investigadora Responsable.
2. En *Toda culpa es un misterio, antología mística y religiosa de Gabriela Mistral*. Texto del año 1934, ubicado en el número de sistema de Biblioteca Nacional 563680. 129.

EL ANTOLOGADOR DE LA COLECCIÓN *Toda culpa es un misterio, antología mística y religiosa de Gabriela Mistral* (2020) Diego del Pozo señala que, a juzgar por anotaciones de mantras y meditaciones en sus cuadernos, podría elucubrarse que a la poeta "la meditación le fue más fácil que los rezos. La presencia de conceptos o religiones orientales es recurrente entre los escritos o poemas místicos de Mistral" (11). "Yo, católica, y 'enviciada' en místicos e ilusionistas" (*Recados contando a Chile* 54), dice Gabriela Mistral en el recado "Gente chilena: Don Juan Enrique Lagarrigue" (1957). Gracias a su amistad con Zacarías Gómez, dueño de la Librería Orientalista de Santiago y representante de Mistral en Chile, ella le encargará la mayoría de los libros de misticismo y novedades varias en el área de la espiritualidad (ediciones que van entre 1939 y 1957), cuyos volúmenes serán, en parte, los que hoy conforman la colección Barnard College donada por Doris Atkinson (junto con la colección Atkinson, a la que pertenecen los libros de la casa de Roslyn Harbor, Long Island, Nueva York). En el año 2007, junto con el legado de Mistral, llegan a Chile estas bibliotecas personales, actualmente conservadas en el Museo Regional Gabriela Mistral de Vicuña.[3]

Mistral desde muy joven manifiesta estos intereses y forma parte de la Logia Destellos de Antofagasta. Envía poemas para periódicos teosóficos de Santiago, como *Nueva Luz*, donde publica "El himno al árbol" (1913) y "La charca" (1914), y la *Revista Teosófica Chilena*, a la que entrega "El placer de servir" (1914). Carlos Parrau E., presidente de la logia por aquellos años, explicó a Gabriela los puntos fundamentales del movimiento y, como señala Pedro Pablo Zegers, es él quien le regala los volúmenes *La voz del silencio* y un libro de historias cortas de Madame Blavatsky (6–7). Este le pide, en una carta del 2 de abril de 1913, que le envíe por escrito su respuesta a la pregunta "Lo que pienso de la teosofía", en cuya respuesta firmada aún con las iniciales L.G.A., Mistral señala:[4]

---

3. Muchas de estas cartas y listados de libros son recopilados en la compilación *Gabriela Mistral: iniciática, astral y precursora*. Ediciones Libros del Cardo, 2020.
4. Según la cronología propuesta por Martin C. Taylor en *Sensibilidad religiosa de Gabriela Mistral* (1975), ella habría asistido esporádicamente desde 1912–1914 a la Logia Destellos de Antofagasta, cuyo director era Carlos Parrau.

Por mí confieso que la Teosofía al serme revelada me lo fue como la mayor de las sorpresas. Y ¡cosa extraña! yo que llegaba a ridículos extremos del cienticismo experimental i pedía pruebas a todo con un riguroso espíritu científico, que me había arrancado la fe en todas sus formas, no me negué a creer estas cosas de prodigio que exceden en mucho a lo que creer manda p. ej. el cristianismo. Quise creerlo todo, todo, con un ansia de llenarme el alma seca de savias nobles i de llenarme la menta ávida de cosas de belleza i de poesía inagotables... Asisto como con una embriaguez a los actos de la naturaleza... El saber es premio concedido al que se perfecciona. Y espero.- Así, compañeros en el espíritu, pienso yo de la teosofía. (Zegers 7)[5]

Más allá de los conocimientos teosóficos, el que ha sido tal vez uno de los aspectos más conocidos en torno a los estudios místicos y esotéricos de Mistral, su biblioteca en Vicuña se halla poblada de volúmenes que se sitúan en un lugar muchísimo más amplio que este espectro.[6] Asimismo, estos volúmenes están en varios idiomas, probablemente adquiridos en sus múltiples viajes. Sin embargo, el detalle más importante y llamativo es que todos contienen anotaciones con lápiz de palo azul, marginalia, rayas, flechas, llaves, la letra "T" o números, que supuestamente organizarán esas ideas.

---

5. La carta forma parte de la exposición permanente del Museo Regional Gabriela Mistral de Vicuña.
6. Según Martin C. Taylor Mistral habría pertenecido desde 1919 en adelante a la Logia Despertar en La Serena, fundada por Demetrio Salas Maturana. De esta logia era miembro Zacarías Gómez, quien luego sería el fundador de la Librería Orientalista de Santiago. Con él Mistral mantiene correspondencia durante toda su vida y a través suyo adquiere libros de espiritualidad. En su visita a Chile en 1925 habría retomado las reuniones y charlas con sus amigos de esta logia. Asimismo, Taylor hace hincapié en el hecho de que los miembros de la logia tenían "libre acceso a las bibliotecas privadas de unos y otros...Gabriela devoraba los libros teosóficos prestados por sus amigos". Entre esos volúmenes aparecen nombrados libros de Annie Besant, Charles W. Leadbeater, H. P. Blavatsky, A. P. Sinnett, Mabel Collins, Krishnamurti, entre otros (Taylor 247–251). Véase el apéndice A ("Gabriela Mistral y la teosofía") incluido por Taylor al final de su libro.

Esta biblioteca se concentra en lo que se ha llamado el "esoterismo occidental". Señala Juan Pablo Bubello en "Difusión del esoterismo europeo-occidental en el Nuevo Continente (siglo XVI–XX)":

> en cuanto al "esoterismo", nos remitimos a la clásica propuesta de Faivre, entendiéndolo como un conjunto de tradiciones culturales en la historia de "occidente" que tienen "un aire de familia": con múltiples matices, abarcan desde el siglo XVI hasta nuestros días –pero sus fuentes se pueden rastrear hasta el mundo greco-romano–, y se caracterizan por, al menos, cuatro elementos ineludibles: una representación basada en la íntima vinculación de todas las partes de un cosmos que es representado como vivo donde operan los principios de correspondencia y de naturaleza viva; la práctica de la mediación en la relación hombre/universo; y el objetivo de la experiencia de la transmutación (transformación) del mundo. (40)

En esta línea del llamado "esoterismo occidental", pueden situarse los intereses y, por ende, la biblioteca de Mistral. Entre los libros presentes en esta colección se hallan volúmenes de la fundadora de la teosofía H.P. Blavatsky, su sucesora Annie Besant, Alice A. Bailey, el fundador del cristianismo rosacruz Max Heindl, estudios sobre temas sobrenaturales, mística, como Paracelso, el mago Eliphas Lévi, Yogi Ramacharaka, el dramaturgo belga Maurice Maeterlinck, el fundador de la antroposofía Rudolf Steiner, Swami Panchadasi, Prasad, Darboy, estudios sobre los místicos alemanes, historia de las religiones, y magia blanca, entre otros (Fig. 04; Fig. 04b).

Sabida es la condición fundamental de la lectura y el estudio para acercarse a estos temas. En *Voces de ultratumba*, Manuel Vicuña la llama la "biblioteca espiritista" y acá la podemos llamar la biblioteca esotérica y orientalista en Mistral, acrecentada por viajes, préstamos, recomendaciones y las redes de amistades con mujeres como Inés Echeverría (Iris) y María Tupper, entre otras escritoras y artistas contemporáneas, con las que se corresponderá con relación a estos temas. En primer lugar, es importante explorar la teosofía en Mistral quizás como un momento iniciático de su juventud, antes de salir de Chile, e incluso del norte. En segundo lugar, este interés se extiende a las otras espiritualidades en las que Mistral se adentró a lo largo de su vida y, a través de la adquisición de diversos volúmenes en su biblioteca, es posible ver cómo estos intereses van variando y cuáles se van acrecentando. Una probable hipótesis sería atender a aquellos volúmenes que se concentran en la comunicación

FIG. 04 Paracelse. Le médecin Maudit.

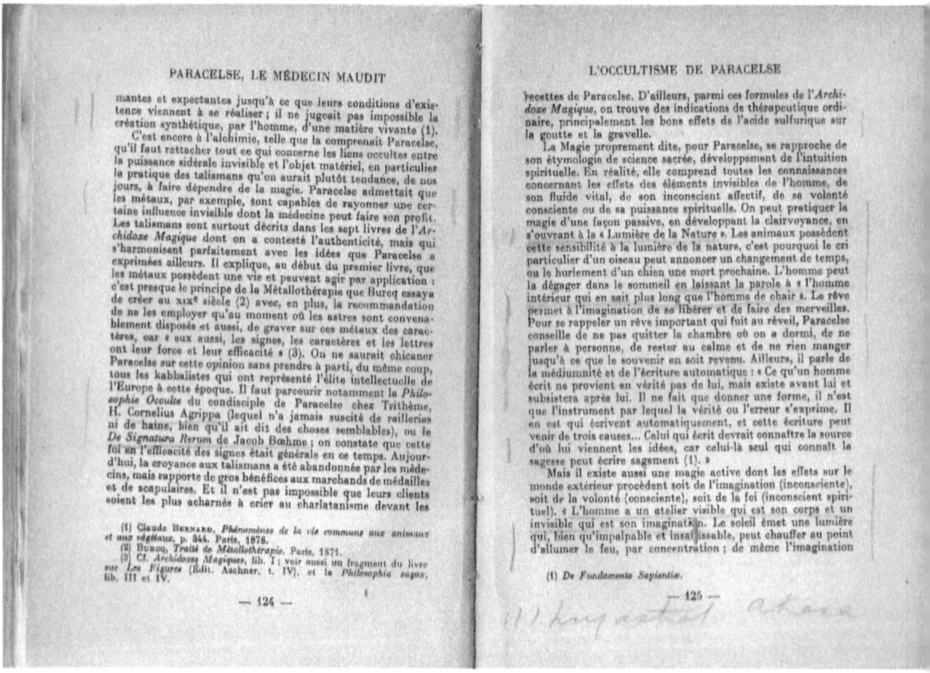
PARACELSE, LE MÉDECIN MAUDIT

mantes et expectantes jusqu'à ce que leurs conditions d'existence viennent à se réaliser ; il ne jugeait pas impossible la création synthétique, par l'homme, d'une matière vivante (1).

C'est encore à l'alchimie, telle que la comprenait Paracelse, qu'il faut rattacher tout ce qui concerne les liens occultes entre la puissance sidérale invisible et l'objet matériel, en particulier la pratique des talismans qu'on aurait plutôt tendance, de nos jours, à faire dépendre de la magie. Paracelse admettait que les métaux, par exemple, sont capables de rayonner une certaine influence invisible dont la médecine peut faire son profit. Les talismans sont surtout décrits dans les sept livres de l'*Archidoxe Magique* dont on a contesté l'authenticité, mais qui s'harmonisent parfaitement avec les idées que Paracelse a exprimées ailleurs. Il explique, au début du premier livre, que les métaux possèdent une vie et peuvent agir par application : c'est presque le principe de la Métallothérapie que Burcq essaya de créer au XIXe siècle (2) avec, en plus, la recommandation de ne les employer qu'au moment où les astres sont convenablement disposés et aussi, de graver sur ces métaux des caractères, car « eux aussi, les signes, les caractères et les lettres ont leur force et leur efficacité » (3). On ne saurait chicaner Paracelse sur cette opinion sans prendre à parti, du même coup, tous les kabbalistes qui ont représenté l'élite intellectuelle de l'Europe à cette époque. Il faut parcourir notamment la *Philosophie Occulte* du condisciple de Paracelse chez Trithème, H. Cornelius Agrippa (lequel n'a jamais suscité de railleries ni de haine, bien qu'il ait dit des choses semblables), ou le *De Signatura Rerum* de Jacob Bœhme ; on constate que cette foi en l'efficacité des signes était générale en ce temps. Aujourd'hui, la croyance aux talismans a été abandonnée par les médecins, mais rapporte de gros bénéfices aux marchands de médailles et de scapulaires. Et il n'est pas impossible que leurs clients soient les plus acharnés à crier au charlatanisme devant les

(1) Claude BERNARD, *Phénomènes de la vie communs aux animaux et aux végétaux*, p. 344. Paris, 1878.
(2) BURCQ, *Traité de Métallothérapie*. Paris, 1871.
(3) Cf. *Archidoxes Magiques*, lib. I ; voir aussi un fragment du livre sur *Les Figures* (Édit. Aschner, t. IV), et la *Philosophia sagax*, lib. III et IV.

— 124 —

L'OCCULTISME DE PARACELSE

recettes de Paracelse. D'ailleurs, parmi ces formules de l'*Archidoxe Magique*, on trouve des indications de thérapeutique ordinaire, principalement les bons effets de l'acide sulfurique sur la goutte et la gravelle.

La Magie proprement dite, pour Paracelse, se rapproche de son étymologie de science sacrée, développement de l'intuition spirituelle. En réalité, elle comprend toutes les connaissances concernant les effets des éléments invisibles de l'homme, de son fluide vital, de son inconscient affectif, de sa volonté consciente ou de sa puissance spirituelle. On peut pratiquer la magie d'une façon passive, en développant la clairvoyance, en s'ouvrant à la « Lumière de la Nature ». Les animaux possèdent cette sensibilité à la lumière de la nature, c'est pourquoi le cri particulier d'un oiseau peut annoncer un changement de temps, ou le hurlement d'un chien une mort prochaine. L'homme peut la dégager dans le sommeil en laissant la parole à « l'homme intérieur qui en sait plus long que l'homme de chair ». Le rêve permet à l'imagination de se libérer et de faire des merveilles. Pour se rappeler un rêve important qui fuit au réveil, Paracelse conseille de ne pas quitter la chambre où on a dormi, de ne parler à personne, de rester au calme et de ne rien manger jusqu'à ce que le souvenir en soit revenu. Ailleurs, il parle de la médiumnité et de l'écriture automatique : « Ce qu'un homme écrit ne provient en vérité pas de lui, mais existe avant lui et subsistera après lui. Il ne fait que donner une forme, il n'est que l'instrument par lequel la vérité ou l'erreur s'exprime. Il en est qui écrivent automatiquement, et cette écriture peut venir de trois causes... Celui qui écrit devrait connaître la source d'où lui viennent les idées, car celui-là seul qui connaît la sagesse peut écrire sagement (1). »

Mais il existe aussi une magie active dont les effets sur le monde extérieur procèdent soit de l'imagination (inconsciente), soit de la volonté (consciente), soit de la foi (inconscient spirituel). « L'homme a un atelier visible qui est son corps et un invisible qui est son imagination. Le soleil émet une lumière qui, bien qu'impalpable et insaisissable, peut chauffer au point d'allumer le feu, par concentration ; de même l'imagination

(1) *De Fundamento Sapientiæ*.

— 125 —

FIG. 04b Paracelse. Le médecin Maudit.

astral por medio de los sueños o más allá de la muerte, sobre todo a partir del deceso de Yin-Yin. Estas preocupaciones, saberes y, sobre todo, conocimiento de sí, que van desde el yoga y la alimentación naturista a la comunicación astral, a través de los sueños y los tratados de magia blanca, pueden verse en esta colección donada por Doris Dana en 1978 a Barnard College. Esta se halla compuesta por aproximadamente setecientos volúmenes, constituyéndose como una muestra de lo que estuvo en la oficina, junto con textos representativos de lo que tenía Mistral y, además, otros que estaban en la casa de Roslyn Harbour en Long Island, New York, y en la de su hermana Emelina. Estos libros muestran la diversidad de intereses de Mistral, así como también el énfasis espiritual de su obra que se halla conectada vía red intelectual y afectiva, principalmente a través de la correspondencia con otras mujeres autoras y artistas contemporáneas a ella, como Inés Echeverría y María Tupper. Este hecho fortalece mi hipótesis de cómo estas redes son fundamentales en cuanto a la expansión del espiritismo (el cual llega a Chile específicamente en 1872 con la primera traducción de *Le livre des esprits* de Allan Kardec, realizada en Chillán). La teosofía, doctrina de la cual Iris es conocedora y seguidora, junto con la circulación de los estudios del cristianismo rosacruz, será seguida tanto por Mistral como por María Tupper, como lo muestran sus cartas y diarios. Según los libros pesquisados en el acervo de Mistral y la correspondencia de Tupper, tema en el que ahondaré más adelante, esta sería la rama de Max Heindel.

Por mi parte, propongo la noción de "red afectiva espiritual" para leer este archivo espiritual de mujeres, el cual dialoga, por una parte, con la reciente propuesta de Claudia Cabello Hutt, quien estudia las redes femeninas *queer* de principios de siglo XX. Sin embargo, es esta una red que también dialoga con un modo de sociabilidad atípico que se halla situado dentro de una comunidad "espiritualista de vanguardia", siguiendo a Bernardo Subercaseaux en *Historia de las ideas y de la cultura en Chile. El centenario y las vanguardias*. Él denomina al movimiento de mujeres que se expresa estéticamente, "feminismo aristocrático y espiritualismo" (79) o "espiritualismo de vanguardia". Ahí señala que fue la misma Iris quien acuñó el término "espiritualismo de vanguardia" en la dedicatoria de su libro *La hora de queda* (1918). Este movimiento remite no solamente a un punto de vista estético, sino que también apela específicamente a aquellos que eran cercanos a las ideas del espiritismo, hinduismo y teosofía (87). Entonces, tanto para Iris como para las demás escritoras pertenecientes a esta constelación del espiritualismo de vanguardia, lo religioso y los intereses intelectuales vinculados a lo espiritual y lo sobrenatural, estaban entrelazados.[7] Asimismo, en *Genealogía de la vanguardia en Chile: la década del centenario*, el crítico señala:

> El espiritualismo de vanguardia no solo fue una sensibilidad que se expresó en el campo literario, fue sobre todo una visión de mundo y un modo de vida de un conjunto significativo de mujeres de la aristocracia chilena, de mujeres que se interesaron por la literatura y el arte, pero también por otras formas de intensificar la vida del espíritu, como la teosofía y la práctica del espiritismo, o por el misticismo u otras formas de experiencia religiosa. (66)

---

7. Entre ellas, incluye a María Luisa Fernández (madre de Vicente Huidobro), Inés Echeverría de Larraín (Iris), Mariana Cox Stuven (Shade), Luisa Lynch (madre de las hermanas Carmen, Wanda y Ximena Morla), Sara Hübner, Delia Matte, Rebeca Matte, Teresa Wilms Montt, Elvira Santa Cruz Ossa (Roxane) y Victoria Subercaseaux.

En el mismo texto, el autor cita a Pilar Subercaseaux, quien señala que en esas sesiones las discusiones "se deslizaban como sobre un tobogán, por medio de las artes, la literatura, la poesía y el espíritu" (66). De manera que esta práctica es inseparable en su origen de la atracción por las artes y las ciencias, y se expresará por distintos medios, entre ellos fundamentalmente la literatura. Este espiritualismo de vanguardia conformó, para Subercaseaux una "tradición subterránea" (67), de "mujeres excéntricas" (65) que tendrá eco en generaciones de escritoras y artistas posteriores.

Si bien, por su origen social, Mistral no formaría parte del feminismo aristocrático, gracias a sus conocimientos esotéricos y místicos, se constituiría como una más de estas vidas excéntricas y subterráneas en tanto participa de esta red afectiva espiritual de mujeres, comunidad atípica reunida en torno a estos saberes. Así, proyecto leer un archivo que es esquivo, pero cuya lectura y estudio permitirá adentrarse a un modo de relacionarse que, sin ser *queer*, comparte cierta "temporalidad alternativa".[8] De esta manera, propongo leer estos modos de sociabilidad y vínculos de amistad como líneas de fuerzas excéntricas que resisten al orden patriarcal. Esta red afectiva espiritual además comparte ciertos sentimientos religiosos como preocupaciones por alcanzar el crecimiento espiritual a la par del cultivo de las artes y la literatura. Asimismo, este "archivo espectral femenino" permitirá tomar atención a los afectos y a aquellas intensidades, es decir, leer el momento visceral particular de este contexto histórico al estudiarlo desde los afectos. Estas diversas superficies textuales serán trabajadas como fuentes históricas de un poco conocido acervo, que compone un archivo de una comunidad de mujeres que alude a una relación con la historia de estos cuerpos. Estas vidas excéntricas de mujeres, que si bien, no pertencen propiamente a la era feminista, cuestionaron y propusieron un modo alternativo de relacionarse, basada en una comunidad

---

8. Sigo aquí a Claudia Cabello Hutt, según quien: "Es posible sugerir, en línea con Foucault, que en el caso de las mujeres tampoco sería el acto sexual lo que más perturba al orden patriarcal, sino la resistencia frente a modelos de dominio del cuerpo, de reproducción y de control económico sobre la mujer. El concepto de queerness que, por su parte, propone Halberstam como producto de 'temporalidades extrañas, esquemas de vida imaginativos y prácticas económicas excéntricas' [1] permite pensar en las líneas de fuerza que unen a estas mujeres, sus redes y los efectos de estos vínculos en sus carreras literarias, artísticas y en la historia cultural de Latinoamérica" (150).

de amistades, en formas de reunión de los cuerpos, que resulta en una poderosa invocación a presencias espectrales, a veces, en el intento por contactar con el más allá, pero también en un conocimiento y práctica del espíritu.

Así, usando estos dos conceptos en donde se combinan lo afectivo, lo espiritual espectral y el archivo, leeremos cómo, en estas comunidades alternativas, estas mujeres llevan adelante vidas en un punto excéntricas, cuyo quehacer principal se aleja del hogar o de la productividad intelectual femenina. Aquí se movilizan, entonces, el gesto del cuerpo, los trazos que aparecen en sus cartas y la marginalia. Lo intelectual no está, pues, separado de la labor del espíritu, propia del sentir de la época. Estas redes se afianzan no solo a partir de la labor intelectual y creadora, sino que también se ven intensificadas por el mundo espiritual y filosófico, es decir, por comentar lecturas que les son afines. De hecho, estas bibliotecas espirituales están presentes en la vida de varias de estas mujeres, como Iris y Mistral, siendo posible observar cómo en ambas se repiten ciertos autores: Maeterlinck, Steiner, Bergson, Ibsen, Nietzsche, y Jung, entre otros.[9] El archivo de cartas, diarios, comunicaciones y las marcas de la biblioteca de Mistral, la que he llamado "marginalia espiritual", constituyen una superficie donde se leen esas interacciones en torno a lo espiritual y también una apertura material para vislumbrar esas vidas excéntricas desde escrituras privadas y personales entre las que se construye el archivo espectral femenino.

La vasta colección de espiritualidad presenta un microuniverso para estos estudios, al encontrarse con la materialidad del trazo y, por ende, de la misma mano de Mistral en todos los subrayados en lápiz azul de palo y en algunos incluso con marginalia, como por ejemplo las *Cartas sobre meditación ocultista* de Alice A. Bailey (en la exhibición permanente del Museo Regional de Vicuña), *A trabalho do Philosophia Vedanta* (1928) de Swami Abhedananda, así como también obras de Nicolás Berdiaeff (dramaturgo que, a su vez, mantiene correspondencia con María Tupper), Thomas Merton, Maurice Barrès, Kirshnamurti (*El conocimiento de uno mismo*), Jean Chuzeville (*Les mystiques allemands du XIII au XIX siècle*), Georg Steiner (*Faust*), Annie Besant, y C.W. Leadbether, entre otros. El *Tratatto di magia bianca o la vía del discépolo*

---

9. Agradezco a Carmen Bascuñan, bisnieta de Iris y albacea de su legado, por facilitarme los datos sobre su biblioteca donde se conservan más de quinientos volúmenes. Sobre la biblioteca de María Tupper, aún no he tenido noticia, siendo esta una pesquisa aún en curso.

(traducción al italiano, 1951) de Alice Ann Bailey, cuyas páginas se encuentran subrayadas casi por completo, además posee varias anotaciones sobre todo en la sección sobre meditación o de pranayamas (respiraciones), o acerca de las prácticas que involucran la glándula pineal y el plexo solar. En este libro, se lee la inscripción de puño y letra de Mistral "ojo" en la sección donde dice magos, a continuación, se lee agua "emocional", según anota Mistral, y luego se hace referencia a la nueva era, donde ella marca "hacer presencia ante el Padre, Espíritu y Cristo por quince minutos". Otro interesante trazo aparece en la página 463, en donde anota "evolvere" (evolucionar), luego escribe "lo mejor no lo hago yo lo hace el Señor desde mí" (509) y, finalmente, en la página 597, "energía espiritual".

Otro importante libro también con sus marcas y marginalia es *La luz del sendero* de Mabel Cook o Collins Cook (autora inglesa teósofa y sufragista, a quien este libro le habría sido dictado en trance), donde anota "silencio y búsqueda".[10] De esta colección, llama la atención el volumen *Les mystiques allemands* (París, 1935) de Chuzeville, dedicado al estudio de los místicos desde Hildegard von Bingen, pasando por Meister Eckhart y Paracelso. Allí subraya la frase: "idea de que Dios permanece en cosas de naturaleza". Otra presencia relevante es la del líder espiritual de la teosofía, Krishnamurti (hijo adoptivo intelectual de Besant y Leadbether), del cual se contabilizaron al menos dos volúmenes y quien además visitó Sudamérica y Chile en el año 1935. Este hecho está documentado en la *Revista Zig-Zag* el 1 de septiembre de 1935, donde se menciona una charla a la que habría asistido Iris.[11]

El libro *Pláticas sobre el sendero del ocultismo* (México, 1950) de Annie Besant se halla también presente en la biblioteca con varias anotaciones.

---

10. Hay una importante relación entre el movimiento sufragista británico y norteamericano. Existen varios estudios en el mundo anglosajón, entre ellos el libro de Ann Braude, titulado *Radical Spirits: Spiritualism and Women's Rights in Nineteenth-Century America* (Indiana University Press, 2001), y el de Joy Dixon, titulado *Divine Feminine. Theosophy and Feminism in England* (Johns Hopkins University Press, 2003).

11. Según *Zig-Zag*, Krishnamurti dio varias charlas tanto en Santiago como en Valparaíso. El titular dice "En la revolución interna de cada espíritu cree Krishnamurti" (3) y luego se señala que "están, incluidas, todas las gamas del arte; la literatura; el periodismo: el magisterio. Desde doña Inés Echeverría de Larraín hasta el economista italiano Mario Antonioletti" (3).

Entre ellas, llaman la atención aquellas que parecieran establecer una discusión directa con algunos de estos autores. *Les interventions surnaturelles* de Maurice Magre (París, Bibliothèque Charpentier Fasquelle éditeurs 1939), por ejemplo, resulta ser un libro fascinante por la diversidad de temas, los que responden a una "estructura de sentimiento" (Williams). Entre estos se encuentran: la salud, las enseñanzas de Sri Aurobindo,[12] el inconsciente de Sigmund Freud, los ángeles, la astrología y la obra de Maurice Maeterlinck, un autor que cruza probablemente a gran parte de las autoras de este período.[13] La sección sobre la comunicación a través de los sueños aparece subrayada por Mistral, enfatizando aquel fragmento que refiere a las comunicaciones con el más allá, anotando en la página 179 "mediocridad solo".

Podemos plantear una evolución con respecto a la teosofía de Blavatsky, que será criticada por Mistral en una carta a Vasconcelos, publicada en 1922 por *Repertorio Americano*. En uno de sus cuadernos, en un cuaderno ella dibuja una flecha (otra de sus típicas marcas) cuando se nombra *El Libro Titibeano de los Muertos*, así como otras anotaciones. Por esta razón, se puede elucubrar que este conocimiento deja de estar ligado a la teosofía, aunque sí sigue leyendo a Besant. Esto deriva en el estudio del conocimiento Rosacruz, cuyo volumen *El velo del destino. Cómo se teje y desteje la fraternidad rosacruz* (Kier, 1946) y *Principios ocultos de la sanación y la curación de la Fraternidad Rosacruz* (1938), ambos de Max Heindel, se encuentran en su biblioteca, así como también *La filosofía del fuego* (Kier, 1946) del Dr. R. Swinburne Clymer, quien traería esta doctrina a Chile. Esta doctrina rosacruz será estudiada por María Tupper a través de un curso por correspondencia con The Rosicrucian Fellowship, situada en Oceanside, California.[14]

---

12. Libro en colección Atkinson, proveniente de la casa de Roslyn Harbour en Long Island, Nueva York. Sri Aurobindo fue llamado por Romain Rolland el espíritu filosófico y religioso más grande de la India actual. Su obra más conocida es *L'enigme de l'univers*.
13. Aparece nombrado por Iris en varias de sus novelas y sus obras se hallan presentes en las bibliotecas de la época.
14. De hecho, en una carta fechada el 3 octubre de 1947, Gabriela Mistral escribe a don Zacarías Gómez: "Extraños y agudos me parecen esos libros sobre Rajayoga. Me interesa saber si ellos no salieron de cabeza nacista. Me parece más sano lo Rosacruz" (citado en Taylor 253). Esta carta y la cantidad de libros rosacruces presentes en la biblioteca de Vicuña, sobre todo aquellos adquiridos durante su

Algunos ejemplos de estas anotaciones son notables y decidores, tal como ejemplifica Breno Donoso cuando señala que, además de rotular los libros por género, anotando la palabra "Religión" en azul en la hoja de cortesía, hay otra marca recurrente:

> Otra marcación característica que escribe en estos libros es una "T". El contenido de estas anotaciones es diverso, pero casi siempre versa sobre cómo incorporar alguna enseñanza en la vida práctica [...] En la hoja de cortesía del libro *L'homme dans ses rapports avec les animaux et les esprits des elements* (1937) de Rudolf Steiner traza la "T" y luego escribe "la mano de Yin en la mía". (Donoso 85) (Fig. 05; Fig. 05b)[15]

Sin embargo, para Mistral este modo de conocer el mundo es también un constante cuestionar no solo a las diversas gnosis, sino que también es parte de su desarrollo personal, desde muy temprano, tanto en su camino espiritual personal, como en su vida pública. Así vemos en "Una carta a José de Vasconcelos de Gabriela Mistral", publicada en *Repertorio Americano*, el 30 de enero de 1922:

> Ha hecho usted un esfuerzo muy honrado y enteramente nuevo en América, con explicar el budismo, y sobre todo con darlo sin marañas de misterio, como lo da la teosofía. Yo me he leído varias obras sobre este tema, sin que de toda esa lectura me haya quedado un concepto nítido, neto, y mi ansia de claridad es muy grande cuando leo libros de esta índole, porque la vaguedad está permitida únicamente a la poesía, si

---

estadía en Brasil, junto a sus comunicaciones con Tupper, me llevan a formular la hipótesis de que Mistral sí fue una fiel seguidora de esta doctrina durante sus últimos años de vida.

15. Se podría trazar una correspondencia entre el mundo espiritual de Mistral y su relación con Yin-Yin. De hecho, la búsqueda de la comunicación en el plano astral y en el de los sueños se ve exacerbada luego de la muerte de Yin-Yin. Grínor Rojo propone leer un poema como "Aniversario" de *Lagar II*, en esta clave: "Al leerlos teosóficamente estos participios (del poema) nos confirman que el muchacho muerto conserva 'todavía' al menos parte de su equipaje terrestre. El proceso de su espiritualización post mortem no se ha completado en él del todo" (225). Véase también correspondencia de Mistral con Mercedes Cabrera Del Río, acerca de astrología y visiones de Yin-Yin.

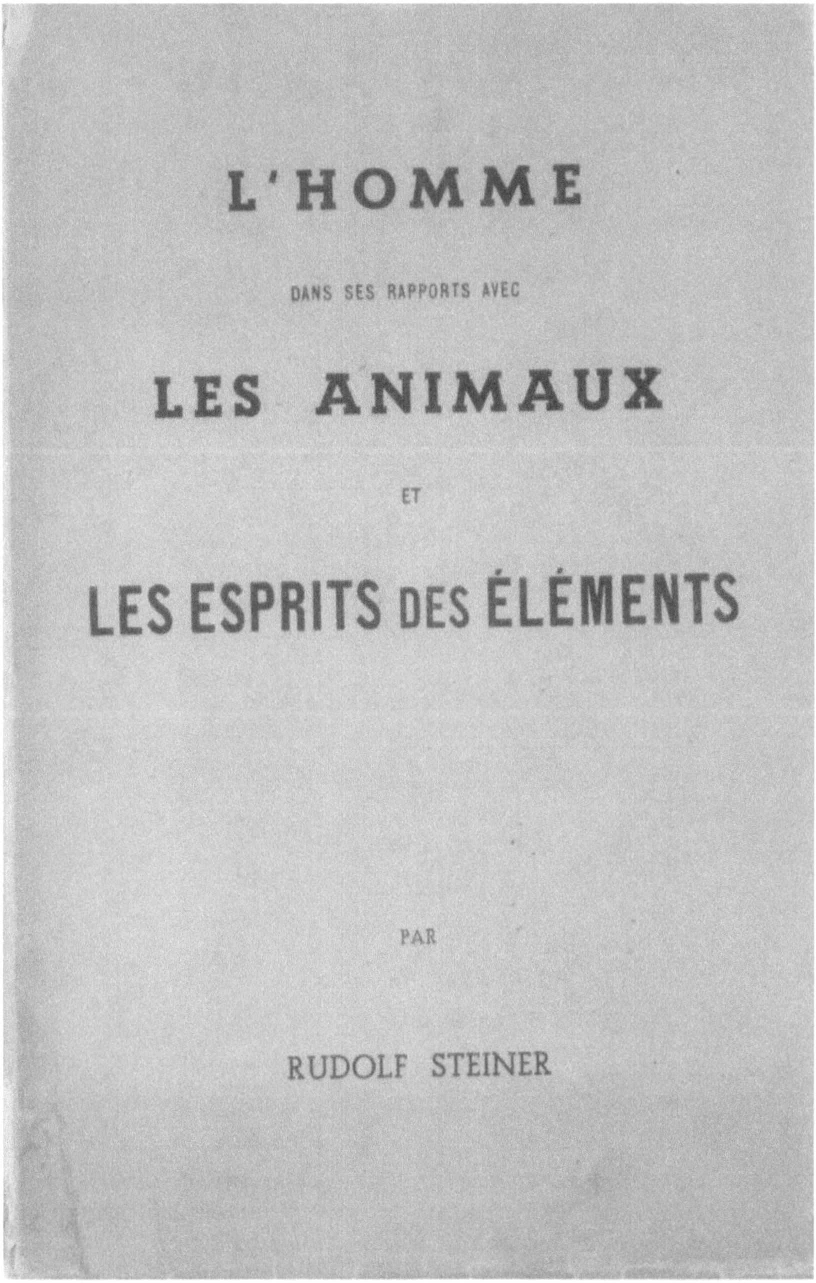

L'HOMME

DANS SES RAPPORTS AVEC

LES ANIMAUX

ET

LES ESPRITS DES ÉLÉMENTS

PAR

RUDOLF STEINER

FIG. 05 *L'homme dans ses rapports avec les animaux et les esprits des éléments* (1937) de Rudolf Steiner. Colección Barnard College. Museo Gabriela Mistral, Vicuña.

FIG. 05b *L'homme dans ses rapports avec les animaux et les esprits des éléments* (1937); "T. La mano de Y. en la mía" (en página de cortesía al final del libro). Colección Barnard College. Museo Gabriela Mistral, Vicuña.

es que le está permitida. Aquí, y a propósito de un comentario elogioso de Armando Donoso en *El Mercurio*, se publicaron dos protestas por el latigazo de Ud. a la teosofía. No lo libró de ellas su juicio afectuoso y justo sobre Ana Besant. En verdad, la señora Blavatsky es un caos, a veces portentoso, pero a veces horrible y desconcertante, de ciencia y de imaginación infernal; tal vez su lava ardiente y sombría sea vivificante, pero da miedo e inspira confianza. Es una especie de cordillera, llena de abismos, su alma y su cerebro. La señora Besant, por el contrario, tiene la dulzura de las colinas; no siente el odio del cristianismo, y la luz del Evangelio la conserva... (10-11)

De hecho, justamente en esta biblioteca serán las obras de Besant, sucesora de Madame Blavatsky, una de las autoras con mayor presencia y tal vez con mayor marginalia. Se puede inferir que, de aquellos trazos, se deviene en una escritura que después se transforma en apuntes de estudio, notas de autoconocimiento, ejercicios espirituales, como se observa en varios de sus cuadernos, bajo el rótulo de "Prácticas", conservados en el Archivo del Escritor de la Biblioteca Nacional, como se ilustrará más adelante.

Según Grínor Rojo, estas creencias constituyen una batalla perenne en Mistral "entre la religión oficial y las creencias alternativas" (232), y luego cita un escrito del 10 de octubre de 1945: "Por la noche y tarde me puse a leer el libro 'Iglesia Gnóstica'. Chocándome a cada rato con la doctrina evidente y la escondida... A cada paso veía las puntas demoníacas de esta rama de los Rosa Cruces" (232). Es evidente el cariz que tiene esta búsqueda constante, no exenta de argumentaciones, pese a las cuales continúa con su camino, ya sea de la teosofía, del yoga o rosacruz, asimismo, ese día anota: "Escoger siempre un centro o lugar donde practicar la oración. Recordar que los maestros no hacen libros" (citado en Rojo 233).[16]

---

16. Otro escrito que devela esta contradicción es una carta al Padre Dussuel, donde Mistral se refiere a la teosofía del siguiente modo: "La abandoné cuando observé que había entre los teósofos algo de muy infantil y además mucho confusionismo. Pero algo quedó en mí de ese periodo–bastante largo: quedó la idea de la reencarnación, la cual hasta hoy no puedo –o no sé– eliminar. Cada vez que me confieso, Padre, no soy ayudada respecto a este asunto tan hincado en mí... Del Budismo me quedó, repito, una pequeña Escuela de Meditación. Mudo al hábito

Para sistematizar el estudio de estos conocimientos esotéricos, Antoine Faivre, estudioso del "esoterismo occidental", propone un paradigma el cual es sintetizado *Western Esotericism. A Concise History*, a grandes rasgos define el esoterismo como una "forma de conocer". De estas características, se extraen los siguientes cuatro puntos, que pueden aplicarse al tipo de conocimiento y búsqueda esotérica y espiritual al que adscribirán otras autoras chilenas y artistas como Mistral, María Tupper e Inés Echeverría:

> The four fundamental characteristics are as follow: 1. The idea of universal correspondences. Non-"causal" correspondences operate between all the levels of reality of the universe, which is a sort of theater of mirrors inhabited and animated by invisible forces. For example, there would exist relationships between the heavens (macrocosm) and the human being (microcosm), between the planets and the parts of the human body, between the revealed texts of religions (the Bible, principally)... 2. The idea of living Nature. The cosmos is not only a series of correspondences. Permeated with invisible but active forces, the whole of Nature, considered as a living organism, as a person, has a history, connected with that of the human being and of the divine world... 3. The role of mediations and of the imagination. These two notions are mutually complementary. Rituals, symbols charged with multiple meanings (mandala, Tarot cards, biblical verse, etc.), and intermediary spirits (hence, angels) appear as so many mediations. These have the capacity to provide passages between different levels of reality, when the "active" imagination (the "creative" or "magical" imagination—a specific, but generally dormant faculty of the human mind), exercised on these mediations, makes them a tool of knowledge (gnosis), indeed, of "magical action on the real." 4. The experience of transmutation. This characteristic comes to complete the three preceding ones by conferring an "experiential" character on them. It is the transformation of oneself, which can be a "second birth"; and as a corollary that of a part of Nature (e.g., in a number of alchemical texts). (Faivre 12)

–tan difícil de alcanzar que es el de la oración mental? Le confieso humildemente que, a causa de todo lo contado, no sé rezar de otra manera" (citado en Dussuel 20–21).

Para Faivre las dos características secundarias son una práctica de la concordancia, esto es, de cómo hay ciertos denominadores comunes en las distintas tradiciones, entre las cuales se puede encontrar una gran verdad que sobresale en ellas. Asimismo, enfatiza la idea de la transmisión (12). Por su parte, en *Isis modernista. Escritos panhispánicos sobre teosofía, espiritismo y el primer Krishnamurti*, el investigador José Ricardo Chaves advierte cómo se acuña el término "esoterismo occidental". Siguiendo a Faivre plantea que este "alude no solo a su origen sino también a su principal campo de aplicación. A partir de la confluencia, en contexto cristiano, de antiguas fuentes (neoplatónicas, herméticas, cabalistas, alquímicas) en el esoterismo renacentista [...] después un esoterismo ilustrado, seguido por uno romántico y luego otro más secular en el siglo XX" (20). En este rasgo secular nos introducimos al leer las comunicaciones y preocupaciones espirituales de estas autoras, insertas dentro del esoterismo occidental.

Inés Echeverría y la teosofía: correspondencias con Mistral

> Iris, la mística, enamorada de los
> encantos de la naturaleza.
> Roxane (Elvira Santa Cruz, "Iris" ayer "Inés Bello hoy")

"Iris. Ella ha elegido ese pseudónimo. Posee los siete colores del prisma y todas las combinaciones posibles caben en su espíritu" (6). Estas primeras palabras del perfil de Inés Echeverría, publicado en la revista *Sucesos* en febrero de 1915 por F. S. (probablemente Fernando Santiván), nos permiten adentrarnos en el carácter y la personalidad de esta autora, cuya espiritualidad se combina con su relevante presencia en el mundo intelectual. Ese mismo año, tiene lugar la primera carta que abrirá la correspondencia y amistad de larga data entre Gabriela Mistral y la autora. Esa misiva, enviada por Mistral en 1915, es publicada por Iris en *Sucesos* el 25 de marzo, sin el permiso de la escritora. A pesar de este primer *impasse*, se desarrollará entre ambas una amistad que se traduce en conexiones estéticas, espirituales y afectivas. Cito parte de esta carta:

> Señora Inés Echeverría de Larraín. Señora: desde hace cinco o seis meses, desde que leí una entrevista publicada en Zig-Zag tengo como la obsesión de escribirle. Habló usted al que fue a verla, de unos proyectos de

asociación con fines de alta espiritualidad, y yo leí eso con una emoción enorme. Desde entonces he tenido pronta la hoja blanca para mandarle mi homenaje de admiración y mi ruego. Siempre me detuvo el pensar que siendo yo nadie, mi palabra se perdería. Hoy me he decidido. Acabo de leer un maravilloso artículo de Annie Besant, y mi prejuicio lo he vencido con este pensamiento; yo no pido respuesta para esta carta, yo necesito decirle lo que sigue, nada más. Necesitamos una asociación de la índole de la que usted habló al repórter. Sería esa la obra más alta que se haya hecho en Chile desde hace cinco o más años. Hay que abrir a la espiritualidad brechas más anchas en el vivir humano, en el arte, en la literatura sobre todo, que está anegada en barros pesados. Usted y sólo usted puede y debe ponerse a la bella empresa. Hay mil almas indecisas; pero llenas de buena voluntad, prontas al llamado, que irán hacia usted. No le hablo de mí que nada significo; le hablo de mucha gente en que estas cosas despiertan como una alba inmensa y dorada, y que usted reunirá a su sombra para trabajar... (3)

En esta misiva, es posible observar que ambas comparten la lectura de la sucesora de Madame Blavatsky, Annie Besant, la segunda en dirigir la Sociedad Teosófica internacional. Así las cosas, el hecho de que ambas siguieran este camino espiritualista será fundamental en cuanto a una trayectoria amistosa que estrechará su relación a lo largo de los años.

Por su parte, a lo largo de la vida de Iris, tal como se recoge en *Memorias de Iris 1899–1925* (2005), aparece una constante tendencia a lo espiritual. En un temprano texto de septiembre de 1908, escribe:

Trabajar asiduamente para servir de canal a las ideas que, por medio, Dios quiera difundir entre las criaturas. Ser fiel a mi vocación de escritor que tan clara se me manifiesta como medio de acción y propaganda espiritual [...] Esos seres dignos de ocuparnos, que más merecen nuestro esfuerzo y nuestra atención, son los artistas espiritualistas... ¿Y qué artista de verdad no es espiritualista inconsciente? (316)

En 1915, mismo año de la citada carta, Amanda Labarca publica en agosto una entrevista a Iris, titulada "La vida del espíritu" (*Revista Familia*), donde se recogen, en parte, estas mismas inquietudes. De esta manera, en los escritos de Iris se observa una apología a la teosofía y también al espiritismo, al mismo tiempo que una concepción del arte como aquello que puede llevar al "reino espiritual" o a una danza de "irradiación espiritual" (citado en *Alma femenina y mujer moderna* 343), según explica al referirse a Anna Pavlova en el artículo publicado en *La Nación* "Un arte divino", fechado el 4 de agosto de 1918. En 1914, Iris ha publicado en París su primera novela *Entre deux mondes* y, a raíz de esta publicación, Roxane (Elvira Santa Cruz Ossa), la entrevista para *Zig-Zag*:

—¿Conserva Ud. siempre ese misticismo inquieto, que es tan necesario a todo artista?

—Por cierto y cada día siento desarrollarse en mí ese profundo sentimiento que no debe confundirse con la religiosidad, que no es religiosidad, sino la evidencia de esa unidad que liga todo el universo, todas las formas del saber humano, todos los conocimientos. Son místicas todas las almas que penetran los planos ocultos de la vida y este anhelo lejos de aquietarse va encontrando mayores luces a medida que avanzamos en la vida. Dejamos de ser jóvenes y mundanos, pero hay una sola cosa que se ahonda y va creciendo siempre: el *misticismo*. Los gustos y ambiciones van cediéndole el paso, y el misticismo, la vida interior, llega a ser el núcleo de la más fuerte vitalidad que se lleva en sí mismo. (s/p)

En esta entrevista, Iris señala claramente el lugar del misticismo en su vida, hecho que podemos leer en consonancia con los postulados de Antoine Faivre, quien considera la ley de las correspondencias y de la unidad. En esta, además, nombra a autores que circulan en la época y que también se hallan presentes en la biblioteca de Mistral: Bergson y Maeterlinck, quienes además de ser autores "de moda" son lecturas obligadas de los cercanos al ocultismo y al esoterismo.

En la biografía de Iris escrita por Mónica Echeverría, *Agonía de una irreverente* (1996), se señala que Inés quiere crear una sociedad o centro teosófico, siendo esta la razón por la que Mistral le escribe la citada carta de 1915. Otros puntos en común, además de preocupaciones espirituales y literarias, es que ambas compartían lecturas como el autor Maeterlinck (a quien además Mistral conoce en Portugal),[17] la teosofía de Besant, y las enseñanzas rosacruces,

---

17. Mistral comparte una foto suya con el autor donde se lee el siguiente texto al reverso de la foto: "Era el personaje más atrayente de las conversaciones de Lisboa" (citado en "Vida y confesiones" 29).

entre otras. Por su parte, como señalé anteriormente, Iris dedica a los "espíritus de vanguardia" su volumen de cuentos *La hora de queda* (1918):[18]

> A los espíritus de vanguardia, a mis amigos anónimos, a mis hermanas desconocidas, que de los extremos de la República, de la capital de la aldea, del pueblo o del villorrio me han sostenido a diario, con bellas cartas de íntima comprensión, de bondad o de simpatía, levantando mi alma y sosteniendo mis desfallecimientos. A todos ellos, van estas páginas escritas al calor de una más alta solidaridad espiritual y humana. (s/p)

No solo en este volumen de cuentos, sino también en sus diarios se advertirán estos saberes gnósticos, esotéricos y místicos, así como la presencia de lecturas y de sus amigas Morla, con sus personajes de apellido Morgan, nombre con el que aparecen en *Cuando mi tierra fue moza. Mundo en despedida* de 1944. En un pasaje de esta, los personajes leen una nota de *El Mercurio* sobre Maeterlinck: "Alba recordó que en el artículo citado se decía que el Teosofismo es refugio de almas sin Fe, pero en realidad –añadió– los teósofos creen en más verdades que las impuestas" (120).

En *Agonía de una irreverente* (1996), Mónica Echeverría relata la presencia de las hermanas Morla en el funeral de Iris, intentado contactarla desde el más allá. Del mismo modo, las hermanas Morla Lynch y su madre Luisa Lynch aparecen constantemente nombradas en las memorias y en sus diarios. Pasando a la relación entre Mistral e Iris, advertimos una importante evolución afectiva y de intereses, así como de amistades comunes, a través de las cartas que se conservan. Esta profundización en los afectos, que estrecha la relación entre ambas, se hace visible en cuanto a la apelación de una a otra, relación que va del trato formal de Iris, quien inicialmente se dirige a Mistral como la "Sra. Lucila Godoy", a llamarla "mi muy querida amiga del alma", como se ve en la última carta enviada a Mistral en 1941.[19] En esta carta, la remitente Iris, anuncia el envío de sus dos últimos libros, pues supo que

---

18. Este libro fue reseñado por Roxane en *Zig-Zag* el 13 de julio de 1918 ("Al margen de *La hora de queda*") y por Carlos Parrau en *Revista de Estudios Psíquicos* en septiembre de 1918 ("*La hora de queda*, por Iris").

19. La carta de Gabriela Mistral a María Tupper a la que refiere esta misiva está fechada el 22 de diciembre de 1941, por lo que, según mis pesquisas, esta puede corresponder a ese mismo año.

Mistral había pedido noticias suyas a María Tupper. Asimismo, Iris expresa su opinión sobre la sociedad de la época y el rol de la mujer, se disculpa por su silencio y aislamiento, y señala que su verdadera obra se encuentra en su diario, ya que ahí se ha desnudado, tal vez no en sus libros.

Otro hito de la amistad entre estas dos mujeres se observa en el texto "Sobre Iris Echeverría", escrito por Mistral en 1949, año en que Iris fallece. En él, se hacen presentes el íntimo afecto y la admiración de Mistral por su amiga Inés:

> La brava mujer se batía a puro ingenio zumbón con los dos enjambres de abejas irritadas. No había en ella el veneno amargo y el ácido; su linda burlería no llegaba al lancetazo de la avispa; con el decir del pueblo, "no levantaba ampolla"; escozor, sí. Le recuerdo este sobre algún "beato": "Ese solo tiene de Padre; no ha alcanzado al Hijo y, sin vuelta, no va a tener al Espíritu Santo..." Y este otro: "¿A qué volear tanto los linajes? Si nacieron ya apellidados ¿qué hazaña tienen?"... La Doña Inés que me vi y supe andaba por aquellos años –entre el 20 y el 23– del brazo con Doña Delia Matte, con María Tupper y otras damas que no recuerdo. En la lucha más peregrina hacer un "Club de señoras". Qué lucha alácrita y qué revuelo grande y tonto en la capital provinciana que era Santiago entonces. ¿"Club" y de mujeres? ¡El nombre echaba sobre el grupo unas bizcas luces de escándalo!... "¿Para qué hacían un club esas mujeres?" No para leer, ni para tomar té, ni para recibir, que para todo eso está la casa"
> ... Ella, por entonces, como tantas cabezas sensibles, exploraba la teosofía, exprimiéndoles visiones y rutas para vivir como en alquimia interior y resistir así el imán de un materialismo que prevalecía, sobre todo en ese Santiago que no dejaba de ser una aldea, una presuntuosa aldea...
> (*Caminando se siembra* 226-227)

Esta amistad, afinidad estética y espiritual, se extiende por esta red a las hermanas Morla (con quienes Mistral también tiene cierta relación, según puede apreciarse en su correspondencia) y con la artista María Tupper y sus lecturas del cristianismo rosacruz.

Según Wouter Hannegraff, en *Dictionary of Gnosis and Western Esotericism* (2006), la rama de Oceanside, California, de The Rosicrucian Fellowship[20]

---

20. "Christian Rosenkreuz, symbolic name of an advanced spiritual teacher, who came to Europe in the XIIIth century (with influences of Goethe, Bacon, etc)" (Hannegraff 12).

se estableció en 1909 por Max Heindel (Fig. 06). Es esta una forma de esoterismo cristiano cuya base se puede rastrear hasta Rudolf Steiner, quien era la cabeza de la sección alemana de la sociedad teosófica, antes de derivar en la antroposofía. Esta escuela ofrecía un curso por correspondencia con ejercicios, pruebas, poniendo acento en el silencio y la sanación. Para Max Heindel, señala Hannegraff, el universo consiste en siete mundos: el mundo de Dios, de los espíritus primarios, de la vida, espíritu divino, pensamientos, deseos y en un nivel más bajo, el cuerpo. Esta rama de rosacruces es la más espiritual y también tiene elementos de la astrología con un énfasis en el número 7. Justamente el grupo de María Tupper con las hermanas Morla, quienes practicaron el espiritismo, pero también estudiaron otras gnosis o, más bien, conformaron una mixtura de estos saberes, se llamó el Grupo 7. Ahí también participaron Iris e Isabel Barros, cercanas a Marta Brunet. La representación de este saber es una cruz con siete rosas y un pentagrama. Heindel escribió numerosos libros de la doctrina rosacruz y de la edición de the Rosicrucean Fellowship se contabilizan al menos 18 volúmenes (publicados desde 1913). Varias de estas publicaciones se encuentran en la colección Barnard College y esta misma rama fue la que estudió la artista María Tupper, tal como lo confirman sus cartas y diarios, así como también su correspondencia con el dramaturgo ruso Nicolas Berdiaeff, quien es traducido al español y se cuenta también entre las lecturas de Mistral. En *María y los espíritus* (2014), volumen donde se compilan estos diarios y cartas, se halla una interesante sección con ciertas comunicaciones astrales con él y con el pintor ruso Boris Grigoriev, quien le dictaba lecciones espirituales desde el más allá.[21]

En una de estas cartas, Tupper le relata su búsqueda espiritual a Nicolás Berdiaeff, autor leído también por Mistral:

> La duda entró en mi alma, me distancié de la confesión y me alejé de los sacramentos. Vi negro, vi sombras, me sentí perdida en medio del camino y comencé a buscar de todos lados: teosofía, Luda Dharma Mandalam (orden espiritual hindú), ocultismo, Rosacruz... constaté cosas muy extraordinarias como la posibilidad de salir del cuerpo en

---

21. Este pintor ruso fue su maestro de pintura en la Escuela de Bellas Artes en Santiago y con quien tiene correspondencia a lo largo de su vida, así como un par de encuentros más en sus viajes a Europa. Esta comunicación continúa también desde el más allá como anota en sus diarios María Tupper.

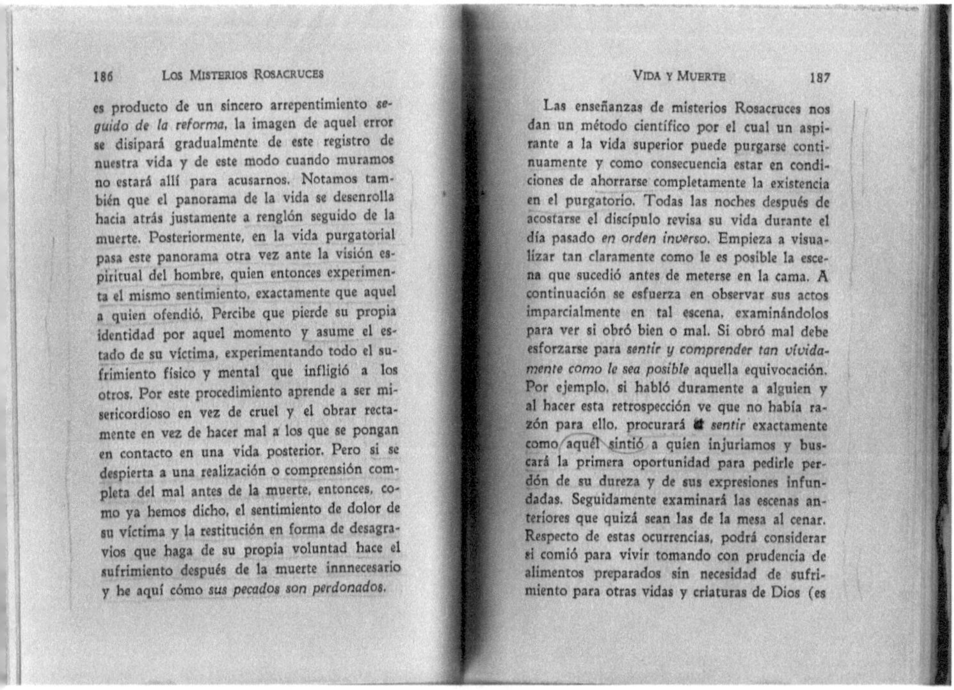

186 LOS MISTERIOS ROSACRUCES

es producto de un sincero arrepentimiento *seguido de la reforma*, la imagen de aquel error se disipará gradualmente de este registro de nuestra vida y de este modo cuando muramos no estará allí para acusarnos. Notamos también que el panorama de la vida se desenrolla hacia atrás justamente a renglón seguido de la muerte. Posteriormente, en la vida purgatorial pasa este panorama otra vez ante la visión espiritual del hombre, quien entonces experimenta el mismo sentimiento, exactamente que aquel a quien ofendió. Percibe que pierde su propia identidad por aquel momento y asume el estado de su víctima, experimentando todo el sufrimiento físico y mental que infligió a los otros. Por este procedimiento aprende a ser misericordioso en vez de cruel y el obrar rectamente en vez de hacer mal a los que se pongan en contacto en una vida posterior. Pero si se despierta a una realización o comprensión completa del mal antes de la muerte, entonces, como ya hemos dicho, el sentimiento de dolor de su víctima y la restitución en forma de desagravios que haga de su propia voluntad hace el sufrimiento después de la muerte innnecesario y he aquí cómo *sus pecados son perdonados*.

VIDA Y MUERTE 187

Las enseñanzas de misterios Rosacruces nos dan un método científico por el cual un aspirante a la vida superior puede purgarse continuamente y como consecuencia estar en condiciones de ahorrarse completamente la existencia en el purgatorio. Todas las noches después de acostarse el discípulo revisa su vida durante el día pasado *en orden inverso*. Empieza a visualizar tan claramente como le es posible la escena que sucedió antes de meterse en la cama. A continuación se esfuerza en observar sus actos imparcialmente en tal escena, examinándolos para ver si obró bien o mal. Si obró mal debe esforzarse para *sentir y comprender tan vívidamente como le sea posible* aquella equivocación. Por ejemplo, si habló duramente a alguien y al hacer esta retrospección ve que no había razón para ello, procurará [illegible] *sentir* exactamente como aquél sintió a quien injuriamos y buscará la primera oportunidad para pedirle perdón de su dureza y de sus expresiones infundadas. Seguidamente examinará las escenas anteriores que quizá sean las de la mesa al cenar. Respecto de estas ocurrencias, podrá considerar si comió para vivir tomando con prudencia de alimentos preparados sin necesidad de sufrimiento para otras vidas y criaturas de Dios (es

FIG. 06 Max Heindel. *El velo del destino* (Buenos Aires, Kier, 1946). Colección Barnard College. Museo Gabriela Mistral, Vicuña.

espíritu mediante ciertas prácticas, vi que esto es cierto, que se puede obtener poderes sobre humanos...pero tuve miedo... Durante mi vagar en la búsqueda de la verdad encontré y me uní con almas que iban por el mismo camino. Un buen día descubrimos que somos ya un reducido grupo de seres en busca de la verdad. (*María y los espíritus* 41)

En este pasaje, habla de las Morla y las mesas, la electricidad, así como del trance de Ximena Morla, quien señala que Cirilio y Metodio las han escogido para un trabajo (estos son nombres de apóstoles cristianos entre los eslavos).[22] Por su parte, la comunicación con Mistral data al menos de 1941, según

22. La nota del editor sugiere que, aun cuando el grupo era independiente y guardaba silencio de sus integrantes, este estaba relacionado con los rosacruces, específicamente con la rama The Rosicrucian Fellowship, porque se menciona a California en algunas de las cartas y es este el remitente de la correspondencia que recibe Tupper.

MAX HEINDEL

LOS MISTERIOS ROSACRUCES

LA FRATERNIDAD ROSACRUZ

EDITORIAL KIER
BUENOS AIRES

FIG. 06b Foto de la portada de Max Heindel. *El velo del destino* (Buenos Aires, Kier, 1946). Colección Barnard College. Museo Gabriela Mistral, Vicuña.

María y los espíritus. De la correspondencia publicada en este libro, cito la siguiente carta de Mistral, fechada el 22 de diciembre de 1941: "Las Morla me han hablado dos veces de ese asunto de su sociedad. Me cuesta mucho hallar tiempo de contestar cosas delicadas... al consulado fue a verme tres veces un mozo perteneciente a la sociedad para mí más importante entre todas las orientalistas de Europa, o sea la antroposofía de Steiner" (142). Luego, le habla de la feminista Berta Lutz, que no es creyente, y nombra a otras amigas como Rosalina Coelho,[23] quienes son "experimentadoras más que convencidas" (143). De hecho, hay un episodio de espiritismo en la casa de las hermanas Morla en Zapallar, en el que también se halla presente Rosalina, tal como lo rememora Pilar Subercaseaux. Sigue Mistral en esa carta: "mi Carmen o mi Ximena pueden venir a Brasil cuando quieran. Yo puedo ofrecer a cualquiera de ellas un cuarto en esta casa de Petrópolis, y la mesa, y la amistad vieja y tierna" (143).

En otra carta de María Tupper a Gabriela Mistral, fechada el 22 de abril de 1942, se señala:

> Pues, me pedía Ud. datos amplios sobre doña Inés para un "recado" sobre ella y me encargaba informar a las Morla sobre movimientos orientalistas en el Brasil y otras cosas similares [...] o usted no lo ha entendido pero Ud. pertenece al grupo siete de Chile que no tiene ni estatutos ni fundamentos terreno ni conexión con filosofías orientales. Es algo mucho más alto, más sutil y tan difícil de explicar, que no es extraño que se lo hayan explicado a Ud. muy mal que de por consiguiente no lo haya entendido Ud. La primera vez que nos reunamos leeré su carta y le escribiré largamente sobre eso, tratando de explicarle lo mejor posible una serie de cosas que casi no se pueden explicar [...] Quiera Dios que no me equivoque Gabriela querida pero creo que <u>algo muy grande se está gestando en Chile en este momento y creo que somo un oasis en medio del espanto que agota al mundo</u> - Bueno <u>el grupo 7 tiene relación con todo esto</u>. (s/p; subrayado en original)[24]

---

23. Rosalina Coelho es periodista y activista feminista brasilera, amiga de Mistral y también de la familia Morla.
24. Carta en legado de Gabriela Mistral en Archivo del Escritor número de catálogo BN AE0002375. La redacción es un tanto confusa, pero se transcribió respetando el original.

Al parecer Mistral habría sido invitada a ser parte del grupo 7, hecho que no se vuelve a repetir en ninguna otra carta, pero que alude a esta comunidad y a esta red afectiva espiritual presente en estas mujeres ligadas a estos saberes. En este punto, es preciso leer este afecto como contagio o diseminación de un saber y de la lectura y práctica de lo espiritual. Es posible ver de qué manera están conectadas estas redes de mujeres no solo por la amistad y las relaciones sociales, sino que también por la preocupación por lo esotérico. En este sentido, estas comunidades de mujeres les posibilitaron cuestionar rasgos de la sociedad católica y, por ende, de la cultura heteropatriarcal, creando su propio universo. Las emociones y afectos constituyen, asimismo, un modo de acercarse al estudio histórico, tecnológico y del cuerpo siendo, además, de una complejidad narrativa que no es lineal. Así, estas diversas superficies textuales –de cartas, diarios y artículos– pretenden ser leídas como una fuente histórica de un poco conocido acervo, que compone el archivo de una comunidad de mujeres que alude a una relación con la historia de estos cuerpos.

De esta manera, la escritura y las pinturas de Tupper, la marginalia de Mistral, y las comunicaciones y dibujos de las Morla tienen algo de retratos espirituales, toda vez que revelan modos en que se visualizan y se hacen patentes ciertos trazos del espíritu, correspondencias, elevación de conciencia y aprendizajes. Leamos, por último, la siguiente carta de Mistral a las Morla, escrita desde Niza y fechada en 1939. En ella, esta red afectiva espiritual se extiende: "Estas líneas de recuerdo para uds. y para María Tupper. Cuéntenme las novedades que tengan aquellas que vienen solas o pedidas y que uds. logran. No yo, que solo en uno que otro sueño distingo algo, nunca suficientemente claro… les mandaré a veces *libros de esta línea* que vaya encontrando. Escríbanme buenas, buenitas y lindas noticias" (1–5; énfasis agregado).

Desde el afecto podemos leer estas conexiones del más acá de los cuerpos y del más allá de estos saberes y deseos de elevación mística cristiana-esotérica, que dan cuenta de la comunicación entre vivos, muertos y espíritus artísticos y místicos. La lectura y la escritura conectan a los ausentes y presentes, a través de las cartas, las marcas en los libros, huellas de resabios no solo del cuerpo, sino del espíritu y del acercamiento a saberes, los que aún nosotros lectores podemos recolectar. Estas redes afectivas e intelectuales hablan del contagio de estos temas en círculos femeninos intelectuales y artísticos, espiritualismo de vanguardia o red afectiva espiritual. Sin embargo, creo que podemos ir más allá, ya que incluir a Mistral en esta red espiritual y en este archivo afectivo permite leerla en este momento en el que estas asociaciones, lecturas y preocupaciones espirituales proponen un agenciamiento particular y, en síntesis, formas alternativas de vida. Por otra parte, en este contexto histórico y cultural pueden establecerse claros nexos entre este quehacer y algunas de las actrices principales del incipiente sufragismo en Chile. Esta relación también se puede trazar entre teósofas británicas y sufragismo, entre ellas Mabel Cook o Annie Besant, ambas lecturas de Mistral, y también en las redes de mujeres como Iris, Tupper o las Morla y su madre Luisa Lynch.

Cabello Hutt señala la importancia de investigar las redes *queer* en cuanto a sus vínculos con el desarrollo creativo e intelectual de estas mujeres y, particularmente, con respecto a sus procesos de profesionalización (156). Sin embargo, aquí esta red afectiva espiritual, si bien apunta a modos excéntricos y alternativos de vida, movilizan la emoción, pero también al "archivo espectral femenino" dotándolo de afectividad y de movilidad para leer en y con lo espiritual, otro aspecto más que se suma a este vínculo creativo e intelectual, entre mujeres. Así también, apela al modo de hacerse un lugar desde lo privado de sus prácticas hacia el mundo público del arte y de la escritura en Iris, Tupper y Mistral.

Creo que esta respuesta al mundo también refiere a una disposición del cuerpo, tema que atraviesa sin duda este capítulo: la movilización que deriva en cartas, escritos, dibujos, estudios de la mística, ejercicios espirituales y, a veces, también físicos da paso a "las emociones [que] moldean las superficies mismas de los cuerpos, que toman forma a partir de la repetición de acciones a lo largo del tiempo" (24), según plantea Sarah Ahmed. Se trata de vidas excéntricas de mujeres que, si bien no pertenecen propiamente a la era feminista, proponen un modo creativo, pero riguroso de relacionarse con el conocimiento, basado en una comunidad de amistades, de reunión de cuerpos. Esto produjo, además, una poderosa invocación a los espíritus, pero también a la meditación, a la búsqueda del esoterismo como marca intelectual y espiritual, que se mantuvo en la esfera privada y cuya manifestación fueron las obras poéticas o artísticas. Sin embargo, hoy con estas cartas y marcas de libros, más el afecto, permiten reunir elementos materiales que prueban y dan corporalidad a esos contactos más etéreos y del espíritu.

Volviendo al estudio de Mistral y sus reflexiones, es posible ver cómo estas se materializan en sus más de ciento sesenta cuadernos, conservados en su legado conservado en la Biblioteca Nacional. A modo de ejemplo, es interesante señalar cómo, a partir de los cuadernos 43, 46 y 59, se podría establecer una correspondencia entre la lectura de esta biblioteca y sus prácticas teosóficas, rosacruceanas, antroposóficas y ejercicios de respiración, entre otras lecturas sobre yoga, antroposofía o, incluso, la comunicación a través de los sueños. Esta tarea, sin duda, es un gran tema a explorar, y en este ensayo tan sólo he podido esbozar una brevísima lectura. El cuaderno 49 (fechado en 1945, en Leblon) es titulado "Prácticas" y en él aparece señalado el autor Nicolás Berdiaeff, en sintonía con lo estudiado por María Tupper, según lo consignan sus diarios y correspondencia con este dramaturgo y escritor. Luego en la página 11, bajo el título "El ascenso", se lee "Stein. C.O.": "1° estudio del C? (ilegible) por medio de las fuerzas lógicas evolucionadas en el mundo físico. 2° Adquisición del conocimiento imaginativo. 3° Lectura de la escritura o e.v. que corresponde a la imaginación. 4° Trabajo con la P fil., que corresponde a la intuición" (11-12).[25] En este cuaderno, está también el texto "Infinito" con dedicatoria "a Y", que suponemos es a Yin-Yin, fecha (1945) que coincide con el año posterior a su muerte: "Hay que tender un puente hacia los mundos distantes y descubrir la vida allí mismo donde veíamos apariencias de muerte. Las combinaciones cósmicas deberán llenarnos de alegría. Si experimentamos el efecto de ellas, eso quiere decir que somos participantes de ellas" (88).

En estas marcas imaginamos la mano de Mistral, pues aparece el rastro de su cuerpo: el trazo de la letra de la marginalia y el recorte (Fig. 07). Hay sin duda, una función diversa de estas marcas, la "T", el "sí" o las llaves, los que se pueden leer como modos de incorporar estos conocimientos a su vida, o bien, ejercicios espirituales que serán transcritos después a sus cuadernos. Este archivo espectral femenino y afectivo dialoga también con lo planteado por Natalia Taccetta, ya que estas marcas corresponden a aquellas potencialidades políticas del archivo de afectos, y de espiritualidades que aquí se reconstruyen. Natalia Taccetta plantea que el "archivo afectivo será, entonces, aquel que ponga a circular estos documentos y experiencias que reescriben la historia confiando en el archivo como dispositivo –con su régimen escópico, su audibilidad y que implica alguna inteligibilidad– en el que convergen vidas e historias que habitan o sobreviven en las fisuras o los márgenes, sosteniéndose en fragmentos o huellas" ("Archivo de sentimientos"). Estas huellas serán comunes a la lectura de este pequeño archivo que aquí presento.

---

25. En el cuaderno 49, Mistral escribe el nombre de P. Mulford, autor de "Las fuerzas mentales", bajo el título "Dormir" (40-45).

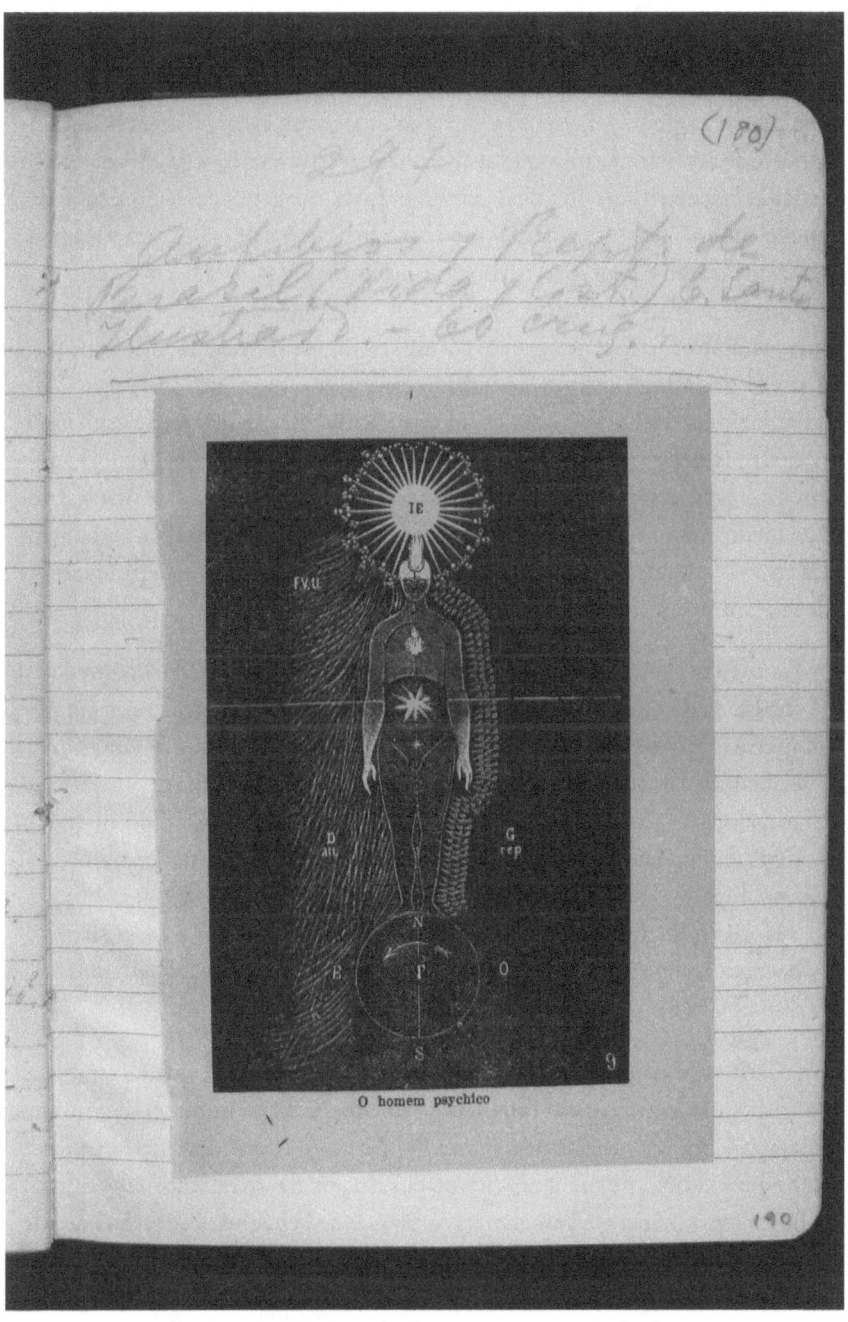

FIG. 07 "O homem psychico", página 297, cuaderno 49.
Archivo del Escritor / Gabriela Mistral.

A modo de conclusión

En estas páginas, he dado cuenta de un breve repositorio espiritualista con una marca / huella del cuerpo y del afecto. Sigo, en esto, a Taccetta, al pensar este archivo como uno que se moviliza afectivamente. Ella misma, en su artículo "Reescrituras afectivas. Entre archivo, imagen y colección", plantea que "el archivo permite postular modelos alternativos de la historia para pensar, representar y experienciar nuevos lazos afectivos" (97). En consecuencia, según postula Ticineto Clough, acerca del "giro afectivo": "the affective turn, therefore, expresses a new configuration of bodies, technology, and matter instigating a shift in thought in critical theory" ("Introduction" s/p). Al reflexionar acerca de cómo se lee este archivo de esa búsqueda espiritual, podríamos decir que este no se halla despojado del afecto. A partir de este "archivo espectral femenino" se vuelve posible, entonces, ensayar una lectura que identifica esta práctica en las anotaciones privadas realizadas al margen. En esta sintonía se puede leer el siguiente texto de Mistral, titulado "Palabras de la recolectora" (1940):

> En cada ocasión que tienen en las manos uno de esos libros en que lo substancial anda casado con lo donoso [...] mi lápiz marca la página y aparta el trozo bienaventurado. Y esto sin vistas a Antologías sino por un hábito tan connatural como el de sentarse a la mesa haciendo sitio con el gesto a los familiares. Y con la costumbre del lector fogoso, que sigo siendo, del que habla en voz alta, suelo decir al camarada ausente: Qué bien, vea UD. qué bien hallado! Y no me falta sino pasar el libro a la mano de aire que está a mi lado... Porque leer con pasión siempre será compartir y hacer mesa y colación común. (*Recados para hoy y mañana* 147)

Esta "colación común" habla del afecto, de la comunidad que se establece en torno a la lectura, pero también de su propia relación material con esta "materia vibrante" –siguiendo a Jane Bennett– en la que deviene esta marca trazo que es huella de su mano/cuerpo dejado por el movimiento-emoción en la hoja con la marca azul en el margen blanco de la página. Ese trazo hace de esta marginalia una que no es solo espiritual sino también emocional, donde confluyen conocimiento espiritual y el afecto por lo material del objeto libro. En Mistral, esa emoción moviliza la relación con ese texto, sobre todo en su deseo por comunicarse con su hijo muerto, Yin Yin, a través de la lectura de

Steiner, al convocarlo a través de su mano ("la mano de Y en la mía", según indica su glosa manuscrita).

Este universo místico mistraliano temáticamente se textualiza en otras dimensiones de la autora, llevándonos a meditar cómo se moviliza espiritualmente la intertextualidad, materializada en diversos aspectos de su obra. El estudio de esta biblioteca y repositorio aporta una nueva dimensión de la lectura y de la escritura, universo celeste, místico, azul. De esta manera, la biblioteca sería, entonces, un instrumento para establecer contacto con un más allá, un dispositivo afectivo para invocar a su madre, a su hijo y a otras presencias. Así, esta deviene en una suerte de portal del afecto, es decir, un puente físico y metafísico, estableciéndose una voluntad de diálogo con el objeto libro y su materialidad que, a su vez, parece dialogar con sus cuadernos y sus cartas. El acervo de esta biblioteca constituye un repositorio de gnosis, espiritualidad, mística y diversos saberes que forman parte de su vida íntima y pública, y que también se traduce en sus poemas. Al respecto, pienso que podemos leer en esa clave varios textos del ciclo "Locas mujeres" de *Lagar* (1954) y un poema como "La flor del aire" de *Tala* (1938). Señala Breno Donoso en su estudio sobre la biblioteca de "sanación espiritual de Mistral" como él la llama que "toda una textura de espiritualidad, toda una posibilidad de conducir estas huellas lectoras hacia nuevas formas de acercamiento y retroalimentación en la educación" (94).

La lectura y la escritura conectan a los ausentes y presentes a través de las cartas, las marcas en los libros, huellas de resabios no solo del cuerpo, sino del espíritu y del acercamiento a saberes, los que aún nosotras lectoras podemos recolectar. Se trata de un archivo afectivo que moviliza el lugar de "vidas e historias que habitan o sobreviven en las fisuras o los márgenes" (Taccetta 2). De esta manera, se moviliza el afecto, su potencia y el gesto del cuerpo que se vuelve presente en la materia del libro y tinta del lápiz azul y del trazo de las cartas. Así el archivo cobra vida, reviviendo o remembrando el diálogo de esta "red afectiva espiritual" que no solo propagó una vanguardia espiritualista, a decir de Subercaseaux, sino un modo de agencia, de vida alternativa, de posicionarse como escritoras, artistas, intelectuales unidas en arte y espíritu.

Una lectura que es también meditación, ejercicio para esa elevación y conocimiento, encuentro y diálogo en persona por carta y en astral, tanto en Mistral como en Tupper, en escritura y pintura y diarios. Al revelar su nombre astral, María Tupper advierte: "El mío es hermana Cirineo y mi trabajo es ayudar a otros a llevar su cruz, y al mismo tiempo ser archivista del grupo [...]

Se nos ha ordenado silencio" (42).²⁶ En "Gabriela Mistral" (*La Nación*, 23 de junio de 1922), por su parte, Iris señala: "No habla ante el mundo. Continúa un diálogo interior con los espíritus familiares. De ella emana piadosa bendición. A través de su alma, se establece un acercamiento de abrazo, en la altura, con las potencias que dividen abajo los intereses mezquinos" (3). Finalmente, en "El iniciado",²⁷ Mistral plantea: "Sin su levadura el utilitarismo aplastaría la espiritualidad. / De este rayo sacan su poder y su inspiración los / Artistas creadores. / Este rayo se relaciona con el Plano Astral Superior" (*Toda culpa es un misterio* 150). Como puede comprenderse al leer estos tres pasajes en filigrana, ya iniciadas en conocimientos esotéricos y entrenadas en lo espiritual, estas tres mujeres, en correspondencia con el conocimiento y en comunicación divina y terrenal, se inspiran, crean, confluyen en una búsqueda por esta armonía, amistad y red afectiva espiritual femenina.

Obras citadas

Ahmed, Sara. *La política cultural de las emociones*. Trad. de Cecilia Olivares Mansuy. Universidad Nacional Autónoma de México, 2015.
Bailey, Alice Ann. *A Treatise on White Magic*. Lucis Press, 1987.
Bennett, Jane. *Vibrant Matter: A Political Ecology of Things*. Duke University Press, 2009.
Braude, Anne. *Radical Spirits: Spiritualism and Women's Rights in Nineteenth-Century America*. Indiana University Press, 2001.
Bubello, Juan Pablo. "Difusión del esoterismo europeo-occidental en el Nuevo Continente". *Estudios sobre la historia del esoterismo occidental en América Latina. Enfoques, aportes, problemas y debates*. Juan Pablo Bubello, José Richard Chaves y Francisco de Mendonca, eds. Universidad de Buenos Aires, Universidad Nacional Autónoma de México, 2018.
Cabello Hutt, Claudia. "Redes queer: escritoras, artistas y mecenas en la primera mitad del siglo XX". *Cuadernos de Literatura* 21 (2017): 145–160.
Catálogo Exposición Desacatos. Prácticas artísticas femeninas (1835–1938) (Colección MNBA). DIBAM, 2018.

---

26. Páginas extraídas de sus diarios. *María y los espíritus. Diarios y cartas de María Tupper* (2014).
27. Cuaderno 53, número de sistema de BN 956411.

Chaves, José Ricardo. *Isis modernista. Escritos panhispánicos sobre teosofía, espiritismo y el primer Krishnamurti (1870–1930)*. UNAM / Bonilla Artigas Editores, 2020.

Donoso Betanzo, Breno, ed. *Los esplendores. Ensayos sobre la espiritualidad en Gabriela Mistral*. Bordelibre Ediciones, 2022.

Dussuel, Francisco. "Carta inédita de Gabriela Mistral". Revista *Mensaje* 86 (1960): 20–21.

Echeverría, Inés. *Alma femenina y mujer moderna. Antología*. Bernardo Subercaseaux, ed. Cuarto propio, 2001.

———. *Amanecer. Cuando mi tierra fue moza*. Nascimento, 1943.

———. Carta a Gabriela Mistral. 24 de diciembre. Archivo del Escritor. Biblioteca Nacional Digital.

———. "Gabriela Mistral". *La Nación*, 23 de junio de 1922. 3.

———. *La hora de queda*. Editorial Universitaria, 1918.

———. *Memorias de Iris 1899–1925*. Aguilar, 2005.

Echeverría Yañez, Mónica. *Agonía de una irreverente*. Catalonia, 2018.

Faivre, Antoine. Trans. Christine Rhone. *Western Esotericism: A Concise History*. SUNY Press, 2010.

Hannegraaff, Wouter. *Dictionary of Gnosis and Western Esotericism*. Ed. Wouter J. Hanegraaff. Brill, 2006.

Labarca, Amanda. "La vida del espíritu". *Revista Familia* 68. Agosto, 1915.

Mistral, Gabriela. *Bendita mi lengua sea (diario íntimo)*. Jaime Quezada, ed. Planeta, 2009.

———. *Caminando se siembra: prosas inéditas*. Luis Vargas Saavedra, ed. Lumen, 2013.

———. Carta a Hermanas Morla y María Tupper. Niza, 1939. Archivo del Escritor. Biblioteca Nacional.

———. Cuaderno 49 (1945, Leblon) y cuaderno 53. Archivo del Escritor. Biblioteca Nacional.

———. "De Gabriela Mistral a Iris". Revista *Sucesos*. 25 de marzo de 1915. 3.

———. "El himno al árbol". *Nueva Luz. Revista Mensual de Teosofía, Ocultismo, Ciencias, Filosofía, Higiene, Sociología, Variedad y actualidades y Órgano de la "Rama Arundhati" de Santiago de la Sociedad Teosófica Universal* 21 (1913): 500–502.

———. *Gabriela Mistral: iniciática, astral y precursora*. Ediciones Libros del Cardo, 2020.

———. "Gente chilena: Don Juan Enrique Lagarrigue". *Gabriela Mistral. Recados contando a Chile*. Selección, prólogo y notas de Alfonso M. Escudero. Editorial Pacífico, 1957. 54.

———. "Iris". Revista *Sucesos*, 25 de febrero de 1915 N° 648. 6.

_____. "Meditación". *Toda culpa es un misterio. Antología mística y religiosa de Gabriela Mistral.* Diego del Pozo, ed. La Pollera ediciones, 2020.
_____. "Palabras de la recolectora". Archivo del Escritor. Biblioteca Nacional Digital.
_____. *Recados para hoy y mañana.* Textos inéditos, compilados y seleccionados por Luis Vargas Saavedra. Volumen 1. Editorial Sudamericana, 1999.
_____. "Una carta a José de Vasconcelos de Gabriela Mistral". *Repertorio Americano*, 30 de enero de 1922.
_____. "Vida y confesiones de Gabriela Mistral". Revista *Familia* 19. 2 octubre 1935. 28–29; 75–76.
Rojo, Grínor. *Dirán que está en la gloria... (Mistral).* FCE, 1997.
Santa Cruz, Elvira (Roxane). "'Iris' ayer 'Inés Bello hoy'". Revista *Zig-Zag* 502. Santiago 3 de octubre de 1914.
S.F. "Perfil de Inés Echeverría". *Revista Sucesos* 648, 25 de febrero de 1915. 6.
Subercaseaux, Bernardo. *Genealogía de la vanguardia en Chile: la década del centenario.* Ediciones Facultad de Filosofía y Humanidades Universidad de Chile, 1998.
_____. *Historia de las ideas y de la cultura en Chile. El centenario y las vanguardias.* Vol. III. Editorial Universitaria, 2004.
Subercaseaux, Pilar. *Las Morla. Huellas en la arena.* Aguilar, 1999.
Taccetta, Natalia. "Archivo de sentimientos. O de cómo circula el afecto". Ponencia presentada en Coloquio de afectos en marzo de 2022, Universidad Adolfo Ibañez. Santiago, Chile.
_____. "Reescrituras afectivas. Entre archivo, imagen y colección". *Revista Diferencia(s)* 10 (2020): 89–100.
Taylor, Martin. *Sensibilidad religiosa de Gabriela Mistral.* Editorial Gredos, 1975.
Tupper, María. Carta a Gabriela Mistral. 22 de abril de 1942. Archivo del Escritor / Gabriela Mistral, Biblioteca Nacional. AE0002375.
_____. *María y los espíritus. Diarios y cartas de María Tupper.* Wenceslao Díaz, ed. Ediciones UC, 2014.
Vicuña, Manuel. *Voces de ultratumba. Historia del espiritismo en Chile.* Taurus, 2019.
Williams, Raymond. *La política del modernismo.* Manantial, 1997.
Zegers, Pedro Pablo. "Gabriela Mistral y la teosofía, la logia Destellos de Antofagasta". *Revista Museos* (1991): 6–7.

11

La poesía de Gabriela Mistral en la relumbre del stadium

Felipe Toro Franco
PONTIFICIA UNIVERSIDAD CATÓLICA DE CHILE

E**N 1940, EN NIZA**, Gabriela Mistral escribía el único poema abiertamente deportivo de su autoría del que se sepa: "Campeón finlandés". He aquí sus primeros versos: "Campeón finlandés, estás tendido / en la relumbre de tu último stadium, / rojo como el faisán en su vida y su muerte, / de heridas pespuntado y apurado / gárgola viva de tu propia sangre" (386). Mistral escribía estas líneas mientras cumplía con labores diplomáticas, en medio de la agitación general del comienzo de la Segunda Guerra Mundial. Poesía de emergencia, entonces, para publicarse cuanto antes en señal de protesta a la crisis política más inmediata del momento: la invasión de la Unión Soviética a Finlandia que había comenzado el 30 de noviembre de 1939 y que culminaría el 14 de marzo de 1940 con la "derrota" finlandesa ("derrota", así entre comillas, puesto que la prensa a favor de Finlandia subrayará en adelante la dignidad de su resistencia y el hecho de que no perdiera su autonomía política ante el avance soviético).

Mirado desde su trance histórico, pienso que es como si en 1940 el pie forzado de la guerra le hubiera impuesto a la poesía de Mistral el lenguaje del deporte como medio expresivo (el atletismo es la guerra por otros medios); pero, también, es como si la poesía de Mistral hubiera aprovechado el contexto bélico para reinterpretar el legado retórico, militarista y atlético de la *avant-garde* europea. Recordemos que había sido a partir de la nueva experiencia de la velocidad que las vanguardias históricas terminaron uniendo el vertiginoso destino de sus héroes cinéticos al culto del atletismo.[1] Las reticencias de Mistral con respecto a los mecanismos del imaginario vanguardista europeo son harto conocidas: "...para ser 1928, él [Salinas] no hace derroche de aviones, ni T.S.F., ni de grúas [...]. Muy legítima manufactura futurista la que sale de Brooklyn o de Montparnasse o de Berlín. Pero, ¿qué tenemos que hacer nosotros en medio de vastas hierbas y esos ríos sin captación de usina alguna que son los nuestros, con el *fordismo* y el *citroenismo* poético?" ("Página para Pedro Salinas" 121). Ante "Campeón finlandés", de igual manera, podríamos preguntarnos: ¿qué tenía que hacer la poesía de Mistral con el atletismo poético? ¿qué hace más encima un stadium —forma arquitectónica universal de la metrópolis (Gaffney y Bale 26)— de pronto en el centro de su poesía?

Extranjera o huésped al interior de una biblioteca disonante, en "Campeón finlandés" la poesía de Mistral realizaba una reconstitución de escena de la fascinación vanguardista del deporte (ahora vista desde afuera);[2] recogía los pedazos mutilados de las masculinidades destruidas por las máquinas de guerra (otrora objetos de deseo) y se abría a recibir en su escritura el cuerpo de un atleta exánime. Y no son solo los héroes cinéticos los que hacen su entrada en "Campeón finlandés", sino que también comienzan a aparecer algunas piezas —siniestradas y humeantes— de fuselaje del *fordismo* y el *citroenismo* poético: "...y caen los aviones en sesgo de vergüenza..." (387).

Ahora bien, si este espectáculo de masas aparece francamente reñido con una poesía "anti-urbana, anti-citadina, anti-capitalina" (Concha 32), no ocurre lo mismo si miramos el stadium mistraliano desde el registro de sus crónicas, sus "recados", sus intervenciones en la esfera pública o sus redes cosmopolitas de influencia, es decir, su particularísima modernidad sin estridencias,

---

1. Remito a Steven Connor: "Sport has been of conspicuous interest to what might be called 'muscular modernism,' the modernism of the futurists, the Russian constructivists and of certain strains of fascist modernism" (4).
2. Sobre Mistral y su diálogo con la vanguardia, véase el estudio de Ana Pizarro: "La vanguardia estridente, la experimental es, en un comienzo, mirada por ella con mucha reserva, luego, poco a poco, hay una aproximación e incluso una formulación vanguardista. Pareciera que en su integración del lenguaje vanguardista aparece en ella la misma actitud: un alejamiento del gesto estrepitoso, pero una incorporación de sus matices básicos, es decir, un modo de construir un discurso desde un lugar que no ignora la presencia del otro y en cuya relación se rescata una forma de la vanguardia" (*Gabriela Mistral: el proyecto de Lucila* 81).

oblicua (Pizarro, "Mistral, ¿qué modernidad?" 17-21). "No te he enviado versos, aunque hay bastantes", escribe Mistral en mayo de 1940 a Victoria Ocampo, recién establecida en su nuevo puesto consular en el Brasil, "porque nada he corregido, excepto un poema para Finlandia que repartí entre todos nuestros países" (*Esta América* 116-117). "Repartir" en este caso significaría también divulgar, hacer circular la denuncia a través de la prensa internacional. El atleta y el stadium irrumpen en la poesía de Mistral cuando esta se imagina adaptándose a los requisitos formales del periódico, acercándose al ritmo de sus rotativas, a las dimensiones de su tiraje. En otras palabras, la escritura de Mistral aceptaría volverse atlética, incluso hasta el punto de hacerse "stadium", para "repartirse" mejor, de manera más efectiva "entre todos nuestros países".[3] Y, por lo mismo, al adoptar el espectáculo del deporte como medio de expresión, la poesía de Mistral entraba en contacto de manera directa con la retórica de la propaganda para convocar, en tiempos de guerra, una audiencia exponencialmente mayor.

De la temprana conciencia de Mistral sobre los medios y usos de la propaganda, ha quedado como testimonio una carta escrita en México a Pedro Aguirre Cerda en 1923: "No hay una nación sudamericana que haga menos por su propaganda en el exterior [...]. Yo creo que puedo hacer lo que ellos no han hecho, por los dos medios únicos de propaganda efectiva: las escuelas y la prensa" ("Carta a Pedro Aguirre Cerda" 71). Y ya más cerca de las fechas de la escritura de "Campeón finlandés", en 1935, desde Lisboa, Mistral vuelve a plantear la idea al ministro de relaciones exteriores: "Tengo la honra de elevar a la consideración de VS, un proyecto sobre propaganda que yo podría desarrollar [...]. La propaganda más fructuosa y la que abarca mayor radio de lectores es la de la prensa diaria [...] En otras ocasiones he manifestado al Ministerio las facilidades que tengo para esta labor, desde los diarios de América, donde tengo, hace diez años, colaboración estable" ("Oficio sobre propaganda" 243). Si Mistral distinguía dos únicos medios efectivos de propaganda (la escuela y la prensa), no es extraño que su poesía ingresara, en una primera instancia, con increíble versatilidad, en la vida cotidiana de la escuela, utilizando formas populares como rondas y canciones de cuna para

---

3. Como apunta Rubén Gallo: "Si la fotografía era un nuevo medio para divulgar imágenes y la radio una nueva tecnología para transmitir contenidos sonoros, los estadios eran un nuevo medio para comunicar mensajes políticos y cautivar a un público masivo" (40-41).

la transmisión de comentarios sociales (Horan 301). Para completar el cuadro, sospecho que "Campeón finlandés" corresponde a la aproximación de su poesía a ese otro medio efectivo de propaganda que señalaba en la carta al ministro –la prensa–, ensayando aquí otra versión de lo "popular", ya no vinculado a lo folklórico, sino a los medios de masas (en busca del "mayor radio de lectores"). Por otra vía, la escritura de Mistral se estaría planteando el mismo desafío de llegar a una audiencia ubicada más allá de la república de las letras (y, en este caso, se trata de una audiencia urbana y politizada, que consumía deportes por la prensa).[4] "Campeón finlandés" tendría entonces una doble militancia, en tanto asume como misión apelar a dos tipos de lectores –los lectores del periódico y los lectores de poesía–, educados bajo distintos regímenes sensoriales, y persuadirlos por igual.

Campeón: países pequeños pero musculados

De hecho, "Campeón finlandés" se nos ofrece, desde su mismo título, como una reescritura en verso del ensayo político "El ritmo de Chile", publicado el 19 de septiembre de 1936 en *El Mercurio*. El ensayo arrancaba sugerentemente con una cita, o más bien, con una caracterización deportiva de nuestra América propuesta por el escritor y diplomático ecuatoriano Gonzalo Zaldumbide, amigo de Mistral, y quien años atrás fuera además autor de una

---

4. El proyecto es el mismo que se ha trazado Mistral antes, lo que cambia en "Campeón finlandés" son el público y los medios utilizados, en primera instancia, para llevarlo a cabo. Como anota Cabello Hutt: "En el plano de la cultura, Mistral afirma el deber del intelectual, el escritor y el artista de intervenir en la producción de las culturas en todas sus formas, pero particularmente en aquellas que alcanzan al pueblo [...]. Esta función del intelectual como regulador de la cultura que consumen las masas es central al proyecto mistraliano y encuentra sus bases en una visión pedagógica en la que los maestros y artistas son referentes y gestores culturales de un pueblo [...]. La industria cultural, en el sentido adorniano, es criticada porque prescinde del intelectual o el educador; la cultura letrada es acusada de ser cómplice del descastamiento por ser extranjerizante. Solo la cultura popular redibujada por el intelectual puede sostener el proyecto latinoamericanista. La cultura popular 'verdadera', según Mistral, es rural y de raíz indígena y está amenazada por la cultura de masas moderna" (43).

monografía titulada *La evolución de Gabriel D'Annunzio* (1908). Leamos el artículo de Mistral:

> —"Hay en nuestra América países pequeños pero musculados, como el campeón japonés", me decía Gonzalo Zaldumbide. Su ritmo más rápido reemplaza con ventajas la carnazón de los mayores, y su prisa quema lo adiposo. Así son Chile y el Ecuador. Es verdad: Chile tiene en los mapas la figura geográfica de hombre de pie, de varón alerta, entre cordillera y mar y estas dos dominaciones que le urgen los costados parece aguzarle como una flecha o lanzarlo como un discóvolo [sic] ligero de carnes. Y en ese organismo de pelotaris vasco o de esgrimista japonés o de nadador malayo no sobra nada; tampoco falta nada: es la suficiencia precisa para hacer y actuar. El ritmo de Chile, un músico lo siente leyendo nuestra historia y un dibujante puede traducirlo en unas grandes flechas lanzadas [...]. El Chile recién nacido de O'Higgins, como el campeón de Zaldumbide, apenas dueño de sí se lanza a la empresa vizarra [sic] de crear una escuadrilla, de lanzarla sobre el Virreinato peruano... (Mecanoscrito de "El ritmo de Chile" 1; subrayado en el original)

El "campeón japonés" de la tesis de Zaldumbide, que Mistral aquí agarra al vuelo de una conversación entre diplomáticos, se encuentra apenas a un grado de separación del título de su "campeón finlandés" de cuatro años después. Se trata, además, de una imagen que Mistral nos presenta como impuesta desde afuera, desde los márgenes de su escritura poética, proveniente de la coyuntura política (allí están al principio las comillas y el nombre y apellido del autor de la cita para indicarlo, además de una posterior aclaración, por si hiciera falta: es "el campeón de Zaldumbide"). Por un lado, tengo la impresión de que, en esta imagen de la identidad nacional como cuerpo orgánico, Mistral se encontraba con una retórica de cuño spengleriano lo suficientemente expandida como para verse en la tarea de dialogar con ella. Por otro, si Mistral se veía compelida en 1936 a entrar en este debate en torno al deporte y el cuerpo nacional, creo que también se debe a que la aparición del atleta como representante del ritmo de la nación le presentaba un problema político y formal a la vez, es decir, una pregunta con respecto a la dimensión política del ritmo de su propia poesía.

"Países pequeños pero musculados", le propone Zaldumbide a Mistral en 1936, acaso también pensando en el cuerpo de un país modelado a imagen y semejanza de su admirado D'Annunzio, cuya musculatura y ademanes olímpicos conseguían hacer que la alta sociedad olvidara su baja estatura y su prematura calvicie. Vale la pena detenernos un par de líneas en Gonzalo Zaldumbide, pues en la trayectoria política e intelectual de este personaje, a quien Mistral consigna como fuente de la imagen de este "campeón japonés", se unían la propaganda política, el culto a la velocidad, el deporte y la violencia –todas señas, convengamos, precursoras por igual tanto del futurismo como del fascismo abrazado por D'Annunzio en la última etapa de su vida pública–. De hecho, resulta difícil separar esta imagen atlética de los vínculos y afinidades personales del mismo Zaldumbide con el fascismo italiano (muy en la línea del legado de D'Annunzio):

> Los representantes italianos en Ecuador estrecharon una relación de colaboración especialmente fructífera con Gonzalo Zaldumbide, que en septiembre de 1929 había sustituido a Homero Viteri Lafronte en la dirección del Ministerio de Asuntos Exteriores. Zaldumbide había sido encargado de negocios en Roma durante la llegada del fascismo, cuando expresó su aprobación por ese signo político italiano con una serie de artículos de prensa. Reputado literato y estudioso de D'Annunzio, de quien había sido huésped durante la *reggenza* del Carnaro, Zaldumbide avivó las esperanzas sobre una dirección aún más propicia en las relaciones entre los dos países. (Soave 131)[5]

La *reggenza* del Carnaro había sido el experimento político de república protofascista concebido por D'Annunzio al ocupar la ciudad de Fiume en 1919 después de la Primera Guerra Mundial. El discurso atlético de Zaldumbide, entonces, le planteaba a Mistral el desafío –a nivel político y estético– de entrar en fricción con los mecanismos de persuasión de la imaginación fascista del cuerpo nacional. Por lo demás, en el ensayo "El ritmo de Chile", Mistral lo traía a colación un 19 de septiembre, día de las fiestas patrias correspondiente a la celebración del Ejército chileno.

No nos olvidemos tampoco de que Zaldumbide, según el ensayo de Mistral, apelaba al culto atlético para explicar el cuerpo de la nación en 1936, seguramente inspirado por la popularidad de los Juegos Olímpicos de Berlín que habían tenido lugar ese mismo año hacía apenas un mes (del 1 al 16 de agosto). La maratón, dicho sea de paso, había sido ganada por un "campeón

---

5. Agradezco a Mercedes Ontoria Peña la traducción del italiano.

japonés" –o, mejor dicho, un corredor que, al menos entonces, competía bajo su bandera–, cosa de la que Zaldumbide debería haber estado al tanto si seguía las competencias. Difícil que supiera que el "campeón japonés", Kitei Son, era realmente un corredor coreano –Soon Kee-chung– forzado a correr en representación de Japón; pero, si acaso escuchó algún rumor sobre su parca celebración en el podio, lo omitió olímpicamente de su comentario a Mistral por poco conveniente. En cualquier caso, además de la admiración internacional que pudo haber generado el triunfo en la maratón, la referencia específica a Japón como modelo atlético para Chile y Ecuador no deja de ser significativa, porque durante esos mismos años Japón hacía su propio recorrido al fascismo (y eso sí que al diplomático Zaldumbide, exministro de relaciones exteriores del Ecuador, no debería habérsele pasado por alto al momento de fraguar esta fantasía sudamericana).[6]

¿Qué hacía, entonces, la escritura de Mistral al encontrarse con esta fantasía (narcisista y masculina) del campeón nacional? En una primera divergencia ante el satisfecho mapa geopolítico que congregaba el campeón de Zaldumbide (con Chile y Ecuador mirándose en el espejo de la expansión imperial japonesa), nuestra poeta insertaba en *El Mercurio* una enumeración que destrababa la lista cerrada del ecuatoriano, y echaba a andar una

---

6. Dice Kim Brandt: "In Japan, as well as in Germany, or Italy or France, one of the central goals of fascist thinkers and policymakers was to create a beautiful new society in which individuality could be both exalted and sublated by the exquisite discipline of national unity and sacrifice" (ctd. en Tansman 7–8). El punto, para Latinoamérica, lo ratifica Finchelstein en *Fascismo trasatlántico*: "En 1934, Mussolini les escribió a sus embajadas en América del Sur para anunciar que había llegado el tiempo 'propicio' para difundir la propaganda fascista en sus respectivos países de destino. El líder confiaba en que la propaganda podría lograr su 'supremacía' en poco tiempo. ¿La propaganda fascista merecía la confianza del Duce? Al menos los fascistas se tomaron muy en serio las ambiciones propagandísticas de su líder. Ese período, que duró aproximadamente desde 1934 hasta el final del fascismo en 1943, fue testigo de los esfuerzos puestos en la propaganda fascista para América Latina, que se hizo cada vez más intensa y fue variando sus mensajes [...]. En síntesis, esta fase puso en marcha la nueva estrategia de vender el fascismo a 'pequeñas naciones' de todo el mundo..." (174–175). O, en términos de Zaldumbide, la estrategia era vender el fascismo a países "pequeños pero musculados".

serie de países pequeños pero musculados que podía seguir rotando azarosamente por el globo. Mistral multiplicaba los espejos desde donde mirar el cuerpo de la nación, expandía las afinidades y ensayaba las posibilidades de otras alianzas inesperadas, acaso incómodas para la imagen viril y victoriosa de Zaldumbide (la mención al "nadador malayo" junto al "campeón japonés" invertía los términos entre vencedor y vencido del tropo deportivo, y obligaba a Chile y Ecuador a verse reflejados en una de las naciones que prontamente se vería amenazada por la expansión colonial japonesa: Malasia). Más cerca del corredor colonial Soon Kee-chung –el nombre coreano con que el ganador de la maratón de las Olimpíadas de Berlín insistía en firmar los autógrafos– que de Kitei Son, el involuntario "campeón japonés" por quien medio mundo lo tomaba después de ganar la medalla de oro (Lennartz 21). Así, Mistral ponía en movimiento, mediante nombres sumamente ambiguos para el espejo de Narciso de la primera comparación, un retrato que hasta entonces aparecía rígido y unívoco. "Pelotaris vasco, esgrimista japonés, nadador malayo", suma y sigue, porque la serie continuará abierta, en asociación libre. Y este primer gesto de apertura, al final de cuentas, es lo que hará posible cuatro años más tarde la alianza chileno-finlandesa del poema:[7]

---

7. Christopher Bollas en "The Fascist State of Mind" sugiere que "the core element in the Fascist state of mind (in the individual or the group) is the presence of an ideology that maintains its certainty through the operation of specific mental mechanisms aimed at eliminating all opposition [...]. To achieve such totality, the mind (or group) can entertain no doubt. Doubt, uncertainty, self-interrogation, are equivalent to weakness and must be expelled from the mind to maintain ideological certainty [...]. Specifically, words, as signifiers, were always free in the democratic order to link to any other words, in that famous Lacanian slide of the signifiers which expressed the true freedom of the unconscious (this Other) to represent itself. But when representational freedom is foreclosed, signifiers lack this freedom, as ideology freezes up the symbolic order, words becoming signs of positions in the ideological structure" (83–84). Cuando Mistral agrega al podio del "campeón japonés" los cuerpos del "pelotari vasco" y del "nadador malayo" –figuras que cuestionan la victoria unánime y subrayan la pequeñez antes que al campeón– está, por decirlo así, abriendo sutilmente el camino a la duda en la seguridad marcial del atleta, invitando la aparición de aquellas asociaciones que el diagnóstico complaciente de Zaldumbide ha sacado de circulación.

Nadador, pelotaris, corredor,
que te quemen el nombre y te llamen "Finlandia".
Benditos sean tu última pista,
el meridiano que tomó tu cuerpo,
y el sol de medianoche, que te cedió el milagro [...].
Para que no te aúllen, te bailen ni te befen
esta noche los tártaros dementes,
cuyas botas humean de nieve y tropelía,
las mujeres te conducimos como a un hijo,
alzamos la nonada de tu cuerpo
y vamos a quemarte en tus pinos del Norte. (386–387)

Hay que esforzarse para encontrar las diferencias más salientes entre los versos de "Campeón finlandés" y las primeras líneas del "Ritmo de Chile". "Nadador, pelotaris, corredor", reescribe Mistral en "Campeón finlandés", apenas sustituyendo el "esgrimista" del ensayo de *El Mercurio* por "corredor" (suponemos a este último finlandés, ya veremos por qué), y apenas cambiando el orden de la enumeración del esquema original del ensayo ("pelotaris", "esgrimista", "nadador"). Sin embargo, mientras en la nómina mistraliana permanecen el nadador (malayo) y el pelotari (vasco), ha desaparecido, cual término excluido, el único personaje que todavía podía conectarse directamente con el mapa geopolítico de la imaginación de Zaldumbide: el esgrimista (japonés). En el mapa del poema de Mistral, en cambio, las fronteras se cruzan y se superponen en la derrota, con una poeta chilena – "mestiza de vasco" (*Tala* 335) – que al cantar el panegírico a los jóvenes de Finlandia ve en su reflejo al "pelotari" de la tierra de sus antepasados (a quien suponemos en Guernica). La enumeración caótica de Mistral "traduce" u homologa deportes y nacionalidades por igual, del mismo modo que en la historia de las variaciones del poema, "Suomi", el nombre de Finlandia en lengua finlandesa y escogido al principio por Mistral (la nación vista desde adentro), aparece traducido más tarde en versiones posteriores como "Finlandia" (la nación vista desde afuera, circulando más allá de sus fronteras): "Que te quemen el nombre y te llamen Finlandia".[8]

---

8. En una versión del poema publicada en la revista *Lircay*, de marzo de 1940, decía así, también con otra sintaxis: "...tu nombre que se queme y te llamen 'Suomi' (1)" (2), incluyendo el número que dirigía al lector a una nota al pie: "Nombre de Finlandia en lengua finlandesa". Lo mismo para el caso de uno de los mecanoscritos depositados en la Biblioteca Nacional (AE0013751 1).

Y aunque en "El ritmo de Chile" pareciera concederle en un principio el punto a su interlocutor ecuatoriano por cortesía diplomática, Mistral rápidamente desplaza las coordenadas del deporte a otro tipo de ritmo ausente en las palabras de su interlocutor ecuatoriano (un ritmo hecho de imágenes musicales y plásticas): "El ritmo de Chile, un músico lo siente leyendo nuestra historia y un dibujante puede traducirlo en unas grandes flechas lanzadas". Como una componedora de huesos, interviniendo la imagen de Zaldumbide, Mistral le cambia el paso al "campeón". Así continúa nuestra poeta: "Según los hábitos criollos unos bandos más románticos que bélicos se disputan el mando como los pelotaris riñen en la cancha por la pelota vistosa. Aquella agitación no es el ritmo voluntarioso de nuestra índole" ("El ritmo de Chile" 1). Traduzcamos: aquella agitación, que es la del deporte, propia del pelotari, no es nuestro ritmo. Puede confundirse con ritmo, corrige Mistral torciendo el argumento de su interlocutor, pero no es ritmo; el cuerpo del pelotari criollo-vasco, insinúa paradójicamente esta poeta "mestiza de vasco", representaría un falso mito de los orígenes del ritmo nacional, y cuanto más peligroso por lo mucho que se le parece.

Entonces, ¿dónde está el ritmo –el de Chile, pero también el ritmo en general–? Escribe un poco más adelante: "El hombre Portales trae también su ritmo que es el nuestro genuino; lo ha mamado de su raza y será su temperamento mismo y su orden musical" ("El ritmo de Chile" 1). He aquí el ritmo: no tanto en la encarnación de este personaje histórico como en la narrativa genésica que Mistral le atribuye en oposición al atleta. "Portales", me parece, podría hasta ser una excusa lingüística para reordenar, en anagrama, las letras del agitado "Pelotaris" que critica (la agitación del Pelotaris se diluye en la música del "hombre" Portales). De la frase "países pequeños pero musculados" de Zaldumbide, este ensayo de Mistral solo se queda con lo "pequeño", para insertarlo en una escena regresiva: "Es el primer vagido de nuestro esfuerzo libre [el Chile de O'Higgins]; parece un arrebato adolescente, y no hay tal" (1). Y si en el imaginario fascista de Mussolini, el escenario de la guerra proveía al hombre de un medio para llevar a cabo el proyecto de una maternidad masculina (Bollas 86), Mistral en su ensayo de *El Mercurio* comenzaba a socavar la fantasía omnipotente del atleta adolescente, cerrado sobre sí mismo, con el contraste de vagidos y el acto de mamar. Mal que mal, en 1936, el atleta de Zaldumbide –como el soldado imaginado por Mussolini– se presentaba de cuerpo entero como venido de ninguna otra parte más que de sí mismo –pantalla de autosuficiencia radical para negar, con sus músculos, la prehistoria de la completa dependencia de la primera infancia–.

Sin embargo, desde la perspectiva de la posterior reescritura poética de este ensayo en "Campeón finlandés" de 1940, pareciera que el atleta fascistoide de Zaldumbide recién acepta dejarse transformar en la fragua mistraliana en el momento en que su cuerpo ha quedado completamente anulado por los efectos de la guerra, y del modo más literal posible: "...las mujeres te conducimos como a un hijo / alzamos la nonada de tu cuerpo / y vamos a quemarte en tus pinos del Norte" (387). En otras palabras, Mistral vuelve a escribir la discusión de "El ritmo de Chile" cuando el mito de autosuficiencia del atleta fracasa trágicamente ("has caído en las nieves de tu infancia" [386]), cuando su fisonomía de nadador se ha vuelto "nonada" indefensa (y esa "nonada", podríamos decir desde el vocabulario del "El ritmo de Chile", es el revés letal de aquel "*no* [le] sobra *nada*; tampoco [le] falta *nada*" del atleta presentado en *El Mercurio*; su apócope histórico, vale decir, su versión mutilada por la guerra).

"De heridas pespunteado" es otra de las formas que la voz del poema utiliza para describir el cuerpo del atleta en los primeros versos. "Pespunte", en costura, significa volver a meter la aguja por el mismo sitio por donde pasó antes, eufemísticamente indicándonos en el plano descriptivo que el campeón está allí "cosido a balas". Pero de acuerdo con ese mismo lenguaje de costura sacado del trabajo manual, podríamos decir que el hilo de "Campeón finlandés", al volver a pasar por el mismo lugar donde la escritura pasó antes en "El ritmo de Chile", también está rezurciendo un tejido, enmendando y suturando el imaginario del "campeón de Zaldumbide" a partir de Finlandia. El pespunte, desde la costura, tiene doble valencia: penetra y punza, rehace y restaura.

Finlandia: Paavo Nurmi

Pero ¿por qué Mistral ha regresado a la discusión de "El ritmo de Chile" de 1936 con Finlandia ahora en el primer plano? Pienso que la presencia del enrarecido sustrato deportivo del poema proviene de la experiencia de años de colaboración de Mistral con el periódico. Para garantizar el éxito propagandístico de "Campeón finlandés", la poesía de Mistral toma aquí como aliada una celebridad finlandesa cuyas noticias circulaban en la prensa y que presidía el *star-system* atlético mundial, incluso después de su retiro de las pistas. Me refiero al corredor de fondo Paavo Nurmi, apodado el "finés volador", probablemente la personalidad más conocida de Finlandia en toda su historia nacional (Bale 29). Este dato del estrellato de Nurmi, puramente contextual, resulta a mi juicio imprescindible para reinterpretar las particularísimas elecciones retóricas de este poema; y quizá por su misma obviedad hasta ahora ha sido pasado por alto por la crítica, con la excepción de Gustavo Barrera y Magda Sepúlveda (206-207).[9] Fugaz como la modernidad y el ritmo de sus noticias, a estas alturas el perfil atlético de Nurmi se ha despegado casi por completo del poema de Mistral, y parte del propósito de esta lectura consiste en intentar restituirlo a la escena del stadium.

Paavo Nurmi, sin exagerar, representaba al atleta moderno por excelencia, pues no era solo reconocido por sus triunfos deportivos, sino también por los medios técnicos con los que conseguía la victoria. Adelantado a su tiempo, en los años veinte será el primer corredor en llevar consigo un reloj para controlar el proceso de su *performance*, lo cual supuso algo parecido a una revolución. Nurmi no corría contra sus rivales, sino contra el tiempo abstracto de la modernidad (corría en un tiempo vacío, estandarizado y público); sometía la experiencia de la temporalidad subjetiva del cuerpo al tiempo del reloj. Tanto así que ni siquiera Walter Benjamin se resistiría a traerlo a colación en *La obra de arte en tiempos de su reproductibilidad técnica* (1936) cuando discute la novedad performática del actor de cine: "La prueba que conoce el deportista es solo, por decirlo así, una prueba natural; se mide frente a tareas que le propone la naturaleza y no ante las de un conjunto de aparatos [como un actor de cine] –a no ser en casos excepcionales, como el de Nurmi, de quien se dice que corría contra el reloj–" (67). En este cameo de Nurmi compitiendo contra un aparato, Benjamin lo compara indirectamente con un actor de cine; siendo quizá él, Nurmi, el primero de los atletas en rebelarse contra la naturaleza (*non serviam*).

Y tal como muestra el afiche para los Juegos Olímpicos de Helsinki de 1940 (fig. 08) con la imagen de Paavo Nurmi, galvanizado, convertido en estatua de metal, él era por esos años la materia alegórica por excelencia de Finlandia ante la comunidad internacional: Nurmi, ganador de doce medallas olímpicas, detentador de 22 récords mundiales, se había consagrado principalmente en las Olimpíadas de París al ganar cinco medallas de oro (1924) y todavía en las décadas subsiguientes conservaría la categoría de representante oficial de su país (principalmente, como entrenador del equipo olímpico de Finlandia, que seguía cosechando triunfos con Taisto Mäki). De ahí que Mistral

---

9. Apuntan Barrera y Sepúlveda: "En 'Campeón Finlandés', [Mistral] recrea la figura de Paavo Nurmi, el maratonista que corrió levantando una defensa contra la invasión rusa a su país en 1939" (206-207).

FIG. 08 Afiche de los Juegos Olímpicos de Helsinki diseñado por Ilmari Sysimetsä, basado a su vez en la escultura de Nurmi hecha por Wäinö Aaltonen. Cortesía del Comité Olímpico Internacional: © Copyright IOC [1952] /Author: Ilmari Sysimetsä–All Rights Reserved.

recurra a las piernas veloces del *finés volador* para que la denuncia circule, lo más rápido posible, "entre todos nuestros países" –coincidiendo además con los "movimientos" del propio Nurmi, quien, de cuarenta y dos años, en lugar de ir al frente había sido enviado a recorrer los Estados Unidos con el objeto de despertar apoyo internacional y recaudar fondos para la causa finlandesa (Tuunainen 172)–.

McLuhan *avant la lettre*, el trasunto de Paavo Nurmi en el poema de Mistral es a la vez medio y mensaje –o mensaje y mensajero– de un recado mistraliano urgente en el que a través del corredor finlandés (muerto en el estadio) se reviven (e invierten) los orígenes clásicos del maratón en nuestro siglo XX. Recordemos que la tradición olímpica del maratón se la debemos al relato de la carrera desde Maratón a Atenas del mensajero Filípides para anunciar la noticia de la victoria de Grecia sobre la poderosa Persia y luego morir en el acto. A manos de Mistral, sin embargo, ocurre diametralmente lo contrario a la leyenda: esta vez, en lugar de anunciar la heroica victoria de una nación pequeña sobre su amenaza gigante, Nurmi –cual Filípides moderno que corre a la velocidad de los periódicos en los que Mistral divulgará su poema, *finés volador* que vuela como solo las malas noticias pueden hacerlo– anuncia la derrota de la pequeña Finlandia ante la poderosa Unión Soviética, para yacer muerto ante la mirada de sus lectores ("de heridas pespunteado y apurado"). Acaso este Filípides mistraliano también cargue consigo la lista de caídos que los periódicos venían pregonando: la muerte en el frente del corredor finlandés Gunnar Hockert, récord de 3.000 y 5.000 metros en las Olimpíadas de Berlín de 1936 ("Gabriela Mistral revive" 12), y la de su compatriota Birger Wasenius, patinador sobre hielo muerto en combate mientras lideraba una patrulla de esquiadores sobre el lago Ladoga ("Reported Killed" 2): "un ¡no! que aprieta los gajos de nieve, /endurece como diamantes los skíes / y para el tanque como un jabalí" (386).

En la fuerza gravitacional del "factor Nurmi" veo, entonces, la razón puntual de por qué la escritura de Mistral vuelve sobre la discusión comenzada con Zaldumbide cuatro años antes: una vez que este poema acepta utilizar el principal término que tiene a mano para presentar a Finlandia ante una audiencia ubicada al otro lado del mundo, se reactiva el antecedente de "El ritmo de Chile" con el atleta como candidato a representar el ritmo nacional. Súmese a ello el dato de que las turbulencias bélicas habían hecho que en el lapso de unos pocos años la ciudad sede de los Juegos de 1940 pasara, antes de ser cancelados por la Segunda Guerra Mundial, de Tokio a Helsinki, es decir, literalmente desde el "campeón japonés" ensalzado por Zaldumbide al "campeón finlandés" del poema (en ese sentido, los desplazamientos de esta escritura deportiva de Mistral, cual carrera de relevos, estarían también replicando con exactitud geográfica los cambios ocurridos en la acontecida elección de la sede olímpica de los Juegos de 1940). Sin embargo, a diferencia de lo que ocurría en el artículo de *El Mercurio* con el modelo del "campeón" chileno o ecuatoriano propuesto por Zaldumbide, aquí Mistral ha llegado tarde: en la urgencia del momento, no está en posición de discutir para la representación de Finlandia la pertinencia o no del imaginario atlético, sino que se encuentra con que para el caso de Finlandia el emblema nacional ya está cristalizado en Nurmi (no hay más vuelta que darle). Me temo, además, que Mistral se enfrentaba al hecho de que probablemente esa musculatura podía ser la única noticia que se conociera de Finlandia en este otro lado del mundo, entre "nuestros países".

Ahora bien, si la voz de Mistral está en este poema trabajando, cual *bricoleur*, con materiales de segunda mano del *star-system* atlético y recogiendo trozos del imaginario colectivo de Finlandia en la cultura popular, puede ser entonces que el encuentro con Nurmi nos conduzca en dirección de una cara *pop* de Mistral. *Pop* no en cuanto a atribuirle a este poema una embriaguez con respecto al fetichismo de la mercancía, sino en cuanto a su apropiación e intervención crítica de un ícono surgido en los medios de masas; es decir, en cuanto a los usos derivados que esta escritura hace de una imagen reproducida en serie. De hecho, si era la celebridad voladora de Paavo Nurmi la que le salía al encuentro a Mistral en su ayuda a Finlandia ("the flying finn" o "el finés volador"), me parece que algo de ese nombre ha sobrevivido a la fragua mistraliana en el tercer verso: "Campeón finlandés, estás tendido / en la relumbre de tu último stadium, / *rojo como el faisán en su vida y en su muerte*" (386; énfasis míos). ¿Por qué un faisán? ¿qué hace un faisán perdido en el ecosistema de un estadio? Descontando otras recurrencias del faisán en la poesía de Mistral, creo que en la prestancia de esta ave se esconde, dignificada y enaltecida, una de las conexiones involuntarias que al público hispanohablante podría gatillarle la extranjería del nombre de pila de nuestro corredor estrella. El faisán (¿*finland*?) podría ser la reelaboración poética de lo que una extranjera escucha al leer "Paavo" con el oído acostumbrado al español, un *faux ami* productivo. Y si las asociaciones de Paavo lo hacen transformarse en "faisán" en el registro de lo sublime, al revés, ¿no será entonces el mismísimo Stalin, con su abundante bigote, la "morsa" de quien escuchábamos en jugarreta burlona: "Se empina, atarantada, por saberte, la morsa, / como cuando gritabas la Maratón ganada"?

Escritura palimpséstica, en segundo o tercer grado. Mistral escribe sobre el cuerpo y nombre de Nurmi, mientras tijeretea páginas del periódico como si fuera un *collage*; recorta y pega titulares, los intercala con versos opacos, los coloca en otra dimensión simbólica: no solo el predicado de "Campeón finlandés", sino también *slogans* y frases hechas. Si Finlandia es presentada en el cliché periodístico como "El país del sol de la medianoche", Mistral escribe: "Benditos sean tu última pista, / el meridiano que tomó tu cuerpo, / y el sol de medianoche, que te cedió el milagro" (386–387). De pronto, en "Campeón finlandés" es como si este poema nocturno de Mistral estuviera hojeando, en una alucinación, el diario de la vigilia, convirtiendo la claridad referencial de sus lugares comunes y titulares en una materia coagulada, pesadillesca, de medianoche. El poema realiza una operación de completo extrañamiento con el material cotidiano, familiar, del periódico: "… gárgola viva de tu propia sangre", anota Mistral sobre el atleta, con el cuerpo apolíneo del otrora campeón olímpico transformado en un guiñapo grotesco, en monstruo.

"En la relumbre de tu último stadium"

La relación de "Campeón finlandés" con los medios de masas, sin embargo, no se circunscribe enteramente a su estrecha relación con la prensa. Mistral, no se nos olvide, ha levantado un stadium al interior de su escritura, recinto que por esos años se había convertido en uno de los escenarios predilectos de la liturgia totalitaria (Hoberman 11). El estadio de Mistral también es un "Stadium", en mayúsculas en al menos una de sus versiones mecanoscritas (AE0013750 2); vale decir, se compone como una cita arquitectónica al legado clásico, a una magnificencia imperial romana que, sobre todo en 1940, tendría que haber despertado entre sus lectores alguna reminiscencia de su utilización propagandística por parte de los regímenes que sacudían Europa. De hecho, el poema, operáticamente, comienza con una calculada puesta en escena: el cuerpo del atleta ofreciéndose como víctima sacrificial en el altar de la nación; una artificiosidad que incluye desde efectos visuales ("la relumbre", como si hubiera un foco sobre él) hasta la pose contorsionada y estatuaria, grotesca ("gárgola viva"); el patetismo y la belleza mortuoria del campeón destinado a seducir a la multitud que lo rodea ("rojo como el faisán en su vida y su muerte"). "Nunca supe si le llegó aquel poema de Finlandia, mandado para su diario. Me interesaba hacerlo llegar a los focos de (nazis) comunistoides y lo repartí con ese deliberado deseo", escribe Mistral a Eduardo Frei ("Cartas a Frei Montalva" 175). Si el estadio era por entonces el foco ritual del imaginario (nazi) comunistoide, la construcción de uno en su poesía suponía el gesto polémico de traspasar las líneas enemigas (y convertir al enemigo político en lector ideal).

Para decirlo más claramente: la pesadilla de este poema de Mistral consistía en soñar con un espacio diseñado para albergar el cuerpo de las masas; un stadium –hecho de cantera latina como el Coliseo– que inquietantemente nos sugiere las magnitudes romanas contemporáneas de Albert Speer y la "arquitectura para asambleas" que terminarían caracterizando el régimen nazi (Scobie 69). Albert Speer, el llamado "arquitecto de Hitler", había intervenido el estadio Olímpico de Berlín, teniendo participación en la elección de materiales para revestir de piedra el proyecto diseñado originalmente por Werner March: "El tamaño también fue el rasgo dominante del estadio construido por Werner March para los Juegos Olímpicos de 1936, con asientos para 100.000 espectadores y un gran terreno para desfiles con cabida para 250.000 espectadores, con tribunas para otros 60.000" (Kitchen, cap. "Germania"). Recuérdese, por un lado, que Gonzalo Zaldumbide, en directa relación con este imaginario político, le sugería a Mistral la imagen del campeón japonés casi en paralelo a los Juegos Olímpicos de Berlín de 1936. Pero, más importante aún, Mistral escribía su "Campeón finlandés" apenas dos años después de la exhibición de *Olympia* (1938), el aclamado documental de Leni Riefenstahl sobre esos mismos Juegos que, entre otras cosas, se deleitaba en los volúmenes grandilocuentes del estadio de Werner March. La relumbre de estos estadios permitiría esbozar el piso mínimo para un ejercicio comparatístico entre la maqueta de Mistral y las tomas de Riefenstahl: siguiendo caminos opuestos, Riefenstahl y Mistral, una en Alemania, la otra en Niza, se encuentran entre las pocas y contadas subjetividades femeninas que comienzan a asomarse al mundo del deporte por esos años, no en calidad de sujeto del enunciado, sino de sujeto de la enunciación.

Según se desprende de la correspondencia de Mistral con Victoria Ocampo, Riefenstahl no era una desconocida en los círculos intelectuales de nuestra poeta (en un poema escrito en francés y enviado por carta a Mistral en 1942, Ocampo rememora la premiación de *El triunfo de la voluntad* a manos de Goebbels en 1935 [*This America* 132]). Y, en cualquier caso, resulta imposible minimizar la importancia de Riefenstahl en la iconografía atlética del siglo XX. A *Olympia* le corresponde la inauguración de una sintaxis visual del deporte, la articulación definitiva de un lenguaje: cámaras en movimiento, uso de tomas en *slow motion* y de diferentes ángulos, "rompiendo con la gramática de la edición para perder el sentido del tiempo y el lugar" (Downing 62). En cuanto a las coordenadas visuales invocadas por el stadium mistraliano que nos atañe y que de algún modo posibilitan el encuentro entre estos dos imaginarios divergentes, será la cámara de Riefenstahl en el estadio olímpico de Berlín la que haga cuajar para siempre la transferencia emocional entre espectador y atleta proyectados contra un telón político: "…Riefenstahl included footage of spectators responding to the athletic competition [...]. By closing the symbolic space between athletes and spectators through the editing, it establishes an emotional connection between the two entities" (Sutera 148). Como el espectáculo registrado por Riefenstahl, pienso que estos primeros versos de Mistral recrean un efecto similar de adhesión y comunión política –el culto a la belleza, el fetichismo del coraje, la disolución de la alienación en el éxtasis del sentimiento comunitario (Sontag 96)– para luego desmontarlo desde la pluralidad de un coro femenino. "Te miran tus quinientos lagos / que probaron tu cuerpo uno por uno", escribe Mistral. Finlandia, por supuesto, es conocido por ser un país de numerosísimos lagos, pero la voz, al emplazar en el escenario de un estadio este atributo tomado de la prensa, transforma el dato trivial en "ojos" que miran, espectadores, público asistente: el atleta, en el estadio, es el centro de todas las miradas, en lo que parece ahora una perversa ronda para adultos elevada a proporciones insospechadas gracias al uso del cemento.

Curiosamente, tal como el ecuatoriano Zaldumbide, Riefenstahl había encontrado en el "campeón japonés" Kitei Son –ganador de la maratón de 1936– al improbable "héroe" de la primera parte de su película y de una de sus secuencias más notables: "He looked less like a marathon runner than any of the other competitors entered in the event: small, slender, thin, bow-legged" (Infield 139). Volvemos, de alguna forma, al comienzo del poema; es decir, volvemos a encontrarnos, por otro camino, con la imaginación fascista rendida ante un atleta "pequeño pero musculado". Y si Zaldumbide, al conversar con Mistral en 1936, estaba pensando específicamente en la hazaña de Kitei Son, *Olympia* –estrenada en 1938– nos demuestra que no era el único, ni con mucho:

> Once, during the most grueling part of the long race, when other runners are dropping out and the straining faces reveal near-exhaustion, she shows Son calmly brushing back his hair. Then, in a climactic scene

FIG. 09 Kitei Son (Soon Kee-chung) toma la delantera. *Olympia*, de Leni Riefenstahl, 1938. Cortesía del Comité Olímpico Internacional: © 1938 International Olympic Committee–All Rights Reserved.

that has never been equaled in a sports film, Son approaches the Marathon Gate of the stadium, where trumpeters on both sides announce his arrival. The small figure disappears into the dark tunnel and emerges a few seconds later inside the crowded stadium, where he sprints to the finish line while the fans cheer, the trumpeters play, and the Olympic flame burns brightly. Some of the best footage of the film was shot at this time...and Riefenstahl had an unexpected star for the movie to join Jesse Owens and, of course, Adolf Hitler. (Infield 140)

Cargando un poco las tintas, estoy tentado de sugerir que, desde la ribera política opuesta de Riefenstahl, Mistral, a su modo, en el poema también "filma" la agonía deportiva en cámara lenta, en presente indefinido, incluyendo a su público –y acaso allí, entre la multitud extasiada, podemos también imaginar el rostro de Gonzalo Zaldumbide–. ¿Habrá tenido noticias la atareada Mistral de la proyección o el impacto de *Olympia* (en Francia difundida con el título religioso de *Les Dieux du stade*)? ¿habrá reconocido proyectada en la pantalla, por fin, la figura del "campeón japonés" del que le había hablado el ecuatoriano, ahora liderando la carrera con música wagneriana a tope? En suma, ¿habrán coincidido –acaso solo virtualmente o de oídas– las trayectorias de Mistral y Riefenstahl en la visión cinematográfica del stadium de Berlín?

Esto ya es terreno puramente conjetural. Sabemos, sin embargo, que la experiencia diplomática de Mistral orbitó también alrededor de otro "stadium": aquel concebido por los sueños de la razón del entonces ministro de educación mexicano José Vasconcelos e inaugurado en 1924 con bombos y platillos. Mistral, recordemos, había sido invitada a colaborar en 1922 con la reforma educacional liderada por Vasconcelos. Y en lo que parece una repetición ominosa de la historia, los grandilocuentes volúmenes de este estadio mexicano terminarán evocando –en retrospectiva– aquellos de Albert Speer, como si se tratara de dos espacios transitivos. O, dicho de otro modo: puede que Mistral no haya visto las tomas de Riefenstahl sobre las masas y el estadio de Berlín, pero a ella no le faltará su propio Speer (o la "arquitectura para asambleas" de este último); y, en caso de haberlas visto, seguramente le habrían despertado inquietantes resonancias mexicanas. Como ha advertido Rubén Gallo, cuyo análisis contrapuntístico me permito citar en extenso,

> tanto el Estadio Nacional de Vasconcelos como el estadio fallido de Hitler revelan una megalomanía típicamente fascista: ambos querían estadios más grandes y opulentos que cualquier otra estructura construida hasta entonces [...]. Tanto Hitler como Vasconcelos concebían los estadios como escenarios para espectáculos donde se representara el triunfo de la educación física del pueblo, y ambos presentaban sus respectivos proyectos como monumentos a la raza [...]. Tanto Hitler como Vasconcelos solicitaron la filmación de sus estadios. El estadio olímpico de Hitler está registrado en *Olympia* de Riefenstahl, y Vasconcelos encargó un documental sobre la ceremonia de inauguración del Estadio Nacional. (257–258)

Cierto, para la apoteósica inauguración, el 5 de mayo de 1924, Mistral no se encuentra en el estadio junto a Vasconcelos, pero no por ello deja de recibir noticias del acontecimiento. Así se lo comenta por carta al poeta Carlos Pellicer:

> He sabido de la fiesta del Stadium, de la que me dicen no tiene precedentes en ninguna parte. Yo celebro el suceso por la alegría que ha dado al

hombre grande i bueno que lo ha hecho a pesar de todo i que ha recibido su recompensa en esa hora espléndida. Felicítelo; no lo hice yo en mi carta porque me cojieron el espacio otras cosas. Le escribí al dejar NY. Él está en Texas, según me dice, i mi carta tardará en llegar a sus manos. (Mistral, *Cartas de la gran Gabriela* 28)

Para referirse al edificio, en 1924, Mistral utiliza el mismo latinajo al que recurrirá en "Campeón finlandés", y, al leerlo, es como si dieciséis años después ambos estadios se terminaran fundiendo en un sueño en que el totalitarismo toca las dos orillas del Atlántico. Lo hace también en mayúsculas (Stadium), subrayando su escala desmesurada. Por otro lado, ¿habrá sabido nuestra pedagoga que el proyecto educativo del que fue misionera se encontraría de golpe exhibido en el stadium cuando, en la inauguración, por industria de Vasconcelos, sus pupilos mexicanos habían ingresado al recinto, realizando coreografías ante el líder (Gallo 238–239)? Sea como sea, para el año en que Mistral publique "Campeón finlandés", la revista *Timón*, dirigida por Vasconcelos (y en abierta simpatía con la Alemania nazi), reseñará el documental de Riefenstahl con el título "La fiesta de las naciones. Un gran film alemán de arte y deporte" (cit. en Jerade Dana 274). "Campeón finlandés", desde el imaginario de su campeón, está flanqueado por el d'annunziano Zaldumbide; desde su estadio, por Riefenstahl y Vasconcelos.

Con todo, la posición de desconfianza de este poema con respecto a los efectos mediales del stadium sobre las masas quedará de manifiesto en el último tramo, cuando Mistral reinterprete su arquitectura a partir de una cita bíblica de *El libro de los Macabeos*:

> Campeón finlandés, saltas ahora
> más hermoso que en todos tus stadiums.
> Subes y vas oreando tu sangre
> con el rollo del viento que te enjuga.
> ¡Partes el cielo, ríes y lloras
> al abrazar a Judas Macabeo! (387–388)

Confieso que la mención a Judas Macabeo en un primer momento puede resultar desconcertante, y en apariencia enteramente reñida con el imaginario del deporte que venimos discutiendo acá. Sin embargo, pienso que la cita del *Libro de los Macabeos* funciona como un apunte genealógico, pues coincidentemente la voz de Mistral está haciendo alusión aquí al único texto del Antiguo Testamento que presenta un estadio en sus páginas (y las reacciones del pueblo judío ante la aparición del atletismo en Jerusalén): "Construyeron en Jerusalén un gimnasio, tal como lo hacían los paganos" (1 Macabeos 1: 14).

El *Primer libro de los Macabeos* narra la rebelión del pueblo judío –liderada por Judas Macabeo– contra la helenización de Israel después de la fragmentación del imperio de Alejandro Magno tras su muerte; y el *Segundo libro de los Macabeos*, en la misma confrontación, ofrece el famoso retrato de la madre, la "Macabea", como la llama Mistral aquí ("...Finlandia enjuta / como la Macabea, que da sudor de sangre" [387]), que acompaña a sus hijos en el martirio por obedecer la ley: "¡Esa madre que vio morir a sus siete hijos en el transcurso de un solo día fue realmente admirable y merece ser famosa! [...]. Fue animando a cada uno de ellos en la lengua de sus padres, y llena de los más bellos sentimientos, sostuvo con coraje viril su ternura de madre" (2 *Macabeos* 7:20-22). La voz plural de Mistral anima la rebelión de los hijos de Finlandia, y, de paso, con ellos su poesía se rebela calladamente contra el culto moderno del deporte desde la tradición y la ortodoxia del culto antiguo ("Campeón finlandés, saltas ahora / más hermoso que en todos tus stadiums"). En otras palabras, Mistral sabotea el stadium, cuyos efectos mediales ha replicado, con una cita bíblica en que el estadio es emblema de corrupción moral del pueblo de Israel (de acuerdo con las traducciones, el nombre del "estadio" puede variar en "palestra" o "gimnasio", pero, ciertamente, el elemento atlético, helénico, permanece). Y, como si se tratara de una *lectio divina*, cada actor político, incluida la voz plural del poema, busca en las sagradas escrituras un modelo de conducta para su propio rol o misión en la historia del presente alrededor de la revuelta de los Macabeos.

Mistral interpreta los "signos de los tiempos" traídos por el periódico (escritura secular) desde la escritura sagrada: la noticia de Nurmi (o lo que queda de Nurmi) se eleva, "salta" sin cuerpo ni garrocha, a Judas Macabeo. El deporte, en Mistral, se sublima con el martirio. Y, finalmente, con la entrada de ese "nosotros" femenino y plural que ingresa como en procesión religiosa (un aquelarre), se termina el espectáculo sanguinolento y viril que Mistral ha descrito en detalle: las luces del stadium se apagan (la "relumbre") para dar espacio a la intimidad nocturna del bosque ("tus pinos del Norte"). Vienen a rescatar el cuerpo: a sacarlo de su exhibición, a despojarlo de su artificialidad macabra y a llevarlo a la pira funeraria antes de ser profanado ("Para que no te aúllen, te bailen ni te befen").

En cualquier caso, ahora en retrospectiva, este gesto último de las mujeres con el cuerpo exánime del campeón parece una tardía "adaptación" del primero de los "Sonetos de la muerte" al escenario de la arquitectura de masas, como si esos versos estuvieran siendo amplificados para las dimensiones del estadio: "Del nicho helado en que los hombres te pusieron, / te bajaré a la tierra humilde y soleada. / [...] Te acostaré en la tierra soleada con una / dulcedumbre de madre para el hijo dormido, / y la tierra ha de hacerse suavidades de cuna / al recibir tu cuerpo de niño dolorido" ("Los sonetos de la muerte" 48). ¿Será que el stadium, hecho de concreto, es también nicho helado, piedra latina, frío coliseo para el cuerpo del "campeón finlandés"? ¿son los hombres también quienes lo han depositado allí?

Si esto fuera así, la voz solitaria del primero de los "Sonetos", aquella que "robaba" el cuerpo del amado y soñaba con esparcir los restos pulverizados del amante ("Luego iré espolvoreando tierra y polvo de rosas, / y en azulada y leve polvareda de luna / los despojos livianos irán quedando presos" ["Los sonetos de la muerte" 48]), se ha multiplicado en un cuerpo colectivo que se ofrece como una alternativa política a la multitud del estadio. Y en ese "para que no te aúllen, te bailen ni te befen", creo también escuchar un motivo más antiguo de la poesía de Mistral: "¡porque a ese hondor recóndito la mano de ninguna / bajará a disputarme tu puñado de huesos!" ("Sonetos de la muerte" 48).

Campeón finlandés: un cuerpo en disputa.

Obras citadas

Bale, John. *Running Cultures: Racing in Time and Space*. Routledge, 2004.
Barrera Calderón, Gustavo y Magda Sepúlveda Eriz. "Prólogo: 'Una en mí maté'". *Gabriela Mistral. Obra reunida. Tomo II. Poesía*. Selección e investigación de Gustavo Barrera, Carlos Decap, Jaime Quezada y Magda Sepúlveda. Ediciones Biblioteca Nacional, 2020. 205-210.
Benjamin, Walter. *La obra de arte en su época de reproductibilidad técnica*. Trad. Andrés E. Weikert. Editorial Ítaca, 2003.
Biblia Latinoamericana. Editorial Verbo Divino, 2006.
Bollas, Christopher. "The Fascist State of Mind". *The Christopher Bollas Reader*. Routledge, 2011. 79-93.
Concha, Jaime. *Mistral*. Ediciones Júcar, 1987.
Connor, Steven. "Sporting Modernism". 14 de enero de 2009. Web. http://www.stevenconnor.com/sportingmodernism/sportingmodernism.pdf. Consultado el 10 de mayo de 2017.

Downing, Taylor. *Olympia*. BFI Publishing, 1992.
Finchelstein, Federico. *Fascismo transatlántico: ideología, violencia y sacralidad en Argentina y en Italia, 1915-1945*. Trad. María Julia de Ruschi. Fondo de Cultura Económica, 2010.
"Gabriela Mistral revive en el centenario de la independencia de Finlandia". *Dirac Chile* 69 (2018): 12.
Gaffney, Chris y John Bale. "Sensing the Stadium". *Sites of Sports*. Ed. Patricia Vertinsky y John Bale. Routledge, 2004. 25-38.
Gallo, Rubén. *Máquinas de vanguardia: tecnología, arte y literatura en el siglo XX*. Trad. Valeria Luiselli. Sexto Piso, 2014.
Hoberman, John M. *Sport and Political Ideology*. University of Texas Press, 1984.
Horan, Elizabeth R. *Gabriela Mistral and Emily Dickinson: Readers, Audience, Community*. Tesis doctoral. Universidad de California, Santa Cruz, 1988.
Infield, Glenn B. *Leni Riefenstahl: The Fallen Film Goddess*. Thomas Y. Crowell Company, 1976.
Jerade Dana, Miriam. "Antisemitismo en Vasconcelos: antiamericanismo, nacionalismo y misticismo estético". *Mexican Studies/Estudios Mexicanos* 31.2 (2015): 248-286.
Kitchen, Martin. *Speer: el arquitecto de Hitler*. Trad. Javier Alonso. La Esfera de los Libros, 2017.
Lennartz, Karl. "Kitei Son and Spiridon Louis: Political Dimensions of the 1936 Marathon in Berlin". *Journal of Olympic History* 12 (2004): 16-28.
Mistral, Gabriela. "Campeón finlandés". *Gabriela Mistral: en verso y prosa*. Real Academia Española, 2010. 386-388.
_____. "Campeón finlandés". *Lircay, órgano oficial de la Falange Nacional*. 3era semana de marzo de 1940: 2.
_____. "Campeón finlandés". Mecanoscrito AE0013750. Biblioteca Nacional de Chile. http://www.bibliotecanacionaldigital.gob.cl/colecciones/BND/00/AE/AE0013750.pdf. Consultado el 10 de mayo de 2017.
_____. "Campeón finlandés". Mecanoscrito AE0013751. Biblioteca Nacional de Chile. http://www.bibliotecanacionaldigital.gob.cl/colecciones/BND/00/AE/AE0013751.pdf. Consultado el 10 de mayo de 2017.
_____. "Cartas de Gabriela Mistral a Eduardo Frei Montalva". *Siete presidentes en la vida de Gabriela Mistral*. Ed. Jaime Quezada. Catalonia, 2009. 167-188.
_____. "Cartas de Gabriela Mistral a Pedro Aguirre Cerda". *Siete presidentes en la vida de Gabriela Mistral*. Ed. Jaime Quezada. Catalonia, 2009. 66-98.
_____. *Cartas de la gran Gabriela a Carlos Pellicer*. Grupo Resistencia, 2004.
_____. "El ritmo de Chile". Mecanoscrito AE0015183. Biblioteca Nacional de Chile. http://www.bibliotecanacionaldigital.gob.cl/colecciones/BND/00/AE/AE0015183.pdf. Consultado el 10 de Mayo de 2017.

———. "Los sonetos de la muerte". *Gabriela Mistral: en verso y prosa*. Real Academia Española, 2010. 48–49.
———. "Oficio de Gabriela Mistral: sobre propaganda". *Antología mayor. Cartas. Tomo 3*. Cochrane, 1992. 243–245.
———. "Página para Pedro Salinas". *Prosa de Gabriela Mistral. Materias*. Selección y prólogo de Alfonso Calderón. Editorial Universitaria, 1989. 120–122.
———. "Tala". *Gabriela Mistral: en verso y prosa*. Real Academia Española, 2010. 217–336.
Mistral, Gabriela y Victoria Ocampo. *Esta América nuestra. Correspondencia 1926–1956*. Edición, introducción y notas de Elizabeth Horan y Doris Meyer. Cuenco de Plata, 2007.
———. *This America of Ours: The Letters of Gabriela Mistral and Victoria Ocampo*. Trad. Doris Meyer. Ed. Elizabeth Horan. University of Texas Press, 2003.
Pizarro, Ana. *Gabriela Mistral: el proyecto de Lucila*. Lom, 2005.
———. "Mistral, ¿qué modernidad?". *Travesías*. Ed. Álvaro Matus y Cristóbal Carrasco. Editorial Roneo, 2021. 11–21.
"Reported Killed". *The New York Times*. 13 de febrero de 1940: 13.
Riefenstahl, Leni, dir. *Olympia*. International Olympic Committee, 1938.
Scobie, Alex. *Hitler's State Architecture: The Impact of Classical Antiquity*. The Pennsylvania State UP, 1990.
Soave, Paolo. *La "scoperta" geopolitica dell'Ecuador. Mire espansionistiche dell'Italia ed egemonia del dollaro 1919–1945*. Franco Angeli, 2008.
Sontag, Susan. "Fascinating Fascism". *Under the Sign of Saturn*. Random House, 1980. 71–105.
Sutera, David M. "Riefenstahl, Ichikawa, and Greenspan: The Ideological Impact of Olympic Documentary Films". *Identity and Myth in Sports Documentaries*. Ed. Zachary Ingle y David M. Sutera. The Scarecrow Press, 2013. 141–168.
Sysimetsä, Ilmari. "XIIes jeux olympiques Helsinki Finlande. 20.VII-VIII.1940". 1939. *Préparatifs en vue de la célébration des fêtes de la xiie olympiade Helsinki 1940*. Comité Organisateur de la XIIe Olympiade, 1939.
Tansman, Alan. "Introduction: The Culture of Japanese Fascism". *The Culture of Japanese Fascism*. Duke UP, 2009. 1–28.
Tuunainen, Pasi. *Finish Military Effectiveness in the Winter War, 1939–1940*. Palgrave Macmillan, 2016.

v

Oblicuas miradas

12

Santiago *queer*, 1916: Mistral antes de *Desolación*[1]

Elizabeth Horan
ARIZONA STATE UNIVERSITY

ESTAS PÁGINAS DESARROLLAN UNA propuesta crítica sobre los primeros escritos y la carrera literaria de Gabriela Mistral. Para ello, retomo los planteamientos que Eve Kosofsky Sedgwick postula en *Epistemología del armario* (1990), donde estudia el surgimiento de la homosexualidad como identidad codificada a finales del siglo XIX. En aquel estudio, la autora postula que, en cuanto posición privilegiada, la heterosexualidad depende de la homosexualidad. Ahora bien, según propongo, algo semejante ocurre cuando, a principios del siglo XX, Gabriela Mistral desarrolla aquellas redes intelectuales que la ayudan a avanzar como escritora mientras trabaja en los poemas que habrían de integrar *Desolación* (1922).

Este ensayo atiende a cartas y poemas en los que Mistral desarrolla la ficción de un amor heterosexual, el cual opera como una suerte de pantalla (*beard*, en inglés) de su propio deseo. Durante sus años en Chile, desde principios del siglo XX hasta 1922, esa ficción poética le da una coartada, no tan solo para su propia disidencia sexual, sino también para la de sus corresponsales: escritores como el uruguayo Alberto Nin Frías y los chilenos Eugenio Labarca y Alone (Hernán Díaz Arrieta). El reconocimiento mutuo entre Mistral y estos hombres *queer*, que fueron sus primeros y más fervientes admiradores, asoma a lo largo de su correspondencia, género escritural al que Mistral prestaba

---

1. *Este texto es una selección, hecha por la autora, de los capítulos 2, 3, y 4 de* Mistral una vida (Horan, Penguin Random Lumen, 2023; traducción Jaime Collyer).

una escrupulosa atención. Y en estas mismas páginas, donde Mistral revela, codificadamente y con buen humor, una identidad sexual proscrita, también surge una manera de nombrar y reconocer, en primera persona, una identidad mestiza, igual o aún más proscrita, y que, como sabemos, fue literalmente indecible en las letras chilenas hasta bien entrado el siglo XX.

Ensueño sáfico: los géneros raros de la carta privada y el diario íntimo

En las páginas de la prensa provinciana, Lucila Godoy se vale de dos géneros literarios de intensa subjetividad: la carta privada y el diario íntimo. Ambos intentan canalizar pasiones desconcertantes e inefables. En "Ecos" y "Amor imposible", por ejemplo, la escritora (quien, por entonces, tiene quince años) se propone atraer a "seres afines". Alude a su rareza, ocultándola parcialmente: "La mirada ajena que se pose en estos fragmentos no encontrará sino oscuridades de misterios i de enigmas en ellos" (*Recopilación* 131).[2] Estas y otras de sus invocaciones nocturnas, de lágrimas, caricias y pesares, no tienen nada en común con las representaciones de "la lesbiana" en la prensa de habla hispana de la época, una especie de coquetería de moda en las historias circulantes, contadas en tercera persona, cuya premisa era excitar el deseo masculino, tal como ocurre en las adaptaciones que el escritor guatemalteco Enrique Gómez Carrillo, residente en Europa, hace de los cuentos de Balzac y de Zola. El gusto y perfil literarios de la escritora chilena irán en direcciones bien distintas a los de Gómez Carrillo, cuyo nombre será utilizado por Mistral en cartas de 1915 y 1916 como un signo referente a la disidencia sexual. Todo ello conforme con la epistemología del armario que Sedgwick ha desarrollado en su influyente estudio.

---

2. "Amor imposible" es de Lucila Godoy Alcayaga (LGA), en *El Coquimbo*, 17 de diciembre de 1904, en *Recopilación,* p. 44–46; "Ecos", LGA en *La Voz de Elqui*, 23 de marzo de 1905: véase *Recopilación,* ed. Zegers, p. 81; el texto que comienza con "La mirada ajena..." es de "Carta íntima", firmado por "Alma" en *Penumbras* de La Serena, 21 de julio de 1907, en *Recopilación,* p. 131. Hipótesis: la poeta comenzará a usar tales seudónimos para esconder, un poco, su identidad tras el ascenso social (temporario) al trabajar en El Liceo de Niñas de La Serena, colegio privado, a diferencia de su trabajo anterior de ayudante en la escuela primaria rural de Compañía.

En la carta íntima (como en el género epistolar en general), el destinatario y quien escribe están separados por una distancia física y temporal que posibilita la modalidad del deseo, incluso del discurso y del pensamiento prohibidos. Son temas fundamentales en la temprana formación literaria de la escritora, como vemos incluso entre los contemporáneos de Gabriela Mistral. En 1966, casi una década después de la muerte de la poeta, el chileno Fernando Alegría y el uruguayo Ángel Rama publicaron estudios que cuentan entre los primeros en abordar las cartas y las amistades íntimas de la poeta como un registro de su disconformidad sexual. Alegría y Rama anotan la atmósfera reprimida con que la poeta explora la intensidad emocional a principios del siglo XX, cuando el homoerotismo femenino era tratado como "una historia que debe y, sin embargo, no puede ser contada" (Lanser 70). Por ello, Alegría, Rama y, más tarde, el editor Sergio Fernández Larraín carecen de las categorías para explicar esa historia, incurriendo en metáforas de enfermedad psicológica para tratar lo no nombrable.

Rama, por su parte, se apoya en los términos freudianos de la época cuando postula que la joven poeta vive en un "estado de frustración afectiva casi lancinante" (113) dominado por "un súper ego altivo, orgulloso" (113). Asimismo, propone que la represión del deseo entre personas del mismo sexo se evidencia en los temas de la soledad y la imposibilidad de expresar estas emociones en la vida provinciana. Dejando de lado, por ahora, sus suposiciones sobre la sicología del escritor y la ausencia de una sociabilidad *queer* en las provincias, el crítico uruguayo señala precisamente la carta privada y el diario íntimo para su análisis cauteloso. Por un lado, Rama advierte contra el establecimiento de correlaciones literales entre la literatura y la vida: "no se debe confundir literatura con diario íntimo, ni estilo sensiblero epocal con sentimientos verdaderos" (117).

Por otro lado, Rama recomienda que "la crítica tradicional chilena que tanto se ha esmerado en las relaciones vida-obra" (117) debe, por lo menos, leer la obra mistraliana con más esmero. Cita al escritor chileno Manuel Rojas: "En Gabriela Mistral hay un misterio, tanto en su leyenda de amor como en su vida privada" (114). Y Rama concluye pidiendo "un esfuerzo de sana desmitificación que corresponderá a la nueva generación de críticos chilenos" (118). Como sabemos, la desmitificación no ocurrió. Al revés: durante la dictadura de Pinochet, Mistral fue momificada. Pero en California, en el mismo año cuando Rama publicó su breve estudio, el crítico, académico y novelista Fernando Alegría escribió y publicó, por su parte, unas de las páginas más atrevidas, hasta la fecha, en tratar la orientación sexual de la poeta. En una parodia brillante y afectuosa del estilo mistraliano, Alegría nos refiere la intensidad de lo "no dicho" dentro de los modos y maneras de la masculinidad femenina, percibida desde afuera:

> Luego de salir de Chile [Mistral] siguió el rumbo de la moda y se cortó los cabellos de manera casi masculina, aligeró un tanto sus vestidos, dejó el negro por los grises y, sin proponérselo, influyó también en la apariencia de sus amigas. En foto tras foto de la época la vemos con esas flacas, de melena corta –que llamaban a la garçonne, jóvenes frágiles, casi enfermizas, muy eficientes, algo hipnotizadas o, mejor dicho, hipnotizables, con algo de tiernas lauchitas propensas a la histeria. Gabriela flotaba entre ellas y sobre ellas. Las veía pasar por su casa como sombras amables que necesitaban de su maternal ternura para seguir adelante. Ella no se las negaba…. (56–57)

Al enumerar los signos "clásicos" externos de lesbianismo, como los cortes de pelo, que nos hacen acordar de "las pelonas" del México postrevolucionario, Alegría diagnostica a las seguidoras de la poeta, "esas flacas" histéricas. Crea un juego de palabras bilingüe (español-inglés): "algo de tiernas lauchitas" ("the mousey type") para caracterizarlas. Luego utiliza circunloquios como "ella no se las negaba", en que el lenguaje de Alegría se contagia de la prohibición casi pornográfica de nombrar el afecto o el deseo que aparece a lo largo de la poesía de Mistral, que evita los pronombres de género y, por lo tanto, niega precisar referentes. En el panegírico falso –género que Mistral también usaba, unas veces– el lenguaje de Alegría cambia de curso –como tantas veces hace el de ella– para denunciar las mismas expectativas que acababa de suscitar la misma escritora: "El equívoco se deshace en despreciable minucia", indica Alegría, "cuando leemos páginas autobiográficas de las mujeres que fueron sus compañeras en su época de lucha: en esas palabras escritas con la madurez y la serenidad que da una vida rica en experiencias del espíritu se lee invariablemente la marca de un amor forjado en el respeto, en la gratitud, en la sincera admiración. Así han escrito Laura Rodig y Palma Guillén, y Doris Dana, y tantas otras" (56–57).

El profesor Alegría está tomándonos el pelo. Hasta la fecha, cuando Alegría lo escribe, en 1966, de "las páginas autobiográficas" de las amigas íntimas de la escritora chilena, tan solo Laura Rodig había publicado una "página autobiográfica". Y por su parte, Palma Guillén y Doris Dana no habían publicado casi nada. Tal vez porque la lealtad al armario, consideraban ellas, demostraba el amor y la lealtad a su amiga poeta.

Volvamos al género literario de la carta íntima. Género que promete, pero posterga, la amistad. Las cartas que la poeta adolescente publicó en la prensa coquimbana se abren dirigiéndose a un destinatario gramaticalmente femenino, una persona amada pero nunca identificable. Es "mi dulce compañera" en julio de 1907; es "Íntima, a Ella, la única" en octubre de 1907, y es una "Carta íntima, a aquella..." en enero de 1908. Según las convenciones de las cartas íntimas, estos escritos encubren la identidad del amado/a –convención que Mistral sigue también en su poesía– creando embrolladas construcciones gramaticales: "...a aquella que es mucho más que mi amiga y algo más que mi hermana" (*Recopilación* 70). Y al describir el arribo de su musa, la autora prolonga el tema de no identificar a la amada: "se inclinó sobre mi rostro, besó mis labios..." (125). Las emociones intensas de la autora hacen impronunciables "las incoherencias del delirio de mi alma" (161).

De la actuación oral a la literaria: construyendo la "pantalla"[3]

Mistral era reconocida, en vida, por su devoción a redactar cartas. Su dedicación al viaje, al periodismo y a la diplomacia reforzaron esta práctica. Sin embargo, la primera edición de las cartas de Mistral, *Cartas de amor de Gabriela Mistral* (1978), no apareció sino hasta dos décadas después de su muerte. El editor que ubicó, compró e hizo la selección de la manuscritos fue Sergio Fernández Larraín, un jurista conservador, autor de la Ley de Defensa Permanente de la Democracia (que proscribió el Partido Comunista en Chile, dejando cesante a sus partidarios que tuvieron empleos públicos y borrando sus nombres de los padrones electorales). Fernández Larraín entendió que la publicación de tales cartas constituiría un terremoto para la percepción pública de Mistral. Así justifica su decisión de publicarlas: "En más de algún instante nos ha asaltado la duda [de] si cometemos una grave indiscreción al dar a luz las cartas de Gabriela, reveladoras de sus sentimientos más íntimos, pero nos ha tranquilizado la idea [de] que interesa sobremanera su conocimiento para completar su perfil humano y su vasta y genial creación literaria más aún" (42).[4] Convencido de que las cartas develan con sinceridad los

---

3. *The Beard*, en el texto original en inglés, es equivalente a "la barba". En inglés coloquial, este término se emplea para aludir a la persona que disimula la propia orientación sexual con la complicidad de otros. Como su empleo en castellano resultaría confuso en ese sentido, he preferido sustituirlo aquí y en otras secciones por el término "la pantalla", más acorde al significado de la expresión coloquial en ambos idiomas.

4. Fernández Larraín, "Introducción", *Cartas de amor de Gabriela Mistral*, p. 42. Luego reproducido en Quezada, *Cartas de amor y desamor*, p. 200.

sentimientos de la autora y no constituyen una mala actuación de su parte, el editor defiende su decisión de publicarlas para proteger la reputación de la poeta, ya fallecida, ante eventuales agravios: "para ahuyentar definitivamente las sombras que mentes enfermizas han pretendido, en más de una oportunidad, tender sobre la recia personalidad moral de nuestro insigne Premio Nobel" (42).

La perspectiva de que se asocie a Mistral con el lesbianismo es tan aterradora para Fernández Larraín que no es capaz de precisar cuáles son "las sombras que mentes enfermizas han pretendido, en más de una oportunidad, tender" (42). En lugar de ello, valora las cartas como "reveladoras de [los] sentimientos más íntimos" (42) del alma de la poeta. Representándose como movido por un deber patriótico, busca desterrar aquellas "sombras" (¿de quién? ¿de Alegría? ¿de Rama?) que podrían impugnar la altura moral de "nuestro insigne Premio Nobel" (42). Sin pruebas, el editor señala que las cartas representan a la escritora como casta, profundamente conservadora y sumamente respetuosa del matrimonio. Una conclusión más consistente con la hagiografía que con las propias cartas.

Cuando Fernández Larraín compiló esta edición de *Cartas de amor*, la correspondencia privada de Mistral no estaba ni disponible ni accesible al público. A pesar de que las originales de las cartas que el jurista conservador obtuvo no están disponibles, ni aún en copias fotográficas, la situación ahora es muy distinta. En modalidades digitales o transcritas, en publicaciones y otras fuentes rastreables, el corpus epistolar de Gabriela Mistral, que es enorme, muestra una serie de estrategias hacia sus lectores, minuciosamente calculadas y complejas, con muchas dramáticas escenificaciones, desplegadas con una destreza asombrosa.

Cartas de amor (publicado en 1978, vale enfatizarlo) representa dos tipos de misivas, diferenciadas según el destinatario. El primer grupo corresponde a un período de catorce meses, desde 1905 y hasta los comienzos de 1906, en Coquimbo y La Compañía. Consiste en cinco cartas que la poeta escribió a los dieciséis años a un acaudalado terrateniente de nombre Alfredo Videla Pineda. Este rico hacendado y propietario de varios viñedos era un soltero que tenía cuarenta años. El segundo grupo, fechable entre octubre de 1914 y junio de 1923, es mucho más extenso y posterior, consta de cartas dirigidas a Manuel Magallanes Moure, quien fue en su época el poeta de amor más célebre de Chile. Estas fueron publicadas, luego, en al menos dos ediciones que han contribuido a derrumbar la leyenda absurda a la que el editor Fernández

Larraín se refiere como "el error [en torno a Romelio Ureta] que es necesario rectificar" (15).

Tal es el nombre en la vida real del joven ferroviario, originario de Coquimbo, muerto por propia mano en 1909. La leyenda identifica a Ureta con el único y terrible amor que, amortajada en una castidad total, Lucila Godoy experimentó, y a cuya memoria se habría supuestamente dedicado tras su suicidio. Fernández Larraín hizo lo que pudo para ahuyentar la leyenda. Si es que sobrevive es porque ella misma confundió deliberadamente la leyenda con el suicidio literario sugerido en su galardonada obra "Los sonetos de la muerte" (1914). Durante años, los críticos buscaron acomodar los poemas incluidos en *Desolación*, el primer libro de Mistral, como prueba de un amor devastador y de la casta devoción de la poeta. Pero una mirada a las primeras cartas privadas y a las publicaciones que Lucila Godoy entregó a los periódicos muestra que la joven autora se dirigió a Alfredo Videla Pineda por razones literarias y, en ningún caso, amorosas. La voz de la poeta chilena en este epistolario es totalmente consistente con el afán de logro, el cálculo y sus ambiciones que se evidencian a lo largo de toda su correspondencia.

Cuando Lucila Godoy comenzó a escribirse con Videla Pineda, ella había comenzado ya a granjearse alguna fama al cabo de un año publicando en los periódicos de su provincia natal. Ella utiliza las páginas de esta correspondencia como "pantalla" para escribir acerca de un "amor" que proyecta sobre la página en blanco. Lo relevante es que el hombre al que escribe, a quien otros describen como femenino, es de maneras más refinadas que viriles.

El mismo Fernández Larraín hace hincapié en el estilo afeminado de Videla Pineda y su reputación de don juan: "Hombre fino, de maneras exageradamente delicadas y 'femeniles', que se contradicen con la fama que tenía de gran seductor de damas de la región y de otras que llegaban desde Santiago" (22). El editor no parece advertir que una fama de seductor puede servir para tender un velo, encubrir o distraer la atención sobre el extraño fracaso de un soltero apetecible a la hora de contraer matrimonio. Las convenciones del intercambio de "cartas de amor" son compatibles y consistentes con los mecanismos del clóset. Cuando la joven le escribe a un soltero pudiente y afeminado que gusta de tocar a Chopin en el piano y de ir al teatro, cuenta con una oportunidad de generar la ficción o coartada del amor heterosexual. Cualquier autor popular en aquella época debía manejar bien ese discurso.

El encubrimiento, la actuación y la coartada rigen la noción de *the beard* (literalmente la *barba*; aquí, la *pantalla*) que alude a "una persona que públicamente pretendía estar involucrada en un vínculo heterosexual con una persona homosexual, para ayudar a que esa persona encubriera su homosexualidad", según el *Oxford English Dictionary* (OED), mientras que el Urban Dictionary, un sitio web colaborativo, de fuentes múltiples y alusivo a la jerga contemporánea, específica que corresponde a "toda compañía del sexo opuesto llevada a un evento para que una persona homosexual brinde la apariencia de ser heterosexual". La imagen de la barba en sí y la forma verbal correspondiente, *hacer de barba*, aluden a encubrir y disimular, como ocurre con los términos "hacer de campana" en Argentina o "una pantalla" en Chile, en alusión a una "persona o cosa que distrae la atención para encubrir u ocultar algo o a alguien", según el Diccionario de la Lengua Española.

El intercambio de cartas nos indica que la relación es una *pantalla*, que el OED define como "algo que se hace o establece para disfrazar o desorientar a otros respecto a algo, especialmente respecto a la verdadera naturaleza de una persona; un frontis, una fachada". La imagen proyectada en la página es un despliegue de heteronormatividad que opera como distracción. Ella le *hace a él de pantalla*: al escribirle a ella, él prueba su masculinidad. Y eso le ofrece a ella, a su vez, una pantalla detrás de la cual practicar el tema del "amor imposible", tan prominente en su obra hasta su abandono de Chile. Por medio de las cartas, ella, una escritora autodidacta, practica las convenciones asociadas al "amor imposible". Para enriquecer la trama, introduce rivales, esto es, a otros pretendientes.

Haciéndole de pantalla a Alfredo Videla: correspondencia encubierta

Al escribir cartas, Lucila Godoy se embarca en un secretismo y un tono conspirativo que la resguardan del perjuicio a su reputación. Ante la perspectiva de ser *vista*, sus cartas introducen el tema del voyerismo. Las dos partes han de mantener su respectivo papel, sus máscaras, además de la distancia, factor fundamental en las cartas.

Alfredo y Lucila se valen de cartas enviadas por mano y por medio de una tercera, Artemia, la amiga de ella, que actúa como mensajera y audiencia a la vez. Así Lucila advierte a Alfredo: "Yo debo encontrar su carta en poder de mi amiga Artemia para poder saber y determinar" (*Cartas de amor* 79). "Le dije a mi amiga Artemia: tan pronto que llegue la carta, avísame por teléfono" (91). Son invariables las instrucciones que da Lucila. Primero está la prohibición para él de verla en privado. Luego le indica lo que anhela: que él le escriba cartas. No quiere nada presencial, sino cartas con los escenarios bullentes de subterfugios.

Lucila Godoy obedece a las convenciones. Ahora vive con una familia en una localidad que parece ser La Compañía, donde Alfredo la visita una sola vez, pues una segunda visita lo comprometería. Cuando Alfredo la presiona para que se reúnan en "una entrevista reservada", Lucila responde proponiendo que pueden verse "... en cualquier parte pública, la que Ud. designe. Ya me arriesgo a mucho. Mi determinación es harto peligrosa. Hago cuanto puedo. Si por temor de ser visto no accede a una entrevista así, no hay ninguna otra esperanza" (*Cartas de amor* 79-80). Después Lucila rechaza la siguiente propuesta de él; rechaza la sugerencia de que ese encuentro en privado "probaría" su afecto por él: "No hay qué pueda desear decirme, que en una carta no pueda hacerlo; y no hay demostración de cariño que no le haya hecho y pueda hacerle. Es mi última palabra al respecto" (81). La única solución que ella propone es que él le escriba más seguido. ¡Frecuentemente! Ella sufre cuando no lo hace. Lucila, una adolescente, regaña a Alfredo, un hombre mucho mayor, cuando él tontamente le telefonea: "He de prevenirle que cuando hablamos por teléfono, hubo varias frases que no le oí; y además contestaba torpe y lacónicamente por no ser comprendida por las que me oían" (82).

Alfredo Videla insistió y consiguió otras dos citas. Ambas implicaron dinero: un préstamo que ella le devolvería justo antes de Navidad. Poco después, se juntó con él en el teatro, solo una vez, agradeciéndole "la inolvidable noche aquella, pasada en el palco N° 10". El recuerdo la hace derivar al *tempus fugit*, uno de sus tópicos predilectos: "¿Habrá para mí en el futuro horas tan queridas e impregnadas de ternuras como aquellas? ¡Quizás no!" (*Cartas de amor* 85). Enrique Molina describe los palcos en sus memorias y nos cuenta que había un solo teatro en La Serena, llamado "el gallinero" por su edificio chato y feo:

> Cercanos al proscenio había unos curiosos palcos que se podían cerrar del lado de la sala con un enrejado, los palcos de rejas, destinados a personas de luto deseosas de asistir al espectáculo sin ser vistas por la concurrencia. En verdad nadie ignoraba que amantes del arte se ocultaban detrás de las rejas. (93)

La imaginería visual –lo de ver y ser visto– subyace a la pantalla y a otra dramatización que genera deseo mimético. En cuando la escritora sugiere que Alfredo tiene un rival en el "Señor Marín", sus cartas predicen el genio de Gabriela Mistral para la triangulación. La autora maniobra de manera experta entre el destinatario, ella misma como protagonista y un rival no visto u oculto, una fuerza al margen de la escena.

El contexto más amplio de las cartas a Videla es que comienzan poco después de cuando la poeta ha empezado a concitar la atención al defenderse espléndidamente en una polémica publicada en *La voz de Elqui*, que sale el 26 de noviembre de 1905. Un crítico que escribía bajo el seudónimo de "Abel Madac" había argumentado que la valía esencial de las mujeres era decorativa y que la escritura de Lucila Godoy era embrollada. No tenía nada que valiera la pena decir ni leer, según Madac, quien se representa, en su carta al editor, como un admirador de la literatura y la poesía, alguien recién llegado al valle, "donde florecen con igual prodigalidad las flores i las mujeres hermosas". De paso, arremete contra el texto "Voces", recientemente publicado por Lucila Godoy: "¿Cuál es el origen de ese amargo pesimismo, de ese lúgubre acento?". Condena su escritura como un cúmulo de "frases huecas; expresiones altisonantes, llenas de énfasis, que no dicen nada a la mente, i mucho menos al corazón". Cuestiona incluso su sanidad: "Ella me da solo la idea de un cerebro desequilibrado, tal vez… por el exceso de pensar" (*Recopilación* 89).[5]

La refutación de Lucila Godoy, publicada en la misma página de *La voz de Elqui*, niega que su texto sea autobiográfico: "No hago en él el relieve absoluto de mi vida, hago una imitación de la vida de todos los infortunados, por lo cual empiezo: *Habla el alma infortunada*. ¿O es que me equivoco i escribo: *Habla mi alma infortunada?*" (*Recopilación* 90). Enseguida se burla de su machismo: "¡Qué poca penetración de hombre pensador tiene al creer que todas las mujeres sueñan con idilios i viven de aquellas esperanzas!" (90). Añade que ella no escribe para el público general, sino para unos pocos espíritus lúcidos: "Hay almas que, saliendo de la mediocridad, no esperan ver iluminarse aquel con los fulgores de dos ojos apasionados, sino con la luz única que existe sobre la Tierra, la luz intelectual, la luz de la gloria…" (90). Este idealismo sublime logra confortarla.

Ninguna de las partes terminó cediendo en su postura. Abel Madac condena el exceso verbal y emocional de Lucila Godoy, como indicios de su falta de educación, esto es, de su falta de modales, de su gusto más bien pobre. Cargos que otros habrán de repetir en el curso de los años. Mientras que Godoy

---

5. Madac, Abel (seudónimo): "Crítica y réplica literaria", carta al editor de *La Voz de Elqui*, noviembre de 1905, en *Recopilación*, p. 89.

replica que su escritura se propone transmitir una emoción intensa y una alienación separada del cuerpo, el editor de *La voz de Elqui* agitó las llamas de la controversia (¡hay que vender diarios!). Le encarga a Godoy la redacción de un ensayo. El artículo, derivado de la polémica y titulado "La instrucción de la mujer" (8 de marzo de 1906), desdeña la teoría de que el matrimonio protege económicamente a la mujer. Correcto: el matrimonio no había protegido de hecho ni a Petronila ni a Emelina. Sostiene que la autosuficiencia económica es fundamental: "Es preciso que la mujer deje de ser la mendiga de protección y pueda vivir sin que tenga que sacrificar su felicidad con uno de los repugnantes matrimonios modernos; o su virtud con la venta indigna de su honra" (*Recopilación* 98).[6]

Tres días después, pone las riendas a su argumento con un poema, "El final de la vida":

> *Corazón, corazón, ¡cuánto soñaste!*
> *¡Qué dicha se forjó tu fantasía!*
> *¡Con qué fervor creíste y adoraste!*
> *¡Qué esperanza más firme te asistía!*
> *Di: ¿qué te queda hoy día?* (*Recopilación* 100)[7]

Axiomático en la polémica es que Lucila Godoy cuestione el valor, para la mujer, del amor heterosexual y la devoción al matrimonio.

Dos semanas después de eso, recibe otra carta de Alfredo Videla, llena de quejas según lo que podemos reconstruir a partir de la respuesta de Lucila: "Me ha dicho que lee en mí, como leer un libro" (*Cartas de amor* 94), le dice Lucila. "De ello me alegro, así que puede ser para mí menos áspero y cruel que lo que ha sido" (94).

Él se había quejado de su frialdad: "Ha puesto su cabeza antes que el corazón para obrar" (*Cartas de amor* 88). "Convengo en todo lo que Ud. dice" (88), le responde ella. "Solo en los momentos que [Ud.] está cerca de mí, son míos sus sentimientos y sus pensamientos. Le creo muy fácil a olvidarlo todo; incapaz de cultivar y conservar un amor en una larga ausencia..." (87). "No se ofenda por lo anterior" (87), añade. "La tristeza es dulce, la queja es arrullo, la flagelación de la traición es caricia. Hasta la indiferencia del Ídolo hace amar más" (93).

---

6. Lucila Godoy Alcayaga, "La instrucción de la mujer", 8 de marzo, 1906.
7. "El final de la vida", 11 de marzo, 1906.

La "historieta" de las cartas adhiere a las convenciones propias del amor cortés, pero una vez más, como bien señala Leonidas Morales, ella asume el papel del caballero cuando afirma que su devoción es por el Amor, un amo cruel, del cual Alfredo es solo una señal. Tanto como en el amor cortés, los dos amantes deben atenerse a las reglas del mundo: "El mundo lo manda así, vivimos en él, y debemos respetar sus leyes aunque sean absurdas y ridículas" (94). En este juego de las escondidas que supone una atmósfera represiva, Lucila Godoy ha aprendido a desarrollar una correspondencia encubierta, valiéndose de una mensajera. En sus respuestas a la carta de "Abel Madac" al editor, ella practica el género de la réplica al crítico, con la cual gana defensores y seguidores.

Romelio, pantalla

La versión más dramática y extendida de la pantalla que Mistral ofrece en su correspondencia se encuentra en una carta de 1915 a Magallanes Moure. Ocurre al anochecer, luego de que todos los vecinos se han marchado, uno a uno, al atardecer. Sitúa la escena y establece la perspectiva: "Desde el corredor de la casa se veía el patio de la suya. Me puse a mirar hacia abajo". A la luz de la luna pudo ver a lo que se supone su antiguo amante sacando al exterior un sillón para su novia. Desde arriba, la poeta lo vio estirarse en una banqueta y apoyar su cabeza en las rodillas de la otra. La pareja hablaba poco, suavemente. Después de verlos mirarse entre sí, los vio besándose: "Se acribillaban a besos". "La cabeza de él –mi cabeza de cinco años antes– recibió una lluvia de esa boca ardiente. Él la besaba menos, pero la oprimía fuertemente contra sí. Se había sentado sobre el brazo del sillón y la tenía ahora sobre su pecho. (El pecho suyo, sobre el cual yo nunca descansé)... Se besaron, se oprimieron, se estrujaron, dos horas" (*Manuel* 100).

No pudiendo soportarlo más, cortó unas flores, los jazmines de los maceteros, y los arrojó, destrozada, hacia lo que parecían sus cuerpos, para hacerles saber que alguien los estaba mirando. Luego oyó susurros y el ruido de los muebles raspando contra la madera cuando ambos se escabullían.

A la mañana siguiente a esa noche terrible en que asistió a todo eso y, aún peor, en que hubo de imaginar lo que no pudo ver, se dirigió a La Serena y allí lo vio de nuevo caminando por la calle y le bloqueó el paso, en una imagen inolvidable que ella misma interpreta para nosotros: él "tenía una mancha violeta alrededor de los ojos" (*Manuel* 100). Ella tenía otra mancha, "un poco de roja. 'La de él', ella pensó, 'es de lujuria; la mía era la del llanto de toda la noche'" (100). Él se detuvo y le impidió que se alejara: "Lucila, mi vida de hoy es algo tan sucio que usted si lo conociera no me tendría ni compasión" (100). Ella quedó demudada. "¡Lucila! Le han dicho que me caso. Va Ud. a ver cómo va a ser mi casamiento; lo va a saber luego" (100-101), siguió él. Como vio que ella debía irse, le dijo que en su próximo viaje la estaría esperando en la estación.

Quince días después, poco antes de la fecha anunciada para la boda, los diarios informaron del suicidio del joven, el 25 de noviembre de 1909: "Ayer a las dos de la tarde sus jefes le hicieron un arqueo y advirtieron que faltaba en la caja la suma de 1.501,11 pesos. El señor Ureta pidió un plazo de dos horas para reponer el dinero, en cuyo tiempo llevó a cabo la tremenda determinación de quitarse la vida" (*Recopilación* 148). Según el informe, Romelio Ureta había intentado pedir cien pesos a un amigo, el que no pudo prestárselos. Sabiendo que nunca podría restituir la suma, el joven volvió entonces a la casa donde se estaba quedando, saludó a su anfitrión, se retiró a su habitación y se disparó un tiro en la sien derecha.

Al menos uno de los rumores surgió de la misma poeta, pues su carta a Lagos Lisboa, dizque en 1915, describe la evidencia encontrada en el cadáver: "En la cartera interior del paletó guardaba una de las dos tarjetas que yo le había escrito" (*Cartas de amor* 28). Otro rumor, que puede haber elaborado también ella misma, buscaba limpiar la reputación del joven: él le había prestado los fondos faltantes a un amigo necesitado de ellos, que no pudo devolvérselos. Pero Manzano señala que 1.500 pesos era una suma cuantiosa, equivalente a un año y medio de salario para un profesor de la categoría de Lucila Godoy. Un robo de esa índole no era lo mismo que tomar prestado algo de la caja chica, "sino más bien una conducta recurrente y sostenida" (Manzano 166).

En el manuscrito de la autobiografía dictada en 1952, la poeta desvía las interrogantes respecto a este supuesto "amor", valiéndose de un colorido lenguaje para atenuar la especulación: "Romelio Ureta no era nada parecido, ni siquiera era próximo a un tunante cuando yo le conocí. [...] Era un mozo nada optimista ni ligero y menos un joven de zandungas. Había en él mucha compostura, hasta cierta gravedad de carácter, bastante decoro" (*Autobiografía* s/p).

La historia de Ureta era como la de un zombi. Se negaba a morir, por más que ella quisiera suprimir, eliminar el modelo de mujer que emergía de ello, el cual había presentado ella misma en "El ruego" (que previamente tituló "Plegaria"). Mistral descartó luego el poema de sus *Poesías completas*. También desestimó, pero no pudo eliminar, "Los sonetos de la muerte". "Son cursis, dulzones" (*Pretérito* 913), le dijo a Alone. La historia sobrevive porque es un clásico cuento de horror cuya heroína, una muchachita campesina y casta, está escondida en un punto de observación donde se queda atrapada y se convierte en una espía... involuntaria de la colisión de la *femme fatale* con su víctima débil, un individuo confundido, que se mata a sí mismo avergonzado de eso en que se ha convertido.

La historia de Romelio sobrevive porque se convierte fácilmente en hagiografía, es decir, en "un psicodrama cuya lectura moviliza en el lector intensas fantasías de desintegración y reintegración" (Brown 81). En este punto de inflexión en la trayectoria vital de "la santa", Lucila Godoy, la sobreviviente de la soledad que caracterizó su infancia, cuya virtud heroica se reveló en feroces batallas con las autoridades escolares, se convierte en una virgen atrincherada, pero sin penitencia ni sumida en una expiación desinteresada.

Virgilio Figueroa, su primer biógrafo, veía la transformación de la poeta como una advertencia del poder terrible de la sexualidad femenina: "Cuando el amor enfervorizó su alma y el dolor purificó sus afectos, se reveló gran poeta" (77). Él considera a Mistral una fabuladora de lo inefable: "Se embriaga en la voluptuosidad de un amor correspondido, que la hace vivir en el harem de los placeres inefables. Es tan vehemente su ilusión que trastorna sus sentidos y le presenta como realidad lo que es un mero espejismo de su fiebre dionisíaca" (83). No identifica aquellos "placeres". Dos décadas después, Augusto Iglesias consolida la intuición de Figueroa dentro de la concepción freudiana del arte como la actividad de soñar despierto: "En los artistas verdaderos los elementos que intervienen en la elaboración estética son en gran parte producto del *ensueño*, que es la manera de soñar despierto" (Iglesias 198).

El amor imposible de la poeta por el "amado muerto" es una o varias historias elaboradas como un encubrimiento, una variante de la pantalla. Romelio Ureta es una proyección que hace a Gabriela Mistral menos amenazante para el patriarcado. Su distancia de los hombres se proyecta en una casta penitencia. Su furia queda sublimada en canciones de cuna para bebés varones.

Jugando a "querer poetas"

Expresada como "la otra mujer", la pantalla la sirve de escudo y de coartada cuando los hombres se dirigen a ella como mujer, es decir, como el objeto de sus fantasías eróticas de conquista. Tanto con Alfredo Videla como con Magallanes Moure, la escritora le informa repetidamente a su correspondiente que está equivocado. Que la haya confundida con otra mujer a quien Mistral representa con una "ensoñación" en que la escritora imagina, para mayor placer voyerista de Alfredo Videla, su destinatario, una de sus futuras citas románticas: "¿Sabe en qué me pongo a pensar a veces? ¡En que por los alrededores de su hacienda haya alguna aldeanita de esas cautivadoras que me está robando sus miraditas tan preciosas para esta pobre mendiga!". Ella modifica el escenario al gusto de Alfredo, un devoto de Chopin: "el viento favorable me trae los acordes de la música lejana, de esa música de que Ud. goza todas las noches en el paseo lleno de damas entre las cuales hay una a quien Ud. quiere y que quizás sea más tarde la dueña de Mi Alfredo. ¿Para qué negarlo?" (Iglesias 94).

Muy parecida es una carta que la escritora escribió a Magallanes Moure a unos cuatro meses de iniciar la correspondencia. Mistral presenta el tema de "la otra mujer" a poco de elogiar la carta reciente de "M", con "todas estas palabras ardientes". La escritora le sugiere que está equivocado. Que ella no es más que una pantalla, no el verdadero recipiente de sus palabras: "Se las dices tú a otra, a alguna amiga mía que es bella. Yo debo entregar esas cartas solamente. Y como en muchos casos de amigas 'protectoras', pasa que yo me he enamorado de ti a fuerza de leer tanta frase seductora, tanta sugestión ardorosa" (Iglesias 94).

Pero, al mostrarse de acuerdo en que es una pantalla (o intermediaria) para esa "otra, alguna amiga que es bella", que sería la auténtica receptora de todo ello, "L" postula que la lectura de "tanta frase seductora, tanta sugestión ardorosa" la ha conducido a ella misma a amarlo (aunque él no la ame). Lo que más bien sucede es que él desea lo que su propia imaginación ha creado. Algo que Mistral expone de manera muy precisa: "...tú te has hecho de mí una imagen embellecida, tú le has dado cuanto deseas que tenga y es a esa, a esa que no soy yo a quien escribes y dices querer, o quieres. Yo con esa no tengo nada que hacer, de común sino el nombre. Tú no puedes, Manuel, quererme a mí" (Iglesias 94).

¿Y qué es lo que anda mal orientado en el deseo de "M"? Por una parte, "L" le dice que se imagine él mismo en La Serena: "Hazte esta imagen: una señorona apacible, que se balancea al andar, que usa calzado grande, que no se pone corsé, que anda con ropas anchas, que se echa el pelo atrás, sencillamente, que hace clases como pudiera hacer sermones..." (*Manuel* 77–78).

Sin pies diminutos ni pasitos remilgados. Sin vestidos vaporosos ni la figura como de un reloj de arena, sin trenzas ingeniosamente entretejidas y cimbreantes. No en un murmullo, sino más bien como una prédica, "L" desinfla el deseo con esta imagen de que "no tiene nada, nada, de ese no sé qué que despierta en los hombres el deseo de ser amadas amados por una mujer..." (*Manuel* 78).[8] El eros, como "Manuel" lo entiende, es aquí irrelevante: "La feminidad de que tú me has hablado tiene en mí este sello: una mujer, sí, no un marimacho, pero una monja, una abadesa gorda y pacífica" (78). Para anotarse el punto a su favor, menciona a dos connotados bohemios que la han conocido en persona y podrán atestiguar acerca de la fundamental rareza de su persona. Para entrar en el mundo santiaguino, la escritora necesitaba amigos. Los tuvo, pues la carismática Gabriela Mistral cultivó, en las amistades privadas, una red social que era especialmente atrayente a la disidencia sexual masculina.

Del primer personaje o referencia que ella menciona, Víctor Domingo Silva, Mistral indica que él "dice que tengo cara de pensadora rusa. ¿Verdad que no tiene nada de atrayente el retrato ese? Lo que escribo (cartas, versos) dan una idea errada de mí" (*Manuel* 78).

La segunda referencia involucra a Alberto Nin Frías, cónsul uruguayo y escritor de novelas homoeróticas, quien creía que Mistral era "por [sus] garabatos nerviosos y locos [...] un ser apasionado y quizás muy mujer... Su asombro fue muy grande cuando [la] trató..." (*Manuel* 78).

Mistral desafía ambas premisas: rechaza que la imaginen y la traten como "un ser apasionado" y peor todavía, como "quizás muy mujer". Al rechazar esas premisas, desafía las nociones del género binario. En este punto, con Magallanes, como con el novelista Eduardo Barrios y el (más tarde) crítico Alone –quienes son sus amigos epistolares más cercanos y fieles durante ese y el próximo año– Mistral alude repetidamente a la gran sorpresa y reconocimiento que alboreó cuando Alberto Nin Frías la conoció, después de que se hubieran escrito un tiempo. De este modo, el nombre de Nin Frías opera como una señal oculta o una contraseña de Mistral para entrar en grupos de artistas y escritores que, sin ella, serían solo de varones.

La correspondencia de Mistral con este autor, que comienza a principios de 1912 y se extiende hasta 1923, muestra cómo la chilena apreciaba los escritos del uruguayo, erudito y prolífico, quien más tarde publicaría

---

8. La palabra "amadas" está tachada por la poeta, pero es legible en el manuscrito.

el primer libro en español, no-apologético, que célebre y defiende el amor entre los hombres, *Homosexualismo creador*, editado por Javier Morata en Madrid. Antes de aquel libro, Nin Frías escribió y publicó varias novelas breves, escritas en primera persona, que celebra la amistad íntima entre hombres. Su mejor esfuerzo, *Sordello Andrea*, es abiertamente autobiográfica: Mistral lo comenta varias veces en sus cartas al autor y a otro amigo, Max Salas Marchant. Y Nin Frías publicó una selección de páginas de una novela suya semejante, *Marcos, amador de la belleza*, en las páginas del periódico *El Mercurio de Valparaíso*, en 1913. Un año después, Nin Frías salió de Chile, pero él mantenía su correspondencia con la escritora chilena a quien él estimó mucho, y con quien compartía su admiración por Walt Whitman y, además, había colaborado al escribir sobre la majestad de los árboles.

Después de estar galardonada con el gran premio en Los Juegos Florales de 1914, la correspondencia de Mistral amplifica bastante. Entre sus nuevos correspondientes se encuentra el escritor y futuro "crítico oficial", Hernán Díaz Arrieta, quien escribe con su seudónimo, Alone.

La fuga desde la prisión del género: Alone

La pantalla en consonancia con los *roman à clef* era fundamental a la carrera literaria de Alone, autor de diarios de vida y crítico literario. Él vio cómo la exitosa publicación de *El niño que enloqueció de amor*, por su amigo Eduardo Barrios en abril de 1915, se originó, por lo menos en parte, gracias a la generosidad de Mistral. Esta había espoleado las ventas del libro de Barrios, el buen amigo de Alone. Por lo tanto, este se decidió a hacer lo posible para replicar la operación, ahora en su favor. Publicó *La sombra inquieta: diario íntimo* el 8 de noviembre de 1915, en el primer aniversario de la muerte de la escritora Shade (Mariana Cox Stuven), amiga y protectora suya.

Aproximadamente una década mayor que él, Shade descendía de una élite chilena orientada hacia Europa. Parece que escribió para sustentarse por sí misma después de haber enviudado joven. *La sombra inquieta* recuerda cómo Shade reparó en el autor de esas páginas y estableció amistad con él, contribuyendo además a refinar su sensibilidad con su conocimiento de la cultura europea y sus dones extraordinarios para los idiomas y el canto. Al escribir ese volumen, Alone aspiraba a reivindicar su nombre luego de su prematuro fallecimiento, acelerado por la publicación de una novela cuyo autor, escudado en un seudónimo, insinuaba calumniosamente que había disfrutado alguna vez del favor sexual de ella.

La imitación es la forma más sincera del halago. La premisa de *La sombra inquieta* es idéntica a la de "Los sonetos de la muerte". En ambos casos, autor y autora (Alone, Mistral) defienden la memoria de "el amado muerto", creando un texto que opera a la vez como un memorial, una historia velada y una protección para el rechazo que cada uno experimenta ante la heteronormatividad y el matrimonio. La leal defensa de la reputación póstuma del amado les sirve como pantalla para encubrir su raro fracaso a la hora de contraer matrimonio o emparejarse.

La estrella protagónica de *La sombra inquieta* es "Isolée" (el seudónimo de Alone traducido al francés y feminizado), pero el volumen es un diario íntimo en primera persona que hace la crónica del universo social en que deambulan hombres "raros" disfrutando de su estatus sin compromisos, como ocurre en el diálogo en broma entre dos amigos, Jorge y Eduardo, transcrito por el narrador. Recién llegados de su reciente veraneo en Viña del Mar, ambos recopilan sus "horrores": "Una mañana él fue a la playa vestido de mujer, con toda la ropa, hasta lo más interno, de una señora de su estatura y tuvo un éxito colosal. No debías haberte quitado más ese traje, le interrumpió Eduardo, que tiene sus salidas" (Alone, *La sombra* 46).

La primera carta de Mistral a Alone aplaude sus propósitos: "Bienvenido, pues, su libro, que trae tanta ternura y la santa intención (que no quieren ver) de limpiar de fango pesado este cuerpo que todos respetamos y queremos ver vestido de pureza" (s/p).[9] En su próxima carta alaba la forma en que él bosqueja el amor no consumado como "amoroso sin la d'annunziana llamada carnal" (*La sombra*, 1916 vii). En la carta que Mistral escribió poco después a su amigo Eugenio Labarca, la escritora reconoce el reto que supone la comercialización de este libro ya que el "diario íntimo" es un género específico, una escritura "más propicia a ciertos espíritus finos. Se apuntan las pequeñas (que son grandes) emociones cotidianas, incidentes, lecturas, juegos de nervios..." (*Epistolario. Cartas a Eugenio* 180).

La inmersión de Mistral en el periodismo implicó que valoraría un texto melodramático. Por ello, sus sonetos para *El niño que enloqueció de amor* subrayaban el tema de la locura y la sexualidad infantil. No nos sorprende que sus sonetos para *La sombra inquieta* dejen de lado la meditación del autor,

---

9. Gabriela Mistral a Alone, [fines de 1915], AE0029948.

Alone, en torno a la amistad. En lugar de ello, Mistral busca captar el contenido racial que subyace al melodrama de fondo en el "diario íntimo" del escritor chileno. Tanto el sujeto femenino, "flor de la raza mía", como el narrador, se alinean y se justifican con la superioridad europea que implica la oligarquía del país, y a la vez con el propio Alone. Los sonetos de Mistral se centran en esa blancura aristocrática espectral, simbólica de las obsesiones del narrador/Alone con la cultura europea, el estatus social y el refinamiento.

Gracias a los sonetos promocionales de Mistral, *La sombra inquieta*, tal como había querido Alone, tuvo una segunda edición, enviando la propia Mistral algunos ejemplares a varios editores, amigos suyos, para que la reseñaran.[10] Sus esfuerzos hicieron que Alone se volviera leal a ella, pese a la perspectiva racial absolutamente reaccionaria del propio Alone, lo que se convirtió en un punto importante de fricción entre ellos. Esa discusión brinda el contexto de la más temprana referencia directa de Mistral a su ascendencia mestiza, que surge en una carta a Alone fechada en abril de 1917: "Ud. ha creído, entre otras fábulas, ésta de mi 'fortaleza'. Mi cuerpo de Walkiria india ¡cómo engaña a la gente! Está lleno de achaques y aparece como el prototipo de la salud, y en el alma, cuya firmeza va gritando, está más lisiada que los paralíticos de los portales" (s/p).[11] Su apariencia es una cosa; su condición corporal, otra. "Gabriela Mistral" no es lo que parece. Cuando Alone la acusa, pocos meses después, de "violencia", ella contrataca: "Usted no me conoce, Alone; y no me conoce porque usted está en Renán y yo... en el centro de África. Anatole France no puede saber mucho de lo que siente en su carne, no cansada aún por la civilización, una africana" (s/p).[12]

La compasión de Mistral no altera el hecho de que Alone se condene a sí mismo, según las páginas del *Diario íntimo* que él escribió, que fueron publicadas muy parcialmente después de su muerte: "Encuentro un placer vergonzoso en el medio popular y canallesco. Debe haber algo bajo en mí, en el fondo de mí" (33). Tras visitar a Eduardo Barrios en 1917, escribe de su propia repulsión en su diario: "enfermo en su casa, sórdida, pobre, estrecha. [...] Salí prometiéndome no casarme ni hacer hijos sin más de medio millón seguro. [...] Mal olor. Uff! ¿Cómo no se suicida la gente pobre?" (29). En una larga carta a Pedro Prado, detalla una de sus varias batallas en curso: "...siento una

---

10. Gabriela Mistral a Alone, [¿1916?], AE0029957.
11. Gabriela Mistral a Alone [fin de abril, 1917], AE0029945.
12. Gabriela Mistral a Alone, [*circa* octubre, 1917], AE0029962.

mujer dentro de mí y me disgusta [...] le aseguro que las mujeres adentro de los hombres son muchas peores que afuera. ¡Ah! son insoportables" (s/p).[13]

Mistral sentía ese mismo autodesprecio punzante y trágico de Alone, y buscó liberarlo de eso. En las cartas más conmovedoras que la poeta le envió, alude al afán de ocultamiento y la multiplicidad que inspiran la angustia de su amigo. Le menciona su amistad con Nin Frías, que parte de su estrategia en clave para introducir los tópicos de la disidencia sexual, consistente con esa epistemología del clóset de saber-algo-sin-mencionarlo. "¿Hay algo de las personas en las cartas que escriben? ¿No me esperará a mí con estos camaradas desconocidos, si llego a conocerlos, lo que a Nin Frías conmigo? Por mis cartas de escritura rebelde y loca y de fondo rotundo y viril, este escritor me creía quién sabe qué. No podría convencerse de que fuera la de las cartas exaltadas esta señora gruesa y tranquila hasta la frialdad que habló tres veces con él..." (s/p).[14] En sus cartas a Alone, a Barrios y a Magallanes Moure, Mistral escribe de la sorpresa de Nin Frías al encontrarse con ella, tema con el cual envía el mensaje de que "Gabriela Mistral" no es lo que parece, que su verdadera naturaleza está profundamente escondida.

En un momento culmine de su amistad con cada uno de estos tres aliados, Mistral exalta los valores literarios de su interlocutor de turno, imitando o asumiendo, como un camaleón, los rasgos sobresalientes del estilo literario de ese hombre en particular. Imita las parábolas y el tono bucólico de Magallanes. Premia al paciente y sacrificado Barrios con historias dramáticas, realistas, minimalistas y, más tarde, con recuentos de sus escaramuzas y triunfos burocráticos. Con Alone tan rigurosamente aséptico, cuestiona el valor mismo de escribir cartas, dados el engaño y la ignorancia en que nos debatimos a la par que enfrentamos nuestra condición mortal: "¿Qué somos, Alone? ¿Somos lo que escribimos o lo que hablamos, lo que llevamos en la fisonomía o lo que decimos a solas en las horas de soledad? Y sigo pensando en las cartas. ¿A cuántos errores se prestan, a cuántos comentarios indebidos, dictados por esa horrible, desoladora, lamentable incomprensión humana? A nada comprendemos jamás, ni a los malos ni a los buenos. Creo yo que solo a los muertos,

---

13. Alone a Pedro Prado, 5 de marzo, 1921, AE0024095.
14. "Hay algo...?": Gabriela Mistral a Alone, [enero, 1917], AE0029943: "la la" esta escrita así en manuscrito.

después de varios años de resignada y severa contemplación de sus almas, se les 'descubre'" (s/p).¹⁵

Habiendo ingresado en la cosmovisión hondamente pesimista de Alone, Mistral le sugiere, con delicadeza, que practique la autoaceptación. Que se relaje dentro de su complejidad y que acepte sus contradicciones (su bisexualidad, su disgusto con su lado femenino, su sentirse atraído por los hombres). Que acepte las posibilidades que la vida nos ofrece:

> Todo es posible; ahondando un poco en nosotros, nos hallamos dueños de todas las virtudes y de todos los vicios. ¡Qué extraño, entonces, que la grafología acierte si nada nos falte en este inmenso vaso del corazón, ni las estrellas ni las charcas sin estrellas! Todos somos a nuestra manera y en ciertos momentos: delicados y bárbaros, superficiales y profundos, románticos y realistas. En un mismo día lo somos todos, cuando ese día es dadivoso en motivos de emoción; si la vida corre uniforme, lo somos todo a lo largo de ella; pero lo somos siempre. Lo mismo que la naturaleza. La Cordillera que parece 'pura montaña' tiene del valle, de la llanura y de la meseta, en sí misma; y tiene el mar virtudes de la tierra, y la tierra del mar. (s/p)¹⁶

Ella ofrece a Alone la consolación sin moralizar, como ocurre en el realismo de Barrios y en el gozo mundano que muestra la obra de Magallanes.

De sus diversos aliados –considerando a Nin Frías (su temprano mentor convertido en colaborador), a Magallanes Moure (que apuesta en secreto por el amor sabiendo que será atrapado y anticipa su castigo) y a Barrios (el desapasionado ejecutor resuelto a surgir de su posición entre la muchedumbre)–, Alone es el más parecido a Mistral, "de bruces en tierra, sin un calor en la sangre y con un asco muy grande en la boca para nombrar las cosas humanas" (s/p).¹⁷ Por su parte, el escritor y crítico chileno reconoce la represión como un eje en la obra de Mistral: "En 'El suplicio' se queja de no poder lanzar su grito del pecho" (31). La poeta mezcla la revelación y la censura en un desnudamiento en público de emociones innombrables, tanto en "El suplicio" como en su poema de título wildeano "El amor que calla", con los cuales da cuenta del decepcionante final de su alguna vez estrecha relación con Eugenio Labarca.

---

15. Gabriela Mistral a Alone, [enero, 1917], AE0029943.
16. Gabriela Mistral a Alone, [enero, 1917], AE0029943.
17. Gabriela Mistral a Alone, [12 de abril, 1917], AE0029952.

Obras citadas

Alegría, Fernando. *Genio y figura de Gabriela Mistral*. Buenos Aires: Universitaria, 1966.
Alone. *Diario íntimo*. Editado por Fernando Bravo Valdivieso. Santiago: Zig-Zag, 2001.
_____. *La sombra inquieta*. Imprenta New York, 1915.
_____. *La sombra inquieta*. Nascimento, 1916.
_____. *Pretérito imperfecto: memorias de un crítico literario*. Nascimento, 1976.
Brown, Peter. *The Cult of the Saints: Its Rise and Function in Latin Christianity*. University of Chicago, 2014.
Figueroa, Virigilio. *La Divina Gabriela*. El Esfuerzo, 1933.
Iglesias Palau, Augusto. *Gabriela Mistral y el modernismo en Chile: ensayo de crítica subjetiva*. Editorial Universitaria, 1949.
Lanser, Susan S. *The Sexuality of History: Modernity and the Sapphic 1565–1830*. University of Chicago, 2014.
Manzano, Rolando. *Gabriela en Coquimbo*. Universidad de La Serena, 2015.
Mistral, Gabriela. *Autobiografía, cuaderno 95*. Sitio web de la Biblioteca Nacional de Chile.
_____. *Cartas de amor de Gabriela Mistral*. Editado por Sergio Fernández Larraín. Andrés Bello, 1978.
_____. *Epistolario. Cartas a Eugenio Labarca (1915–1916)*. Anales de la Universidad de Chile, 1957.
_____. *Manuel en los labios por mucho tiempo: epistolario entre Lucila Godoy Alcayaga y Manuel Magallanes Moure*. Editado por María Ester Martínez Sanz y Luis Vargas Saavedra. Ediciones Universidad Católica de Chile, 2003.
_____. *Recopilación de la obra mistraliana*. Editado por Pedro Pablo Zegers. RIL, 2002.
Molina Garmendia, Enrique. *Lo que ha sido el vivir. Recuerdos y reflexiones*. Editado por Rodríguez Fernández. Editorial Universidad de Concepción, 2013.
Morales, Leonidas. *Cartas de amor y sujeto femenino en Chile: siglos XIX y XX*. Cuarto Propio, 2003.
Rama, Ángel. "La oscura formación de un poeta". *Revista Iberoamericana de Literatura* Año 1, N°1, 2da. época (1966): 109–118.
Rojas, Manuel. *Historia breve de la literatura chilena*. Zig-Zag, 1965.
Sedgwick, Eve Kosofsky. *Epistemología del armario*. Traducido por Teresa Bladé Costa. Tempestad, 1998.

13

Sed de agua, sed de amor: un motivo desquiciante en la voz poética de Gabriela Mistral

Sebastián Schoennenbeck Grohnert
PONTIFICIA UNIVERSIDAD CATÓLICA DE CHILE

En mi sed me dieron a beber vinagre.
Salmo 69:21

A MÁS DE CIEN AÑOS de su publicación, *Desolación* (1922) podría ser releída como un poemario fundante, es decir, como una ópera prima que instala temas, motivos y formas que volveremos a encontrar en obras posteriores de Gabriela Mistral, pero, desde luego, con algunas variantes y particularidades. Por ejemplo, la sección "Naturaleza" de *Desolación* volverá a estar presente en *Lagar* (1954), aunque sabemos que la atención al mundo natural cruza toda la producción escritural de la autora. Por lo tanto, *Desolación* encierra en sí misma una poética autorial en potencia o en su primera edad. Acorde con la retórica vegetal tan familiar a Mistral, pienso en una suerte de poética germinal, almácigo o semilla que brotará a lo largo de los títulos.

Considerando lo anterior, propongo revisar el motivo de la sed en algunos poemas de *Desolación* y luego ver cómo este mismo se presenta en composiciones de poemarios posteriores. El motivo se define como un elemento estructural que se presenta repetidas veces al interior de un texto o de un conjunto de textos aunados ya sea por un autor, una época o un mismo género discursivo. Se trata de "esquemas fundamentales que se repiten en situaciones diversas" (Valdés 130). Si el tema cuenta con una presencia transcultural y, por ende, no cambiante al interior de un corpus (por ejemplo, el tema del viaje en poemas épicos antiguos tales como *La Odisea* o *La Eneida*), el motivo, por el contrario, tiene la capacidad de cambiar la forma con la que se presenta o identifica. Por lo tanto, supone una "relación compleja susceptible de ser formulada de varias maneras" (130). De este modo, tal unidad utilizará diversos signos o incluso otras unidades para manifestar su existencia y las acciones que propulsa. Así, el motivo también "entra en relación estructural con todos los demás elementos del texto" (130). Irene Sophie Kalonowska lo define como "todo el curso exterior del devenir concentrado en una breve fórmula" (ctdo. en Valdés 157). En el caso que nos interesa, la sed no solo figurará de manera metafórica, sino también alcanzará un significado simbólico o incluso alegórico. Al mismo tiempo, el motivo de la sed podría presentarse en poemas donde el término ni siquiera es mencionado. La sequía, la deshidratación, la ausencia de agua, la falta y el deseo o, incluso, el beber como el efecto más inmediato de un organismo vivo y sediento, podrían ser interpretados como modulaciones del mismo motivo. En Mistral, la sed supone un esquema porque pone en relación diferentes actores, voces, y espacios. Por lo general, tendremos las siguientes variaciones de un mismo esquema: el sediento como sujeto loco, visionario, faltante y sufriente ante la empatía o indiferencia de otro, el sujeto que anhela una alteridad superior o trascendente y, finalmente, el esquema intertextual entre el poema mistraliano y los textos evangélicos. Cabe destacar que la cita bíblica en Mistral es abundante a lo largo de su producción poética. Según el trabajo de Martin Taylor, *Sensibilidad religiosa de Gabriela Mistral* (1968), podemos afirmar que las referencias al Antiguo Testamento son más numerosas en comparación con las citas del Nuevo Testamento. No obstante, en la mayoría de los poemas en los cuales la sed se configura como motivo, Mistral acude a los relatos evangélicos canónicos y, en menor medida, al Antiguo Testamento. Lo anterior podría ser explicado desde los aportes del mismo Martin Taylor, quien destaca la importancia de la "poética del sacrificio" en Mistral, expresión que utiliza además para titular el capítulo más largo de su estudio. Incorporando un correlato biográfico, Taylor descubre una suerte de identificación entre la hablante lírico y Cristo en la medida que ambos comparten la experiencia del dolor, del amor al dolor y de ser víctimas de traición. Por un lado, esta fraternidad entre ambas figuras daría cuenta de una fina sensibilidad y vocación cristiana que la poesía mistraliana deja traslucir. Por otro, la excesiva identificación con Cristo que resalta su humanidad por sobre su naturaleza divina problematiza la ortodoxia católica de la autora, asunto que Taylor no llega a resolver del todo.

En medio de una crisis ambiental global y de una escasez hídrica en Chile producto de sequías continuas y extracción no sustentable del agua, la lectura propuesta puede iluminar la experiencia social e individual del sujeto en esta situación crítica. La mirada mistraliana expande las fronteras de lo humano al poetizar los efectos de la sed y el ánimo del que la padece. Creo entonces que Gabriela Mistral nos está indicando que el fenómeno que actualmente padecemos no es del todo novedoso, no solo porque representa una humanidad bajo la supuesta marca universal de la sed, sino también porque incluso llega a veces a situarla o a vincularla con un paisaje seco que hoy podría ser mirado desde una sensibilidad ecocrítica que la autora, por lo demás, alcanzó a vislumbrar de un modo, diría yo, casi profético.

A modo de hipótesis, sostenemos que la hablante, el tú lírico o el personaje poético, a través de la experiencia de la sed y sus derivados, se construye como un sujeto en relación con una realidad exterior que muchas veces se sitúa en una posición superior, aunque no siempre dando lugar a un vínculo jerárquico. La enunciación poética equivale entonces a una subjetividad cuya transitoriedad es redimida a la luz de una trascendencia. La constitución de una unidad no se alcanza en la inminencia del mismo sujeto que habla y padece de una precariedad, de una falta o de una ausencia, sino más bien en una comunidad no siempre consumada en Dios, la naturaleza y el prójimo. De este modo, la correlación entre las causas y sus efectos exige la articulación de diferentes planos ontológicos y de realidades disímiles que se vinculan unas veces de manera horizontal y otras, por el contrario, por una especie de disposición espacial esquematizada por un arriba y un abajo, por una superioridad y una inferioridad.

Por otro lado, en el caso de los poemas de *Desolación*, la sed podría también ser planteada como metáfora de un deseo homoerótico. Esta dimensión no contradice necesariamente la dimensión religiosa y trascendental de la sed expuesta recientemente. En la medida que no puede ser verbalizado directa o literalmente por razones de una moral de la época, el objeto de deseo se vuelve realidad irrepresentable. Al igual que en el discurso místico, solo los recursos poéticos permiten una aproximación parcial a una alteridad amorosa. La limitación del lenguaje o, en este caso, el lenguaje patriarcalmente censurado cuya treta es la poesía, convierte al referente amado en una trascendencia que supera o incluso anula al sujeto hablante. En esa línea, pienso lo religioso como una retórica que coexiste con lo erótico, toda vez que permite expresar lo *queer* de forma codificada. Al respecto, rescato los aportes de Ignacio Sánchez-Osores, quien advierte que "las figuraciones extranjeras y fantasmagóricas presentes en la obra de la poeta constituyen tropos con los que se representa el cuerpo y subjetividad lesbiana" (64). De un modo similar, la figuración de la sed –tensionada bipolarmente por el padecimiento de una precariedad o falta (tener sed) y, por otro lado, por la una consumación (saciar la sed)– adquiere resonancias (homo)eróticas.[1]

Desolación

La mayoría de sus veces, el uso de la palabra *sed* aparecerá a lo largo de *Desolación* en contextos vinculados a lo religioso. Los poemas "Al oído de Cristo" y "Viernes Santo", pertenecientes a la primera sección titulada "Vida", sitúan la experiencia de la sed en un ámbito cristológico. El título del primer poema en cuestión acusa una enunciación íntima por parte del hablante mistraliano. Este no habla a viva voz, sino que transmite su mensaje u oración al oído del Crucificado. Sería lógico suponer que se trata de una comunicación íntima, pero el contenido del poema nos hace pensar que su carácter secreto reside más bien en la acusación vertida: la mujer indica que las "pobres gentes del siglo están muertas / de una laxitud, de un miedo, de un frío" (3-4), lo que explicaría la nula empatía que se tiene ante el Sacrificado doloroso. Si bien los lectores desconocemos cuál es la centuria aludida, podríamos indicar que se trata del siglo XX, es decir, del tiempo de la misma Mistral.[2] En efecto,

---

1. Cabe destacar que Elizabeth Horan, en "Alternative Identities" y "De árboles y la pantalla", ha demostrado que, ya en la década de 1910 y 1920, Mistral exploraba, en su prosa (cartas a Nin Frías y a Magallanes Moure) una retórica *queer* a partir del travestismo genérico.

2. La identificación de tal centuria con el siglo XX también puede ser argumentada con los aportes de Magda Sepúlveda en *Gabriela Mistral. Somos los andinos que fuimos* (2018). En el primer capítulo titulado "Ante la Patagonia colonizada. *Desolación*", la autora analiza e interpreta el paisaje magallánico y el ánimo sufriente de la hablante como espacios desolados dada la colonización extranjera promovida por el Estado de Chile. Mistral, al vivir en Punta Arenas, fue testigo de aquel fenómeno histórico. La producción de lana, liderada por las estancias y compañías europeas, no solo es la causante de la deforestación del suelo, sino también del exterminio de las etnias indígenas del lugar.

"pobres gentes" va determinado por el adjetivo demostrativo "estas", lo que expresa una cercanía entre el hablante y el gentío cuyo corazón contiene una poma "floja / e impura" (27–28). Si bien el poema corresponde a una acusación, lo que explicaría el carácter secreto de la enunciación, no se trata de una revelación vengativa o deseosa de una justicia, sino más bien de una oración o rezo, discursivamente hablando, que terminará con un ruego por la humanización de sus contemporáneos. Ahora bien, el Cristo doliente a quien Gabriela Mistral le habla al oído padece de sed. No obstante, esta no genera empatía en las gentes del siglo: el Cristo en el madero es "forma demasiado cruenta" (6) y su dolor, una exageración:

> Aman la elegancia de gesto y color,
> y en la crispadura tuya del madero,
> en tu sudar sangre, tu último temblor
> y el resplandor cárdeno del Calvario entero,
>
> les parece que hay exageración
> y plebeyo gusto; el que Tú lloraras
> y tuvieras sed y tribulación
> no cuaja en sus ojos dos lágrimas claras. (15–22)

La distancia entre las gentes de gusto refinado y la imagen exagerada y popular de Cristo en cruento sacrificio no solo expresa la antipatía por parte del gentío, sino también hace de la sed un estado permanente. Aunque tenga la capacidad de limpiar y refrescar al que padece de sed, el llanto no tendrá lugar en los ojos de las personas que contemplan a Cristo: "Tienen ojo opaco de infecunda yesca, / sin virtud de llanto, que limpia y refresca" (23–24). En suma, la sed es padecimiento, pero también una característica divina que, a la luz de Mistral, podría establecer un lazo de amistad entre Dios y la humanidad: si lloramos ante el Cristo sediento, lo refrescamos y limpiamos. Es decir, el llanto ha adquirido los mismos atributos del agua, elemento que por antonomasia apaga la sed. No obstante, el potencial compasivo de las lágrimas, del llanto y, por extensión, del agua no tendrá efecto alguno, prolongando así la sequía, la sed y el desamor.

El poema "Viernes Santo" vuelve a instalar la sed en la boca de Cristo crucificado. Compuesto por cinco estrofas de cuatro versos cada una, el poema insiste en el sufrimiento de Jesús que aún no termina. En efecto, cada uno de los cuartetos cierra con los versos "porque Jesús padece" (4), "que aún Jesús padece" (8), "¡aún padece!" (12), "Jesús padece" (16) y "porque Jesús padece" (20), respectivamente. Si en el poema anterior advertíamos una oración o una acusación, aquí vemos más bien una advertencia que la o el hablante, principalmente en la primera y segunda estrofa, dirige al campesino, quien debe dejar de trabajar la tierra durante el día santo: "No remuevas la tierra. Deja, mansa / la mano y el arado; echa las mieses / cuando ya nos devuelvan la esperanza, / que aún Jesús padece" (4–8). El cuarto cuarteto, por el contrario, expone las causas de la pasión de Jesús:

> Porque tú, labrador, siembras odiando
> y yo tengo rencor cuando anochece,
> y un niño va como un hombre llorando
> ¡Jesús padece! (13–16)

A lo largo de estos últimos versos citados, Mistral va generando una comunidad a través de una culpa compartida: campesino, mujer y niño son responsables del sacrificio con el cual Jesús nos redimirá. El odio con el cual el campesino siembra, el rencor de la hablante en el momento en el que el día finaliza y aquel que ha generado el llanto que le ha arrebatado la infancia a un niño, son, simultáneamente, la causa del padecimiento de Jesús y el objeto de la acción redentora de Dios. Si el campesino se hace culpable en la acción (la siembra como fuente primordial de su trabajo y sustento), Mistral se vuelve responsable por un rencor que padece. En este sentido, Jesús y la mujer figuran como ejes pasivos. El rencor actúa y habita en una; la muerte, en Dios hecho hombre por amor. En efecto, la tercera y quinta estrofa refieren directamente al padecimiento de Jesús que acontece en el mismo momento de la enunciación poética. La hablante va "narrando" la pasión de Jesús como un proceso conformado por partes consecutivas y que terminaría con la expiración final y la muerte. En este sentido, el final de la Pasión, es decir, la misma muerte en la cruz, no tiene lugar en el poema, puesto que finaliza con el verso "porque Jesús padece" (20), es decir, con la conjugación del verbo en tiempo presente. El efecto de contemporaneidad que el poema genera entre la pasión y la enunciación poética es tal que Jesús no morirá mientras la voz poética esté en actividad. Así, las partes consecutivas de la pasión se disponen en relación con el momento del habla. De ahí entonces el uso del adverbio *ya* con el cual se da comienzo a la tercera estrofa:

> Ya sudó sangre bajo los olivos,
> y oyó al que amaba negarlo tres veces.
> Más rebelde de amor, tiene aún latidos,
> ¡aún padece! (9–12)

Al igual que el relato evangélico, tenemos en primer lugar la oración en el Huerto de los Olivos y luego, como segundo hecho, la triple negación de Pedro antes del canto del gallo. La última estrofa del poema continúa con la presentación de los hechos de la Pasión, respetando un orden cronológico: "Está sobre el madero todavía" (17). El adverbio con el cual se finaliza este verso es tremendamente significativo y cumple una función similar a la del adverbio *ya* que comentamos anteriormente. En efecto, aquel "todavía" indica que Jesús, estando crucificado en la cruz, vivirá hasta un momento determinado y próximo. Junto a ello, otro hecho se revela como la experiencia última del Cristo vivo, aunque agonizante: "y sed tremenda el labio le estremece" (18). La sed cobra una relevancia total no solo por ser última experiencia de dolor, sino también porque intensifica el hecho de la Pasión y Muerte en todo su sentido, es decir, como hechos de pasividad: es la sed, y no Jesús, la que actúa sobre el cuerpo divino al modo de un estremecimiento.

Si bien se trata de una elegía, el poema "Teresa Prats de Sarratea" también podría ser leído en clave cristológica. La hablante lamenta la muerte de la excelsa mujer, quien fuera nieta de don Andrés Bello, pensadora educacional y funcionaria ministerial que reorganizó establecimientos escolares de niñas. Su partida afecta no solo al mundo, sino a la misma autora: "Y ella no está y por más que hay sol y primaveras / es la verdad que soy más pobre que mendiga" (1-2). De los seis cuartetos que componen el poema, es el último el que relaciona a la mujer difunta con Jesús: "Sé que limpiase mi alma si hacia mí lo volviera; / sé que si abre los ojos me entrega entero a Cristo" (23-24). No solo ella podría ser mediadora y dadora de Cristo a través de sus ojos abiertos, sino también tiene, al igual que Dios, la gracia purificadora del alma.

Una analogía entre Teresa Prats de Sarratea y Cristo también tiene lugar en la tercera estrofa del poema y se revela con mayor claridad si establecemos una relación intertextual con "Vertiente", poema que pertenece a *Lagar* y que analizaremos posteriormente. En efecto, la elegía sitúa a Teresa Prats de Sarratea en medio de una estepa soleada. Cansada de tanto andar, la mujer es una fuente que, paradójicamente, no apaga su propia sed: "Era todas las fuentes y se hallaba sedienta; / era también la fuente y estaba moribunda" (15-16). La presencia del agua que ella misma es no logra redimirla de la muerte como tampoco de la sed, rasgo que también caracteriza al Cristo de los poemas anteriormente comentados.

Ineficaces en cuanto no apagan la sed y no garantizan vitalidad, pero válidas en cuanto permiten fraternizar con Cristo sediento, moribundo y sufriente *las fuentes de Desolación*, se modularán más tarde, ya en *Lagar*, como una vertiente que es símbolo de un Cristo que no solo sacia la sed, sino que también reúne en comunidad a mujeres y animales alrededor del agua. La identificación establecida entre la figura femenina histórica y Cristo genera un efecto masculinizante en la primera o, visto desde un modo inverso, genera un efecto femenizante en el Dios-Hombre. Lo anterior permite vislumbrar, en cierta medida, una divinidad como organismo andrógino, resaltando así una sensibilidad religiosa menos convencional en Mistral. Este descalabro de género se intensifica no solo con las veces en que la hablante lírica se identifica con Cristo –por lo general, doliente y crucificado, nunca resucitado–, sino también con el final del poema en cuestión: "sé que si abre los ojos me entrega entero a Cristo" (24). Aquí, la palabra "entero" puede, desde luego, determinar a Cristo: los ojos de Teresa Prats reflejan en su totalidad a Cristo, entregándoselo a Mistral no parcialmente ni en fragmentos, sino totalmente. No obstante, al recordar el fuerte sustrato de oralidad en la escritura poética de la autora, es posible conjeturar que aquel "entero" puede determinar no a Cristo, sino a la misma hablante ya travestida. Así, una Mistral masculina se asemeja todavía más a su Dios encarnado en la historia como hombre.

El último poema de *Desolación* que quisiera destacar se titula "La sombra inquieta". Gracias a una nota de la misma autora, es posible leerlo en relación con el homónimo diario íntimo de Alone[3] publicado en 1915. A lo largo del texto, el ya legendario crítico literario intenta reivindicar el desprestigiado nombre de la escritora Mariana Cox (1871–1914), con quien, al parecer, estableció una relación íntima. Nótese que el pseudónimo de la escritora aristocrática y feminista fue Shade, término inglés que, traducido al español, equivale a sombra. Mistral compone nuevamente una elegía de tres partes donde cada una contará con cuatro estrofas de las cuales las primeras tienen cuatro versos y las dos últimas, tres versos. No se trata precisamente de un soneto dada la cantidad irregular de sílabas por verso y la rima que, esta vez,

---

3. Alone fue el pseudónimo de Hernán Díaz Arrieta (1891–1984), escritor y el crítico literario más influyente y decisivo para el campo cultural del siglo XX en Chile. Es posible sostener que su relación amorosa con Mariana Cox es ficción, puesto que, tras su muerte y consecuente publicación de su *Diario íntimo* (2001), su homosexualidad fue revelada, aspecto que, por lo demás y paradójicamente, no era un secreto para casi nadie. En Chile, correr un tupido velo sobre algunos asuntos no implica necesariamente que sean ignorados. Más bien es un simulacro de ignorancia que no siempre debe ser interpretado como hipocresía.

no es abrazada en las estrofas de cuatro versos. Escrita en mayúscula al ocupar una frase en aposición durante el primer verso, Sombra Inquieta es la expresión con la cual podemos identificar hipotéticamente a Mariana Cox. De este modo, el poema puede ser leído como una elegía no solo porque la hablante constata su muerte ("¡oh Muerta! La carne de tu corazón" [42], "Y ahora que su planta no quiebra la grama / de nuestros senderos" [29–30]), sino también porque lamenta su ausencia ("y en el caminar / notamos que falta, tremolante llama, su forma" [30–32], "cuantos la quisimos abajo, apeguemos / la boca a la tierra, y a su corazón" [33–34]) y alaba sus atributos físicos y espirituales ("Cabellera luenga de cálido manto, / pupilas de ruego, pecho vibrador; / ojos hondos para albergar más llanto; / pecho fino donde taladrar mejor" [5–8]). Es importante destacar que, una vez más, los ojos cobran valor en la medida que lloran, así como, de manera inversa, advertíamos que las "pobres gentes" del poema "Al oído de Cristo" son indolentes, puesto que no son capaces de llorar por Aquel que sufre. La elegía también se formula como una defensa de la mujer que, durante su vida, fue atacada públicamente por escritores panfletarios defensores de una sociedad ultraconservadora: "¡Ay!, quien te condene, vea tu belleza, / mire el mundo amargo, mida tu tristeza" (12–13). En este sentido, Mistral fraterniza con Alone, continuando su apología.

En cuanto al motivo de la sed, el poema se vuelve interesante principalmente por su segunda parte. La mujer será identificada como un río, una fuente, una cuenca colmada cuyas aguas son beneficiosas para la boca de un hablante colectivo. No obstante, al igual que el poema "Teresa Prats de Sarratea" ella, pese a ser agua, sufre de sed:

¡Cuánto río y fuente de cuenca colmada,
cuánta generosa y fresca merced
de aguas, para nuestra boca socarrada!
¡y el alma, la huérfana, muriendo de sed! (15–18)

La mujer, quien es loca,[4] ansiosa y huérfana, muere de sed y de amargura. Ambas experiencias se aúnan al ser causa de la pérdida de la vida y sus respectivos sentidos se determinan entre sí. De este modo, la sed mistraliana

---

4. Según diversos críticos, tales como Grínor Rojo (*Dirán que está en la gloria...*, 1997) y Raquel Olea (*Como traje de fiesta*, 2009), la locura es un elemento central de la poética mistraliana. No olvidemos tampoco la sección de *Lagar* (1954) titulada justamente "Locas mujeres".

no solo remite al agua, sino también a una trascendencia insondable. Ansia, locura por algo que se desea y clamor se sintetizan en la experiencia corporal de la sed:

> Jadeante de sed, loca de infinito,
> muerta de amargura la tuya en clamor,
> dijo a su ansia inmensa por plegaria y grito:
> ¡Agar desde el vasto yermo abrasador! (19-22)

El sujeto sediento es situado, tal como lo veremos en múltiples poemas de Gabriela Mistral, en un espacio yermo y quemante. Estas características cobran una mayor intensidad denotativa al estar acompañadas contrastivamente por el agar, gelatina extraída de algas marinas que tiene la capacidad de atraer los líquidos y transformarlos en gel. Agar es también el nombre de la esclava egipcia, concubina de Abraham y madre de Ismael. Mistral pone en boca de la mujer de sombra inquieta una plegaria que invoca al personaje femenino bíblico conocido por su amplia descendencia ya profetizada por un ángel. Al ser expulsado tras las acusaciones de Sara, vagó por el desierto. En este espacio abrasador, el sujeto femenino marcado por el silencio y el adormecimiento cobra presencia: "Y para abrevarte largo, largo, largo, / Cristo dio a tu cuerpo silencio y letargo" (23-24). A través de una relación casual impertinente a la lógica del mundo empírico, la inactividad del cuerpo y de la boca potencialmente parlante figuran como los dones, gracias y medios a través de los cuales Cristo da de beber en abundancia ("largo, largo, largo") a la mujer que padece sed de infinito. Es decir, Cristo, como figura trascendental dada su naturaleza divina, es agua transfigurada en el silencio y el letargo que habita el cuerpo femenino. La plena y abundante presencia de Dios que calma la sed de infinito, de lo trascendente o de lo espiritual se manifiesta, paradójicamente, en el cuerpo o en el estado del cuerpo de la mujer no identificada. Llama también la atención cómo, al utilizar el verbo "abrevar", Cristo figura como un pastor que conduce su ganado o sus ovejas al abrevadero. La transformación poética de Mariana Cox en animal, más encima inactivo y carente de voz, no debe leerse necesariamente como expresión metafórica de un patriarcado que subyuga al sujeto femenino a tal punto de despojarlo de su estatuto humano y, por ende, del lenguaje. En la vida terrenal, la mujer, tras expresar su resistencia por medio de la escritura, fue acusada injustamente a través de las palabras de los hombres. En un plano escatológico, por el contrario, la justa ausencia de la palabra la redime y la reposiciona en un lugar excelso. Al animalizar a la mujer para colocarla en un paraíso escatológico, Gabriela Mistral echa mano a una larga tradición de la cultura y, una vez más, se incluye dentro de la estirpe hebrea. En efecto, Giorgio Agamben comenta, al inicio de su obra titulada *Lo abierto. El hombre y el animal* (2005), una Biblia judía del siglo XIII conservada en la Biblioteca Ambrosiana de Milán que contiene ilustraciones en miniaturas de los justos coronados en el banquete celestial: "bajo las coronas el miniaturista ha representado a los justos no con semblantes humanos, sino con una cabeza inequívocamente animal" (12). En el siguiente capítulo, Agamben comentará, entre otros asuntos, una carta de Bataille dirigida a su maestro Alexandre Kojève en la cual expresa su desacuerdo o rebeldía con respecto al planteamiento enseñado por su interlocutor: "La desaparición del Hombre al final de la Historia no es, pues, una catástrofe cósmica: el Mundo natural sigue siendo lo que es desde toda la eternidad. Y tampoco es una catástrofe biológica: el Hombre permanece en vida como animal que está *en acuerdo* con la Naturaleza o con el Ser dado. Lo que desaparece es el Hombre propiamente dicho, es decir, la acción negadora de lo Dado y del Error" (16). Creo que Mistral proyecta una consumación de Mariana Cox en un plano escatológico cuya modulación no puede corresponder a la figura bella, alta y suave de la mujer de "cabellera luenga" (5) que existía en el mundo. No obstante, si pensamos la consumación en términos de una condensación de la figura tal como Erich Auerbach lo ha propuesto en sus lecturas sobre Dante,[5] diríase que la oveja u animal en la cual la mujer se ha transformado celestialmente da cuenta aún más convincentemente de lo que ella es y fue. Por lo tanto, la consumación animal tendría un enorme alcance metafísico.

Lagar

El poema "Vertiente" de *Lagar* (1954) podría leerse como una consumación de múltiples figuras que ya advertimos en *Desolación*: el Jesús sediento en el madero de los poemas "Al oído de Cristo" y "Viernes Santo" y las dos mujeres elogiadas en los poemas "Teresa Prats de Sarratea" y "La sombra inquieta", respectivamente, quienes, vinculadas con Cristo, también sufren de sed.

---

5. Auerbach, Erich. "Farinata y Cavalcante". *Mímesis: la representación de la realidad en la literatura occidental.* Fondo de Cultura Económica, 1950.

En el poema, la hablante establece disposiciones y variantes espaciales/temporales. En primer lugar, tenemos la huerta en cuyo fondo mana la vertiente que está viva, ciega y reducida. Sus aguas nunca crecen y corren sin dar espuma. A continuación, apreciamos un espacio más amplio por medio del cual las aguas anduvieron hasta llegar a la huerta:

> No vino a salto de liebre
> bajando la serranía
> Subió cortando carbunclos,
> mordiendo las cales frías.
> La vieja tierra nocturna
> le rebanaba la huida;
> pero llegó a su querencia
> con más viaje que Tobías... (29–36)

Al mismo tiempo, se establece un pasado cercano en el cual la vertiente no era vista a la luz del día ni tampoco era oída durante la noche. En la tercera estrofa, la vertiente es hallada gratuitamente por hablantes femeninas, pudiéndola entonces oír y sentir como gracia que entra al cuerpo. En efecto, la vertiente punzará el cuerpo de la comunidad femenina y será como una sangre que circula por el corazón de las mismas mujeres:

> pero desde que la hallamos
> la oímos hasta dormidas,
> porque desde ella se viene
> como punzada divina,
> o como segunda sangre
> que el pecho no se sabía. (17–22)

El agua de la vertiente será comparada con la sangre que asegura la vitalidad del cuerpo. También tendrá una particularidad que rompe la lógica de la percepción racional del mundo: aunque se duerma, la vertiente continuará siendo oída, cobrando así una presencia absoluta.

La vertiente estará íntimamente vinculada con la sed no solo de la hablante, sino de sus semejantes. Se trata aquí de varias sedes que obligan al sujeto, como acto de humildad, a inclinarse o a ponerse de rodillas para así beber del agua que brota al ras de la superficie de la tierra:

> De la concha de mis manos
> resbala, oscura y huida.

Por lo bajo que rebrota
se la bebe de rodillas,
y yo le llevo tan sólo
las sedes que más se inclinan:
la sed de las pobres bestias,
la de los niños, la mía. (7-14)

Nuevamente el agua y la sed son los elementos compartidos por varios seres vueltos comunidad –la hablante, los animales y los niños– que en el poema toman vida cuando se enuncia un "nosotras" que anuncia el "dormidas" que tiene lugar en la tercera estrofa.

En las dos últimas estrofas del poema que Mistral guarda entre paréntesis, la sed y el agua de la vertiente se inscriben en clave cristológica:

(Al que manó solo una
noche en el Huerto de olivas
no lo miraron los troncos
ni la noche enceguecida,
y no le oyeron la sangre,
de abajada que corría.

Pero nosotras que vimos
esta agua de la acedía
que nos amó sin sabernos
y caminó dos mil días;
¿cómo ahora la dejamos
en la noche desvalida?
¿Y cómo dormir lo mismo
que cuando ella no se oía?) (37-50)

El correlato evangélico es bastante evidente. La hablante recuerda el momento en el cual, tras la última cena, Jesús reza en el Huerto de los Olivos antes de ser condenado. Ahí indica a sus discípulos que recen con él, pero estos se quedan dormidos. De acuerdo con el Evangelio según san Mateo, Jesús afirmará: "Padre mío, si esta copa no puede pasar sin que yo la beba, hágase tu voluntad" (26:42). Lucas indica también que "[s]u sudor se hizo como gotas espesas de sangre que caían en tierra" (22:44). Si los discípulos no lo miraron en la oscuridad de la noche ni oyeron su sangre correr hasta el suelo, la comunidad mistraliana, es decir, estas nuevas discípulas, sí pueden ver el agua amorosa de la vertiente que es Cristo y también, a diferencia de Pedro, Juan y Santiago, pasarán la noche en vela para acompañarlo/a. La pregunta final es altamente retórica ya que no contiene duda alguna. La certeza de que no se puede dormir como sí se hacía cuando el agua no era escuchada es tal, que la hablante la confirma al formularla no como afirmación, sino como pregunta. ¿Por qué Mistral encierra entre paréntesis las dos últimas estrofas? El uso de este signo ortográfico pareciera adquirir una importancia no menor: ¿se trata acaso de un relato alternativo al evangelio canónico gracias al cual la participación femenina gentil y empática se vuelve verosímil en la historia de la salvación? Tiendo a pensar que la participación de estas "discípulas" genera una reescritura evangélica en la cual este pasaje podría ser figura de la decisiva presencia mujeril a la hora en que el Resucitado se revela (Mateo 28:1 y Lucas 24:8–11).

En suma, el poema establece diferencias, marcando dos tiempos y dos actitudes. El uso de la conjunción adversativa "pero", presente al inicio del tercer verso de la tercera estrofa ("pero desde que la hallamos" [17]) y al comienzo de la última estrofa ("pero nosotras que vimos" [43]), establece un antes y un después del descubrimiento sensible de la vertiente y, por otro lado, una diferencia radical entre los discípulos dados al dormir y las mujeres en vela.

"Beber"

Poema perteneciente a la sexta sección titulada "Saudade" de *Tala* (1938), "Beber" no dispone en las escenas poéticas la experiencia de la sed propiamente tal, sino el consecuente acto natural que realiza un organismo vivo para hidratarse: tomar agua. La composición cuenta con cuatro estrofas de diez versos más dos versos que abren y cierran el poema: "Recuerdo gestos de criaturas / y son gestos de darme el agua" (1–2 y 43–44). Cada estrofa corresponde a un recuerdo de lo que yo identifico como una escena en la que la hablante toma agua o algún otro tipo de líquido capaz de saciar la sed. En la primera, el yo poético toma agua de una cascada del río Blanco cuyas aguas desembocan en el río Aconcagua tras juntarse con el río Juncal. Pese a que cualquier lector supondría que esas aguas bebidas son frías, la hablante indicará que se trata de aguas hirvientes:

> Pegué mi boca al hervidero,
> y me quemaba el agua santa,
> y tres días sangró mi boca
> de aquel sorbo del Aconcagua (9–12)

El poder de estas aguas bebidas que queman la boca debe ser comprendido como un acto de purificación. De este modo, el agua limpia por sus cualidades naturales, pero también porque es metáfora del fuego al provocar sus mismos efectos sobre la carne. La doble acción purificadora que recibe el sujeto por acción del agua/fuego se revela al advertir una cita intertextual bíblica con el Libro de Isaías: "Entonces voló hacia mí uno de los serafines con una brasa en la mano, que con las tenazas habían tomado sobre el altar, y tocó mi boca, y dijo: 'He aquí que esto ha tocado tus labios: se ha retirado tu culpa, tu perdonado está expiado'" (6:6-7). La hablante poética se convierte en una profeta: por su boca purificada, ya está apta para hablar por Dios.

La segunda escena da cuenta de la sensibilidad indígena que la crítica ha atribuido en reiteradas ocasiones a Gabriela Mistral.[6] En la zona rural de Mitla, localidad arqueológica de México que en náhuatl significa lugar de muertos, la hablante se arrodilla para tomar agua de un pozo:

me doblé a un pozo y vino un indio
a sostenerme sobre el agua,
y mi cabeza, como un fruto,
estaba dentro de sus palmas.
Bebía yo lo que bebía,
que era su cara con mi cara,
y en un relámpago yo supe
carne de Mitla ser mi casta. (15-22)

Los cuatro primeros versos de la estrofa citada, al parecer, comunican casi literalmente el acto de beber: la mujer se ha arrodillado ante el pozo y un indio acude para ayudarla, sosteniéndole la cabeza con sus manos que la transforman en un fruto. Tras esta metamorfosis, el objeto de la bebida parece no ser exactamente el agua del pozo, sino la comunión especular de ambas caras, la de Mistral y la del indio; es en ese reconocimiento, en ese beber, donde se produce la revelación luminosa, fuerte, sonora y momentánea gracias a la cual Mistral experimenta una anagnórisis. Así, el beber en Mitla le permite reconocerse como indígena, quedando adherida a esa tradición cultural y étnica.

La tercera estrofa, es decir, la tercera experiencia de beber, también está situada geográficamente. Desde México, la memoria de la hablante se ha

---

6. Pienso, por ejemplo, en la reflexión de Magda Sepúlveda en *Gabriela Mistral. Somos los andinos que fuimos*. Cuarto Propio, 2018.

trasladado a Puerto Rico. Es la hora de la siesta recordada y contextualizada, con pocos y decidores recursos, en un paisaje insular de mar, olas y palmas:

> En la Isla de Puerto Rico,
> a la siesta de azul colmada,
> mi cuerpo quieto, las olas locas,
> y como cien madres las palmas,
> rompió una niña por donaire
> junto a mi boca un coco de agua,
> y yo bebí, como una hija,
> agua de madre, agua de palma.
> Y más dulzura no he bebido
> con el cuerpo ni con el alma. (23–32)

La naturaleza amena del paisaje es acorde con el estado anímico de la hablante, caracterizado por marcas positivas tales como el descanso, la quietud y la experiencia gustativa que une cuerpo y alma. Todo ello conforma la experiencia, al parecer única e irrepetible, de ser hija. El agua de coco que Mistral bebe es "agua de madre", expresión metafórica que puede ser entendida como la leche materna. Consecuentemente, la palma, en tanto origen de la fruta cuya agua/leche se da a beber, adquiere connotaciones maternales. Este proceso de resignificación se inicia en el cuarto verso de la estrofa a través de la comparación madre/palma. De igual manera, el "agua de palma" figura como una frase nominal en aposición a "agua de madre", estableciéndose una equivalencia total entre ambas. La palma de la mano india y la palma como especie vegetal, en tanto palabras homónimas, cohesionan el texto poético, especialmente en cuanto a lo referido en la segunda y tercera estrofa. Cuando surge el significante "palma", la hablante logra, como una gracia, la plenitud étnica y familiar. Cabe destacar también que, en lo referido a la cohesión textual, la mediadora entre la palma, sus frutos y la mujer/hija es, curiosamente, una niña, la cual cumple un rol muy similar a la del indio que tuvo lugar en la estrofa anterior.

La cuarta y última estrofa nos sitúa nuevamente en Chile, pero esta vez no en el Aconcagua, sino en "la casa de [sus] niñeces" (33), lo que podríamos suponer, dado un correlato biográfico entre autora y hablante lírico, como el valle del Elqui. Se podría afirmar que esta estrofa es la menos compleja de todas en tanto el hecho principal, el beber agua, no es sometido a procesos de resignificación ni a derivaciones nominales. Aquí se visualiza una escena en la cual Mistral, siendo niña, recibe el agua de una jarra dada por su madre que la mira. Los cuatro últimos versos de esta estrofa tienen una relevancia no menor, dado que el hecho recordado se actualiza, generando así un efecto de permanencia o eternidad. Tanto en tiempos pasados que la memoria recuerda como en el momento de la enunciación poética, la hablante tiene valle, sed y criatura, (en este caso es su madre), que le da agua:

> Todavía yo tengo el valle,
> tengo mi sed y su mirada.
> Será esto la eternidad
> que aún estamos como estábamos. (39–42)

De este modo, los dos últimos versos mencionados ponen en conexión todo el poema con los dos versos que lo abren y cierran: "Recuerdo gestos de criatura / y son gestos de darme el agua" (1–2 y 43–44). ¿Quiénes son, en definitiva, las criaturas que le dan el agua a Mistral? La cascada del río Blanco, el indio, la niña y la madre. Cada una de ellas está situada geográficamente: el valle del río Blanco en el Aconcagua, Mitla, Puerto Rico y el valle del Elqui. Al mismo tiempo, todas estas criaturas que dan agua a la beneficiaria tienen un alto valor afectivo. Podríamos decir, si rescatamos el contenido etimológico del verbo "recordar"[7] que encabeza el primer verso de los pareados, que aquellas criaturas están guardadas en el corazón mistraliano.

"Nocturno de la consumación"

Tercer poema de la primera sección, "Muerte de mi madre", de *Tala* (1938), "Nocturno de la consumación" es la simulación de una oración o rezo que dirige la mujer hablante a Dios, padre que la ha olvidado:

> Te olvidaste del rostro que hiciste
> en un valle a una oscura mujer;
> olvidaste entre todas tus formas
> mi alzadura de lento ciprés. (1–4)

El poema está entonces dirigido exclusivamente a Dios, quien se presenta como el receptor lírico siempre distante y silente:

> yo me pongo a cantar tus olvidos,
> por hincarte mi grito otra vez.
> Yo te digo que me has olvidado
> –pan de tierra de la insipidez– (17–20)

---

7. Según el Breve Diccionario Etimológico de la Lengua Castellana de Joan Corominas, "recordar" proviene del latín *recordari* derivado de COR "corazón".

Esta experiencia religiosa, que se constituye paradójicamente en el quiebre de la reunión con lo divino (pienso en una de las posibles definiciones etimológicas del término religión), ya había tenido lugar en "Desolación", poema perteneciente a "Paisajes de la Patagonia" de la cuarta sección titulada "Naturaleza" de *Desolación*. Aquí, la nieve, elemento decisivo de los "paisajes mortales", es comparada con la mirada de Dios. Según Magda Sepúlveda, "[e]l enlace de la voz con la nieve genera la idea de un casamiento que produce lo mismo que el manto blanco en la tierra: esterilidad. La nieve silenciosa, como la mirada de Dios sobre ella, habla del corte de comunicación con lo trascendente católico. La mudez de Dios frente al llano muerto la conduce a su duelo" (46). En "Nocturno de la consumación", la hablante se constituye como una hija olvidada en la medida que la creación de Dios la ha tapado. Cubierto ya su cuerpo por las dunas, cabras, vicuñas, algarrobos y maitenes, es decir, mimetizada involuntariamente en el mundo vegetal y animal, Dios ha dejado de verla y, por ende, de tenerla presente. El olvido de Dios está estrechamente vinculado con su ceguera. Esta incapacidad de ver debe explicarse entonces no en términos de una disfunción sensitiva, sino más por la no identificación de quien ya no es visible.

¿Cómo caracterizar a esta Mistral que canta a Dios sus olvidos? El poema se configura como una alabanza al revés, pero no en el sentido que exprese insultos. Más bien se trata de una declaración o confesión amorosa filial en la que se alaban no los beneficios ni gracias recibidas, sino el abandono y olvido. Ello explicará las expresiones de connotación negativa con las cuales Dios es nombrado o referido tales como, por ejemplo, "pan de tierra de la insipidez" (20). Al mismo tiempo, la composición cumple con las convenciones de una oración religiosa: dirigida a un ser superior, se le reconoce su poder ("No te cobro la inmensa promesa / de tu cielo en niveles de mieses, / no te digo apetito de Arcángeles / ni Potencias que hagan arder; / no te busco los prados de música / donde a tristes llevaste a pacer" [25–30]) y se le ruega por mercedes que guardan relación con una desaparición equivalente a la consumación de su propio ser: "Dame Tú el acabar de la encina / en fogón que no deje la hez" (43–44). A lo largo de este discurso, la hija orante se caracterizará a sí misma: ella es "oscura", tiene la "alzadura" de un lento ciprés y un cuerpo (rostro, boca y hombro) cubierto por la naturaleza. Su alegría, cercenada. Todo ello se sintetiza en la experiencia de la orfandad: "despojada de mi propio Padre / ¡rebanada de Jerusalem!" (55–56).

La sed caracterizará también al sujeto en cuestión. Hambrienta y situada en el desierto, la mujer reprocha al Padre, al modo de una cobranza, la experiencia de dolor y privación:

Hace tanto que masco tinieblas,
que la dicha no sé reaprender:
tanto tiempo que piso las lavas
que olvidaron vellones los pies:
tantos años que muerdo el desierto
que mi patria se llama la Sed. (31–36)

El desierto, lugar de escasez del agua, deviene patria, es decir, la tierra del Padre. Y esta tierra es llamada con la experiencia que por excelencia se padece en ella: la sed. Lugar de carencia y ausencia, el desierto bien evoca el exilio que la misma autora vivió a lo largo de su vida. Cabe indicar al respecto que Ignacio Sánchez-Osores identifica este desarraigo como un "sexilio", estado en el cual la loca "calla sus amores proscritos" (63). Por lo tanto, el exilio o el vivir en una patria seca no solo corresponde a una experiencia circunstancial, es decir, al lugar en el que se está, sino también a un *ethos* que daría cuenta de la misma interioridad de la hablante mistraliana:

La oración de paloma zurita
ya no baja en mi pecho a beber:
la oración de colinas divinas
se ha raído en gran aridez. (37–40)

Su pecho, su corazón, ya no es fuente de agua donde la paloma bebe. Se trata entonces de una sequía del espíritu que, sin embargo, no logra secar el amor filial: "He aprendido un amor que es terrible" (49). En este poema de carácter religioso y, diría yo, místico, prima la imagen de un Dios padre, dejando atrás las referencias cristológicas que vimos en *Desolación* y que volverán a aparecer en "Nocturno de la derrota". En este sentido, Mistral podría estar adscribiéndose a una tradición hebrea que se recalca con la referencia a Jerusalem, ciudad de la cual, sin embargo, está separada. Este éxodo o migración de una comunidad cristiana a una hebrea para luego exiliarse otra vez abre la posibilidad de una lectura que resalta a la mujer que monologa (puesto que no es escuchada por el Padre) como figura extraña y diferente. Carente de semejantes en lo referido a la tradición de la cultura y de la fe, la oración, discurso de por sí dirigido a lo sobrenatural, se convierte frustradamente en monólogo ininteligible, voz de quien habla sola, palabra de loca, poesía de comunicación frustrada que habita la voz de sujeto torcido y dislocado, sonidos que acusan existencias que resisten a todo orden configurador de identidad. Amor y rabia. Rabia por el amor y su palabra que no llegan a parte alguna, es decir, a oído sordo, a corazón de piedra.

Los versos tercero y cuarto de la tercera estrofa pueden ser interpretados, por el contrario, en clave cristológica, puesto que hacen mención al pasaje evangélico en el cual los soldados romanos ofrecen a Jesús sediento una esponja empapada en vinagre. A diferencia de Lucas, Marcos y Mateo y Juan coinciden en contextualizar este acontecimiento en la crucifixión. Mistral, por su parte, poetiza de manera extraordinaria un intercambio de dones entre ella y Cristo destinados a la boca de cada cual:

> Como tú me pusiste en la boca
> la canción por la sola merced:
> como tú me enseñaste este modo
> de estirarte mi esponja con hiel,
> yo me pongo a cantar tus olvidos,
> por hincarte mi grito otra vez. (13–18)

Mientras Dios le ha concedido a la hablante el don poético que se practica con la lengua, ella, por su parte, como un Estefatón, le ha dado a beber penosa hiel. ¿Se trata de un verdadero regalo? La hiel, al igual que el vinagre y el vino aludidos en los relatos evangélicos, no sacia la sed. Su agrio sabor tampoco es agradable a paladar humano alguno. No obstante, es en este intercambio donde el poema logra alcanzar una dimensión mística. En la más plena noche oscura,[8] donde la hablante no ve al que la ha olvidado, la llama del amor filial permanece, regalando solo lo que se tiene, es decir, un dolor existencial.

---

8. "Noche oscura del alma" es el título de un poema de San Juan de la Cruz. La expresión "noche oscura" indica el viaje o vía negativa del alma en su proceso místico de purificación y desolación, el cual conlleva una incomprensión y desconocimiento sobre Dios. Ver: Mancho, María Jesús: *El símbolo de la noche en San Juan de la Cruz. Estudio léxico-semántico*. Ediciones Universidad de Salamanca, 1982.

Para cerrar

A lo largo de este ensayo, hemos apreciado cómo el motivo de la sed instala una dimensión religiosa en los poemas analizados. La intertextualidad bíblica se presenta una y otra vez, ligando la poesía mistraliana a una fe tal vez no del todo ortodoxa.[9] Para finalizar, recuerdo el pasaje evangélico de la samaritana no aludido, al menos, en las composiciones revisadas. En la medida que no está presente en el texto, el pasaje que encontramos en el cuarto capítulo del Evangelio según san Juan podría advertirse como un hipograma.[10] La distancia étnica y cultural entre Jesús y la mujer de Samaria, la solicitud de agua para tomar por parte del Maestro y, finalmente, el ruego que ella realiza por el agua viva, pueden resignificar los poemas estudiados. En todos ellos y en el pasaje evangélico, Cristo finalmente no ha tomado agua para saciar su sed, estado que se prolongaría hasta su muerte en la cruz. En efecto, "tengo sed" son unas de las últimas palabras de Cristo según el Evangelio de san Juan (19:28–30). Por otro lado, la samaritana no bebe agua en el momento del encuentro con Cristo junto al pozo de Jacob. No obstante, la promesa de Cristo instala una esperanza en la mujer: "Sé que va a venir el Mesías, el llamado Cristo. Cuando venga, nos lo explicará todo" (San Juan 4:25). Por ende, se habrá de beber agua viva que apaga para siempre la sed. Mistral, en calidad de hablante poético, comparte la experiencia de la samaritana en tanto el beber está aplazado hacia el futuro o abstraído del transcurso cronológico. En algunos poemas como "Vertiente" y "Beber", pareciera que se toma del agua viva que apaga eternamente la sed. El beber es acto permanente y eterno gracias a la conversión ("Vertiente") y a la memoria ("Beber"). En otros, en cambio, la sed se prolonga, generando un efecto de suspenso o de prolongación, así como el diálogo entre Jesús y la samaritana retarda el acceso al agua que finalmente no tiene lugar en el relato. En la obra *Poema de Chile* (1967), encontramos un poema titulado "En tierras blancas de sed". Se trata de la andanza de la mujer fantasma con el niño ciervo por el desierto. Aquí, Mistral configura un paisaje

---

9. Al respecto, ver el gran trabajo ya aludido de Matín Taylor: *La sensibilidad religiosa de Gabriela Mistral*. Gredos, 1975.
10. El hipograma podría ser definido como un intertexto que el lector activa retrospectivamente ante un texto en estudio (Conejero 57). Para una mayor revisión de la noción de hipograma, ver: Riffaterre, Michael. *Semiotics of Poetry*, Indiana University Press, 1978.

comunitario a partir de la experiencia común de la sed. El cabrerío, el olivillo, la salvia, el pasto, el cuarzo, el niño ciervo, la higuera, el tunal, las mujeres que vuelcan tiestos, en fin, "toda la tierra y el cielo", ruegan por agua:

> Claman ¡agua!, silabean
> ¡agua! Durmiendo o despiertos.
> La desvarían tumbados
> o en pie, con substancia y miembros.
> Y agua que les van a dar a
> los tres entes pasajeros
> con garganta que nos arde
> y los costados resecos. (48–55)

La tierra se configura como un paisaje en espera de una redención. Y toda ella, una vez hidratada, compartirá el agua con la mama, el niño indígena y el huemul, es decir, con mujer, etnia no occidental y animal, en definitiva, con seres excluidos. Mientras el agua no sea recibida en bocas y hocicos, el poema es un discurso performático: no solo se habla de la espera, sino que también, efectivamente, el agua se está esperando.

Obras citadas

Agamben, Giorgio. *Lo abierto. El hombre y el animal.* Trad. Antonio Gimeno Guspinera. Pre-textos, 2005.

Biblia de Jerusalén. Trad. Escuela Bíblica de Jerusalén. Desclée de Brouwer, 1976.

Conejero Magro, Luis Javier. "La anamnesis literaria y el texto como ente iterable en el postestructuralismo: repaso histórico de la teoría de la intertextualidad". *Dialogía* 14 (2020): 35–63.

Mistral, Gabriela. *Antología Mayor. Poesía.* Ant. Gastón von dem Busche. Cochrane, 1992.

Sánchez-Osores, Ignacio. "El sexilio de una loca que calla sus amores proscritos: figuraciones extranjeras y fantasmagóricas en la poesía de Gabriela Mistral". *452ºF. Revista De Teoría De La Literatura Y Literatura Comparada* 26 (2022): 63–79.

Sepúlveda Eriz, Magda. *Gabriela Mistral. Somos los andinos que fuimos.* Cuarto Propio, 2018.

Taylor, Martin. *Sensibilidad religiosa de Gabriela Mistral.* Trad. Pilar García Noreña. Gredos, 1975.

Valdés, Adriana. "'El imbunche': estudio de un motivo en *El obsceno pájaro de la noche*". *José Donoso: la destrucción de un mundo.* Fernando García Cambeiro, 1975. 125–160.

Travestismo narrativo: el masculino en las cartas de Gabriela Mistral en *Niña errante* (2009)

Lau Romero Quintana
DOCTORE EN ESTUDIOS
CULTURALES HISPÁNICOS

Perdona el que te he herido, por no creerme amado, por pensarme postergado en tu corazón [...] Te beso, tuyo– Carta de Mistral a Doris Dana, 1959 (*Niña errante* 58)

LA HISTORIA ENTRE DORIS Dana y Gabriela Mistral se origina en 1946, cuando Mistral es invitada a dictar una serie de conferencias en Barnard College tras recibir el Premio Nobel. En ese año, Doris Dana es alumna de la institución (estudia literatura clásica y latín) y observa con fascinación a la poeta mientras presenta. Dos años después, en 1948, Dana inicia la conversación epistolar para comentarle a Mistral que ya ha traducido al inglés su artículo sobre Thomas Mann y, en este espacio, le profesa su admiración. Según el estudio preliminar que Velma García-Gorena realiza en *Gabriela Mistral's Letters to Doris Dana* (2018), "in a conversation recorded in 1955 Dana said that the two had become a couple on October 1, 1948" (6). Así, este ensayo analiza las cartas recogidas en *Niña errante. Cartas a Doris Dana* (2009), fechadas a partir de este momento, las cuales contienen una profunda muestra de amor, compañerismo y, particularmente, un uso del lenguaje que –siguiendo a Ben Sifuentes-Jáuregui (2002)– denomino travestismo narrativo.[1] Igualmente, echaremos mano de los principios teóricos de la *performance* y el *self-fashioning* en torno a la teoría *queer*, para así elucidar tres posibilidades de "ser" que surgen en este espacio epistolar. Asimismo, cabe mencionar que las cartas aquí analizadas no son leídas como "evidencia" que comprueba una relación homoerótica, sino como vehículo de afectos y de una *performance* compleja, que oscila constantemente entre uno y otro polo del paradigma heterosexual.

El libro

Existen momentos a lo largo de *Niña errante* (2009) en los cuales la voz de Gabriela Mistral da un giro y utiliza el marcador gramatical – "o" – para referirse a sí misma.[2] Esto es nombrado en el prólogo, escrito por Pedro Pablo Zegers, como "una función gramaticalmente masculina" (17). Ante los posibles reclamos de un público conservador, Zegers aclara que este uso "no resulta de erratas ni de problemas de legibilidad en su letra. Es textual y premeditado por la emisora" (24). Si bien la letra manuscrita de Mistral puede ser un poco complicada de entender a primera vista –especialmente cuando utiliza lápiz en vez de tinta o máquina de escribir–, Zegers menciona este aspecto para desestimar posibles teorías que refuercen la versión de una Gabriela Mistral que jamás pudo haber existido fuera de la heteronorma. No obstante, y tras afirmar que es un gesto consciente y premeditado, escribe: "Proponemos que obedece a lo ya consignado más arriba: más que un gesto de sexualidad, a una actitud de padre protector y proveedor" (24). Esta aclaración por parte de Zegers busca satisfacer dos ansiedades: la primera tiene relación con el contenido mismo de las cartas, que veremos más adelante, mientras que la segunda requiere de un breve paréntesis para explicar el contexto en el cual surge *Niña errante* (2009).

Las cartas que aquí se analizan provienen del archivo personal de Doris Dana, el cual estuvo en posesión de su sobrina Doris Atkinson tras el fallecimiento de la primera. Atkinson fue quien coordinó la donación de los

---

1. Para una lectura que incluye el epistolario y lo compara con la escritura poética de Mistral, véase Eugenia Brito, "Una poética del género: la escritura mistraliana en *Niña errante*" (2014).
2. Ocupo la "a" no para encasillar a Mistral en la categoría de "mujer" sino porque, fuera de estas cartas, habló sobre sí en este registro.

documentos al Estado chileno cuando notó el innegable valor de la colección que su tía había acumulado (*Locas mujeres*, 2010). Así, el Archivo Nacional de Chile albergó numerosas cajas que contenían cientos de materiales de diversa índole: cartas privadas, papeles oficiales del consulado, fotografías, grabaciones de voz y video y más. Este legado estuvo disponible no sólo para el público académico, sino también para el general y, hoy en día, gran parte del material escrito se encuentra en la Biblioteca Nacional Digital de Chile. Además del revuelo por lo novedoso del hallazgo, el legado de Doris Dana causó una suerte de pánico cuando se encontraron las cartas que hoy conforman epistolarios, como *Niña errante* (2009) y *Doris, vida mía* (2021), los que dan cuenta de la existencia de una relación mucho más profunda de lo que se pensaba entre ambas mujeres. De allí que Zegers ofrezca una interpretación de un paternalismo asexuado, puesto que, de lo contrario, iría en oposición al discurso mitológico que ha establecido a Mistral como la "santa poetisa de Chile" (Horan 1997).

Cabe señalar aquí que este ensayo no pretende esclarecer la pregunta por la "verdadera" sexualidad de Mistral, ni tampoco busca confirmar sospechas establecidas en torno a su relación con Dana, sino abrir *Niña errante* (2009) a una lectura que remueva las cartas de la categoría de "género menor" y que, además, aproveche de mejor manera un contenido que ha caído en el espacio de lo irrelevante a la hora de entender la obra y trayectoria de Mistral y de otras productoras culturales, tales como Palma Guillén en México, Victoria Kent en España y Laura Rodig en Chile. Así, la pregunta que organiza este ensayo gira en torno al uso de una voz "masculina" por parte de Mistral en las cartas y posibles lecturas que surgen a partir de dichos usos.

El concepto de *performance* provee espacio para entender este giro en la escritura de Mistral. Si bien no nace con la teoría de Judith Butler, la publicación de *El género en disputa* (1990) permitió resignificar la idea de performance al ponerla en diálogo con la teoría feminista y, en particular, con la definición del concepto de género. En principio, el núcleo de la propuesta de Butler piensa al género como performativo, es decir, como algo que se manifiesta a través de una *performance* ritualizada, la cual produce y reproduce su significado, actualizándolo. Lo problemático de *El género en disputa* es que no resuelve totalmente la pregunta por el cuerpo, y Butler intentará responder parte de estas inquietudes, tres años más tarde, en *Cuerpos que importan* (1993). En su segundo libro, la autora vuelve sobre la noción de género como *performance* –esta vez desde la pregunta por su materialización– y explica que "la performatividad debe entenderse, no como un 'acto' singular y deliberado, sino, antes bien, como la práctica reiterativa y referencial mediante la cual el discurso produce los efectos que nombra" (*Cuerpos que importan* 18). Esta reiteración es necesaria puesto que la noción de sexo es –siguiendo las ideas de Michel Foucault– una práctica reguladora. Así, el género como performance "materializar[á] la diferencia sexual en aras de consolidar el imperativo heterosexual" (Butler 18).

Para el caso de *Niña errante* (2009), interesa la materialización de este masculino ya que interrumpe la lectura de la carta, por un lado, y porque, por otro, plantea la pregunta sobre el interés que genera en su receptora (real e ideal), Doris Dana. En el primer caso, la razón principal por la cual académicos como Zegers nombran esta *performance* como una "función gramaticalmente masculina" (17) es por la fisura que produce la aparición de una "o" donde el horizonte de expectativas espera otra letra. Se presume, pues, que dentro del paradigma heteronormativo los sujetos –y sus cuerpos– parecen dividirse entre lo masculino y lo femenino como únicas posibilidades de ser leídos e interpretados. El lector de estas cartas experimentará entonces una "pausa" al toparse con párrafos como el siguiente, del 14 de abril de 1949: **"Y yo no debí escribirte en este estado de ánimo, pero soy *arrebatado*, recuérdalo, y *colérico*, y TORPE, TORPE. Por favor, no vuelvas nunca-nunca a sufrir así, a padecer por mi culpa. Sabe de una vez que, padeciendo así, me das tú una enorme vergüenza de mí *mismo*"** (54; subrayado en el original, cursivas nuestras).[3] Este fragmento contiene la primera aparición del masculino en *Niña errante* (2009). A modo general, el tópico de la carta es una disculpa de parte de Mistral a Dana, ante quien se arrepiente por el tono duro y arrebatado de misivas anteriores. El lector podría preguntarse por la motivación detrás de la elección del masculino, cuando el femenino existe como opción; tal vez la respuesta está en la carta que Mistral escribe al día siguiente, el 15 de abril, donde añade: "Yo seré lo que tú quieres que sea, yo viviré por ti y el tiempo que quieran mi corazón flaco y tú, tú, Doris mía" (59).

Otro concepto que se aúna al de *performance* es el de "pose". Sylvia Molloy (2012)[4] desarrolla esta idea al estudiar una serie de casos, dentro de los cuales

---

3. Los textos están subrayados o con mayúsculas en el original, a no ser que se explicite lo contrario en paréntesis.
4. Mis más sinceros agradecimientos a los editores por recomendar esta lectura, al igual que las de Diamela Eltit y Elizabeth Horan (2017).

incluye un apartado sobre Mistral y Teresa de la Parra, explicando que la pose finisecular del XIX es una suerte de juego que, "de tanto jugar a ese algo –de tanto *posar* a ese algo– da visibilidad, llega a ser ese algo innombrable" (45). La pose es lo que anuncia "aquello oculto" (el lesbianismo, la homosexualidad, el deseo homoerótico) y, de paso, problematiza el concepto tradicional de género al subvertir los modos de identificación, los que pasan de pactos culturales conocidos al reconocimiento de un deseo "otro" (48). Molloy lo explica de la siguiente forma: "la pose dice que se es algo, pero decir que se es ese algo es posar, o sea, no serlo" (49). En particular, interesa la performatividad de la pose en cuanto permite una interpretación alternativa del sujeto cultural dentro del campo de principios del siglo XX latinoamericano. Bajo esta premisa, la pose de Mistral es lo que nos permite reconocer aquello que Molloy llama "el secreto a voces", refiriéndose al "lesbianismo" de Mistral, en un movimiento que revela y encubre a la vez. Citando a David Miller, Molloy explica que "no es esconder algo sino esconder que se está al tanto de ese algo" (270-271).

La escritura de Mistral en las cartas hacia Dana, como acto material, puede entenderse al menos desde dos "poses" en torno al género: por una parte, desde el "ser mujer"; en una noción que permite únicamente la feminidad tradicional como opción y, según la cual, el masculino utilizado por Mistral sería visto como una "desviación"; o, por otra, desde la ambigüedad como una constante, donde la escritura de Mistral puede adoptar ambas formas, alternándolas, puesto que una le servirá mejor que la otra dependiendo de sus propósitos comunicativos. De seguir la segunda línea interpretativa, la escritura de Mistral demuestra la convivencia de ambos "registros", el masculino y el femenino, los cuales se turnan dependiendo del tono y la temática que organizan las diferentes secciones de las cartas. Según esta propuesta, en *Niña errante* (2009) no hay realmente una escisión del sujeto sino una polifonía (Bajtín 1982). De allí que Mistral pueda escribir "Yo seré lo que tú quieres que sea", no como la promesa de una flexibilidad alcanzable, sino hablando de una gama de posibilidades que ya existe, facultada además por el variopinto paisaje temático. En otras palabras, la flexibilidad del formato permite que Mistral utilice el masculino en un mar de tópicos, como encargos, órdenes, recomendaciones, información de contactos, percepciones e ideas políticas, chismes y descargas afectivas de diversa índole. Así, estas "apariciones" del masculino gramatical se asoman al seguir no tanto una fórmula estricta, sino una especie de ritmo afectivo.

Igualmente, el "Yo seré lo que tú quieres que sea" (59) puede situarse dentro del "imperativo heterosexual" de Butler (*Cuerpos que importan* 18). Ello deriva no sólo de la situación histórica que envuelve la escritura de las cartas –los años cuarenta y cincuenta del siglo XX– sino también del propósito que contienen todas estas en general: el ser leídas y respondidas. De allí que Mistral prometa diferentes posibilidades de ser que, en la práctica, sólo pueden condensarse en dos alternativas: para ser un sujeto válido y legible ante la mirada de Doris Dana, el yo de las cartas de Mistral utiliza dos formas de presentación –el femenino y el masculino–. Pero, ¿cómo hacer un llamado que sea afectivo y efectivo a la vez? Según Patricia Violi (1987), en las cartas de amor "el remitente se define por la revelación de su sentimiento, pero al hacerlo no sólo modifica su propio estatuto, sino también el del destinatario, que a partir de tal conocimiento no podrá seguir comportándose 'inocentemente'" (91). Siguiendo este principio, Mistral habla de sus intenciones para con Dana a través de todas las cartas, pero se *modifica* a sí misma (en un *self-fashioning* travesti) para que a su lectora no le queden dudas. En otras palabras, ya sea por el contexto histórico que sitúa la heterosexualidad como única posibilidad de existencia, ya por barreras idiomáticas, o bien por seguir estrategias de seducción, Mistral se le declara a Dana de la única forma en la cual imagina que la relación puede existir sin romper las reglas del todo, aunque tensionándolas conscientemente: desde el masculino.

A pesar de sus declaraciones, Dana parece no responderle a Mistral como ella quiere y su insistencia por una respuesta que pueda confirmar o negar completamente su horizonte de expectativas es constante. Asimismo, en las cartas Mistral necesita que Doris la mantenga informada de su paradero y de sus actividades en todo momento. Estos intentos desesperados son lo que Violi (1987) entiende como un silencio que provoca paranoia en el emisario:

> la carta, como la apertura de una secuencia conversacional, determina, por el solo hecho de haber sido enviada, una obligación de respuesta por parte del destinatario, que si no tiene lugar reviste un valor análogo al del silencio en la interacción cara a cara y permite análogas inferencias pragmáticas ('No habrá oído', 'No habrá recibido mi carta', o, más paranoicamente 'Ahí está, no quiere saber nada de mí'). (88)

Un ejemplo de este tipo de reproches se observa el 18 de diciembre de 1952 cuando, resentida, Mistral le escribe a Dana: "Yo no te he pedido nunca cartas largas que roben tu tiempo el cual es para tus amigotes; te he pedido unas líneas rápidas y frecuentes" (382). Como evidencia de este aparente silencio, cabe mencionar que *Niña errante* (2009) no contiene más de una decena de mensajes de Dana hacia Mistral, quien no tiene paciencia y utiliza el tropo de la vejez[5] (que es consistente a lo largo de toda su escritura, independiente de su edad) para apurar a Dana. Ya desde 1949 le escribe: "Los viejos podemos morir por cualquier cosa, en pocos días. Yo no moriría tranquila sin volver a testar para ayudarte con algo. Y sin verte, sin que estés junto a mí" (90).

Dejamos en pausa por un momento la promesa legal de incluir a Dana en el testamento de Mistral, para volver al *reaching out* que provoca este *self-fashioning* mutable. En *Touching, Feeling: Affect, Pedagogy, Performativity* (2003), Eve Sedgwick Kosofsky trabaja la idea de lo performativo en relación con la palabra *touching*, puesto que "the sense of touch makes nonsense out of any dualistic understanding of agency and passivity: to touch is always already to reach out, to fondle, to heft, to tap, or to enfold" (14). Cuando piensa en la carga que tiene este *touching*, Sedgwick también tiene en mente la teoría de actos de habla de Austin y Searle; en particular, aquel principio performativo que sugiere que la palabra efectúa una realidad, como cuando se promete o se jura. Así, la idea de "tocar" es performativa, por un lado, puesto que se enuncia y ejecuta a la vez y, por otro lado, por su conexión con los afectos y con el sentir (*feeling*) que ese tocar implica. Aplicado a las cartas de Mistral hacia Dana, estas se diseñan para "tocar" a Dana y esperan, en ese tocar, ser automáticamente "tocadas" de vuelta. *Niña errante* (2009) contiene el *tocar* –material y afectivo– que se frustra con el silencio de Doris (a pesar de que no responder también es comunicar).

Finalmente, el 21 de abril de 1949, podemos ver las palabras de Doris Dana hacia Mistral en una confirmación de sus afectos: Dana encabezará su carta con "Mi amor" (83). No obstante, más adelante, la norteamericana escribe para aclarar algunas posibles malinterpretaciones de comunicados anteriores y, el 22 de abril, se despedirá diciendo: "Yo sé que es difícil para ti comprender mi español, ¡Perdóname! ¡Pero trata de comprender lo que yo quiero decir!

---

5. Al respecto, la escritora Diamela Eltit menciona la importancia de discutir el estado de los cuerpos en este tipo de escritura, mencionando también que "la salud [se entiende] como tema de intercambio y comunicación social" (136). Es decir, cómo el dolor, la enfermedad y los temas que hoy forman parte del discurso médico privado eran comúnmente insertados dentro del protocolo epistolar de la época.

Y que es más importante, es que quiero decir y no puedo" (87). Si este tipo de *touching* y *reaching out* implican un tocar que jamás se completa, entonces ¿qué diferencias existen en esta misma *performance* cuando se utiliza el masculino? Para intentar resolver esta pregunta, volvemos a la primera aparición de la "o", cuando Mistral pide disculpas y confiesa que se avergüenza "de [sí] mismo" (54).

Performance y travestismo

Yo estoy viviendo contigo un ensayo. (Debería callármelo; pero no puedo.) Es el ensayo de que tú me quieras solo a mí de amor. Yo tendré paciencia y esperanza. Cuando ya vea que no lo logro, que, no lo consigo, sabré hacer lo necesario.
Carta de Mistral a Dana, 1949 (*Niña errante* 95)

La cita que corona este apartado es un perfecto ejemplo para entender la movilidad de la *performance* mistraliana en *Niña errante* (2009). Después de todo, un ensayo no es sino una prueba, un tanteo del terreno que sirve de práctica antes de construir, colocarse el sayo y luego quitárselo: vestirse y desvestirse. Esta adopción de un ensayo puede analizarse a través del libro de Ben Sifuentes-Jáuregui, *Transvestism, Masculinity, and Latin American Literature* (2002), en el cual el crítico estudia casos de travestismo durante las primeras décadas del siglo XX, tales como el episodio del Baile de los 41 en México y la escritura de Carpentier en revistas para mujeres. Estos episodios son analizados bajo la noción de travestismo, la cual "describes in its own embodiment and realization the difficulty of gender" (2). Los sujetos que aborda este libro experimentan un tipo de travestismo que no tiene como propósito explícito deconstruir la jerarquía de género, sino más bien alcanzar una identidad ya conocida, a través de una *performance*. De hecho, según Sifuentes-Jáuregui, "transvestite subjects do not necessarily imagine themselves becoming some other subject, but rather may conceive of transvestism as an act of self-realization" (4).

La *performance* que saca a flote este "yo mismo" (*self*), es lo que se sospecha aparece en las cartas de Mistral, quien, más que poner en jaque el binomio hombre/mujer, postula una tensión entre las categorías del yo y el otro. Sifuentes-Jáuregui propone que el travestismo que se da en sus casos de estudio busca la producción de una igualdad (*sameness*) en relación con el género femenino (4) y, además, que esta operación se lleva a cabo en diálogo con una masculinidad que es "always, already heterosexual" (15). Es importante señalar aquí que, si bien la homosexualidad y el travestismo no van siempre de la mano, sí están relacionados en el caso de las cartas de *Niña errante* (2009), puesto que el travestismo narrativo (Sifuentes-Jáuregui 57) es lo que le permite a Mistral dirigirse a Doris Dana con otras intenciones (y tensiones). A través de la "o", lo que se observa es el despliegue, por parte de Mistral, de lugares comunes de lo masculino que le permiten ser una opción romántica "válida" ante la mirada de Doris. En otras palabras, la *performance* masculina de Mistral –en el sentido de repetición ritualizada de la que habla Butler (1990, 1993)– se actualiza en las cartas bajo la vestimenta travesti de la "o" que se elige en la escritura.

En la crítica contemporánea, Diamela Eltit (2013) y Elizabeth Horan (2017) llegan a conclusiones similares con respecto a la escritura de Mistral en *Niña errante* (2009). Eltit dirá que Mistral "parodia la letra masculina" y "realiza una performática de género que suspende, digamos, la materia más tangible y clasificadora del órgano" (137). En su discusión sobre lo corpóreo (su salud y la de Dana, las enfermedades que la achacan), Mistral "entra y sale del dolor mediante [...] el juego incesante de la posibilidad de desplazarse gramaticalmente por el laberinto de los géneros" (137). Es decir, esta conversación (típica en la época) sobre la corporalidad da pie a torcer la visibilidad del texto escrito y, en el juego performativo, ofrecer y también volverse otro (masculino, poderoso, celoso, tímido, triste, etc.). Asimismo, Horan busca los orígenes de esta escritura alternativa, *queer*, en su amistad con escritores y figuras intelectuales de principio de siglo, como Alberto Nin Frías y Manuel Magallanes Moure, con quienes ensaya y establece una "etimología del clóset" a través del intercambio epistolar en una suerte de código cultural compartido.[6]

El uso del masculino en Mistral no es igual a los casos que analiza Sifuentes-Jáuregui (2002), quien se concentra en hombres cuya *performance* los feminiza. El académico también reconoce que "transvestism performed by women entails other questions and issues of power and economics. The gender

---

6. Como ejemplos, Horan analiza las menciones a Eugenio Labarca de sus lecturas de Gómez Carrillo, y las publicaciones del mismo Nin Frías, las cuales contienen un marcado tono *queer*. Algo similar ocurre en sus intercambios con Magallanes Moure, a quien se presenta no como compañera heterosexual, sino bajo una suerte de amor homoerótico (firma como L, se rehúsa a la categoría de mujer, etc).

binarism implies a power asymmetry that takes on different meanings when transvestism is carried out by a man or a woman" (61). La misma trayectoria de Mistral sugiere una tendencia hacia actitudes que se consideraban "varoniles" para la época, desde su forma de vestir y las poses que adopta en público (Fiol-Matta 2002), hasta su misma presencia dentro del campo cultural y literario, con el Premio Nobel y la independencia económica que le garantiza. Además, y poniendo especial atención a la dinámica que tiene con Dana, estos y otros elementos –como su edad– le permitirán establecer una relación asimétrica con la norteamericana. En relación con la cita de Sifuentes-Jáuregui, el campo de juego que se busca nivelar tiene menos relación con el "poder" (categoría compleja de análisis) que menciona el autor y más conexión con una búsqueda de superar aquellas barreras socioculturales que le impiden a Mistral ser una pareja "legítima" para Dana. Esto es, desde la posición discursiva de una mujer, Mistral debe utilizar determinadas estrategias escriturales, como el travestismo narrativo, para ser un objeto de atracción y, a la vez, no romper con el paradigma heteronormativo que la rodea y bajo el cual debe operar.

Otro punto a notar es que, cuando Mistral ocupa el lugar estereotípicamente masculino, hace uso de una mirada "deseante", es decir, un acto posesivo a través del mirar a un sujeto y transformarlo así en objeto del deseo (Wilton 2004). En esta dinámica, la contraparte estereotípicamente femenina querrá "ser observada" y establecerá con éxito su deseo de atraer. Así, cuando Mistral utiliza la "o" también busca establecer una relación de posesividad –que no es rígida como propone Wilton– sino que se ofrece también, como ocurre en una carta de agosto de 1949 en la que firmará "Tu Gabriela. Tuyo" (136). Estas identidades que Mistral adopta (tu Gabriela –tuyo), deben ser coherentes y legibles para Dana. Wilton (2004) también lo notará cuando se refiere a que todos debemos "knit together the social, the cultural and the psychological in such a way as to produce *coherence* with local semiotics of erotic, *consistency* within the narrative project of subjectivity and *legibility* to their significant others" (8). En este sentido, la oscilación entre el masculino y el femenino se posibilita porque ambas categorías le están disponibles a Mistral, pero se vuelve *legible* para Dana cuando se pone efectivamente en la escritura material y se "corporiza" en la *performance* travesti de la "o".

En diálogo con Dana, la escritura de Mistral va a tientas, probando distintas poses que logren captar su atención y conseguir una respuesta satisfactoria. Dos cartas escritas por Mistral durante 1949 darán cuenta de esta comunicación desde dos orillas. En la primera misiva dirá: "Sí, yo creo que tú me quieres como a madre, a hermana y a hija. Esto es todo. Y yo pienso que yo debo ajustarme a eso y quedarme con eso" (63) y añadirá "Tú puedes lograr en mí las mudanzas que quieras" (63). Estas "mudanzas" se observan en la segunda carta: "Sólo quiero que veas claro en ti y sepas si, realmente, tú me quieres de amor. Porque yo sé que me quieres como a un hermano y a un padre, esto sí lo sé" (159–160). Es la *performance* estereotípicamente femenina la que está abierta a la posibilidad de cambio. La oferta que vimos anteriormente, en el "Yo seré lo que tú quieras que sea" (59) se repite con las "mudanzas" que Dana puede lograr y que terminan en una escritura desde "el otro lado", cuando se alude a las figuras del padre y del hermano. Así, cuando Mistral escribe, se observa una gama de otras *performances* posibles que, insistimos, sólo Dana puede ir guiando. Ahora bien, cabe aclarar que, en aquellos momentos en los cuales sí aparece la vestimenta de la "o", lo que el lector encuentra no es la escritura de un hombre, sino una *performance* de género "a la Mistral"; es decir, vemos cómo la escritora entiende e interpreta al género masculino. En particular, y siguiendo los patrones que se forman a través de una reiteración constante de estos lugares discursivos, es posible encontrar tres figuras en las cartas a Dana: el niño, el amante despechado y el *pater familias*.

En/sayos

En numerosas ocasiones a lo largo de *Niña errante* (2009), el lector se topa con momentos en los cuales Mistral arremete contra Doris Dana por diversas razones, siendo la principal el silencio prolongado y exasperante de la norteamericana. En 1949, Mistral le escribe (sin reconocer el juego de palabras, tal vez) "mi amor por ti es muy diferente del tuyo por mí, es de una especie, de un género de un orden muy diverso" (*Niña errante* 154). Así, la primera pose que aparece, en este cambio (trans)género, es la imagen de un niño, inocente a la par que impulsivo. Por ejemplo, en una carta fechada el 21 de mayo de 1949, Mistral defiende su actitud después de haber despotricado contra Dana: "Sólo viste en mí el lado de niño estúpido y carente de toda lógica" (109). La comparación la lleva, en el mismo año, a utilizar el masculino: "Yo creí que lo que saltaba en tu mirada era amor y yo he visto después que tú miras así a mucha gente. Loco fui, insensato: como un niño, Doris, como un niño" (117). La arremetida de Mistral pareciera ser consecuencia y responsabilidad de los actos de Dana o de la falta de ellos. Es Dana quien es ambigua en la mirada deseante ("tú *miras* así a mucha gente" y "Sólo *viste* en mí el lado de niño estúpido"). Ante la falta de seguridad en su vínculo, Mistral asume parcialmente su responsabilidad y califica su reacción impulsiva como la de un niño "loco" e "insensato". El sitio de la infancia también le otorga cierta protección a la escritura de Mistral puesto que, al igual que un niño, sus intenciones parecen inocentes en comparación con la mirada sexualizada de un hombre adulto. De esta manera, Mistral utilizará este sitio discursivo no sólo para arremeter contra la forma en la cual Doris Dana la "mira" (volvemos a la idea de legibilidad de Wilton), sino también para establecer un punto de habla desde quien recibe esa mirada que no parece encajar con el deseo entre mujeres.

Desde el lugar del niño existe un escudo para esconderse del efecto que aquellas rabietas podrían generar en Dana, quien también podría haber cortado la comunicación (provocando paranoia, a decir de Violi). A su vez, el niño también le permite hablar desde una postura que infantiliza los celos, en una pose que va de la mano del estereotipo en el discurso nacional (educativo, sobre todo): los niños representan la inocencia que, en este caso, cae bajo los engaños de una Dana transformada en *femme fatale*. Los celos podrían comprenderse por la falta de garantía en torno a la exclusividad de la relación, visible en la escritura de Mistral en los alegatos sobre la poca honestidad/claridad por parte de Doris. Como otro ejemplo, en 1953 podemos encontrar una carta en la que Mistral se queja ante Dana por la falta de compañía que sufre en Estados Unidos. Al parecer, la escritora pidió un traslado consular precisamente para estar más cerca de Dana y, no obstante sus esfuerzos, la última brilla por su ausencia:

> Podrías haberme dicho la verdad: "Yo no tengo tiempo de estar contigo. Vuelve a tu país". A pesar de que yo no tengo casa alguna, eso habría sido mucho mejor que engañarme por meses y años. No se hace eso a un ser que no es una idiota, que sólo es una distraída, pero además una persona de buena fe a la cual se engaña como a un niño. (407)

Además de adoptar la voz de Dana en aquella cruda respuesta imaginaria, Mistral exhibe un nivel de dramatismo que se enfatiza en el subrayado de "por meses y años". Su inseguridad es tal que siente que todo ha sido una farsa y, despechada, le recrimina su falta de compañía como una muestra de promesas deshonestas que resultaron en un "engaño" a su inocencia "de buena fe". Aquí, el lugar del niño inocente también se cruza con epítetos femeninos como "una idiota" y "una distraída", en una *performance* que entreteje ambos registros y que se asemeja al acto de lanzar la piedra y esconder la mano.

¿Cómo cambia la escritura de Mistral cuando la propuesta entra en el plano del romance heteronormado? La segunda figura, el amante patético, parece surgir de manera reiterada en el discurso de las cartas. Fuera del "sentido común"[7] de la época, este lugar existe casi a través de toda la historia literaria, y recibe especial atención en la escritura de Mistral influenciada por tropos modernistas. En la escritura hacia Dana, esta *vestimenta* particular aparece cuando Mistral languidece —ya sea física o emocionalmente— por la falta de su amada. La ausencia y la nostalgia son los elementos que promueven instancias como las de una carta fechada por Pedro Pablo Zegers en 1949, en la cual pregunta: "¿Te acuerdas de tu pobrecito? Porque él se recuerda de ti a cada momento" (116). En este ejemplo, Mistral se refiere a sí mismo/a en tercera persona. A la figura del "pobrecito" le sigue el pronombre "él", en un momento —tal vez el único— en el que la *performance* del masculino aparece alejada de la voz del emisor. Las palabras de Mistral en esta cita dibujan la presencia de un otro que existe en una suerte de "afuera" (de ahí la tercera persona) que, tal vez, ocupa la distancia precisamente para evitar posibles sanciones (como si dijese "no soy yo, es él"). Estas alusiones patéticas (*pathos*) son frecuentes y, en otro ejemplo de diciembre de 1949, el lector se encuentra nuevamente con frases como "soy —ya te lo he dicho— un herido y un llagado" (154). Ahora bien, estas "heridas" de amor romántico tienen directa relación con los vacíos que Mistral le pide a Dana que rellene/arregle. El verbo "soy" marca una identidad que se presenta como inherentemente atribulada, en búsqueda de un consuelo que reafirme, por un lado, las sospechas de que un afecto que sí es correspondido ("¿Te acuerdas de tu pobrecito?") mientras que, por otro lado, el verbo "soy" junto con el cuerpo destruido se enfoca en ese "tocar" performativo que es consciente de que la conexión queda incompleta. Con respecto a la falta de concreción de su vínculo, Mistral terminará por concluir, en la misma misiva: "Y, por otra parte, mi amor por ti es muy diferente del tuyo por mí, es de una especie, de un género[,] de un orden muy diverso" (154).

Este breve reconocimiento de la diferencia de especie y género de los afectos también hace eco de la *performance* travesti de un amante que es Mistral

---

7. Pienso aquí en la noción de *habitus* de Pierre Bourdieu (1990), en el cual este concepto explica un conjunto de reglas y saberes sociales "implícitos" que los miembros del campo cultural deben conocer y no "deben" transgredir.

misma y "otro" a la vez. Distinto a lo que ocurre con las cartas románticas que escribe, todavía en Chile y a comienzos del siglo XX, a Manuel Magallanes Moure (recogidas en *Cartas de amor y desamor*, 1999), Mistral parece haber evolucionado[8] en su utilización de ciertas poses: sigue siendo la anciana que amenaza con morir pronto, pero es mucho más directa en su deseo y apuesta por intentar convencer a su interlocutora de lo necesario y urgente de su reunión. Además, Mistral parece carecer de un vocabulario que se ajuste a la "naturaleza" de la relación –a diferencia de lo fácil que es ajustarse a la heteronorma–, lo que sólo posibilita determinar lo que la relación *no* es y no resuelve la tensión. Las pocas interacciones de Doris Dana que sí están en *Niña errante* (2009) parecen demostrar que los afectos sí fueron correspondidos en esta otredad,[9] aunque ello no tuvo como consecuencia el que Mistral dejara de presionarla. En una carta de 1950, Mistral lo explicará de mejor manera: "yo he sido insistente, majadero, estúpido en mi porfía por retenerte" (222). Nótese que aquí también utiliza el masculino para hablar de aquel pretendiente que, arrepentido, justifica sus acciones en el espacio de la falta de razón.

 Este tira y afloja tiene relación con cómo Mistral entiende las relaciones amorosas bajo el imperativo heterosexual. Entiende, como se discutió más arriba, que sus aspiraciones presentan dificultades para concretarse y, no obstante, recurre a la imagen del patetismo para conseguir que Dana entre en el juego. De hecho, a través de la *performance* del amante rechazado, Mistral consigue que Dana la acompañe en sus viajes por Europa, como queda sugerido en una carta del 17 de julio de 1949: "te dejaré ir solita a Niza o a las ciudades que yo me conozco. Para que tengas libertad plena y te sientas dueña de ti y de darte a quien ames. Todo, incluso esta cosa tremenda, <u>con tal de que no seas desgraciada. [...] Yo estoy dispuesto a este sacrificio, porque vivas, y recobres tu alegría</u>" (126). Nuevamente, el masculino aparece en el "dispuesto" que acepta la derrota. Mistral anhela tanto la compañía de Dana que, incluso, acepta la posibilidad de que ella se "dé" a alguien más y, aunque existe un breve guiño de que esa persona pueda ser él/ella misma, no deja de lamentarse en

---

8. Para un análisis de las poses discursivas en *Cartas de amor y desamor* (1999), véase el Capítulo I de mi tesis doctoral, "Palabra empeñada. La configuración intelectual de Gabriela Mistral a través de sus cartas, 1914–1957" (2022).
9. Recordar la cita de más arriba, en la que Dana confiesa "es que quiero decir y no puedo" (*Niña errante* 87).

cartas posteriores. También cabe destacar que, en las primeras líneas, Mistral utiliza el verbo "dejar", el cual indica un nivel de posesividad tal que asume que Dana necesita una suerte de "permiso" para recorrer Europa. Esta libertad que le propone implica la falla del vínculo homoerótico y Mistral lo asume, tanto así que entre el 31 de noviembre y el 1 de diciembre de 1949 parece rendirse por completo: "Doris Dana: yo he pagado mi culpa. Mi culpa fue forzarte al amor, llevarte a él sin que hubiese una sola chispa en ti de amor. Esto es lo que he pagado. Tú nunca habrías hecho lo que yo hice por tenerte. Pero eso no fue hecho por otra cosa, fue un amor violento de alma y cuerpo" (153).

A pesar del obscuro pronóstico del amante despechado, la biografía de Mistral confirma que Dana la acompañó durante sus viajes en Europa. Lo discutido bajo las citas anteriores muestra entonces una evidente manipulación, motivada por un anhelo de establecer una relación heteronormada que, al responder a expectativas propias las de la época, requiere ejercer cierto nivel de dominio sobre el otro. El control es una constante en las cartas, independiente de la vestidura que Mistral elija para presentar sus preocupaciones. Si bien la escritora habla de porfía, la insistencia es tal que el lector puede notar un patrón y asumir que las respuestas de Dana eran escasas o simplemente insatisfactorias. Así, el llamado que realiza Mistral nos dirige hacia la tercera pose, que aquí hemos optado por llamar *pater familias*. Con este concepto no nos referimos al mismo paternalismo del que habla Pedro Pablo Zegers en la introducción de *Niña errante* (2009), sino que se asocia al espacio de la propiedad y lo legal en un sentido práctico.

La figura del padre surge en aquellos momentos en los cuales la escritura de Mistral busca establecer una relación familiar –"tradicional"– con Dana. Con ella/él misma/o a la cabeza, el padre surge alrededor de temas administrativos en general y, en particular, cuando se habla de dinero. Como un caso de varios, el 12 de diciembre de 1952 Mistral le escribe a Dana: "No tardes en darme el dato del dinero que necesitas. Por favor, cómprate buena ropa" (375) y añade: "Te recuerdo, dear, que tú puedes girar como yo contra nuestra cuenta común" (376). Estas órdenes se repetirán casi en todas las cartas y, en el mismo periodo, podemos observar nuevamente: "te dije que tú puedes y debes girar por ti misma contra nuestra cuenta que es común. No tienes sino que pedir una chequera para ti al banco y girar para todos tus gastos. Te he dicho de comprarte ropa, libros, medicinas, etc. Resulta inútil tener una chequera que no se usa y sufrir por la falta de dinero" (382–383). Lo que se observa en estos pasajes es un gesto protector –en el sentido de *patronizing*– que se puede observar en relaciones heteronormadas, donde se genera un intercambio de dinero bajo expresas instrucciones de cómo gastarlo. Esta comparación no es fortuita. En las cartas también es evidente un deseo de establecer una relación similar a la marital, facultando el uso de los dineros –supervisado y controlados por Mistral– por parte de Doris Dana. Con estas intenciones es que el 20 de julio de 1949, en el "primer aniversario" de su relación con Dana, Mistral intenta establecer el estatus de la siguiente forma: "Es como si siempre yo te hubiese tenido, como si fuésemos hermanos de edad semejante, o como si fuésemos amantes de media vida, o couple (casados) de mucho tiempo" (127).

Escalando desde la asexualidad de la hermandad –con guiños incestuosos– hacia el juego de los amantes, Mistral pasa al matrimonio metafórico. En este espacio de la escritura, Mistral es jefe del hogar y Dana el equivalente al "ángel" del mismo. Este tropo común en la época tiene que ver con aquellas prácticas que Mistral ha absorbido de su entorno y que dispone ante Dana, para que sus intenciones sean coherentes y legibles. De esta forma, le hará encargos, tareas, sugerencias y hasta órdenes, como en 1949 –en los primeros momentos de la relación– cuando la Nobel le escribe: "Hoy he vuelto a avisarte que vayas a tomar ese dinero para ropa y libros o para lo que necesites. *Obedéceme*" (104, énfasis nuestro). La protección que se ofrece a cambio de seguir estos imperativos es económica, pero también social e intelectual. Mistral le ofrecerá a Dana compartir parte del capital cultural que ha amasado y, en una carta de 28 de noviembre de 1952, le sugiere la posibilidad de encontrar trabajo como agregada cultural en Italia. Para ello, Dana deberá dirigirse al ministerio norteamericano y seguir los siguientes pasos:

> que tú y yo hacemos en común unos artículos sobre asuntos culturales de los Estados Unidos. Los hacemos, si tú quieres, yo puedo hasta… firmarlos, si eso quieres. Medita esto y no te enojes. Creo que –pagando…– tú puedes publicar en Roma algunos artículos de propaganda cultural americana. Los gobiernos estiman mucho esa propaganda. (358)

Mistral hace la oferta de manera suave, lo cual sugiere que no es la primera vez que la hace y que en ocasiones anteriores Dana la ha rechazado ("no te enojes").

El hecho de que Mistral aluda a su propia firma en los artículos demuestra lo consciente que es de su propio peso en el circuito cultural, en el sentido en el que puede conseguir, con una mera firma, un trabajo institucional para Dana –y de paso acercarla a su espacio de producción (recordemos que

Mistral dependió considerablemente de su trabajo como cónsul)–. Por otro lado, la firma de Mistral también alude a la función que tiene la figura del autor, entendida como *auctoritas* (autoridad). Esta noción es compleja y genera una discusión extensa para la cual no contamos con suficiente espacio, no obstante, el texto de Michel Foucault "What Is an Author?" (1984) es un buen punto de partida. Si bien Foucault no se refiere al autor como aquel ser de carne y hueso, creemos que es posible extrapolar parte de su planteamiento al espacio del campo cultural, particularmente cuando lo define como "a variable and complex function of discourse" (118). Como función discursiva, "the author is therefore the ideological figure by which one marks the manner in which we fear the proliferation of meaning" (119). Esta proliferación de significado que produce el autor como figura ideológica implica repensar los discursos en torno a sus modos de circulación, valoración, atribución y apropiación, y a considerar, además, cómo este fenómeno ocurre en culturas diferentes (117). Ahora bien, si se entiende la firma de Mistral como una metonimia de su nombre y, a la vez, su nombre como una figura ideológica profundamente cargada, se pueden leer de mejor manera también los puntos suspensivos que aparecen antes del "... firmarlos" en la oferta a Dana. Así, firmar *con* ella no es sólo recibir parte de su capital simbólico, sino establecer un matrimonio intelectual ante el público.

Volviendo a los roles, la autoridad va ligada al rol del padre que supervisa y coordina, y quien prefiere que Dana también esté cubierta por la seguridad del manto institucional estatal. Asimismo, la oferta no es inmediata en la relación, sino que se realiza años después de conocer a Dana y tras una suerte de estudio mercadotécnico de las necesidades que tienen diversas instituciones en relación con el campo cultural, es decir, a sabiendas de que la Guerra Fría valora la propaganda cultural como herramienta ideológica. La posibilidad es tan lucrativa que Mistral se atreve a compartir la protección de sus vínculos, arriesgando su nombre y todo lo que representa, a pesar de que la escritura de Dana poco tenía que ver con aquellas líneas temáticas. Sin embargo, y a pesar de todos los "obedéceme" y "si tú quieres", la escritura quejumbrosa de Mistral sugiere que Dana no acepta su ayuda ni sigue sus consejos. A diferencia de Mistral, Dana proviene de una familia norteamericana acomodada y cuenta con una educación formal a nivel universitario. Posee, además, autonomía económica y numerosas conexiones sociales que le permiten ser autosuficiente. La *performance* del *pater familias* no genera el mismo efecto sobre ella y, cuando la respuesta parece ser una negativa, Mistral sale del rol para adoptar una contrapose maternal. En 1952, escribe: "¡Por favor responde! ¡Parece que no leyeras mis cartas! Debes estar ya muy falta de dinero. Es culpa tuya, Dana muda y orgullosa. Yo soy tu hermana, también tu madre, Doris" (37). El lugar del padre, proponemos, se sexualiza bajo la figura del *pater familias*, puesto que un "esposo" no puede serlo sin una "esposa". Sin esta pareja no es posible ejercer de forma "correcta" la dupla y completar así la figura del hogar tradicional. Mistral ya experimentó el rol maternal cuando adoptó a Yin Yin y, a pesar de que le cuenta a Dana sus recuerdos de él, su suicidio cerró la posibilidad de que esa experiencia se actualice. De allí que creemos que las figuras de la madre y la hermana no provienen de una apelación a este tipo de maternidad, sino que constituyen un acto –desesperado– de establecer otros lazos válidos, para poder así obtener una respuesta que le sea satisfactoria a Mistral.

Cuando el *pater familias* es visible, las intenciones de Mistral se pueden identificar como las de un hombre heterosexual estereotípico: encontrar una compañera, establecer un vínculo afectivo (monógamo) y que aquella relación cuente con un soporte real que, en el caso de las cartas, aparece materializado en la idea de una casa.[10] Como ejemplo, el 20 de junio de 1950, Mistral le pide a Dana que se haga cargo de la casa en Monrovia, la cual fue "testada para ti. A pesar de tu huida" (219). La convivencia con Mistral exige materialidad, presencia física. Tanto así que Mistral ocupará el tropo de la enfermedad y la vejez para convencer a Doris de que un hogar juntas es la única posibilidad de vida para ella. En julio de 1952, escribe: "Yo estoy enferma, Doris, y tengo médicos tontos. Pero creo que esto puede incluso curarse, si yo tengo buena comida y si tengo un huerto, y, sobre todo, si vives tú conmigo" (261). Bajo la mirada del *pater familias*, este matrimonio simbólico que le propone a Dana respetaría la organicidad de otros de su época, sería fructífero y finalizaría, al igual que los demás, con la muerte. Así, desde 1949 en adelante, el lector se topará con pasajes como: "Yo no moriría tranquila sin volver a testar para ayudarte con algo. Y sin verte, sin que estés junto a mí" (90).

Un último elemento que puede conectarnos con la función del *pater familias* es el testamento, ya que Mistral tiene poder de decisión sobre cómo administrar legalmente su patrimonio. Si bien mantendrá cuentas –confusas a veces– durante su vida, en el momento en que fallece la administración pasará a manos de Doris Dana, quien se convierte en viuda-albacea. En 1953,

---

10. En numerosas ocasiones Mistral hablará sobre la compra de terrenos y el establecimiento de un hogar definitivo.

cuando Mistral acepta el hecho inevitable de una muerte que siente cercana, le pide: "Te encargo que tú veles (cuides) porque yo tenga siempre <u>en caja</u> el valor de lo que cuesta un entierro –<u>sepultación</u> en tu país. Yo no quiero cargarte a ti con ese gasto <u>grande</u>" (413). Y añade: "Si manejamos bien el sueldo mío habrá lo necesario para ahorrar en cada mes una cuota para esta cosa <u>triste y segura que ha de venir</u>" (413). En este lúgubre juego de roles, Mistral cumple el rol del proveedor de pecunio que debe ser "cuidado" por Dana en su administración. Además de requerir de esta contraparte, que cumple con expectativas heteronormativas, es posible ver en acción el dominio de Mistral cuando "supervisa" y quiere controlar incluso más allá de los límites de su vida mortal.

Para cerrar

¿Cómo entender, pues, el tránsito entre estas distintas poses? El niño, el amante y el padre son figuras dependientes la una de la otra y se presentan en una *performance* en la que Mistral está interpretando –y reapropiándose– de gestos y poses estereotípicamente masculinas. Mencionamos anteriormente que esta no es una práctica aislada de la época, sino que es un rol/pose/vestimenta/identidad que le está disponible a Mistral para establecer una relación con Doris, sin por ello romper el marco heteronormativo. Insistimos en que esto ya ha sido analizado, a nivel performático, por Licia Fiol-Matta, quien publica *A Queer Mother for the Nation* en 2002. Allí, la autora trabaja la apariencia física de Mistral en un set de fotografías ("Image Is Everything"), utilizándolas para analizar el estilo "masculinizante" y casi directamente varonil de Mistral, especialmente cuando se comparan las imágenes de la chilena con las de otras mujeres de la época (125). Si bien Fiol-Matta se enfoca en la masificación de la imagen del cuerpo de Mistral a través de la fotografía en medios de comunicación de la época, la idea de *performance* de la que habla *A Queer Mother* encuentra un paralelo retórico en las cartas. Esta apariencia es a la que Fiol-Matta se refiere como "butch" (127). Para explicar la aparición de esta pose, Fiol-Matta traza un tránsito desde la imagen de Mistral como maestra urbana en Chile, pasando por una "masculine, rural, mestiza schoolteacher" en México y, finalmente, estableciéndose con "the image of a transnational, supreme Mother of America, a kind of elderly stateswoman, the equal of any man" (127). Si bien estas categorías han sido enunciadas y aplicadas aquí, la categoría de "butch" –equivalente al "marimacho" en español, aunque con una diferente carga semántica– podría justificar la aparición del travestismo narrativo en la comunicación entre Mistral y Dana, al servir como pose bisagra para acceder al lugar de lo masculino heteronormado. No obstante, al calificar a Mistral con estas categorías se corre el riesgo de caer en lo que Jack Halberstam (1998) llama *perverse presentism*. *Grosso modo*, este concepto es aquel impulso de "presentizar" el pasado sin reconocer sus limitaciones contextuales. En otras palabras, lo que proponemos con este cambio de vestimentas y el uso del masculino gramatical es que *cualquier* mujer puede catalogarse como "butch" (o "tomboy") sin por ello identificarse como lesbiana o no-heterosexual y, aún más, puede establecer redes y conexiones con otras mujeres desde estas performances que *no* rompen el paradigma heteronormativo ya que, en su adopción de la masculinidad tradicional, derivan del mismo. De allí que la pregunta que aún queda por contestar tiene que ver con un anhelo de Mistral de producción de igualdad con el paradigma heterosexual, mientras que el público que la observa desde el presente proyecta en ella un deseo subversivo.

Obras citadas

Bajtín, Mijaíl. *Estética de la creación verbal*. Traducción de Tatiana Bubnova. Siglo XXI Editores, 1982.

Butler, Judith. *Cuerpos que importan. Sobre los límites materiales y discursivos del "sexo"*. Editorial Paidós, 2019.

_____. *El género en disputa. El feminismo y la subversión de la identidad*. Editorial Paidós, 2016.

Eltit, Diamela. "Género y dolor". *Taller de Letras* 53 (2013): 131–138.

Fiol-Matta, Licia. *A Queer Mother for the Nation. The State and Gabriela Mistral*. University of Minnesota Press, 2002.

Foucault, Michel. "What is an Author?". *The Foucault Reader*. Pantheon, 1984. 101–120.

García-Gorena, Velma. *Gabriela Mistral's Letters to Doris Dana*. University of New Mexico Press, 2018.

Horan, Elizabeth. "De los árboles y la pantalla: la amistad viril a través de Alberto Nin Frías y Gabriela Mistral". *Cuadernos de Literatura* volumen 21, número 42 (2017).

_____. "Escribiendo 'La Santa Maestría', Carmen Lyra y Gabriela Mistral". *Revista de filología y lingüística de la Universidad de Costa Rica* volumen 23, número 2 (1997): 23–28.

Locas mujeres. Dirigida por María Elena Wood, guion por Rosario López. Wood Producciones S.A 2010.

Mistral, Gabriela. *Cartas de amor y desamor*. Editorial Andrés Bello, 1999.

———. *Gabriela Mistral's Letters to Doris Dana*. Edición y traducción de García-Gorena Velma. University of New Mexico Press, 2018.

———. *Niña errante. Cartas a Doris Dana*. Edición y prólogo de Pedro Pablo Zegers B. Editorial Lumen, 2009.

Molloy, Sylvia. *Poses de fin de siglo: desbordes del género en la modernidad*. Eterna Cadencia Editora, 2012.

Romero, Lau. "Palabra empeñada: la configuración intelectual de Gabriela Mistral a través de sus cartas, 1914–1957". Tesis doctoral. Michigan State University, 2022. EBSCOhost.

Sedgwick, Eve Kosofsky. *Touching Feeling: Affect, Pedagogy, Performativity*. Duke University Press, 2003.

Sifuentes-Jáuregui, Ben. *Transvestism, Masculinity, and Latin American Literature*. Palgrave, 2002.

Violi, Patricia. "La intimidad de la ausencia: formas de la estructura epistolar". *Revista de Occidente* 68 (enero 1987): 87–99.

Wilton, Tamsin. *Sexual (Dis)Orientation. Gender, Sex, Desire and Self-fashioning*. Palgrave, 2004.

Zegers, Pedro Pablo. "Gabriela en la niebla", en *Niña errante. Cartas a Doris Dana*. Editorial Lumen, 2009. 11–21.

Mistral, diva

Cristián Opazo
PONTIFICIA UNIVERSIDAD CATÓLICA DE CHILE

"'Cuando yo llegué a su presencia quise como hincarme...'
'¿Por qué usted quiso hincarse frente a ella?'.
'Fue un impulso irresistible...'".
Isolina Barraza contándole a Luis Vera de cuando conoció a Mistral.

Visiting the old lady

ESTE NO ES UN ensayo sobre Mistral; tampoco, soy yo un especialista en su *legado*. Este sí es un ensayo sobre la diva que Mistral es para una constelación de dramaturgos chilenos; en especial, para algunos que se reconocen públicamente como varones y homosexuales. Mejor aún, teatristas y *queer*. De teatristas *queer* entiendo más y, con dos de ellos –Jorge Marchant Lazcano (1950) y Ramón Griffero (1954)–, comienzo preguntándome, ¿por qué Mistral es una diva que, además de una docena de dramas, impulsa súbitas genuflexiones?[1]

---

1. Además de los trabajos de Marchant y Griffero, se cuentan, entre otros, *Petrópolis* (2007) y *Transatlántico* (2002), de Juan Claudio Burgos; *Lucila, luces de Gabriela* (2019), de María Fernanda Carrasco; *Una mujer llamada Gabriela* (1995), de Humberto y María Elena Duvauchelle; *Gabriela infinita (o el país de la ausencia)* (2015), de María Marta Guitart; *De cómo me convertí en Mistral* (2023), de Eliana Hernández; *Expediente Godoy* (2014), de Lorena Herrera; *Mistral, Gabriela*

Marchant y Griffero escribieron sus piezas con anterioridad a la revelación del archivo compuesto por Doris Dana y legado al Estado de Chile por su sobrina Doris Atkinson en 2007. Coincidentemente, en ellas, estos dos teatristas se confiesan obsesionados con la Mistral de su década más larga: esa que va desde noviembre de 1945, y el anuncio del Nobel, hasta enero de 1957, y su agonía en el hospital de Hempstead. Con devoción de *fans*, ellos la siguen en tales paraderos y, de ese periplo, la escena que más recrean es la de su visita a Chile, del 4 de septiembre al 6 de octubre de 1954. (A veces, confundida con la del arribo de su cadáver el 18 de enero de 1957).

Curiosamente, cada cual fabula esta escena como una versión *queer* de *La visita de la vieja dama* (1955), de Friederich Dürrenmatt. En especial, del telefilme homónimo protagonizado por Irene Gutiérrez Caba (1974). Bajo la dirección de José Luis Alonso y Gabriel Ibáñez, la Gutiérrez Caba encarna a Clara, una millonaria de ánimo insondable y pose *camp*. De joven, como Mistral, Clara se autoexilia por el escándalo que suscita su maternidad fuera de régimen; lejos, como Mistral, Clara amasó fortunas y tramó redes más grandes que el mundo; ya, de vieja, como Mistral, Clara regresa a su tierra sumida en la miseria para vengarse: al pueblo, que tiene hambre, le ofrece su legado, el pecuniario y el simbólico, a cambio de la cabeza del tirano que de nuevo los gobierna (tal como Carlos Ibáñez del Campo en Chile).

Con rigor de *cinépata*, Marchant, en 1981, y Griffero, en 1994, enfatizan la gestualidad de esta Mistral que sueñan diva vengativa. En ambos casos, las didascalias son de catálogo: sobre la cubierta de un vapor, entre "baúles, maletas" (Marchant, *Gabriela* 52), va "paseándose" (53), "con cierta frialdad" (19), "despreciativa, casi en un [perpetuo] aparte" (19); después, abordará un

---

(1945) (2019), de Andrés Kalawski; *Las cosas que nunca tuve* (2015), de Elvira López; *No será la belleza, opio adormecedor* (2019), de Heine Mix Toro; *Gabriela: y Lucila con soledad* (2004), de Verónica Oddó; *Gabriela y Pablo: todo es silencio de agua y viento* (2014), Francisco Rodríguez Noulibos; *Las huellas de la Gabriela* (2012), de Catherina Ratinoff; *Lucila* (1989), de Juan Cristóbal Soto; y *Gabriela Mistral canta cuentos* (2022), de Tryo Teatro Banda. Las inquisiciones sobre las relaciones de Mistral con varones *queer* forman parte de una línea de trabajo iniciada por Elizabeth Horan, hasta donde sé, en "De los árboles y la pantalla: la amistad viril entre Alberto Nin Frías y Gabriela Mistral", en dossier *Cuerpos que no caben en la lengua*, ed. Cristián Opazo, *Cuadernos de Literatura* 42 (2017): 119–144.

Oldsmobile negro y, "a través del vidrio" (Griffero, "El retorno" 62), esquivará "la figura del presidente" (62) que la agota más que los *flashes*; ninguno sabe si antes o después, "prendiendo su octavo cigarrillo" (58), se acercará a los ventanales de un *penthouse*, "para divisar cómo las luces de los rascacielos comenzaban a iluminarse [...] en el horizonte de Nueva York" (58).

Las fabulaciones de Marchant y Griffero no son falaces. Elizabeth Horan, su más aguda lectora, ha dispuesto las evidencias de las "clandestinidades" de Mistral que estos teatristas intuyen.[2] En Río, entre 1940 y 1945, Mistral asiste a los *performances* de Eros Volúsia (la mulata que bailando zamba en zapatillas brilla como *cover girl* de *Life*), después, propicia una gira de Javier Villafañe (el teatrista errante que hizo del grito su lengua materna, porque "mi teatro y mis títeres se llevan debajo de un brazo" [s/p]),[3] también, debate con Vinícius de Moraes (el rabioso crítico cinematográfico de *A Manhã* que le envía poemas y saudade)[4] y, en 1944, hospeda nueve semanas a Renée Jeanne Falconetti (Juana de Arco en *La pasión* de Charles Theodor Dreyer). En California, como celebridad, de 1946 a 1948, Mistral escribe columnas para *Los Angeles Times* y *Vogue* (sobre derecho a sufragio), y a tres cuadras de la Route 66, graba intervenciones radiales con Margaret Hill-Talbot (la actriz vocal detrás Sniffles en *Merrie Melodies*). Ya, convertida en leyenda, en Nueva York, desde 1953, Mistral refuta el informe Kinsey sobre sexualidad femenina en la misma *Life*, mientras oye, en un disco de 45', "Secret Love", de Doris Day que, como repite Marchant, "se dice igual que Doris *Dein* [Dana]" (s/p).[5]

En esta coyuntura, creo, los arrestos de las biógrafas feministas, liderados desde hace tres décadas por Horan, y de los teatristas *queer* comparten un

---

2. Véase Elizabeth Horan, "Unrepentant Traveller, Accidental Diplomat, Triumphant Nobel: Gabriela Mistral in Wartime Brazil", *Anales de Literatura Chilena* 24 (2016): 268–270; también, "Clandestinidades de Gabriela Mistral en Los Angeles 1946–1948", en *Chile urbano: la ciudad en la literatura y el cine*, ed. Magda Sepúlveda, Cuarto Propio, 2013. 249.
3. Villafañe, carta, 16 de mayo de 1945, http://www.bibliotecanacionaldigital.gob.cl/visor/BND:134821.
4. En carta del 22 de diciembre de 1947, De Moraes envía un pequeño poema a Mistral: "A filho do homem", http://www.bibliotecanacionaldigital.gob.cl/visor/BND:134821.
5. Marchant, mensaje de correo electrónico al autor, octubre 12, 2022.

mismo afán:[6] desmantelar las nociones individualistas y unívocas de sujeto y de literatura nacionales que el *establishment* conservador chileno actualiza a través del uso estratégico de la figura de Mistral. Porque esa élite a Mistral la soporta lesbiana, nunca *promiscua*.

Con estas observaciones, aquí planteo tres preguntas: ¿qué es lo que los teatristas *queer* (mal)entienden de esa Mistral tránsfuga? ¿qué artefactos, de los que allí produce son los que más los seducen? y, cuando ellos la citan, ¿qué es lo que quieren significar?

Formuladas por un lector *amateur*, estas preguntas contribuyen a dimensionar el alcance de la performatividad *queer* de Mistral. José Esteban Muñoz insistió en que "[i]nstead of being clearly available as visible evidence, queerness has instead existed as inuendo, gossip, fleeting moments, and performances that are meant to be interacted with by those within its epistemological sphere" (6). Así, no basta con hallar evidencia *queer* sobre Mistral. Igualmente importante es comprender cómo sus insinuaciones se siguen más allá de su muerte. Sin descifrar esas insinuaciones, la evidencia que se archiva extravía su sentido. Por esto mismo, no tengo dudas de que ese *inuendo queer* de Mistral explica el pánico de las élites que no cejan en la tiranía de una identidad casta y obtusa.

Love Story

Gabriela es el primer drama chileno con Mistral de protagonista. Fue escrito por Marchant a pedido de Alicia Quiroga y, sobre las tablas, fue dirigido por Abel Carrizo (Caja de Compensación Los Andes, Santiago, 17/7/1981). En dos actos, de siete y cinco escenas, *Gabriela* instala a Mistral entre Petrópolis (1945) y Nueva York (1957). Con acompañamiento de *latin jazz* compuesto por Guillermo Rifo y diapositivas de Juan Meza, Mistral, encarnada por Quiroga, conversa, en registro naíf, con sus fantasmas chilenos: desde Jerónimo Godoy hasta Laura Rodig. Ese invierno, Marchant ya gozaba de cierta notoriedad gracias a su primera novela, *La Beatriz Ovalle* (1977), *camp* como *Boquitas pintadas* (1969), de Manuel Puig. Por eso, consiguió acompañar el estreno con la publicación de dos textos en prensa: una entrevista apócrifa donde imagina a Mistral más terrible que Greta Garbo, tanto que todos "la llaman La Divina" (Marchant, "Gabriela Mistral en la hora" 44); y, también,

---

6. Marchant, mensaje de correo electrónico al autor, octubre 12, 2022.

un perfil de Mistral que él construye a partir de los testimonios de algunas de sus mujeres cómplices, en especial, de Rodig. A diferencia de Alone, Marchant nota que la escultora recuerda a Mistral con ímpetu de estrella, levantándose de improviso del lecho común para pasear "en alguna noche de radiante luna" ("Gabriela Mistral de vuelta" 46).

En conversación personal, Marchant confiesa que su afán por el garbo de Mistral viene del niño *queer* que fue. En 1955, sus padres compraron una casa en Las Condes (Colón esquina Hernando de Magallanes). Pero, por su lejanía del centro, decidieron ponerla en arriendo: la primera ocupante fue una mujer solitaria que, sin mayores ingresos, se ganaba la vida esculpiendo bustos en el antejardín que sacrificó como taller. Entonces, el niño *queer* oye las murmuraciones de los padres; por eso, cuando ellos van a cobrar el dinero de la mensualidad, procura acompañarlos: le fascina espiar a la arrendataria que, envuelta en una ruana negra, vive abrazada a una mujer de piedra. De melena *garçon*, la mujer es Rodig; la modelo ausente, Mistral.[7]

En esta viñeta, Marchant halla el régimen de convivencia que trabaja en *Gabriela*. Allí, lo trata como una genuina táctica que sirve a Mistral y sus compañeras para intercambiar afectos cuando deben sortear las murmuraciones del pueblo, las zancadillas de los funcionarios públicos y la inminencia de censuras que las perseguirán después de la muerte. Así, en la escena primera del acto segundo, recrea un intercambio doméstico de Mistral y Rodig. Desdoblada en quinceañera de "aspecto provinciano y encantador" (44), "al estilo de 1916" (44), Rodig dice que, hace un año, en 1915, a Mistral, "la sentí venir" (44). Como poseída, sus labios de *Lolita* no controlan los epítetos: primero, solemne, arguye que Mistral "[s]e aproximaba con su paso rotundo, como todo en ella, con su aire de quietud y majestad" (44), pero, enseguida, fervorosa, la pinta "entre campesina montañesa, india boroa de ojos verdes o cariátide en movimiento..." (44). Tras evocar el *crush*, Rodig regresa a 1916 para celar a Mistral, que busca con ansiedad alguna carta de Manuel Magallanes Moure: "[l]o que yo sé no lo sabe nadie" (45), "¡[a]h, cuándo todo el mundo se entere!" (45), dice Rodig. Coquetas, forcejean tanto que queda claro que la carta perdida deviene improvisado juguete íntimo. Mistral la mira de vuelta y, con su impostura quebrada, farfulla: "[q]uién se va a enojar con usted, chiquitita" (46). Pero, en lugar de sonrisa, la "chiquitita" (46) responde con una frase que la envejece hasta confundirla, otra vez, con la arrendataria hosca de

---

7. Marchant, conversación con el autor, octubre 12, 2022.

la casa de Colón: "cuando usted sea una gran celebridad, me preguntarán por usted... y yo no sabré que decir" (46).

Que las marcas de presente de la enunciación afectiva de la primera persona *queer* sean tríadas de hipérboles (india, boroa, cariátide) y vocativos sibilantes (chiquitita) no es novedad. Desgarrador es que el futuro de esa misma primera persona se conjugue como amenaza doble: la de la amnesia senil, porque entre tanto secreto la memoria se pierde; y, para peor, la de la manipulación necrológica de los peritos de la *ciudad letrada* que desfigurarán los rostros raramente envejecidos de la chiquita y la india. Rotunda, la escena concluye con una jeremiada de Rodig: "Gabriela, en verdad pienso que usted será famosísima" (47). "Para entonces", cuando la nieguen, "yo al menos me habré aprendido su rostro [al tacto] y los esculpiré en piedra" (47).

Pese a los esfuerzos de Marchant, la escena resultó ilegible. Tras el estreno, *Cosas* lamentó que el teatrista figurara a Mistral como la protagonista de un musical de "inspiración jazzística" (82), cuando su representación exigía "severidad de recursos" ("Teatro" 82). Mistral no es materia de musicales. A la par, *Las Últimas Noticias* denunció que "nunca nadie le había faltado el respeto al teatro chileno con frivolidad [semejante]" (Mayorga 7). Una teatralización impúdica de coqueteos impropios entre una chiquitita y una india, boroa. El denuesto ahuyentó al público. (A la función del 31 de julio, llegó un solo espectador: José Donoso Yáñez, escritor perdido).[8]

Desde esa noche de 1981, pasan 25 años, una carrera como guionista de telenovelas y su encuentro con el VIH. En 2006, Marchant publica la novela *Sangre como la mía*. Brillante ejercicio de memoria intergeneracional, la novela alterna cuatro voces. De ellas, dos hablan desde Santiago en la década de 1950; y, dos, desde Nueva York en la del 2000. Las voces de Santiago son las de dos adolescentes secretamente homosexuales que, conociéndose de vista, trabajan en la industria cinematográfica criolla (en la revista *Ecran*, uno; en la administración del cine Bandera, el otro). A su vez, las voces de Nueva York son las de sus descendientes por vía *queer* (Jaime, hijo de la empleada doméstica del primero; Daniel, de la pantalla matrimonial estadounidense del segundo; juntos, pareja de inmigrantes viviendo con VIH bajo el alero del Gay Men Health Center). Como correlato paratextual, los capítulos que dan voz los ancestros son encabezados por títulos de filmes hollywoodenses estrenados en Chile

---

8. Marchant, conversación con el autor, octubre 12, 2022.

entre 1951 y 1985; los que dan voz a sus descendientes, con fechas alternadas (Nueva York, de septiembre de 2000 a septiembre de 2001).

Entre "La Soga, 1952" y "Como casarse con un millonario, 1953", el narrador intercala "Nueva York, mayo, 2001". Allí, asume la voz de Daniel y, por su boca, retorna Mistral. De ella, Daniel da tres referencias. Dice que, a su madre, Myrna Lewis, la figura de Mistral le ayudó a entender la de su esposo chileno homosexual en negación. Por eso, en 1957, "leyó todo lo que escribieron sobre su deceso" (83). Dice, después, que Jaime, que estudió Inglés en la Universidad de Valparaíso, le repite que los críticos integristas la manipulaban "como la gran madre nacional" (84), "extraña madre sin hijos" (84). Pero, Daniel no sigue las lecturas de Jaime. Aquí, se le escapa la cita (seguro, *A Queer Mother for the Nation*, Licia Fiol-Matta). Como no entiende, Daniel vuelve sobre la línea de su novela más fiel, *Maurice* (1971), de E. M. Forster: todo pasa "[p]*orque nos hemos equivocado en esta vida, pero eso no sucederá en la vida por venir*" (Marchant, *Sangre* 85). Repitiendo a Forster, Daniel concluye que, para pensar esa vida que vendrá, sí le sirve Mistral. No sus textos; sí, la biografía que le sopla su madre.

De su madre, lo que Daniel más escuchó fue el relato de la agonía de Mistral: que fue en el Meadowbrook Hospital, que sobre el velador había un arreglo que duplicaba su imagen (con la bandera chilena de sábana, boca arriba, la Virgen del Carmen), que su médico de cabecera era Martin L. Goldfarb, que él la desahució cuando empezó a nevar, que le suministró glucosa disuelta en suero, que una muchacha estadounidense idéntica a Katharine Hepburn la veló en el sopor, que después de muerta la trasladaron a la capilla de Francis Campbell (avenida Madison 1076), que allí la embalsamaron. Y, que la muchacha "se llama Doris Dana", que "debe andar en los ochenta años" (Marchant, *Sangre* 84) y que el cáncer era "palabra maldita por esos años, de la cual ahora se habla más, porque, según dice Susan Sontag, *ya no es la enfermedad más temible*" (84).

La cita a Sontag la agregó Daniel. Y, con ella, convirtió el relato materno en ficción autobiográfica. Para Daniel, enunciar la extremaunción de Mistral es una forma de ensayar su propia muerte. Cuando se vive fuera de las leyes de herencia/parentesco, la codificación funeraria es una práctica riesgosa como el delito, dolorosa como el silencio. Por eso, lanza una pregunta que, por lo mismo, se oye retórica: "[m]e acuerdo que alguna vez leí sobre un absurdo proyecto para que la [Bette] Davis protagonizara una película sobre Gabriela Mistral. ¿A quién podría interesarle en los Estados Unidos una película sobre esa mujer?" (85). Por lo pronto, a los varones homosexuales cuya sangre replica un virus común. A ellos, Mistral les enseña el arte de morir con los afectos callados.

Treasure island

Contemporáneo a Marchant, Griffero también escribe dos veces sobre Mistral. Reconocido como ícono de la escena *underground* de la década anterior, en 1994, publica la colección de relatos *Soy de la Plaza Italia* y, allí, incluye "El retorno de Gabriela"; luego, estrena *Brunch (almuerzo de mediodía)* y usa el relato de 1994 como referencia intertextual (Teatro Nacional Chileno, 21/7/1999).

Narrado en tercera persona omnisciente, "El retorno de Gabriela" describe las cavilaciones de Mistral ante un viaje a Chile: a veces, su visita de Estado en 1954 y, otras, la repatriación de su cadáver en 1957. Naíf como la *Gabriela* de Marchant, la de Griffero intercala dos tipos de frases. A Mistral, y ocasionalmente a Dana y al peluquero, digno de Copi, que las secunda, el narrador les atribuye frases que se leen como réplicas *kitsch* de sus versos más citados: "[p]isarás tierras lejanas que siendo tuyas no amamantarás" (83). En tanto, el mismo narrador yuxtapone, en voz propia y de los personajes, frases que describen la intimidad de Mistral y Dana como escenas de un cuento de hadas reescrito según las convenciones iconográficas de la díada *butch-femme*: que, a Mistral, "su abrigo se le hinchaba como manta voladora" (58) y que, a Dana, el rubor le hacía corresponderla "penetrándola con una mirada llena de ternura" (58).

Dentro de su escasa novedad argumental, "El retorno de Gabriela" instala una imagen singular: la de Mistral que, por la fragilidad de su intimidad, debe guarecerse tras pantallas de cristal. Sobre todo, cuando visita Chile. El narrador insiste en que, "hablando a su sombra reflejada en el vidrio" (57), Mistral le dice a Dana: "[i]remos en vapor" (57). O, al llegar a Santiago, como "[t]enía susto, pavor, de tantas miradas escrutándola" (58), Mistral "reconoció a través del vidrio [de su limusina]" (56) a sus admiradores. Como tropo biográfico, la pantalla representa clandestinidades. En español de Chile, la *pantalla* es una figura con doble sentido: denotativamente, es una protección de materialidad transparente; connotativamente, en tanto, así se nombra al cómplice que se presenta como pareja heterosexual de una persona homosexual. En ambos sentidos, a Mistral, no le bastó la muerte: "[t]an solo cuando el cardenal bajó la tapa de su sarcófago… supo que ya no tendría nada más que ocultar" (56).

Con sentido aparentemente ornamental, Griffero recupera las pantallas del relato de 1994 en las acotaciones de *Brunch*. De arquitectura posmoderna, *Brunch* es un drama cuyas diez escenas se construyen como secciones de la apología de Esteban, un prisionero homosexual condenado a muerte. Esteban está recluido en una celda modular fabricada con "largas y angostas peceras" (2). "En cada una de ellas, un salmón" (2). Esteban espera su ejecución: "he sido traidor a tantas cosas" (4). Desconocemos los cargos. Eso sí, en la escena "Uno", por su cancerbero, sabemos que su pena menguaría si renunciara a completar su manuscrito de novela: "Gabriela Mistral, lesbiana de Monte Grande".

En *Brunch*, el espacio es trasparente: como en Chile, las aguas están colonizadas por corporaciones salmoneras. Para Esteban, la pesadilla es literal: también en Chile, las prisiones flotantes o insulares son escenarios de violaciones a los derechos humanos. Piénsese en el campo de concentración de Isla Dawson: en 1974, destino de 400 presos políticos. Menos conocidos que la Isla 10, son los fondeos. El coloquialismo *fondeo* es el nombre que exalta el padecimiento que sicarios habrían prodigado a los presos homosexuales durante el gobierno de Ibáñez del Campo (1927–1931). Según murmullos que aterran a los niños, a los varones homosexuales se les arrestaba en redadas nocturnas para conducirlos a altamar en barcos mercantes y, aguas afuera, amordazarlos con pañuelos, atarlos una silla de madera, enterrarles los pies en cajones con cemento fresco, doparlos mientras el cemento se solidificaba y, al fin, lanzarlos vivos al mar.

De los fondeos no hay evidencia; sí, un rumor que, a la luz de otros sucesos, resulta verosímil. Leonardo Fernández logró desenredar los episodios que condensa el rumor. Según explica, durante el gobierno de Carlos Dávila (junio-septiembre de 1932; Ibáñez del Campo deja la presidencia en 1931), se inicia una serie de crímenes perpetrados en puertos contra supuestos homosexuales tapados. Son sabidas las muertes del periodista Luis Mesa Bell y del profesor Manuel Anabalón. En la revista *Wikén* (19/11/1932), Mesa Bell acusó injerencia policial en la desaparición de Anabalón, arrestado en una manifestación popular en Antofagasta y recluido en un carguero. Luego, su cadáver fue encontrado bajo un muelle de Valparaíso (21/12/1932). Al reportero, en tanto, su osadía le costó caro: fue detenido, torturado y asesinado (20/12/1932). Esta historia no es única. Durante la presidencia de Pedro Aguirre Cerda (1938–1941), la Dirección General de Prisiones dictaminó que, para resguardar la higiene de los presos comunes, se debía "agrupar" a quienes "por examen médico, antecedentes o confesión fueran comprobados homosexuales". El lugar de destino sería un puerto: Pisagua.[9]

Yuxtaposición mediante, Griffero traslapa estos rumores con los de la biografía de Mistral. Como los presos de Pisagua, en la escena "Cinco" de *Brunch*, Esteban teatraliza un pasaje de su "Gabriela Mistral, lesbiana". Tras las peceras, emerge un transatlántico (Nueva York/Valparaíso). En la cubierta, Mistral fuma mientras un marinero la aborda. Hierática, ella le pide que "no dé muestras ni de admiración ni menos de adulación", porque eso "jamás lo he consentido cuando resuena de los labios de un..." (15). Cómplice ante quien se nombra con puntos suspensivos, él, que no quiere recalar, le ofrece ver "el amanecer en oriente" (15). Y, ella, como el príncipe feliz de Oscar Wilde, le responde con "una lágrima que se desliza por su mejilla izquierda" (15) que "le va a llegar a la comisura del labio" (15).

Actuada en prisión, la escena representa la relevancia que la figura de Mistral tiene para los teatristas varones y *queer*. Porque ellos la imaginan, en 1906 o 1912, como cómplice de lecturas proscritas en los puertos nortinos, quizá en Coquimbo, donde la desaparición, en barcos malditos, es una amenaza *real*. Claudia Cabello Hutt y Horan proveen evidencia que así lo prueba. Cabello Hutt nota que Mistral se presenta "como una joven sombría y amargada" (154). Según la prensa que cita la misma Cabello Hutt, Mistral habita "el santuario de la soledad, egoísmo enfermo de dolor" (154). Horan, en tanto, agrega que esa pose le permite convocar, bajo la pantalla literaria del modernismo, a los varones *queer* extraviados en el puerto: "un grupo de muchachos dados a la lectura de los modernistas [...] entre los que iba a representar el sexo eminentemente prosaico" (Mistral, citada en Horan 127). A su vez, que un preso homosexual imagine que Mistral viaja en los transatlánticos que surcan el horizonte es una imagen que también tiene asidero. Con ella, surge la utopía de una vida *queer* en que la yuxtaposición de los barcos, la homosexualidad y el mar dibuja una figura distinta de la muerte.

---

9. Fernández citado en Opazo, "Pedagogía de un bailarín de discoteca: masculinidad y oficio en *La huida* de Andrés Pérez Araya". *Revista Iberoamericana* 275 (2021): 425–426.

Lifeboat

Vista como diva, Mistral ofrece dos lecciones que sus *fans-teatristas-queer* recitan de memoria: Marchant aprende el arte de la muerte *queer* (esa que no cabe en los códigos de subrogación funeraria); a su vez, Griffero aprende a resguardar con pantallas su intimidad *queer* (esa que desconoce los términos del léxico del parentesco heteronormado).

De manera recíproca, estas lecciones permiten que los varones asiduos a las plateas teatrales lean los poemas de Mistral como los autógrafos de una diva. Sabemos: los *fans queer* somos formalistas viscerales, porque, para nosotros, una marca de género ambigua puede ser una tabla de flotación cuando estamos naufragando en el océano de una lengua que nos asfixia (Kosofsky Sedgwick 3–4). Por esto, me interesa preguntarme: a los *fans* de Mistral, diva, tan sensibles a los sentidos del mar, ¿qué les sugerirán las "Canciones en el mar" olvidadas al final de *Desolación* (1922)? ¿qué les dirá, sobre todo, la crudeza de la "Canción de los que buscan olvidar"?

Dicho poema tiene seis estrofas de cuatro versos (heptasílabos, eneasílabos) de rima mayoritariamente consonante. El hablante es un *yo* tácito que está en mar y, desde ahí, interpela al océano con el pronombre *tú*. Literalmente, el hablante está flotando en el mar: desde su perspectiva observa el vértice en que la proa de una nave corta la espuma y ese vértice es invisible desde la cubierta dada la estructura cóncava fusiforme que tiene toda nave. Peor aún, el hablante está desmembrado. Uno de sus órganos ya no está en su cavidad torácica: el corazón.

Arrancado, su corazón está "al costado de la barca/de espumas ribeteado" (151). Al quedar a la deriva, suplica: "[m]írate barca que llevas/el vértice ensangrentado" (151). Con vaivén marino, en las estrofas impares, el hablante explica los suplicios de su corazón "apegado" (151), "ribeteado" (151), "clavado" (151), "ensangrentado" (151). En las estrofas pares, en tanto, el hablante le implora al mar dos favores: que purifique su corazón con sal "eterna" (151) y "tremenda" (151), y, en la certeza de la muerte, que lave y mude el domicilio de su existencia póstuma con sus "cien vientos" (151). Claro, por su diferencia, el hablante ha sido expulsado de la comunidad masculina ("otros te piden oro y perlas" [151]). Con esa suerte, él, antes, estuvo en tierra (lugar "para la lucha" [151]), pero, pronto, acabó derrotado en una nave. Allí, "puse / mi vida como derramada" (151). Pero, ¿cómo se derrama la vida en una nave?

Como el hablante, de tanto miedo, los cuerpos de los presos de los fondeos terminaban *derramando* sus secreciones sobre la cubierta de sus cárceles flotantes: heces, orina, saliva, sangre, sudor. Tras quién sabe qué clase de suplicios, dicen que, como este mismo hablante, los presos terminaban con el corazón en la proa, la sangre en la quilla, el pecho abierto y los ojos en otra parte. El formalismo visceral es condición de posibilidad del rumor y viceversa. Siguiendo el rumor de una vida *queer*, los lectores de las canciones de Mistral buscan letras perdidas en el mar; y, a la inversa, si el mar es figura de muerte, el afán marino de sus lectores insufla vida al rumor de la vida *queer* de Mistral. De este quiasmo, deduzco una premisa: el formalismo visceral es el método del que se valen los lectores *queer* para participar del rumor. Por cierto, el rumor no es un chisme trivial, sino, más bien, un proceso cognitivo comunitario. A través de él, los miembros de una comunidad vulnerable construyen relatos transitorios que sirven como explicaciones tentativas de situaciones agobiantes. Aquí, la amenaza de los inminentes *fondeos*. Aunque el rumor no dice la verdad sobre un texto, sí revela las condiciones que hacen verosímil su lectura (por ejemplo, la lectura de la "Canción de los que buscan olvidar").

Diva

El sustantivo *diva* designa, en primera acepción, a "the main female singer in an opera company" (*Britannica* s/p) y, en segunda, "a usually glamorous and successful female performer or personality" (*Merriam* s/p) que, a menudo, "is difficult to please and demands a lot of attention" (*Oxford* s/p). Decantadas en el tránsito de la ópera al cine, estas definiciones calzan con las acotaciones que elaboran Marchant y Griffero para figurar a Mistral. En cuanto diva, Mistral solo mira por sobre el hombro, en la cubierta de un vapor (Griffero), o a través del cristal de un Oldsmobile (Marchant). Ante los ojos de un *fan*, sus lágrimas se petrifican como diamantes (y así como las lágrimas con los diamantes, la pena se confunde con el garbo). Cuando mientan a su diva, varones al fin, Marchant y Griffero no consiguen despegarse de los tropos de Oscar Wilde. No obstante, más allá de las coincidencias evidentes, quisiera plantearme una pregunta: si fuera la que Marchant y Griffero anhelan, ¿qué tipo de diva sería Mistral? Esbozo una respuesta y, con ella, el punto de partida para una reflexión ulterior.

Aquello que los teatristas ven en Mistral puede codificarse como la estrategia de una diva. Claro, en Estados Unidos, Francia, Italia y Reino Unido, cerca de 1850, surge la diva. Según Susan Rutherford, con su figura replicable en estampillas, postales y tabloides, las compañías de ópera responden al desafío que les impone la industria del espectáculo en una coyuntura determinada, entre otras, por dos variables: "the development of large public audiences" y "the emergence of a press dedicated to musico-theatrical matters" (140). En dicha coyuntura, investidas como divas, las cantantes salen del nicho elitario de los teatros para ingresar a una esfera pública tan tecnologizada como hostil. Literalmente, diva es el *gestus* de una mujer artista que desafía las exigencias que le impone desempeñarse como trabajadora en el campo cultural. Por esto, Shannon Wong Lerner subraya que la diva "became a modern [working] woman articulating discourses of progress and technology into *technologies*" (18). Rutherford y Wong Lerner coinciden en que la pose tan distante como seductora de la diva es una respuesta que se inscribe en el mundo de las industrias culturales (ópera primero, pero luego, por qué no, literatura).

En este tránsito que va desde 1850 a 1920, se deja ver, sobre todo, *the diva in the garden* ("la diva en el jardín"). Con este tropo, Wong Lerner designa a aquellas trabajadoras de la ópera que, más allá del cliché de la temprana *prima donna* veleidosa, ocupan sus recursos corporales para representar, con un mayor nivel de conciencia, las tensiones entre naturaleza y tecnología que asolan a las mujeres en contextos de modernización inmisericorde: "In this sense, she served as a 'poetic metaphor' [figure] for the memory of nature found in the nostalgia evoked by her vocal repertoire, combined with the artifice of her technique from a relatively unknown style of operatic singing in 1850 [and beyond]" (5). Más aún, tal como Lauren Berlant, Wong Lerner observa que, en Estados Unidos, estas divas trabajan para/contra el Estado. Por un lado, en sus campañas de propaganda, el Estado se vale de "an unshakable consensus that diva's voice could somehow create unity amongst some of the most polemical socio-political conflicts of American history" (3). Por supuesto, presentadas de manera unidimensional, las divas se leen como las sinécdoques que normalizan la tesis de que la naturaleza germina mejor bajo la tiranía tecnológica. Pero, por otro lado, en sus desacatos, las comunidades disidentes encuentran en estas mismas divas un modelo de subversión: "corporeality of the divas [is] a crucial part of their pubic personae as their voices" (citado en Wong Lerner 111). Efectivamente, cuando disponen sus cuerpos ante los lentes cinematográficos o fotográficos, las divas intentan mostrarse libres de las constricciones de género estereotípicas que la cultura les impone, ya sea en nombre de la naturaleza o de la tecnología. El cuerpo de la diva es un *work in progress* que deambula a través de los escenarios de la supervivencia.

Geraldine Farrar (1882-1967) es el epítome de las divas en el jardín estadounidenses. Contemporánea a Mistral y lábil como ella, Farrar adscribe a una premisa que desarrolla en escritos varios: la diva de jardín no solo debe atender su voz; con igual ahínco, debe manejar su cuerpo a través de medios diversos. Pero, debe hacerlo, con desparpajo *queer*. En el *New York Times* del 26 de diciembre de 1926, Farrar arguye que, a través de su despliegue corporal, la diva debe impugnar los vínculos heteronormados, pues, "[t]oo often masculine domination influences the complete artistic independence" (citado en Wong Lerner 113). Por lo mismo, deber rehuir los repertorios pastorales o citadinos y, en cambio, abrazar aquellos que la muestren corporalmente perturbadora, es decir, "stronger, mobile, and prepared for travel and work in urban spaces [and the countryside]" (citado en Wong Lerner 113).

Con estos antecedentes, la frase "Mistral, diva" –tropo de estas notas exploratorias sobre la devoción que sus fans teatristas proyectan en su cuerpo– designa a una mujer escritora que se moviliza por trabajo, al punto que su biografía se confunde con el *viaje de trabajo*. Distinto de la expedición de afanes nacionales o del turismo ocioso, el viaje de trabajo se alimenta de la producción artística y viceversa. En la misma frase, el sustantivo yuxtapuesto tras la coma, *diva*, determina al nombre propio Mistral, la *persona* literaria: *divesco* es su desdén, su *spleen*, ante los "palurdos", pero, también, *divesco* es su régimen laboral, 24/7. La diva, ya sea Mistral o Farrar, con frecuencia, está harta, pero, porque trabaja sin cesar, *posando* siempre, ante audiencias voraces que las estrujan como a la naturaleza que las fábulas que interpreta tanto evocan. "Mistral, diva": en fin, esta frase puede ser el encomio de los varones homosexuales a la mujer que, en viaje de trabajo, posando de *butch*, cónsul, celebridad, intelectual, maestra, madre, maldita, monja, política, consiguió huir del país donde los transatlánticos se convierten en cárceles. Por eso, sus devotos, sus fans, le perdonan que se oculte tras pantallas de vidrio empavonado: ellos saben, como nadie, que la hosquedad de la diva no es más que la mueca que petrifica el vértigo en el rostro de una mujer que huye.

Tal vez, Mistral no sea exactamente análoga a Farrar. Quizá, tampoco sea una diva "idénticamente igual" a como la quieren Marchant y Griffero. Sin embargo, reivindico la mirada de sus dos lectores raros; reivindico su epíteto, que parece oración: "Mistral, diva". Mirarla que con devoción de *fan queer* permite comprender que el alcance de su *inuendo* sigue siendo tal porque su oficio no es otro que el del "puro teatro", auténtico como la "falsedad bien ensayada", el "estudiado simulacro".

Obras citadas

Cabello Hutt, Claudia. *Artesana de sí misma: Gabriela Mistral, una intelectual en cuerpo y palabra*. Purdue University Press, 2018.
"Diva". *Britannica*. 2022. En línea.
"Diva". *Merriam-Webster's Online*. 2022. En línea.
"Diva". *Oxford English Dictionary*. 2022. En línea.
Griffero, Ramón. *Brunch (almuerzo de mediodía)*. Documento Word, 1999.
_____. "El retorno de Gabriela". *Soy de la Plaza Italia*. Los Andes, 1994. 57–63.
Horan, Elizabeth. "De los árboles y la pantalla: la amistad viril entre Alberto Nin Frías y Gabriela Mistral". Dossier "Cuerpos que no caben en la lengua". Ed. Cristián Opazo. *Cuadernos de Literatura* 42 (2017): 119–144.
Marchant, Jorge. *Gabriela: espectáculo teatral en dos actos basado en la vida de Gabriela Mistral*. Santa Lucía, 1981.
_____. "Gabriela Mistral de vuelta a la patria". *Mis Hijos* (1981): 46.
_____. "Gabriela Mistral en la hora del Centenario". *La Revista del Mundo* (1989): 44.
_____. *Sangre como la mía*. Tajamar, 2012 [2006].
Mayorga, Wilfredo. "'Gabriela': dramatización de Jorge Marchant". *Las Últimas Noticias* (julio 29, 1981): 7.
Mistral, Gabriela. "Canción de los que buscan olvidar". *Desolación*. Instituto de las Españas, 1922. 151.
Muñoz, José Esteban. "Ephimera as Evidence: Introductory Note to Queer Acts". *Women and Performance: A Journal of Feminist Theory* 8, no. 2 (1996): 5–16.
Rutherford, Susan. *The Prima Donna and Opera, 1815–1930*. Cambridge UP, 2006.
Sedgwick, Eve Kosofsky. *Tendencies*. Routledge, 1994 [1993].
"Teatro". *Cosas* (julio 29, 1981): 82.
Wong Lerner, Shannon. "The Diva in the Garden: Operatic Voice, Sexuate Difference, and Pastoralism, 1850–1923". Tesis Doctoral. University of North Carolina, 2017.

Sebastián Cottenie Bravo es Doctor en Literatura por la Pontificia Universidad Católica de Chile. Su actual proyecto investigativo se centra en las derivas cosmopolitas de escritores sexualmente disidentes en América Latina durante la primera mitad del siglo XX. Ha publicado capítulos de libro y artículos en revistas indexadas, como *Revista de Crítica Literaria Latinoamericana* y *Cuadernos de Literatura del Caribe e Hispanoamérica*. Es autor del libro *Desfigurando la nación. Supervivencias del deseo en Donoso y Wacquez* (Ediciones UC, 2025).

Ignacio Sánchez-Osores es a Doctor en Español por la University of Notre Dame (USA). Sus líneas de investigación contemplan las literaturas y *performances* latinoamericanas, en diálogo con los estudios de género y sexualidades, las teorías queer/cuir y las teorías trans/travestis. Ha publicado diversos artículos en revistas indexadas como capítulos de libros desde una perspectiva sexo-genérica. Sus ensayos han aparecido en *Hispanic Review, Revista Iberoamericana, Chasqui: Revista de Literatura Latinoamericana, Revista de Crítica Literaria Latinoamericana, Hispanófila, Revista de Estudios de Género y Sexualidades,* entre otras. Actualmente se encuentra investigando la producción literaria, artística y cultural de subjetividades trans/travestis en Latinoamérica.

www.ingramcontent.com/pod-product-compliance
Lightning Source LLC
Chambersburg PA
CBHW021831220426
43663CB00005B/208